Über den Verfasser

Rudolf zur Lippe, Jahrgang 1937, lehrt seit 1974 Sozialphilosophie und Ästhetik an der Universität Oldenburg. Nach dem Studium der Rechts-, Staats- und Wirtschaftswissenschaften in Bonn und Göttingen (dipl. rer. pol.), dann der mittleren und neueren Geschichte in Heidelberg und Paris, promovierte er 1965 mit einer Dissertation zu der französischen Deutschlandpolitik gegenüber der Weimarer Republik; danach freie Übersetzertätigkeit, Bühnenarbeit, Erwachsenenbildungsarbeit und ab 1966 Verlagslektor. 1969 Arbeit an der Habilitation (bei Th. W. Adorno), die er 1973 mit der venia legendi an der Philosophischen Fakultät der Universität Frankfurt abschloß; 1971 bis 1976 dort Lehrtätigkeiten, zuletzt auch als Verwalter der Professur für Kulturtheorie. – Fellow am Wissenschaftskolleg zu Berlin (1981/82), zahlreiche Gastvorträge an ausländischen Universitäten, Ausstellungen; Gründung des »Instituts für praktische Anthropologie e. V.« und (mit Gert Selle) Herausgabe der Zeitschrift »Poiesis«.

Wichtigste Veröffentlichungen

Naturbeherrschung am Menschen. 2 Bde. Frankfurt/M.: Suhrkamp 1974, jetzt: Frankfurt/M.: Syndikat 1979/Bürgerliche Subjektivität: Autonomie als Selbstzerstörung. Frankfurt/M.: edition suhrkamp 1975, jetzt Tb Syndikat/EVA, 2. Aufl. 1984/Am eigenen Leibe. Zur Ökonomie des Lebens. Frankfurt/M.: Syndikat 1978, 3. Aufl. 1984/ Entfaltung der Sinne, zus. mit H. Kükelhaus, Frankfurt/M.: Fischer ⁴1986/Sinnenbewußtsein. Grundlegung einer anthropologischen Ästhetik. Reinbek bei Hamburg: Rowohlt 1987 (= rowohlts enzyklopädie 423). – *Aufsätze und Essays u. a.:* Objektiver Faktor Subjektivität, zuerst in: Kursbuch 35/Anthropologie für wen? In: Kamper/Rittner (Hg.), Zur Geschichte des Körpers. München: Hanser 1976/Was heißt Ökonomie? In: Mehrwert 19/Geschichte und Lebensgeschichte. Historische Wurzeln demokratischer Verantwortung/Praxis und Bewußtsein in der Neuzeit, in: Stachowiak (Hg.), Pragmatik, Handbuch pragmatischen Denkens. Hamburg: Meiner 1985/Philosophieren am Ende des Wollens, in: Volker Spierling (Hg.), Schopenhauer im Denken der Gegenwart. München: Piper 1987.

Rudolf zur Lippe

Vom Leib zum Körper

Naturbeherrschung am Menschen
in der Renaissance

rowohlts enzyklopädie

rowohlts enzyklopädie
Herausgegeben von Burghard König

Dieses Buch enthält die besonders auf den Leib bezogenen Teile
der zweibändigen »Naturbeherrschung am Menschen«,
die 1974 (Suhrkamp), 2. Auflage 1979 (Syndikat) erschienen ist
(Buch I: Auszug »Zum Begriff Naturbeherrschung am Menschen«,
Teil I und II, Auszug »Zusammenschau und Übergang: ...«;
Buch II: Teil II)

Veröffentlicht im Rowohlt Taschenbuch Verlag GmbH,
Reinbek bei Hamburg, August 1988
Copyright an dieser Ausgabe © 1988
by Rowohlt Taschenbuch Verlag GmbH, Reinbek bei Hamburg
Umschlaggestaltung Werner Rebhuhn
Gesamtherstellung Clausen & Bosse, Leck
Printed in Germany
1980-ISBN 3 499 55446 1

Inhalt

Teil II

Die Möglichkeit einer Einheit
von Metrik und Mimesis

Teil III

Die Geometrisierung der Erscheinung
des Menschen

Einleitung:
Vom Leib zum Körper

Diese beiden Begriffe bezeichnen den historischen Wandel in der Sozialgeschichte des Leibes, die physisch-spirituelle Seite der menschlichen Existenzen unter dem Umbruch zum modernen Abendland. Zu Beginn der siebziger Jahre interessierte sich kaum jemand für die leibhaftigen Erlebensformen, in denen unterschiedliche Bedingungen von Ökonomie und Kultur wirkliche Lebensgeschichten prägen. Dies um so weniger, als die Wechselbeziehungen zwischen den Arbeitsweisen, Reisen, Tänzen, Kriegstechniken, Krankheiten, Liebesgewohnheiten und den sinnlichen wie gedanklichen Wahrnehmungsweisen, Vergesellschaftungsformen, Selbstwahrnehmungen, sozialpsychologischen Modellen, religiösen und wissenschaftlichen Weltdeutungen zu vielschichtig erschienen, um eindeutige analytische Zugriffe erwarten zu lassen. Darum kam es zunächst darauf an, möglichst viele Aspekte material und historisch deutlich werden zu lassen und interdisziplinär ihr gesellschaftlich Gemeinsames herauszuarbeiten. Nur in diesem wechselseitigen Durchdringen konnte eine Geschichte des Leibes, der Sinne, der sinnenhaften Beziehungen von Menschen miteinander und der Natur und der Geschichte recht verstanden begründet werden. Dem entsprach und entspricht die zweibändige »Naturbeherrschung am Menschen«, wie sie 1974 bei Suhrkamp erschien und seit 1979 bei Syndikat weiter angeboten wird.

Die Fülle der entsprechend entwickelten Darstellungen und Überlegungen zum Kontext macht es indessen den Lesern schwer, die Sozialgeschichte des Leibes im engeren Sinne als zusammenhängenden Strang aufzunehmen.

Nachdem sie aber nun auf breites Interesse trifft, sollten nicht länger unter den Ansprüchen einer Gesamtdeutung der frühen Neuzeit die besonderen Beobachtungen verborgen bleiben. Entfaltung des Sinnenbewußtseins durch die neue Aufmerksamkeit des Zeitalters von Mantegna und Lionardo und Instrumentalisierung von Körperleistungen unter dem beginnenden Absolutismus und den Forderungen der Kapitelkalküle sollen an dem zusammengetragenen Material für sich überschaubar und diese Übersicht zur Verfügung gestellt werden. Die entscheidende Anregung dazu verdanken wir Ivan Illich. Freilich trifft sie auf die praktische Beobachtung, daß bei manchen, die seit langem mit der »Naturbeherrschung am Menschen« arbeiten, gerade diese Partien der beiden Bände offensichtliche Spuren besonders häufiger Benutzung aufweisen.

Der Entschluß, die leibgeschichtlichen Kapitel zusammenzufassen und eigens herauszugeben, fällt sicher dem Autor selbst am schwersten. Gleichzeitig verbindet er damit die Aussicht, daß vielleicht weitere Fächer und Kreise neugierig darauf werden, welche integrative Sicht mit welchen Methoden und an welchen Stationen dieser zwei Jahrhunderte es ermöglicht hat, die aufgefundenen Erscheinungen als eine Geschichte vom Leib zum Körper zu interpretieren. Ein äußerst knapper Überblick soll hier den Lesern dieses Bandes erlauben, den angedeuteten Hintergrund sich grundsätzlich vorzustellen. Das setzt voraus, daß sie bereit sind, den kunsthistorisch geprägten Begriff Renaissance, der immer noch eine Einheit der beiden ersten Zeitalter der Neuzeit unterstellt, insofern aufzulösen. Den Zusammenhang bildet vielmehr eine Entwicklung, die von grundsätzlichen Brüchen und Umkehrungen so tief gezeichnet ist, daß Unterscheidungen in eine Frührenaissance, eine Hochrenaissance und eine Spätrenaissance keinen Begriff von ihnen geben können. Die Unterschiede waren wesentlicher. Sie stellten Schritte dar von einer Öffnung zu einer Verschließung, von dem Entwurf einer Ordnung durch Bewegung zur Durchsetzung von Fixierung und Beschleunigung. Die abendländischen Gesellschaften wurden für den Marsch der Moderne formiert. Die frühen Ahnungen vielfältig entfaltender Bewegungen konnten nur noch soweit vorkommen, wie Ziele nach ihnen benannt, Fahnen mit ihnen geschmückt wurden. Sonst verstehen wir die Ansätze unserer frühen Vorgeschichte nur von den momenthaften Einsichten gelegentlicher Ausblicke her. An deren grundlegende Bedeutung erinnern uns erst wieder Entdeckungen außereuropäischer oder verdrängter eigener Traditionen vom Tai chi bis zur Heilkunde des Paracelsus.

Historisches Gespür und Wissen vom sinnenhaft Menschlichen werden soweit wiederentdeckt, daß die Unterscheidung von

Leib und Körper einen bewußt werdenden Unterschied bezeichnen kann. Dies geschieht in der gegenwärtigen Erkenntnis, wohin die Gleichsetzung geführt hat. So können wir heute pointierter denn je Körper als physikalischen Terminus technicus verwenden, der am menschlichen Körper nur das läßt, was wir mit Kuben und Octaedern gemeinsam haben, nämlich angeblich eine *res extensa* zu sein, Ausdehnung zu haben wie andere Dinge auch. Das bedeutet nicht nur, sich allen Kriterien und Gesetzmäßigkeiten des quantitativ Meßbaren rückhaltlos auszuliefern. Unmittelbar und unwiderruflich geht mit der Zuordnung unserer Physis zur mechanischen Welt der Dinge die Trennung der Sinnesorgane von den Tätigkeiten des Geistes, der Seele, des Verstandes einher. Sie produziert das überflüssige und unlösbare Problem, wie beide Seiten in den Menschen zusammenhängen könnten, und verdoppelt notgedrungen sich in dem zweiten Grundproblem, das die Erkenntnistheorie wie die Lebensorganisation der modernen Kulturen außer Atem bringt: Die Zusammenhänge zwischen den Instanzen menschlicher Erkenntnis und der Welt ihnen gegenüber treiben jeden Lösungsversuch und jede Sehnsucht einer Überwindung des geschaffenen Grabens vom Zweifel in die Verzweiflung. Was die Definitionen entzwei gesetzt haben, kann sich nicht vereinigen, solange nicht wenigstens diese Ursache des gegensätzlichen Zweiseins erkannt wird.

Leib ist das Wort für den belebten, erlebten, lebendigen Körper. Während Körper mit *corpus*, das im Englischen sogar zu *corps*, dem Wort für die Leiche, werden konnte, verwandt ist, hieß das althochdeutsche *lib*, später *lip*, einfach Leben, das eben immer leiblich ist. Leib wird auch die lebendige Gemeinschaft genannt, als die sich die christliche Kirche verstand. Die mittelalterlichen Gläubigen wußten sich als »Leib Christi«. Dieser Christusleib wurde, etwa in den visionären Miniaturen der heiligen Hildegard von Bingen, so kosmisch als Gestalt der Welt insgesamt begriffen, daß wir ihn mit kosmologischen Bildern anderer Kulturen vergleichen können, die unsere Welt von einem Götterleib überwölbt sahen. Von diesem Bedeutungshintergrund war vor zwei Jahrzehnten leider kaum etwas gegenwärtig, nicht einmal die kategoriale Unterscheidung bei Helmuth Plessner in »Leib haben« und »Körper sein«, die den Leib als vom Willen beherrscht dem unwillkürlich Biologischen gegenüberstellte. Deshalb sind auch meine Formulierungen leider keineswegs folgerichtig, sondern nehmen den Sprachgebrauch auf, der das Leibliche noch mühsam, aber historisch redlich aus dem gewohnten Körperlichen und Worten für die anderen Dimensionen erst wieder zusammensetzt – Körpererfahrung, -bewußtsein, -gedächtnis u. a. m.

Selbstverständlich vollzog sich die Entwicklung vom Leib zum Körper in wesentlicher Durchdringung mit den anderen Veränderungen, die Geschichte ausmachen. Einige Grundzüge des ökonomischen Wandels seien zunächst aufgezeigt. Im italienischen fünfzehnten Jahrhundert wurden kleine Schritte des Wandels, die seit dem zwölften in Europa abstrakt quantitatives Denken durchzusetzen begonnen haben, zu einem eigenen Phänomen von fast beherrschender Wirkung an der Oberfläche der Gesellschaft. Zusammen mit dem Fernhandel zwischen dem Norden und dem Orient waren Geld und Handelsherren zu einer eigenen Macht geworden, die alles in ihren Sog ziehen konnte. Lehen und Kronjuwelen, Bergwerke und Webstühle, Schiffsladungen und künftige Ernten wurden wie Äpfel und Birnen in den Spalten der doppelten Buchhaltung miteinander im Hinblick auf bezifferbaren Gewinn verrechnet. Sie verloren ihre eigene hergebrachte Bedeutung und wurden zu den Ursachen von freizügigem Reichtum oder plötzlichem Ruin. Kapital war etwas ganz anderes als zur Zeit des Kapitalismus; aber es gewann prägende Gewalt. Viele Fesseln der Ordnung, die menschliches Handeln und Denken an den Boden eines Lehens oder die Werkstätten einer Zunft gebunden hatten, zerbrachen. Daß damit auch Bindungen zerrissen und Sicherheiten vernichtet werden würden, bekamen zuerst verarmende Handwerker und funktionslose Lehensleute, besteuerte Bauern und später vertriebene Landleute und Arme zu spüren. Wo der alte Adel in den neuen Reichtum einsteigen und die neuen Reichen sich mit den alten Titeln schmücken konnten, mußte man nur sein Glück machen, um die Welt sich auftun zu sehen. Die Kämpfe um dieses Glück wurden freilich auch mit allen Mitteln geführt und brachten manche neugegründete Existenz und manch überlieferte Wertvorstellung zum Zusammenbrechen.

Dennoch wirkten, vor allem, zwei einander eigentlich ganz

äußerliche Momente zu der sich verbreitenden Vorstellung zusammen, ein harmonisches Erdenleben werde den Menschen möglich. Diese Vorstellung beruhte auf der Erfahrung von Reichtum, der zwar mit Risiken, aber ohne Arbeitsmühen erworben wurde. Sie war trügerisch, aber glänzend. Die Mühen hatten nämlich die Gewürzanbauer »dahinten in der Türkei« oder die Schafzüchter im englischen Nebel. Wer in Florenz, Pisa oder Lucca mit Spezereien und Wolle zu tun hatte, sah nur zu, wieviel Gewinn er am Handel mit diesen Waren machen konnte. Sofern er die Wolle von oberitalienischen Webern zu Tuch verarbeiten ließ, beruhigte er sich dabei, daß die Handwerker doch nur taten, was sie immer getan hatten, auch wo diese inzwischen von seinen Vorschüssen und Angaben bis zur Lohnarbeit hin abhängig wurden. Denn die Arbeitsweise, in der Waren entstanden, blieb die handwerkliche von einst mit ihrer bescheidenen Einheit von Geschicklichkeit, Materialverständnis und Fleiß.

Heimisches Handwerk und das Gold aus der Ferne schienen sich gut zu verbinden. Aber es gab keinen gemeinsamen Boden für beide. Gemeinsam war vielmehr die überall sich durchsetzende Rechenhaftigkeit. Kalkulation erforderte Normierung der Produkte, Angleichung der Bedingungen in den verschiedenen Städten, Ländern, Reichen wie ihre Vorhersehbarkeit und dauerhafte Geltung. Transport mußte durch Straßenbau und Sicherheit vor unberechenbaren Gewalttaten garantiert, Münzen sollten vereinheitlicht und Rechtsnormen angeglichen werden. Diese und viele andere Aspekte der neuen Wirtschaftsmächte drängten auf eine Zentralisierung und Standardisierung hin, die nicht die Bürger, sondern nur die absolutistisch werdenden großen Herrscher zu fördern vermochten. Dazu brauchten sie Steuern und Söldnerheere, die mit vielen parallelen Erscheinungen zusammen die Tendenzen dazu verstärkten, daß man sich kaufte, was man brauchte, und berechnete, was man für wert hielt.

Ganz Europa wurde von den Auseinandersetzungen, die mit diesen Veränderungen verbunden sein mußten und Parteien wie einzelne zu Existenzkämpfen und Kriegen gegeneinandertrieben, bedroht. Die italienischen kleinen Staaten konnten nicht in den neuen Maßstäben mithalten, zumal der Orienthandel auch durch die Türken abgeschnitten wurde. Die fortgeschrittensten

Formen der neuen Organisation bildeten sich mit der Hegemonie der französischen Monarchie über ihr Reich in Frankreich aus. Darum sind die Verhältnisse am französischen Hof und im französischen Bürgertum Ort der Handlung für den zweiten Teil, obwohl rein ökonomisch und auch geistesgeschichtlich die neuen Tendenzen in den Niederlanden schon klarer ausgebildet waren. Ausschlaggebend für das sechzehnte Jahrhundert war eben, daß Zentralisierung durchgesetzt wurde; und das geschah vorerst durch ein ganz ungleiches Bündnis von wirtschaftlichen Interessen an durchschaubaren Bedingungen für Handel und Produktion mit den dynastischen Interessen einer starken politischen Gewalt. Es fand seinen Ausdruck in der neuen Konzeption von einer Nation auf einem Territorium mit einem souveränen Herrscher.

Diese Veränderungen wurden weitgehend unveränderten Lebensverhältnissen der Bevölkerung, die auf dem Lande und in den Städten für die Lebensmittel und den übrigen Bedarf der Gesellschaft sorgte, auferlegt. Nicht planmäßig und nicht systematisch deutlich gerieten ihre Tätigkeiten und Lebensformen zunächst in ein schiefes Verhältnis zu den neuen Prinzipien; nach und nach nahmen sie auch veränderte Formen an. Doch läßt sich die Sozialgeschichte des Leibes kategorial nur von der Oberfläche her darstellen. In der Tiefe wurde Wandel erst mit der massenhaften Vertreibung von Bauern sichtbar, wo alte Lehen zu profitorientierter Landwirtschaft gemacht wurden, und in der Folge der modernen Kriegsführung. Die Methoden der Arbeit, der Kooperation bei der Arbeit, die Produktion insgesamt wurden zwar zunehmend umorganisiert; aber die Veränderungen konnten die Arbeitenden kaum sinnlich wahrnehmen, bevor Handwerker ihre Häuser verlassen und die Werkstätten von Manufakturherren beziehen mußten. Fluchtpunkt dieser Entwicklung ist die Geometrisierung des Menschen. Paradigmatisch tritt sie auf als Zerlegung menschlicher Bewegungszusammenhänge nach physikalischen Gesichtspunkten in kleinste Teileinheiten und als deren beliebige Wiederholung, als Rekonstruktion neuer Abfolgen unter äußeren Formkriterien. In der Produktion heißt das etwa repetitive Teilarbeit und trat erst nach der Industrialisierung auf. Noch vor 1600 wurde dagegen im militärischen Drill das entsprechende Verhältnis zwischen Handgriff, Haltung, Schritt, Ziel und Befehl vorexerziert. Darin waren ihm die Regeln für Tänze und Ballett nah verwandt, wenn sie auch das Schematische oft erfolgreich unter Anmut, Vergnügen und Kunst verbergen konnten. Neben diesen Entwicklungen wurden unter vergleichbaren Axiomen ältere Leibesübungen in Sporttechniken überführt, die neben dem Drill als der Geometrisierung des kleinen Mannes und der Kunst der »fünf Positionen« – des späteren »klassischen Balletts« – als der Geometrisierung für die Personen von Stand ihre eigene Soziologie aufweisen.

So können wir im Rückblick vom Ende des zwanzigsten Jahrhunderts die Sozialgeschichte des Leibes charakterisieren. Die geschichtliche Wirklichkeit ist jedoch immer widersprüchlich und mehrdeutig. Die bedeutenden Hoffnungen, die als sogenannte Frührenaissance aufblühten, sind darum ein besonders eindrucksvoller Ausdruck dafür, weil die neuen Vorstellungen von liebender Zuwendung der Menschen zueinander in Geste und Gespräch wie zur Natur, die betrachtet, empfunden, verehrt wurde, sogar ein ökonomisches Fundament zu haben schien. Reichtum ohne verausgabende Arbeit schien möglich und ließ Bilder und Symbole einer befreiten, frohen, sich erfüllenden Vereinigung von leiblichen und geistigen Leistungen zum klugen Lebensgenuß entstehen.

Sie nahmen etwa mit der neuplatonischen Figur von Bewegung als sinnenhaftem Weg zum Sinn des irdischen wie des ewigen Lebens auch philosophisch Form an. Aber sie wurden auch zu Leitbildern der Lebensführung und -gestaltung überhaupt bis hin etwa noch zu dem irdischen Paradies der Adamitensekte, für die Hieronymus Bosch die Altartafeln schuf wie den »Garten der Lüste oder das Tausendjährige Reich«. Darin hätte auch eine andere Art von Wissenschaft ihren Boden gefunden und ihre Wirksamkeit beitragen können, wie Ficino sie andeutete, als er eine Erkenntnis aus der Liebe zum Gegenstand vorstellte. So wäre systematisches Wissen in der Einheit von Erkennen und Verantworten möglich geworden. Kennenlernen wäre noch im Kennen des Anderen eigene Bewegung des Lernens als Antwort geblieben. »Die Einheit von Mimesis und Metrik« gibt ein Modell dafür im Hoftanz.

Mir wurde im Gange der Untersuchungen immer wichtiger ein

mit diesem sich verbindendes Modell dessen, was oder wie etwas von einem solchen Vorgang sich in der Geschichte niederschlägt. Während im sechzehnten Jahrhundert bereits alles auf feste Ergebnisse gesetzt wird, die man gegen die Turbulenz der ungewissen Verhältnisse stellen kann, kam im Quattrocento, fast nur unausgesprochen, eine ganz andere Vorstellung zum Vorschein. Eine Lebensgeschichte und eine Episode der Menschheit könnten auch darin einen bleibenden Gewinn erwerben, welche Fähigkeiten zu genaueren, lebendigeren, behutsam tätigen Antworten die Menschen in sich ausbilden. Sie selbst gewännen so eine *Identität im Werden* der immer neuen Lebensbewegungen, eine Substanz, die sich weder als Instanz noch als Kompetenz, sondern als Mitspieler zu immer neuen Gestaltungen erweisen würde. So wäre die Gattung reich durch das vielfältige Zusammenspiel ihrer einzelnen Individualitäten. Kontinuität des Ganzen wäre weniger auf mächtige Institutionen angewiesen und könnte mehr auf der *lebendigen Mitte* gemeinsamer Erfahrungen beruhen.

Wenn solche Vorstellungen in mancher Hinsicht der Gegenwart weiter zu gehen helfen können, als sie selbst zu suchen vermag, so ist alles, was ihnen entgegensteht, in den Strategien der anderen, zweiten Hälfte der Renaissance bereits in Marsch gesetzt. Der Wandel in den Fortbewegungen der Menschen vom Wandern und Pilgern zum Schienentransport war in Ansätzen vorweggenommen. Er geschah unter dem Druck katastrophaler Ordnungsnot in den Gesellschaften und mit den Prinzipien einer machtvollen Natur*beherrschung*. Diese setzten in den Menschen sich durch als Ausbildung einer isolierten Ich-Identität im Dienste explosiver Selbstbehauptung, starrer Fixierung der Mitwelt zum Objekt und klarer Durchschaubarkeit nach diskursiven Regeln. Der Leib der Menschen ist, wie auch die Natur, symbolträchtig, weil er an dem, wofür er stehen kann, zugleich unmittelbar und vermittelt im Symbol teilhat. Der Körper wird zum Zeichen, zur Chiffre, kritisch gewendet zum Signal. Was damals an Instrumentalisierungen von innerer und äußerer Natur in Kauf genommen wurde, ist nur leider bei gelinderter Not nicht zurückgenommen, sondern mit den fortschrittlich ersparten Kräften beschleunigt worden. Heute beginnen die Menschen die Selbstberaubung durch Naturbeherrschung zu erkennen. Sie wird nur umgewendet werden können, wenn wir neu auch aus der abendländischen Vorgeschichte erleben, was sie vorfand und verdrängte, wenn wir begreifen, daß sie als Beraubung der einen Menschen durch die anderen im Zuge von Macht begann, und wenn wir dadurch eine späte Verantwortung für die Geschichte beider Seiten übernehmen, daß wir in präziser Analyse auf diese Geschichte als *einen* möglichen Gang mit der Suche nach anderen möglichen Wegen antworten.

Zum Begriff Naturbeherrschung am Menschen

Der Ausdruck besagt, daß die Herrschaft des Menschen über Natur auch »am eigenen Leib« ausgeübt wird. Daraus ergeben sich vier Fragestellungen, die jede von einem anderen Ende das Elend, das der Begriff bewußtmachen soll, dem theoretisch klärenden, vielleicht sogar dem praktisch verändernden Zugriff näherrücken. Erstens: Was bedeutet Herrschaft der Menschen über die Natur? Zweitens: Wie stellt sich im Zusammenhang mit Herrschaft über Natur das Verhältnis der Menschen zu der Natur dar, die sie selber sind? Drittens: In dem Begriff Naturbeherrschung am Menschen drückt sich implizit Kritik an der historischen Entwicklung aus; wer kann das Subjekt dieser Kritik sein, und wo ist ihr historischer Ort? Viertens: Was bedeutet das Verhältnis zur inneren Natur für die Gattungsgeschichte?
Erstens. Herrschaft über Natur üben die Menschen gesellschaftlich organisiert aus. Wie das geschieht und mit welchen Folgen in der Natur und für die Menschen, ist in den verschiedenen Gesellschaften und unter den verschiedenen Lebensbedingungen, die die Natur ihnen anbietet, ganz unterschiedlich. Dabei sind Folgen in der Natur als veränderte Lebensbedingungen unmittelbar und als Gegenstand sinnlicher Wahrnehmung, die nicht unmittelbar zur physischen Reproduktion der Menschen gehört, von Bedeutung, ebenso Folgen für die Form dieser Reproduktion und der Organisation der Gesellschaft insgesamt wie individuell lebensgeschichtlich. Abhängigkeit, Einwirkung,

Rückwirkung und veränderte Abhängigkeit schaffen ein historisches Gewebe von Wechselbeziehungen, das nicht mehr kausalgeschichtlich, sondern nur noch konstitutionslogisch rekonstruiert werden kann.

In einer chaotisch sich darstellenden Welt haben alle Kulturen nach Regelmäßigkeiten gesucht, um im Wechsel der Jahreszeiten und in der periodischen Wiederkehr von Sternbildern oder Tierzügen Orientierungen zu gewinnen. Solche Konzepte eines festen Rhythmus verdanken sich ebenso der Beobachtung einer kaum beeinflußbaren Natur, wie sie nur in gesellschaftlichen Verhältnissen möglich sind, die bei größter gegenseitiger Abhängigkeit einige Erfahrungen elementarer gegenseitiger Verläßlichkeit bieten. Die Konzepte werden in Berechnungen umgesetzt, etwa wann ein bestimmtes Wild unter welchen Umständen am besten gejagt werden, wann Felder am günstigsten bebaut werden können. Sie setzen sich ebenso in den Modus der Selbsterfahrung um, daß man tanzend mit dem eigenen Körper Rhythmus herzustellen vermag. Das Bewußtsein davon kann in Verbindung mit einer mythischen Naturinterpretation zu magischen Ritualen entwickelt werden, durch die dieses Vermögen der Menschen, das sich an ihrer eigenen Natur eingestellt hat, selber Orientierungen zu setzen, auf die übrige Natur übertragen wird. Es bedeutet eine, wenn auch beschwörend animistische Machtausübung. Machtzuwachs gegenüber der Natur ermöglicht, rückwirkend, auch die Gesellschaft nach den Orientierungskonzepten weiter zu organisieren, sie damit wiederum zu präziseren Konzepten und Strategien gegenüber den Bedrohungen durch die Natur und gegenüber ihren Angeboten zu befähigen. Naturbeherrschung ist der Stand dieser Entwicklung – wir können ruhig von einem Konstitutionsprozeß sprechen –, in dem der Antagonismus zwischen den gesellschaftlich organisierten Menschen und der Natur zu deren weitgehender Unterwerfung und Verfügbarkeit geführt hat. Heute heißt das: Bekämpfung von Krankheiten und Schädlingen, Ausbeutung von Energiequellen und Rohstoffen, Züchtung von Tieren und Pflanzen, Schaffung von Transportwegen und Beförderungsmitteln.

Zweitens. Dabei bleiben die Menschen abhängig von der Natur; sie haben physische Bedürfnisse und sind weiterhin bedroht, dem Tod ausgeliefert. Der Mensch ist selber Natur. Und Natur

ist der Gegenstand aller unserer leiblich-sinnlich sich realisieren-
den Bedürfnisse und Vermögen. Die Menschen gebrauchen ihre
eigene Natur sowohl in Tätigkeiten als auch aufnehmend und
erleidend als Organ und Instrument gegenüber der übrigen Natur und schlagen aufgrund dieser Erfahrung ihre materielle Basis
ihrer individuellen Existenz und den Phänomenen der Gattung
Mensch zu. Für ihre Selbstbestimmung ist das auch notwendig.
Nur wirft die insofern notwendige Eindeutigkeit und Richtigkeit dieses Zuschlags das Problem auf, wie sich das Verhältnis
der Menschen zu ihrem Leib darstellt, während sich ihr Antagonismus gegenüber der Natur herausbildet und immer mehr zu
Naturbeherrschung wird.

Das Bewußtsein der Einheit mit der Natur wird durch den
Kampf gegen ihre Bedrohung und um ihre Angebote zwar gebrochen, durch die Verwiesenheit auf sie aber auch wieder ge-
stärkt. Es drückt sich in wohl allen Schöpfungsmythen aus, indem diese immer eine Rechtfertigung enthalten, mit der ein
Schuldbewußtsein der Gattung für die Opfer, die ihre Nahrung,
Kleidung und so fort für die Natur bedeuten, abgefangen wird;
allerdings auf sehr verschiedene Weise bei den verschieden lebenden und organisierten Gesellschaften.

Ein nordamerikanischer Indianerstamm, der einerseits selbst mit
der Natur in vieler Hinsicht unter ähnlichen Voraussetzungen
lebt wie die Tiere, die er jagt, und andererseits ganz auf das ste-
tige, ungeschmälerte Vorkommen dieser Tiere angewiesen ist,
stellt sein Verhältnis zu ihnen als brüderlich vor und erklärt und
begrenzt seine Tötung von Beute als einen streng den Bedürfnissen entsprechenden Antagonismus. Das drückt sich in der Vorstellung aus, daß ein einst paradiesischer Zustand durch einen
Angriff der Tiere auf den ersten Menschen gebrochen und nach
dessen Sieg mit Hilfe des guten Gottes soweit wie möglich wiederhergestellt wurde. Das heißt, die Tiere müssen seine Selbsterhaltung durch Jagd zugestehen, aber sie soll für die Menschen
gefährlich sein, und sie sollen die Tiere als brüderliche Ge-
schöpfe achten. Dazu steht etwa der Satz der alttestamentarischen Schöpfungsgeschichte im krassen Gegensatz, mit dem ein
rächender Gott den Viehzüchtern und Ackerbauern gebietet,
sich die Erde untertan zu machen, aber ihn zu fürchten. Dort hat
sich entsprechend der Antagonismus gegenüber der zu unter-

werfenden Natur bis in die Verachtung des menschlichen Leibes und der durch ihn vermittelten Erfahrungen als den Sünden des Fleisches fortgesetzt. Den Tiernachahmungen, in afrikanischen oder indianischen Tänzen, durch die mimetische Erkenntnis und Auseinandersetzung mit Natur sich vollziehen, stehen der Tanz um das goldene Kalb und der Verführungstanz der Salome als sinnliche Verirrung und Verwirrung gegenüber.

Das Schuldbewußtsein gegenüber der äußeren Natur hat zumindest darin einen Grund, daß das Verhältnis zu ihr paradigmatisch ist für das Verhältnis zur inneren. Heute ist die Hühnerfarm als Fabrik von lebendigem Fleisch Konsequenz der gleichen Konzeption, die die Erforschung der letzten psychischen und motorischen Zusammenhänge im Menschen vor allem für eine noch raffiniertere und totalere Ausbeutung von Arbeitskraft nutzt oder erlaubt, die Reduktion von sinnlicher Wahrnehmung partiell zurückzunehmen und dies als »Motivation« gezielt einzusetzen.

Drittens. Offensichtlich steht die Naturbeherrschung in der Situation der Büffel tötenden Indianer, der Vieh züchtenden alttestamentarischen Juden und der modernen Industrieländer zwar in einem Zusammenhang, aber sie nimmt je völlig andere Ausmaße und Bedeutung an. Zugleich ist es selbstverständlich, daß die Menschen, indem sie der Natur als einer äußeren gegenübertreten, damit in den vielfältigen und vielschichtigen Wechselbeziehungen zwischen Gesellschaft und Natur die tätige, treibende Seite sind und notwendig also auch die willkürliche, beherrschende. Wogegen richtet sich dann die Kritik, die in dem Begriff Naturbeherrschung steckt? Da es grundsätzlich nicht möglich ist, quantitativ zu entscheiden, bis zu welchem Maß der Antagonismus sich als Selbstentfaltung der menschlichen Gattung und von wo an er sich als verwerfliche Hegemonie über die Natur objektiviert, betrifft die Frage den Zusammenhang in allen seinen geschichtlichen Phasen bzw. in allen seinen gegenwärtigen Schichten und Dimensionen.

Sie verwandelt sich deshalb in die Frage nach dem historischen Subjekt und dem historischen Ort von Kritik an Naturbeherrschung am Menschen, an Naturbeherrschung überhaupt. Eine solche Fragestellung wird von einem Subjekt hervorgebracht, das sich selber nur durch eine Geschichte konstituieren konnte, die jenen Antagonismus hervorgebracht und verwirklicht hat und über alle Einwirkungen, Rückwirkungen und Abhängigkeiten als ein systematisch strukturierendes Moment in allen ihren Konzepten, Strategien, Unmöglichkeiten und Möglichkeiten enthält. Da es nur dadurch ein Subjekt Gattung Mensch gibt, daß sie die Natur als Objekt ihrer Beherrschung unterworfen hat, ist unklar, was die Menschen berechtigen oder in den Stand setzen könnte, so zu tun, als ob sie sich von bewußtloser Natürlichkeit hätten abheben können, ohne durch solches Tun der Natur den Part des zu Beherrschenden zuzuteilen.

Die Vorstellungen von einem Paradies oder einem goldenen Zeitalter vor der Geschichte der Menschheit, die sich in den meisten Mythologien und Religionen finden, projizieren die Sehnsucht nach der Versöhnung, Brüderlichkeit, Harmonie in die Vergangenheit. Damit sind sie als Vorstellung oder Konzept unverlierbar. Ihr Subjekt ist ein göttlicher Schöpfer, dem die Bereiche der Natur, die den Menschen unzugänglich sind, der ahistorische, aber für sie anschauliche Ort seiner fortbestehenden Existenz sind. Die vorgeschichtliche Vergangenheit enthält die Versprechung für eine ebensolche nachgeschichtliche Zukunft; nur hoffend oder auch mitwirkend, jedenfalls ist der Mensch wesentlich auf ihm Unzugängliches verwiesen. Diese Verwiesenheit ist indessen in dem Maße eingegrenzt worden, in dem die Abhängigkeit gegenüber der Natur durch systematisches Handeln und Erkennen gemildert wurde. Die bürgerlich kapitalistische Gesellschaft in Europa hat die Unabhängigkeit so weit geführt wie keine andere und es ermöglicht, daß an die Stelle der Projektion in die Vergangenheit einer Schöpfungsgeschichte eine realgeschichtliche Rekonstruktion der Entstehung von Natur und Gattung getreten ist, an die Stelle des Versprechens für die nachgeschichtliche, jenseitige Zukunft die bewußte Arbeit für die Verwirklichung von Harmonie in der diesseitigen Existenz. Aber das ebenfalls geschichtlich gewordene Subjekt, die Menschheit, die diesen Plan konzipieren und ausführen soll, leidet gerade an diesem Stand ihrer Entwicklung tiefer denn je selber unter den Folgen der Naturbeherrschung: Als kalkuliertes System von Herrschaft und Ausbeutung der einen Menschen über die anderen, von Herrschaft über die innere Natur aller Menschen wie über die äußere ist Naturbeherrschung die Naturbeherrschung am Menschen geworden; sie läßt Versöhnung und Brüderlichkeit ebenso unrealistisch erscheinen, wie die gewonnene Unabhängigkeit gegenüber der Natur erst Entfaltung und Freiheit realisierbar macht.

Heute wird in den Naturwissenschaften und im Diskurs mit ihnen darüber nachgedacht. Es ist von Begrenzungen die Rede. Diese werden einmal meßtechnisch, einmal ethisch konstruiert, aber beide Konstruktionen folgen weiterhin dem Prinzip, Unerwünschtes als Störfaktor zu definieren und durch begleitende Maßnahmen beherrschen zu wollen. Inzwischen gehört zu dem Arsenal von Maßnahmen auch die Bereitschaft, Konzessionen zu machen. »Offene Systeme« sollen das, was faktisch nicht beherrscht weden kann, listig auf dem Umweg über eine Selbstbeherrschung der Natur dienstbar machen für den Einsatz in den Strategien zivilisatorischer Gewaltanwendung. Wissenschaft und Politik tun, um den Herrschaftswillen nicht zurücknehmen zu müssen, dabei einfach so, als dürfte noch das aristotelische Weltbild gelten, nachdem Erkenntnis und Handeln des Menschen ohnehin nur eine begrenzte endliche Welt betreffen, während eine unendliche mythisch jenseits liegt und darum ungefährdet den Zusammenhalt von außen garantiert. Endliche, das heißt modern gesprochen meßbare, und unendliche Welt sind nur, sofern sie ineinander sind. Es gibt keine Truppenübungsplätze für das Denken oder für die praktische Manipulation. In jedem Schritt müssen wir uns für Krieg oder Frieden entscheiden. Dies beginnt zum Beispiel, wie Erwin Straus formuliert hat, mit der »naiven Annahme, daß das Singuläre«, also das aus der Welt Herausisolierte, »das Ursprüngliche sei«.

Viertens. Diese historische Situation zwingt die Menschen dazu, die bewußtlos vorangerollte Geschichte ihrer Konstitution als selbst- und weltbewußte Wesen zu reflektieren, nunmehr mit Bewußtsein, und das heißt kritisch, zu rekonstruieren, wenn die Möglichkeiten, die aus dieser Geschichte resultieren, zu realisierbaren Potentialen gemacht werden sollen, statt explosionsartig in Selbst- und Weltzerstörung unterzugehen. Dabei erhält die Reflexion auf die innere Natur und auf unser Verhältnis zu ihr zentrale Bedeutung: Als die materielle Basis menschlicher Existenz ist sie nicht nur die physische Voraussetzung, sondern das stofflich-sinnliche Medium unserer Entfaltung in jener Freiheit;

und in dieser existentiellen Einheit von Natur und von dem, was der Natur gegenübertritt, muß die Entfaltung der Gattung zur vernünftigen Geschichte werden. In jedem einzelnen Menschen steht unser Verhältnis zur inneren Natur exemplarisch für das zu Natur insgesamt – ich meine damit, es hat sowohl direkte wie paradigmatische Bedeutung.

Die kritische Rekonstruktion ist eine Arbeit für die zukünftige Gesellschaft. Die materielle Basis der Menschen ist ihre individuelle Physis nicht weniger als die gesellschaftlich unterworfene äußere Natur und deren Objektivationen in Form von Produktionsmitteln und -verhältnissen. Wenn der Fortschritt der Menschheit über das gegenwärtige Elend zur Entfaltung in *Freiheit nur möglich* ist im Zuge der Reflexion auf die Konstitutionsgeschichte und dabei gerade auch das Verhältnis zur inneren Natur und wenn damit *die individuellen menschlichen Existenzen zu bewußten Bestimmungen der Gattung* erhoben werden müssen, dann trifft sich dies mit einer notwendig grundlegenden Tendenz einer zukünftigen Gesellschaft: Weitere Entfaltung der Gattung in reflektierter Beziehung auf die Natur kann *nur über die Entfaltung der wirklichen Individuen* realisiert werden. Ob eine solche theoretische und praktische Reflexion auf das Subjekt mehr Individualismus bedeutet, ist die Frage. Ihre Beantwortung hängt davon ab, wie sehr Individualismus an die historischen Borniertheiten der kapitalistischen Gesellschaft bürgerlicher Individuen gebunden ist. Jedenfalls wird sich der Gattungsfortschritt in mehr Subjektivität objektivieren müssen. Deshalb ist die Frage, wie eine entsprechende Selbstreflexion auszusehen habe, Gegenstand dieser Überlegungen zur Naturbeherrschung am Menschen und ist zugleich notwendig als methodologische Metaüberlegung.

Teil I
Höfe und Kaufmannskapital

Höfe und Kaufmannskapital

Im Mittelpunkt der meisten oberitalienischen Höfe des fünfzehnten Jahrhunderts standen Dynastien aus alter feudaler Herkunft; der Hof der Medici in Florenz, die 1450 vom Kaiser den Titel von Herzögen der Toscana erhielten, bildete eine Ausnahme ebenso wie die Sforza, die in Mailand das Haus der Visconti ablösten. Dennoch können einige Zusammenhänge festgestellt werden, die zeigen, daß auch die keineswegs unmittelbar mit den Inhabern des Kaufmannskapitals zu identifizierenden Herrschenden wesentlich mit dem kaufmännischen Reichtum und den Prinzipien des Gewinns am Warengeschäft verflochten waren. Die Landherren übergaben ihre monetären Grundabgaben den Großkaufleuten und Bankiers als Einlagen. In solch direkter oder in indirekter, politischer Weise sahen die Großkaufleute ihrerseits die Fürsten als die für sie interessanten Partner und Vertreter einer für ihre Interessen nützlichen Macht. »Den stärksten Rückhalt«, schreibt Olschki, »fand gewöhnlich der zukünftige Herrscher einer Stadt oder eines Landstriches bei der reichen Bürgerschaft, die innerhalb des sozialen Gefüges der italienischen Republiken das stetigste Element war.«[1] Die Stetigkeit hatte freilich systematisch ökonomische Gründe. Durch Verpfändung wurden Regalien und Steuerrechte in das Geld verwandelt, das von geschäftsmäßigen Geldverleihern stammte und deren kalkulatorischen Grundsätzen unterlag. Die großen Bankhäuser finanzierten die Fürsten, gewannen so auf deren Politik Einfluß und erreichten zugleich, daß in einem gewissen Ausmaß die Förderung kaufmännischer Interessen zum eigenen Interesse dieser Fürsten wurde. Zum Teil dachte und handelte der Fürst aber auch selber schon recht kaufmännisch; zwar wurde bei Hungersnöten im Sinne alter Fürsorge den Untertanen mit Getreide geholfen, »allein in gewöhnlichen Zeiten hielt er sich schadlos durch das Monopol, wenn nicht des Getreides, so doch vieler anderer Lebensmittel«.[2] Das gilt, wie Burckhardt zeigt, als eine mohammedanische Praktik, die über Friedrich II. in Italien nachgeahmt wurde.[3] Schließlich wurden Herzöge und

Adlige im Dienste von Signorien als Gonfallonieri oder Diplomaten auch unmittelbar abhängig, jedenfalls im Rahmen solcher Funktionen und der für diese ausgesetzten Gratifikationen. Zweifellos standen aber die Mitglieder der Höfe in einem nur sehr mittelbaren Verhältnis zu dem sie tragenden Reichtum. Ihr Leben und ihr Selbstverständnis entwickelten sich in einer großen Distanz zu ihm.

Spätritterliche Ideologie

Dies bedeutete, daß sich die vorzeitige Idee arbeitslosen Wohlergehens an den Höfen noch weiter verselbständigte als schon in dem Bewußtsein der Großbürger. Der Hofadel füllte weitgehend diese Distanz mit einer Ideologie aus, durch die der veränderte Status des Adels und Hochadels zu einer Fortsetzung der traditionellen Rolle als Kriegerkaste stilisiert wurde. Bereits auf den ersten Seiten seines Traktates über den Tanz rühmte Cornazano, wie großartig und wie wichtig der Krieg sei.[4] Die tanztheoretische Schrift ist ebenso seinem Fürstenhaus, den Sforza in Mailand, gewidmet wie sein Traktat über das Kriegswesen, und während er gerade über das Militär in Versen handelte, bezeichnen einige Passagen der Tanzschrift das Tanzen bloß als eine Abwechslung für Zeiten, in denen man nicht Krieg führt.[5] Ohnehin nimmt der Traktat ›Del danzare‹ unter den Veröffentlichungen von Cornazano nur einen bescheideneren Platz ein zwischen einem Marienleben, einer Sammlung vulgär erotischer Novellen nach Art des ›Decameron‹, einem Buch ›De re militari‹ und anderen. Cornazanos Satz »militia è fructo e la scientia un fiore«[6] kann in dem Durcheinander von Themen wie von grundsätzlichen Positionen, das seinen schriftlichen Nachlaß darstellt, nicht als absolut geltende Aussage interpretiert werden — andere Zusammenhänge bringen neue, ähnlich apodiktische, aber sich widersprüchlich überschneidende Thesen. Doch bezeichnet er offenbar wie eine Devise die spätritterliche Ideologie der Zeit. Auch Castigliones ›Libro del cortegiano‹ könnte dieses Motto tragen: »Das Kriegswesen ist die Frucht und die Wissenschaft eine Blüte.«

Freilich überdecken sich dort ebenfalls die Tendenzen, und die martialischen Bekenntnisse verdecken Unsicherheit und Widersprüche oft nur schlecht. Nach ihm ist »der hauptsächliche und wahre Beruf des Hofmanns das Waffenhandwerk«.[7] Dies ist dort die erste, und oberste, Charakterisierung. Daraus wird auch gefolgert, »daß dieser Hofmann, wenn er Gelehrter und mit so vielen anderen tugendhaften Eigenschaften begabt ist, alles als Zierde des Waffenhandwerks und nicht das übrige als Zierde der Wissenschaften betrachtet, . . .«[8] Die Ausführungen über die Bedeutung des Malens für die Ausbildung der Erkenntnisfähigkeit der Menschen, die den Hofleuten nicht abgehen sollte, enden ziemlich abrupt mit der Rechtfertigung, das Malen sei »von großem Nutzen«, »zumal im Kriege, um Orte, Landschaften, Flüsse, Burgen und Festungen (. . .) zu zeichnen«.[9] Die neuen Ideale der Bildung dringen in den alten Standesbegriff ein, werden aber auch unter ihn subsumiert. Wenn dies einerseits etwa beim Malen die Vorstellung Leonardos in der höfischen Praxis verkürzte, sie zu einer Hilfsdisziplin der Kriegskunst machte oder in der Randzone dilettierender Beschäftigung »zur Zierde« abwertete, so trug diese Einstellung andererseits auch bei zu einer Aufwertung des Körpers.

Körperübungen

Zwar vereinnahmte der Grundsatz, »die Ausübung des Waffenhandwerks gehört dem Herzen und dem Körper zu«[10], in einer bestimmten Form die Einheit von geistiger und körperlicher Arbeit für den Zweckzusammenhang eines Handwerks, dazu des mörderischen Kriegshandwerks. Gleichzeitig gelangten eine Reihe von körperlichen Übungen als vorbereitende Ertüchtigung zu einer Berechtigung, die bald von ihrer Abhängigkeit gegenüber dem Kriegsdienst sich verselbständigte. Die Höflinge sollten allen Beschäftigungen nachgehen, die »männlicher Tapferkeit« dienten. »Unter ihnen scheint mir die Jagd zu den vorzüglichsten zu gehören, da sie eine gewisse Ähnlichkeit mit dem Krieg hat.«[11] »Angemessen ist es ferner, schwimmen, springen, laufen und Steine werfen zu können.« Eine »höchst schickliche Übung ist auch das Ballspiel, bei dem man gut die körperliche Veranlagung und die Schnelligkeit und Gewandtheit jedes Gliedes sieht«; war der cortegiano hierin überdurchschnittlich, so konnte er anderes wohl »beiseite lassen, wie etwa Luftsprünge, Seillaufen und ähnliche Dinge, die etwas vom Gauklertum an sich haben und einem Edelmann wenig angemessen sind«. Bestimmte Weisen körperlicher Virtuosität waren historisch mit bestimmten sozialen Rollen besetzt; Luftsprünge etwa konnten als zu einseitig empfunden werden, um einen Platz in dem neuen Bilde eines allseitig sich entfaltenden Menschen beanspruchen zu dürfen, und waren vor allem vorbelastet mit dem abfälligen Urteil über »nutzlose Dinge«, das soweit ein aristotelisches Motiv aufnahm. Im mittelalterlichen Leben hatte eine Reihe von Spielen, die einfach ihren Nutzen hatten, keinen präzis programmierten und eigens definierten Sinn zuerteilt bekommen; da sie aber nur in unreflektierter Notwendigkeit eine Einheit mit dem übrigen Leben der Kriegerkaste bildeten, konnten sie zugleich doch noch offen sein für freiere Vorstellungen.

Diese Notwendigkeit wurde nun in gewissem Umfange aufgelöst. Die Nützlichkeit für den Kriegsdienst wurde zu einem Prinzip erklärt, als sie objektiv bereits recht fraglich war; gleichzeitig konnten so unter ihrem Schein die alten Körperübungen und manche neuen faktisch zu Tätigkeiten aus eigenem Sinn sich verselbständigen, ohne daß diese Freiheit ganz zugegeben werden durfte. Max Weber hat die Verhältnisse der Feudalzeit und des folgenden Übergangs sehr gut dargestellt, wenn man einmal den äußerst problematischen Begriff Spiel außer acht läßt, in dem hier – wie übrigens auch in Huizingas ›Homo ludens‹ - der Unterschied zwischen verschiedenen Graden von Freiheit und Reflektiertheit unterzugehen droht. Er sagt zur Ritterzeit: »Daher findet in der Heranbildung und Lebensführung andauernd ein Element seine Stätte, welches, als Form der Einübung lebensnützlicher Qualitäten, der urwüchsigen Kräfteökonomie der Menschen ebenso wie der Tiere angehört, aber durch jede Rationalisierung des Lebens zunehmend ausgeschaltet wird: das Spiel. Es ist unter diesen gesellschaftlichen Bedingungen so wenig wie im organischen Leben ein ›Zeitvertreib‹, sondern die naturgewachsene Form, in welcher die psychophysischen Kräfte des Organismus lebendig und geschmeidig erhalten werden, eine Form der ›Übung‹, welche in ihrer ungewollten und ungebrochenen animalischen Triebhaftigkeit noch jenseits jeder Spaltung von ›Geistigem‹ und ›Materiellem‹, ›Seelischem‹ und ›Körperlichem‹ steht, mag es auch noch so sehr konventionell sublimiert werden. Eine spezifisch künstlerische Vollendung in freier Naivität hat es im Lauf der geschichtlichen Entwicklung einmal: auf dem Boden der ganz oder halb feudalen hellenischen Kriegergesellschaft, ausgehend von Sparta, gefunden. Innerhalb der okzidentalen Lehensritterschaft und des japanischen Vasallentums setzte die aristokratische ständische Konvention mit ihrem strengeren Distanz- und Würdegefühl dieser Freiheit engere Schranken als in der (relativen) Demokratie der Hoplitenbürgerschaft.«[12]

Es kommt darauf an, die Wirrnis der soziologischen Kategorien spezifisch auf die beiden beschriebenen Stufen aufzuteilen. Dann wird die rein feudale Zeit durch Ungeschiedenheit der reflexiven und der naturhaften Momente im Verhältnis der Ritter zu ihrem eigenen Körper charakterisiert, sowie durch die Naturwüchsigkeit, in der dieses Verhältnis besondere Formen annimmt. Die Auflösung rein feudaler Funktionen und ihre Überführung in irgendwie bürgerliche und demokratische Gesellschaften bringt eine freiere Beziehung darauf mit sich. Sie muß spezifisch als jener Prozeß verstanden werden, in dem das Unbegriffene – das freilich im Gegensatz zu Webers Behauptung auch schon im Feudalismus im Kontext arbeitender Menschen und infolgedessen an ganz anderem Ort als das »Animalische« steht – noch nicht wirklich von seiner Einheit mit naturhafter Körperlichkeit getrennt wird und doch schon der Dimension reflektierender Selbstaneignung der Menschen zugeführt werden kann. Wenn Weber dies »künstlerisch« nennt, so folgt er damit der Terminologie, die auch das Geschehen des Quattrocento immer nur in einem ziemlich engen Sinne des Wortes ästhetisch als »Frührenaissance« hat verstehen können. Es wird nicht als der politisch-ökonomische Zusammenhang interpretiert, den Weber daneben doch so treffend geschildert hat. Er bezeichnete allerdings auch hier nur beiläufig durch den Begriff »aristokratisch« die neue Phase einer eigentlich gerade nicht mehr feudalen Herrschaft: »Jene Verwandtschaft mit künstlerischer Lebensführung, welche sich daraus ergab, speiste sich aber auch aus der Quelle der ›aristokratischen‹ Gesinnung der feudalen Herrenschicht ganz direkt. Das Bedürfnis nach ›Ostentation‹, nach äußerem Glanz und imponierender Pracht, nach Ausstattung der Lebensführung mit Gebrauchsobjekten, welche nicht im ›Nutzen‹ ihren Daseinsgrund haben, sondern im Wildschen Sinn unnütz im Sinn von ›schön‹ sind, entspringt – sahen wir – primär dem ständischen Prestigegefühl, als ein eminentes Machtinstrument zur Behauptung der Herrenstellung durch Massensuggestion. Der ›Luxus‹ im Sinn der Ablehnung zweckrationaler Orientierung des Verbrauchs ist für feudale Herrenschichten nichts ›Überflüssiges‹, sondern eines der Mittel ihrer sozialen Selbstbehauptung.«[13]

Sport

Es heißt bei Castiglione, das Ballspiel lasse die Gewandtheit der Glieder sehen, nicht, es stähle den Körper. Eine der einschneidendsten Forderungen an die Höflinge war, sie sollten »über Verfahrensfragen von vorkommenden Klagen und Streitigkeiten Bescheid wissen und dabei in der Ausnützung aller Vorteile erfahren sein, dabei stets Mut und Klugheit zeigend«.[14] Zum Kriterium des Erfolges wurden immer mehr Regeln, nicht so sehr die reale Niederlage oder der reale Sieg im Kampfe auf Tod und Leben. »Es liegt im Ausgang dieser Kämpfe kein Gottesurteil mehr«, so Burckhardt, »sondern ein Sieg der Persönlichkeit und – für die Zuschauer – der Entscheid einer spannenden Wette nebst einer Genugtuung für die Ehre des Heeres oder der Nation.«[15] Die Übungen wurden immer mehr zum Sport, dessen aristokratischen Charakter die griechische Antike vorbildlich demonstriert hatte. Er war die freie körperliche Tätigkeit derer, die von der zwanghaft instrumentellen körperlichen Arbeit zum Zwecke der Reproduktion freigesetzt waren. Sie zur Einheit mit geistiger zu führen, war die Chance der Privilegierten; und sie blieb nicht ungenutzt, in den verschiedensten Formen mimetischen Lernens oder darin, daß man die körperliche Arbeit im Sport zum Genuß der eigenen Naturpotentiale machte. Auf die eine oder andere Weise schien sie für eine wahre Abarbeitung im geistigkörperlichen Stoffwechsel mit der Natur zur Verfügung zu stehen. Darin konnte das Verhältnis zur Natur unbelastet erscheinen von den Zwecken der gattungserhaltenden Naturbeherrschung. Adel und Großbürger brauchten keine unmittelbare Aneignung als Produzenten zu leisten; ebensowenig hatte für sie theoretische Erkenntnis bewußt die Funktion, zur effektiveren Ausbeutung der Dingwelt oder des menschlichen Körpers selbst genutzt werden zu können.

Spätritterliche Stilisierung

Gerade diese große Hoffnung des Zeitalters der sogenannten Frührenaissance geriet aber, noch bevor sie in der einstweiligen Unmöglichkeit einer Realisierung unterging, in den reaktionären Sog der überhängenden feudalen Elemente. Die Höfe, die darin für die Großkaufleute noch ebenso weit in ihrer Lebensführung Vorbild blieben, wie sie anderererseits von deren Kapital abhängig wurden, nahmen in ihrer Praxis gegenüber der Idee einer versöhnbaren Welt vieles bereits vorab in eine spätritterliche Stilisierung zurück. Darauf mag man auch den Umstand zurückführen, daß die aufgezeichnet überlieferten Choreographien praktisch doch keineswegs die emphatischen Tendenzen und höchst komplexen Konzeptionen der Tranztraktate einlösten, zumal auch an der Musik der Zeit ein entsprechendes Mißverhältnis von Theorie und Praxis zu beobachten ist.

Die Ära der Kontorkriege

Kriegerfunktion, Ritterroman und »abstrakte Arbeit«

Der Aufweis reaktionärer Tendenzen objektiviert sich vor dem Hintergrund der realen Bedeutung des ritterlichen Beitrags zum zeitgenössischen Krieg und dessen Funktion selbst. Für die Phase gentiler Gemeinwesen erscheint der Krieg naturwüchsig als Notwendigkeit der Selbsterhaltung. In diesem weiten Sinne kann die Funktion von Kriegern als reproduktive verstanden werden, zum Beispiel in den Zeiten der Gründung Roms oder der Völkerwanderung. Sie mag körperliche Arbeit im Kontext einer Arbeitsteilung zwischen Bauern und Kriegern sein und aus einer grundsätzlichen Gleichrangigkeit der Arbeiten nicht heraustreten. Trotzdem war zweifellos auch schon im frühesten Stadium diese Teilung der Funktionen in die Vermittlung der Herrschaft einbezogen, die noch an bestimmte Personen gebunden war. Im Mittelalter hatte jedenfalls die Kriegerkaste bereits Organisationsaufgaben über die eigentlichen Aufgaben der Verteidigung des Gemeinwesens im Kampfe hinaus übernommen; damit war eine vertikale Teilung der Arbeit in körperliche und geistige zu ihrem Charakteristikum geworden. Der Lehensadel war Inhaber von Herrschaft.

Im fünfzehnten Jahrhundert waren – jedenfalls für den oberitalienischen Raum – andere Organisationsformen als die des Kampfes ums Überleben zwischen den Gemeinwesen gefunden worden, wie sie innerhalb des römischen Imperiums schon bestanden hatten und bis etwa um 1700 für die europäischen Staaten durch die Eindämmung der Kriege auf reglementierte Kabinettskriege erreicht wurden. Das bellum omnium contra omnes der frühen Kapitalakkumulation war nicht mit gentilen Notwendigkeiten zu verwechseln, konnte vielmehr weitgehend gerade deshalb Platz greifen, weil die gemeinsamen Überlebensinteressen von Gemeinwesen auf andere Weise gesichert erschienen.

Die Kriege, deren Dienst der cortegiano sich so wesentlich gewidmet sah, wurden nicht um nationale Ziele der Erhaltung oder Eroberung gegenüber Frankreich oder Habsburg geführt. Es handelt sich vielmehr bei den Auseinandersetzungen zwischen den oberitalienischen Stadtstaaten – und deren agrarischen Nachbarterritorien sowie dem Papst – um ein fortgesetztes limitiertes Blutbad und fortwährende Spekulation auf auswärtige Interventionen. Sie sind zu interpretieren als die kriegerisch machtpolitische Erscheinungsform des eigentlichen Kampfes um Kaufmannskapitalmacht in der Form von Akkumulationschancen. Burckhardt hat auf die frühe Geschichte dieses Kampfes, auch auf seine Verquickung mit der neuen Herrschaftsform an der Stelle mittelalterlicher Ordnungen hin-

gewiesen. Die mächtigeren Städte »erlaubten sich als Handelskonkurrenten die äußersten Mittel gegeneinander und drückten schwächere Nachbarstädte in rechtlose Abhängigkeit nieder; d. h. sie glaubten am Ende doch, einzeln durchzukommen und des Ganzen nicht zu bedürfen, und bereiteten den Boden vor für jede andere Gewaltherrschaft. Diese kam, als innere Kämpfe zwischen den Adelsparteien unter sich und mit den Bürgern die Sehnsucht nach einer festen Regierung weckten und die schon vorhandenen Soldtruppen jede Sache um Geld unterstützten.«[16] Es wäre hinzuzusetzen, daß die Frage, wer eine Gewaltherrschaft errichten und was er durchsetzen konnte, ebenso von den Geldinteressen der Kaufleute abhing. Die neuen Regenten konnten auch im Außenverhältnis fest diese Interessen zum Zuge bringen. »Als die Florentiner um dieselbe Zeit (erste Hälfte des fünfzehnten Jahrhunderts, R. L.) ein Bündnis mit Venedig gegen Filippo Maria Visconti wünschten, wies man sie einstweilen ab, in der klaren, hier durch genaue Handelsbilanzen belegten Überzeugung, daß jeder Krieg zwischen Mailand und Venedig, d. h. zwischen Abnehmer und Verkäufer, eine Torheit sei. Schon wenn der Herzog nur sein Heer vermehre, so werde das Herzogtum wegen sofortiger Erhöhung der Steuern ein schlechterer Konsument. ›Besser man lasse die Florentiner unterliegen, dann siedeln sie, des freistädtischen Lebens gewohnt, zu uns über und bringen ihre Seiden- und Wollenweberei mit, wie die bedrängten Lucchesen getan haben.‹«[17]
Die Planung von Kriegshandlungen — wenn sicher auch nicht deren faktische Durchführung — war bereits unter dem Primat von Gewinnkalkulation gebändigt. Ritterliche Ehrenvorstellungen und standesgemäßes Draufgängertum waren dafür nicht gefragt. Sie konnten freilich in der vermittelten Form, in die sie die höfische Stilisierung überführt hat, noch lange Verwendung finden. Der nicht funktionalisierte Rest feudaler Haltung, das heißt unmittelbarer Bezüge auf Personen und Sachen, für die man kämpfte, verschwand von einer Generation »letzter Ritter« zur nächsten immer mehr. Längst vor Kaiser Maximilian bezeichnet das Quattrocento den Höhepunkt der ersten offensichtlichen Mediatisierung des Rittertums, die in Burgund noch nicht so abgeschlossen war wie in

Oberitalien. Ucellos Schlachtengemälde sind objektiv der Ausdruck für die unsinnig-unzeitige Konkretion dieser Auseinandersetzungen in malerischen Ritterszenen; sie sind, was in Wahrheit den Stellenwert des ritterlichen Kampfstils ausmachte: Dekoration, die einen freilich ganz eigenen Sinn beistellte.

Auf dem großartig perspektivisch-geometrischen Raumentwurf müssen die Geharnischten ihre Lanzen so gegeneinanderführen, wie es die Konzeption der Linien erheischt; der Krieg wurde bereits von der Unmasse des Fußvolks getragen, das man auf dem Bilde nur im Hintergrund sieht. Als Jagd macht sich der ganze Aufbau viel besser, nicht belastet durch den ja immerhin tödlichen Ernst der Maskerade von Prachtpferden und Prunkrüstungen. Vielleicht hat das Quattrocento damit schon wieder einen sinnvolleren Bezug entdeckt, als es in dem zuvor einfach kraß ausgebrochenen Gegensatz zwischen machtpolitischem Antifeudalismus und kompensatorischer Stilisierung möglich gewesen war. »Die italienischen Adligen ahmten die Helden der bretonischen und französischen Ritterschaft nach und nahmen deren Namen, Kleidungen und Lebensformen an. Dieser ritterliche Mummenschanz blieb aber nur an der Oberfläche, denn die wahre Geisteshaltung der neuen Herren, die durch Gewalt und Verschlagenheit an die Macht gelangt waren, zeigte keinerlei Verbundenheit mit den alten feudalen Idealen der Lehensgefolgschaft, der Lehenstreue, der Huldigung, des Minnedienstes, wie sie in anderen europäischen Staaten noch lebendig waren. Einmal an der Macht – eine Macht, die sie auf Kosten des niederen Adels erlangt hatten –, forderten die italienischen ›signori‹ von ihren Vasallen völlige Unterwerfung, ohne auch nur den Anschein einer organischen Rangordnung oder einer Wechselseitigkeit von Rechten und Pflichten zuzulassen.«[18] So eindeutig, wie es Olschki hier beschreibt, war das Gesamtbild des Quattrocento nicht, zumal im Selbstverständnis der Zeit, aber seine Darstellung trifft objektiv das Verhältnis zur Tradition.

Castigliones Vorstellung wie die von Cornazano und anderen Zeitgenossen, die höfischen Leibesübungen seien noch zum Zweck kriegerischer Tüchtigkeit im Dienst des Gemeinwesens oder wessen sonst untergeordnet, war konservative Romantik, insofern sie die gesellschaftliche Bedeutung dieser Kriegführung romanhaft verkannten; und sie war reaktionär, weil damit eine freie körperliche Abarbeitung – mochte sie auch nur von den Höflingen wie eine reale Utopie geübt werden können – ohne Not instrumentalisiert wurde, dazu noch durch Stilisierung in das überwunden Vergehende. Tatsächlich hatte die Masse der Krieger sich in Soldaten, das heißt *Soldempfänger*, verwandelt und die Führer wurden aus den Kassen der Staaten und Kontore bezahlt. Die erste technische Erfindung, die von einschneidender praktischer Bedeutung war, wurde auf dem Gebiet eingeführt, in dem längst so etwas wie abstrakte Arbeit, beliebig auswechselbare Lohnempfänger existierten[19]: Die Kanone entsprach technisch dem Ziel von Kriegen, in denen es um etwas so vergleichsweise Abstraktes wie die Akkumulationschancen des Handelskapitals ging, wo nicht mehr Interessen als Prärogativenstreit zwischen Herrschern auftraten, die in gerechten und ungerechten Kriegen zu entscheiden waren. Da die Anzahl von Landsknechten in einer Streitmacht nur noch repräsentierte, wie viele der Auftraggeber bezahlen konnte, war die abstrakte Zusammenfassung von Schlagkraft in der Vernichtungsmaschine Kanone die logische Konsequenz der Realität. Cornazano hat in seinem militärischen Traktat – in seinen begeisterten Versen nimmt sich dies Lob der Vernichtungsmacht fast wie ein Manifest der italienischen Futuristen aus – den Ruhm der Kanone verkündet: »Madama la bombarda, die zum Sohn das Gewehr hat. Diese teuflische Kunst hat alle anderen ausgeschaltet und öffnet den Feinden die befestigten Städte und macht mit ihrem Dröhnen ganze Armeen erzittern.«[20]

Das bellum omnium contra omnes findet gerade in den nach außen sich konsolidierenden Staaten statt, da vor den gentilen Interessen der Selbsterhaltung aller die partikularen Interessen isolierter Individuen die Szene bestimmen. Nachdem die Machtkämpfe zwischen Dynastien nicht mehr – wenigstens auch – die Funktion gesellschaftlicher Organisation haben, beginnt die Ära der Kontorkriege.

Cornazano feierte Galeazzo Sforza als den Vater der neuen
Kriegskunst. Diese hatte wenig mit den alten Ritteridealen
gemeinsam, ungeachtet der feudalen Aufmachung seines Her-
zogstitels. In dem Traktat ›De re militari‹ wird aller Pomp als
belastend und eitel abgelehnt, auf den Nutzeffekt der Aus-
rüstung komme es vielmehr an.[21] Ausbildung und Schlachtordnung erhielten eine größere Bedeutung. »Die *virtu*, nicht die
Zahl mache den Sieg.«[22] Virtu ist ein sehr verschieden zu inter-
pretierender Begriff. Er dürfte hier als Zucht im Sinne fast
schon des späteren Drills zu verstehen sein; so rühmt Cornazano auch dem römischen Heer nach, es habe durch Kunst und
bessere Übung die Welt beherrscht.[23] Die Soldaten sollen nun
in quadratischen Formationen aufmarschieren.[24] Diese Schlachtordnung war noch im siebzehnten und achtzehnten Jahrhundert üblich; vermutlich wurden auch im Quattrocento schon in
der Mitte der Karés die Fahnen geführt, die neben der Reprä-
sentationsfunktion auch als Mittel lautloser Verständigung im
Felde eine Rolle spielten.[25] Kriegerische Musik sollte nicht nur
ermutigen; es wurde ihr bereits die Aufgabe zugewiesen, für
die Gleichzeitigkeit der Schritte zu sorgen.[26] Freilich kam es
dabei auf den harten Rhythmus von Trommeln und Trompeten, nicht auf Harmonie an.[27] »Außer der Disziplin gehört
auch die *ragione*«, sicherlich als richtiges Maß zu übersetzen,
»zum Auftreten des Menschen.«[28] An anderer Stelle wird die
noticia di ragione als eine andere Form der Disziplin bezeichnet.[29] Den Sinn der recht verschiedenen Formulierungen dürfte
der Satz zusammenfassen: »Regula generale e in tutti i moti.«[30]
Alle Bewegungen der Formationen wie der einzelnen Männer
wurden reguliert. Das ist eine ganz unromantische Auffassung
des Kriegswesens. Sie geht aus von exerzierten, und das heißt,
von stehenden kleineren Heeren, die durch Artillerie unterstützt werden. Auf den Einzelkampf geschulte Ritter hatten
keine Funktion mehr. Aufgaben der Leitung, der Organisation
des Potentials an Soldaten und Technik lösten weitgehend die
persönliche Waffengewandtheit und Begeisterung ab. Demgegenüber wurden die Ideen Castigliones obsolet.

Tanz und Militär

Eine Verwandtschaft der neuen Formen des Hoftanzes mit dem neuen Reglement militärischer Bewegungen ist nicht zu übersehen. Selbstverständlich nicht im Dienste differenzierterer Ausdrucksmöglichkeiten wie dort, sondern hier zum Zweck eines effizienteren Einsatzes von Menschen zeichneten sich im Militärwesen Grundsätze ab, nach denen, darin dem choreographierten Tanz vergleichbar, Zeiteinheiten zum Grundmaß bestimmt und Rationalität in das Verhältnis der Elemente zueinander in Form überschaubarer Figuren, wie der Aufstellung im Quadrat, eingeführt wurden. Es widerspricht in den Choreographien des Quattrocento den Prinzipien der Theorie die Praxis, in der durchweg ein Tanz in derselben Formation der Tanzenden beendet wird, in der er begonnen hat. Es wird sich kaum vermuten lassen, das Phänomen sei in bewußter Verbindung mit der platonischen Lehre von der notwendigen Rückkehr der Bewegungen zur ruhenden Urform zu sehen. Gewiß ist die Tatsache selbst historisch zunächst auf die Gewohnheiten der Rundtänze zurückzuführen. Die in sich geschlossenen Produktionsweisen der Ackerbauern wie der einfachen Warenproduzenten, die sich in den Rundtanzformen ausdrücken, dauerten fort. Ihrer Übernahme in die Choreographie dürfte die Bedeutung zukommen, daß sich dabei ein Schematismus einfachster zweckrationaler Überschaubarkeit wie im Aufmarsch der Squadronen durchsetzte. Und jedenfalls ist mit dieser Parallelität die Möglichkeit für eine Entwicklung gegeben, die sich in der folgenden Geschichte als starke, wahrscheinlich gegenseitige, Beeinflussung von Ballett und militärischer Haltung verwirklichte. In diesem Zusammenhang wäre es interessant, feststellen zu können, ob der im Militärtraktat von Cornazano auftauchende Begriff *gamba di grue*[31] in ursächlicher Verbindung steht zu dem Tanzschritt des sechzehnten Jahrhunderts *pied de grue*, bei dem ein Bein derart gerade vorwärts in die Luft gehoben wird, daß man an einen bestimmten späteren Paradeschritt erinnert wird.

»Lässigkeit« und Mäßigung als Ausdruck und als Ostentation

Unmittelbar ist der höfische Tanz des Quattrocento, und das ist der choreographierte, nicht von den Leibesübungen oder militärischen Bewegungen und Aufstellungen beeinflußt worden, wenn auch das Eindringen freilich sehr unterschiedener Begriffe von ratio in alle Bereiche begann, gewisse Verwandtschaften und Parallelen erkennbar werden zu lassen. Das Prinzip des Maßes enthielt im Tanz über das bloß Metrische hinaus auch eine Bedeutung des Mäßigens, das eine Ausrichtung auf bestimmte systematisch aufeinander bezogene Raum- und Zeiteinheiten nicht zum Endzweck werden ließ. Sie wurden zum Medium von Sinn erhoben. Im Abscheu vor »Künstelei« war die Zeit darauf bedacht; formuliert wurde das Gegenbild allerdings mit Bezug auf die äußere Erscheinung des Menschen, man nannte es die »Tugend der Lässigkeit«.[32] Gerade am menschlichen Körper ist aber die Möglichkeit zu Ausdruck von dieser nicht zu trennen. Nur am gelassen sich haltenden Körper können Veränderungen sich manifestieren, die nicht bloß pedantisch bestimmten Schablonen entsprechen, sondern ihn einem Sichanverwandeln an das Andere über dessen Form öffnen. So kann der Körper mimetisch Ausdrucksmedium des Vorgangs werden, in dem die Person sich auf einen Gegenstand ihrer Beobachtung, auf den Gehalt einer vorgegebenen und nachzuvollziehenden Schrittfolge oder Anderes eingelassen hat. »Wer von Euch lacht nicht, wenn unser Messer Pierpaolo auf seine Weise tanzt, mit jenen Hüpfern und mit auf den Fußspitzen gestreckten Beinen, ohne den Kopf zu bewegen, als ob er ganz und gar aus Holz wäre, und mit so viel Aufmerksamkeit, daß er wahrhaftig die Schritte zu zählen scheint?« »Ebenso offenbart beim Tanzen ein einziger Schritt, eine einzige anmutige und nicht gezwungene Bewegung der Gestalt sofort das Können des Tänzers«, das auch sein »Wissen« genannt wird.[33]

Befreite Arbeit als Ostentation, Herrschaft

Castiglione unterschied sehr bestimmt, ob der Tanz »in Gegenwart vieler und an einem volkreichen Ort« stattfand oder ob die Hofleute unter sich waren und kein offizieller Anlaß bestand.[34] Hier wird der Einfluß jener öffentlichen Funktion der höfischen Tänze deutlich, die als Ostentation analysiert werden muß. Die Herrschenden bewegten sich coram publico. Auch der Sport hatte eine ostentatorische Seite. Diejenigen, die ihre körperliche Abarbeitung zu der zweckfreien Meisterschaft im Schwimmen, Laufen oder Steinewerfen entwickeln konnten, weil Feldarbeit und Gewerbe von den Unterprivilegierten für sie ausgeführt wurden, demonstrierten jenen durch die freie, höhere Form körperlicher Entäußerung auch noch, daß sie ihre Privilegien als die Besseren zu Recht inne hätten: »man erwirbt sich damit hauptsächlich Achtung bei der Menge, mit der man sich abfinden muß«.[35] Dieses Verhältnis entspricht der Teilung von geistiger und körperlicher Arbeit über der Produktion und ist wie diese ein Element von Herrschaft. »Wie es genügt, daß ein guter Soldat dem Schmied zu sagen weiß, von welcher Form, Güte und Beschaffenheit die Waffen zu sein haben.«[36]

Die Tänze waren indessen nicht nur derart direkt Demonstration dessen, daß die Herrschenden allein die höchsten, das heißt zur Freiheit der Entfaltung führenden Weisen menschlicher Existenz im Gegensatz zu einer primitiven Masse zu verwirklichen vermöchten. Es ist gerade *die rituelle Seite von Öffentlichkeit,* über die der Anspruch der Herrschenden in solchem Tanzen sich einlöste. Bedeutender als ihr Vergnügen am Tanz wurde dann der Umstand, daß nur bestimmte Personen daran teilnehmen durften, daß er an einem bestimmten Ort aufgeführt wurde und daß die Menge Zutritt nur als Zuschauer in gemessenem Abstand erhielt. Dies sind aber genau die Kriterien, nach denen Durkheim religiöse Zeremonien bestimmt und derentwegen er repräsentative Riten als mit ihnen zutiefst verwandt bezeichnet.[37] »Die militärischen und politischen Abenteuer, die damals das öffentliche Leben beherrschten«, erklärt Olschki ganz allgemein, »waren von einem Verlangen nach Popularität angetrieben, das einer Besessenheit nahekam; denn ihre Erfolge befriedigten nicht nur ihr Selbstgefühl, sie brachten ihnen neue Anhänger.«[38] Im Sinne und aus der Tradition jener Rituale gilt es nun für die Tanzenden insbesondere, »eine gewisse Würde zu bewahren«.[39] Da diese »jedoch durch eine zarte und feine Anmut gemäßigt«[40] werden sollte, wurde das Tanzen nicht einfach der Funktion ausgeliefert; vielmehr ging in die Tradition seiner Ausführung von Staats wegen über die rituelle Würde auch ein Moment von Sinn ein.

Eine solche Praxis war dem Tanz an und für sich äußerlich, die herrschaftliche Funktion hatte mit seiner Konstitution nichts zu tun. Durch die bloß empirische Verwendung zu solchen rituellen Zwecken teilte sich ihm dennoch etwas mit, das ihn auch von innen her veränderte. Die Funktionalisierung verdinglichte ihn in gewissem Grade; zugleich konnte er in dieser bestimmten Erscheinungsform über das hinaus, was sich autonom über seine Schrittfolgen und seine Formen als Gehalt bilden konnte, etwas bedeuten. Dieses Ereignis hatte zu viel gemeinsam mit den allegorischen Tänzen, die schon im vierzehnten Jahrhundert stattfanden – freilich ebenfalls an den Höfen Italiens und Burgunds –, um sofort aus dem Rahmen zu fallen. Trotzdem ist die Ballettgeschichte davon geprägt, daß hier die frühen Choreographien einerseits *durch ihnen ganz äußerliche Aufgaben eine unverhältnismäßige Bedeutung erhielten, die später mythische, mystifikatorische und in der bürgerlichen Kunst transzendentale Züge* annahm; andererseits stellte dieser übermäßige Bezugsrahmen eine Herausforderung dar, ihn auszufüllen, indem die bescheiden bewußtlosen Entfaltungsmodelle dieses Tanzes in einem offensichtlich gewordenen gesellschaftlichen Kontext ihre Möglichkeiten, etwas zu bedeuten, ausweiten mußten. Tatsächlich ist dies allerdings weniger gelungen, als daß Tanz in der Folge, jedenfalls in den nächsten Epochen, für die ihm äußerlichen Aufgaben des Rituals und der dem Militärischen verwandten Disziplinierung der Körperhaltung vereinnahmt wurde.

Rituelle Vorformen

Dieser Prozeß wirkte sicherlich um so nachhaltiger fort, als in ihm zugleich eine rituelle Vergangenheit aktualisiert wurde, aus der die volkstümlichen Formen des Tanzvergnügens irgendwann hergekommen waren. »Vielleicht sind sogar einige jener Darstellungen, die heutzutage nur der Zerstreuung dienen, alte Riten, die ihre Eigenart verändert haben.«[41] Zu diesem Material des choreographierten Tanzes gehörten ganz besonders Rundtänze in Verkleidungen und die sogenannten Morisken. In den einen lebten Geisterbeschwörungen fort, wie sie noch bis in unser Jahrhundert in den dörflichen Tänzen des »Schimmelreiters«*, des »Guy Fawkes day« und verschiedenen im Karneval aufgegangenen Überlieferungen zu erkennen sind. In der moresque oder morisca setzten sich pantomimisch getanzt die Erinnerungen an die Befreiung Europas von der arabischen Gefahr fort. Reyna nennt sie eine »regelrecht getanzte Chronik der Schlachten«.[42] Die Religion und diese Kriege fanden in volkstümlichen Tänzen ihren Ausdruck: »Das ergab die Mysterien und die *moresque*.« Die Darstellungen des Sieges über die Mauren wurden mit den religiösen Aufführungen verschmolzen, durch Umzüge auf dekorierten Wagen vorbereitet und von Mysterienspielen abgeschlossen, in denen wiederum unter den verschiedensten Vorwänden auch Tänze eingefügt wurden. Einen der beliebtesten wohl lieferte die Legende St. Johannis des Täufers, in der man die Salome tanzen ließ; sie trat sogar als Seiltänzerin und Akrobatin auf, wie dies für England eine Miniatur des ›Holkham Bible Picture Book‹ belegt.[43]

»Aus diesen ›sacre rappresentazioni‹, die aus den christlichen Mysterien und Legenden des vierzehnten Jahrhunderts sowie aus den florentinischen Festen zu Ehren seines Stadtheiligen entstanden waren, machte Lorenzo Magnifico die ›trionfi‹, aufwendige ›Masken‹spiele auf großen Wagen, die allmählich die mittelalterlichen Maskeraden überlagerten.«[44] In Funktion neuer, repräsentativer Rituale bemächtigten sich die Herrscher gleichermaßen alter Formen wie neuer Ausdrucksdimensionen. »Das estensische Fürstentum wartete aber nicht die Verherrlichung durch andere ab«, schreibt Burckhardt, »sondern es

---

* Ähnlich, vermutlich, den Traditionen, die in der Basler Fasnacht durchscheinen, gibt es in Norddeutschland, gab es in Ostdeutschland den Brauch, verkleidet – als »Schimmelreiter« – von denen einen symbolischen Tribut zu verlangen, denen man das Jahr über zum ständigen Tribut verpflichtet war. In Pommern zum Beispiel erschienen die jungen Dienstleute in der Weihnacht im Gutshaus mit einem Tanz, bei dem sie auch scherzhaft getarnte Kritik an der Herrschaft vorbrachten. Solche Tänze gibt es in allen Teilen der Welt.

verherrlichte sich selbst. Borso ließ sich im Palazzo Schifanoja in einer Reihe von Regentenhandlungen abmalen, und Ercole feierte (zuerst 1472) den Jahrestag seines Regierungsantritts mit einer Prozession, welche ausdrücklich mit der des Fronleichnamsfestes verglichen wird.«[45]

Körperbewegungen, Maß und Bedeutung

Eine Abfolge von Körperbewegungen war als soziales Geschehen bereits Träger einer ihr nicht unmittelbar innewohnenden Bedeutung. Als die grundsätzlich sehr strenge Bindung solcher Handlungen in den Rahmen der Kirche am Ende des Mittelalters etwas gelöst wurde, konnten Vorstellungen neuplatonischer Kosmologie bestimmend werden. Wie die Musik die Harmonie der Sphären, aus platonisch-stoischer Tradition, zum Vorbild erhielt, so wurden auch die Bewegungen der Tänze als ein Nachvollziehen der in ihrer Ewigkeit heilige Ordnung bedeutenden Sternbahnen interpretiert. Darum erschien Mäßigung als notwendig und trat insofern das Erbe an, das die Verbannung aller leidenschaftlichen Bewegung durch die Kirche hinterließ, insbesondere wo diese noch aus heidnischer Überlieferung in die christliche Liturgie eingegangen war. Bis auf lokal vereinzelte Ausnahmen wurden sakrale Tänze um den Altar schon während des Hochmittelalters nur noch in der Isidorischen Liturgie in Spanien geübt. Es ist nicht ganz so erstaunlich, wie es Curt Sachs scheint, daß eine vergleichsweise große Zahl von Tanzmeistern in Italien jüdischer Abkunft war, und daß es auch ein jüdischer Meister, Rabbi Hacén ben Salomo, war, der zu Beginn des dreizehnten Jahrhunderts den Christen in Spanien eben jene Altartänze beibrachte.[46] Hatte die Kirche generell leidenschaftliche Körperlichkeit als besessen, als teuflisch und als Sünde gegen das Streben der Seele zu Gott verurteilt, so wandelte sich an den Höfen des Quattrocento das Verhältnis unmittelbarer Gegensätze von asketischer reiner Körperlosigkeit zu faktischem körperlichem Arbeiten oder punktueller, aber in sich schrankenloser Körperlust. Der choreographierte Tanz stellte eine reale Vermittlung zwischen beiden Seiten dar, indem er die Mäßigung der Körperbeziehung selbst zugute kommen ließ und die physische Realität zum

Medium reiner, das heißt nicht bloß instrumenteller Zwecke machte. *Zwischen die bewußtlosen Gegensätze wurde eine sinnvolle Praxis gesetzt,* Sturheit und Besessenheit, Lebloses und rohe Kraft waren nicht mehr nur Gegensätze, sondern standen an verschiedenen Enden doch gleichermaßen einer beseelten und ausdrucksvollen Körperlichkeit gegenüber.

Klassenspezifisches Körperverhältnis

Körperliche Raserei hatte am Ende des Mittelalters als »Tanzwut« oder als »Veitstanz« ganz Europa von Sizilien bis zum Niederrhein durchzogen; die Menschen hatten sich zu Tode getanzt. Aber vielleicht hatte die krankhaft auftretende Begierde nach leiblicher Selbsterfahrung doch die Wirkung, nach der mittelalterlichen Unterdrückung deren Berechtigung anzumelden und durch eine krampfhafte Entladung aufgestauten Triebverzichts einer ruhigeren Entfaltung lustvoller Körperlichkeit die Wege zu öffnen. Gleichzeitig wurden ja auch die so maßvollen Formen freieren Sichbewegens im Hoftanz noch von den unreflektierten Impulsen der wenigen Traditionen getragen, die in der Moriske und in den Mysterienspielintermezzi als kirchlich sanktionierten Institutionen offiziell hatten überwintern können. Freilich konnte der choreographierte Tanz nur innerhalb der Höfe eine vernünftig-emphatische Körperlichkeit verwirklichen. Nur dort konnte er, soweit überhaupt, Sinn und Mittel der Beurteilung und des Verhaltens werden. Gesamtgesellschaftlich schlug sich die Veränderung nur als Distanz und Diskriminierung gegenüber dem nieder, was notgedrungen in sich unverändert blieb wie die Situation der Massen überhaupt.
Es wurde nun weniger ein genereller Triebverzicht aller Christen um ihres Seelenheils willen gefordert. Aber nur eine privilegierte Klasse, die weniger und weniger in einer unmittelbaren Auseinandersetzung mit der gegenständlichen Natur stand, konnte sich daraufhin einer stilisierenden Abarbeitung an der Natur in den Menschen selbst zuwenden. Die Bravour, zu der es die ungelernten Darsteller der Solopartie in der Moriske gebracht hatten, stand einem Edelmann nicht mehr an, der sich ebenso gegen die berufsmäßige Virtuosität von

Akrobaten abzusetzen hatte. Die resultierende Mäßigung und Lässigkeit darf nicht mit dem feierlich langsamen Dahinfließen spätfeudaler Hoftänze verwechselt werden. Jene hätten noch mit der aristotelischen mesotes charakterisiert werden können, sie waren auf bestimmte Zeitwerte der Musiknoten gerichtet, aber Metrik gelangte in ihnen noch nicht zur konjunktiven Bedingung von Ausdruck. Maß im Quattrocento stand immer mehr für ein rechtes Spannungsverhältnis zwischen formalen Elementen, lustvollen Bewegungsimpulsen und einem Gehalt des Ganzen; das heißt, es hatte projektive Funktion.

Die Bewegungen im neuen Hoftanz wurden immer strenger zurückgenommen, schon dem Domenico galt die bewegte Piva als zu gewöhnlich, und der Saltarelloschritt wurde bei ihm gemäßigt.[47] Es ist indessen entscheidend, daß sich die Höfe solche Beschränkung für ihr Auftreten »vor der Menge«, »an öffentlichen Orten« auferlegten, also offenbar doch mit dem Ziel, die Herrschenden vor den Beherrschten auch als die Träger des Gattungsfortschritts zu dokumentieren, der nun Plumpheit und Unreflektiertheit systematisch hinter sich zu lassen begann. Die bewußte Manifestation einer gesellschaftlichen Dichotomie zeigte, daß die Einheit der christlichen Hierarchie, die im Bezug auf das jenseitige Heil gesichert gewesen war, aufgelöst war, so daß einst streng gestufte, aber zueinander organisch gedachte *Eigenarten der Stände antagonistisch verselbständigt* werden konnten. Die Spontaneität der vornehmen Welt, soweit sie in der Bedeutung des Besonderen sich zeigte, war anderer Art, war eingebunden in den Zusammenhang des Formenkanons und durch die systematisierte Vielfalt der Schritte. Im Ambrosiotraktat wird ein Fest des Herzogs von Calabrien beschrieben, in dessen Mittelpunkt wohl noch eine »mommeria de maschare Vestite ala francese« stand.[48] Aber: »Der Rundtanz, vor allem die Moriske wird, wenn als höfische Unterhaltung aufgeführt, zum Ballett.«[49] »Hoftanz und Volkstanz sind ein für alle Mal getrennt«, sagt Curt Sachs.[50]

»Kultur« als Klassenstrategie

Teilung von »Kultur« und »Folklore«

Durch die strenge Stilisierung im Hoftanz, die noch nicht rigide war, aber schon eine frühe Form der Rationalisierung bedeutete, wurden die unmittelbaren Tänze, auch wenn sie oft sehr feiner körperlicher Darstellung dienten, in eine Art Souterrain der Kultur abgewiesen. So wurde das Phänomen geschaffen, das heute Folklore heißt. Dennoch gingen aus den alten Quellen manche ihrer Inhalte und Bedeutungszusammenhänge in den choreographierten Tanz ein. »Die alten Wachstums- und Lebensmysterien drangen von den Masken- und Mummenspielen in die Aufführungen des Hofes ein.«[51] Am stärksten erhielten sie sich etwa in den Stücken Shakespeares wie dem ›Mitsommernachtstraum‹[52], wo zum Beispiel das alte Symbol der Fruchtbarkeit, der Esel, kraftvolles Zentralmotiv ist, während sie in Frankreich und Italien mehr zu allegorischen Positionen wurden, die in den von antiker Mythologie immer stärker bestimmten Inhalten vereinzelt, wenn auch zahlreich mitgeschleppt wurden.

Es deutet sich ein Widerspruch zwischen den Tendenzen zu freier Vereinigung von körperlicher und geistiger Arbeit im Tanz und einer sozialen Rolle dieses Tanzes an; im Dienste der Ostentationsfunktion wurde Triebhaftigkeit nicht immanent verarbeitet, sondern äußerlich diszipliniert. Auch innerhalb der Höfe wurde die Chance einer reflektierten Spontaneität zum guten Teil vertan, indem die uneingelösten Impulse nicht sublimiert der geistigen Arbeit zugeführt, sondern kurzerhand nur äußerlich mit der Sache verbundenen Zwecken dienstbar gemacht wurden. Im fünfzehnten Jahrhundert war jedoch die Rationalisierung der Elemente noch nicht bis zu einem Grade fortgeschritten, in dem sie deren Besonderes mit schematischer Einordnung zu unterdrücken drohte; vielmehr konnte sie als Mittel allererster Hervorhebung von Besonderem vor dem Hintergrund einer Allgemeinheit der Beziehungen verstanden werden, die im Vergleichen über gewisse Maße und Regeln gerade entdeckt wurde. *Der Zwang, den man sich antat,* um bei öffentlich ausgeführten Tänzen »würdevoll« zu erscheinen, wurde seinerseits *durch »Anmut gemäßigt«*; so konnte das Ideal der Ungezwungenheit, die »Tugend der Lässigkeit«, noch als Vermittlung dienen und trotz den Restriktionen dem Tanz aus seiner Funktion eines Rituals und der Ostentation auch den Gewinn sichern, der sich aus dem verinnerlichten Zwang zur Konzentration der Impulse in beherrschtere Formen ergab.*

Dennoch blieb es nicht ohne bornierende Folgen, daß diese Disziplinierung gerade um der Ostentation willen angenommen wurde, während man in einem kleinen Kreise des Hofes sich ungenierter der Ausgelassenheit und den »Fußkunststükken« hingab, oder wenn eine Verkleidung dem Volk anzeigte, daß die Herrschenden gewissermaßen aus ihrer Rolle heraustraten.[54] Gerade solches Heraustreten aus der sozialen Rolle stellte ein weiteres und unter dem allgemein herrschenden Reproduktionszwang besonders einschneidendes Privileg dar.

Diese Distanzierung zeigt mehrere Dinge an. *Mit dem Unterscheiden zwischen öffentlicher Funktion und gewissermaßen schon privaten Neigungen,* die sich freilich eines einst und zum Teil auch weiterhin noch von allen betriebenen Versteckspielens zum Zwecke einer Beschwörung der Realität bedienten, wird allererst so etwas wie *eine Rolle hervorgebracht.* Die Distanz, die dazu notwendig war, kam nicht aus irgendeiner Phantasie; sie war realgeschichtlich begründet, indem die höfische Schicht sich von dem unmittelbaren Zusammenhange der alten feudalen Reproduktionsgemeinschaften frei gemacht hatte. Die Großkaufleute waren nicht mehr an unveräußerliche Werkstätten gebunden, die Berufe und Lebensweise, Orte des Lebens für alle Generationen festlegten, und die Adligen des Hofes kehrten nur noch aus jeweils spezifisch anzugebenden Gründen auf ihre Ländereien zurück. Sie jagten dort, inspizierten die Einnahmelage oder nahmen an wichtigen lokalen Kirchenfesten teil. Sie suchten wie die Großbürger und mit diesen ländliche Umgebungen zum Vergnügen auf und hatten bei ihren Aufenthalten auf dem einstigen Lehensgut kein grundsätzlich anderes Verhältnis zur Natur als jene. Genau

---

* Soweit wäre dem von Max Horkheimer affirmativ gebrauchten Begriff der Spiritualisierung durch Triebbeherrschung zuzustimmen.[53]

dies schlug sich als das distanzierte Verhältnis zu Natur überhaupt nieder, aus dem eine bewußte Zuwendung zu Landschaft und einzelnen Gegenständen möglich wurde, wie sie im höfischen Tanz zu Grunde lag und in allen Künsten zum Ausdruck kam. »Man zeigt die Hügel, aber nicht mehr den Galgen, der darauf steht, und nicht mehr den Gehenkten daran. Man zeigt die Äcker, aber nicht mehr den zerlumpten Bauern, der mühsam seine Pferde antreibt. Wie aus der höfischen Sprache alles ›Gemeine‹ und ›Vulgäre‹ verschwindet, so verschwindet es auch aus den Bildern und Zeichnungen, die für die höfische Oberschicht bestimmt sind.«*

Die Aneignung der inneren Natur der Menschen auf dem Stande erster Vereinigung von körperlicher mit geistiger Arbeit ging schon einher mit Distanzierung gegenüber der äußeren. Sie vollzog sich notwendig als Entfeudalisierung und hing deshalb aufs engste zusammen mit der Kritik am Geburtsadel, die schon im fünfzehnten Jahrhundert »herrschende Theorie« war zugunsten eines differenzierteren Elitebildes. Etwa zur gleichen Zeit wie Castiglione sagte Poggio: »Vom wahren Adel sei einer nur um so viel weiter entfernt, je länger seine Vorfahren kühne Missetäter gewesen. Der Eifer für Vogelbeize und Jagd rieche nicht stärker nach Adel als die Nester der betreffenden Tiere nach Balsam. Landbau, wie ihn die Alten

* Norbert Elias hat in den beiden Bänden ›Über den Prozeß der Zivilisation‹ in den dreißiger Jahren nicht nur eine außerordentlich umfangreiche und lehrreiche Materialübersicht gegeben, er ist wohl auch der erste überhaupt gewesen, der in so eindrucksvoller Weise versucht hat, die europäische Geschichte unter sozialpsychologischen Fragestellungen zu rekonstruieren. Das ist ein grundsätzlich beachtliches Verdienst und immer noch die wichtigste zusammenfassende Quellensammlung für diesen Bereich. Hinter dieser Bedeutung treten die methodologischen Schwierigkeiten zurück, die allerdings einige Verwirrung stiften könnten. Sein Versuch einer materialistischen Geschichtsschreibung auf seinem Gebiet wird theoretisch im wesentlichen dadurch strukturiert, daß er einige zentrale Begriffe der ökonomischen Analysen von Marx zu Kategorien seiner Interpretation überhaupt ernennt. So werden die mittelalterlichen Verhältnisse im Lehenssystem schon ebenso wie Hofaristokratie und Bürgertum unter Stichworten wie Konkurrenz und Monopol diskutiert, die auf diese Weise zu Universalien avancieren und ihren spezifischen Sinn einbüßen müssen. Gerade die Äußerlichkeit dieses Gerüstes bringt es aber auch mit sich, daß das übrige große Interesse der Arbeiten nicht darunter leiden muß.[55]

trieben, sei viel edler als dies unsinnige Herumrennen in Wald und Gebirge, wobei man am meisten den Tieren selber gleiche.«[56] Poggios ›Dialoghi de nobilitate‹ waren wie der ›cortegiano‹ als Gespräch gefaßt. Auch der Grund dafür war derselbe, daß nämlich die Zeit keine strenge einheitliche Theorie bilden konnte, weil die praktisch antifeudale, die neuplatonisch emphatische und die faktisch an Herrschaft festhaltenden Paralleltendenzen anders nicht vereinigt werden konnten. So aber ließen sich auch bei Poggio die gegensätzlichen Positionen gleichermaßen vertreten, wie es in der Realität geschah.

Aristoteles wurde als Autorität angegriffen, wo er dem Adel angeborene Elitequalifikationen zuspricht, und als Abstützung herangezogen, wo es um den Bestand der Institution eines Adels überhaupt ging. Selbstverständlich sollte sie fortdauern; es galt nur, eine gesellschaftliche Geltung zu kreieren, die nicht länger ein stumpfes Ineinanderfließen von Mensch und Natur duldete. *Die neue Qualität von Reflexion der Menschen auf sich selbst und auf Naturgegenstände in liebender Erkenntnis verlangte eine voraufgehende Abgrenzung.* Diese Abgrenzung brauchte man auch, um die neue aus Adel und Großbürgertum sich fusionierende Oberschicht inhaltlich zu fassen und insgesamt abzugrenzen gegen die, die Unterprivilegierte bleiben sollten. Außerdem zeigen die damaligen Ansätze zu einer Hofpsychologie, welche Notwendigkeiten der Selbstbeherrschung gegen die eigene individuelle innere Natur auf die Abgrenzung von der äußeren aufgebaut wurden, wo sie der Anpassung diente und wegen ökonomischer Abhängigkeit vom Fürsten notwendig wurde. Eine »Trennung von Natur und Gesellschaft« war notwendig, um eine bewußte Hinwendung zum eigenen Körper wie zum Naturgegenstand auf dem vergleichsweise hohen Niveau mimetischen Lernens zu ermöglichen. In der hierarchischen Gesellschaft wurde dieser potentiell durchaus produktive Abstand oder Spielraum, der im mimetischen Prozeß substanziell erfüllt wurde, aber auch zu einem Mittel, die Beherrschten zu disqualifizieren. Während die Herrschenden eben erst sich emphatisch der Natur zuwandten und für sich einen differenzierten Begriff von menschlicher Natürlichkeit fanden, wurden die zurückgebliebenen Teile der Gesellschaft schon zu roher, tölpelhafter bloßer Natur gestempelt.

Dem bäuerlichen und städtischen »kleinen Volk« blieben allein jene Traditionen, die nun als Folklore aus der Hochkultur verbannt zu werden begannen. Den einen Schritt der Distanzierung vollzogen die Herrschenden zunächst gegenüber den gesellschaftlichen Produktions- und Lebensformen, damit vom Boden und der äußeren Natur insgesamt. Er ermöglichte und induzierte aber ein entsprechendes *Abstandnehmen von der inneren Natur der Menschen und eine bewußte Abgrenzung der Herrschenden gegenüber den Beherrschten,* das einen ersten Beginn zur Konstitution von Klassen im modern kapitalistischen Sinne nach sich zog. Es ist in dieser Phase nicht mehr ganz falsch, im gleichen modernen Sinne auch schon davon zu sprechen, daß die Folgen der Ausbeutung an den Ausgebeuteten zu einer zweiten Natur gestempelt wurden und diese auf Grund ihrer herrschaftlichen Vermitteltheit gerade hinter der ersten abgewertet wurde. So schreibt Elias: »Dem Bauern war unter Umständen eine soziogene Versagung einfach dadurch auferlegt, daß er nicht genug zu essen hatte. Und das ist ganz gewiß eine Triebrestriktion höchsten Grades, die im ganzen Gebaren des Menschen zum Ausdruck kommt.«[57] Restriktion, nicht Sublimierung zu ausdruckhafter Aneigung oder auch nur Stil. Die Zeit ist allerdings auch in dieser Dimension außerordentlich ambivalent. Wohl kehrten sich endgültig die »Oberschichten« von der real Natur aneignenden körperlichen Arbeit ab und gaben dem alten Satze, jeder an seinem Platz, den neuzeitlichen Sinn von streng und scheinbar wesenhaft getrennten Sphären in der ökonomisch-politischen Hierarchie. Eben im Quattrocento geschah dies aber während einer Phase, da körperliche Arbeit und gegenständliche Aneigung scheinbar schon in einem höheren Sinne als dem der Reproduktionsnot geübt werden konnten. Deshalb ist diese Wurzel des modernen Herrschafts- und Knechtschaftsverhältnisses für diese Epoche nicht nur ideologisch, sondern auch substanziell verschleiert.

Oberitalien im Vergleich zu Burgund

Etwas Entscheidendes zeichnet die italienischen Tänze des fünfzehnten Jahrhunderts vor den gleichzeitigen französischen, genauer burgundischen, aufgezeichneten Hoftänzen aus. Die nördlichen Regeln sahen zwar ein weit ruhigeres Dahinfließen der Schrittfolgen in der *bassedance* vor; dies war aber offensichtlich nicht aus einer Stilisierung lebhafterer Impulse, sondern vermutlich einer naiveren Übernahme ritueller Traditionen als Schreitetanz zu erklären. Entsprechend stand in Burgund etwa an der Stelle der italienischen *posa* noch der *branle*. In dieser seitlichen Bewegung des Paares am Platze wird, meine ich, noch ungebrochen durch die Reflexion dem Impuls zum Ausschwingenlassen eines Bewegungsantriebes nachgegeben. Bewegung verläuft in Bewegung; sie findet nicht wie in der posa über ihr Anderes, das Einhalten, zu sich. Sie ist bloße Bewegung an sich, nicht für sich und nicht für einen in ihr sich konkretisierenden Gehalt. Die Gesellschaften der nördlicheren Gebiete steckten außer den Handelszentren in den Niederlanden als ganze noch tiefer in der spätfeudalen Entwicklungsphase. In ihren Tanzaufzeichnungen wurde auch ein kompliziertes System interdependenter Zeiteinheiten für die Tanzarten und Schrittfolgen entworfen. Doch es geht um Nuancen. Ihre Gemessenheit lag der aristotelischen mesotes einen wichtigen Schritt näher. Die »Gemessenheit« des Tempos dieser bassedance stand unvermittelter zwischen den ungezügelten Ritterspielen Burgunds, das Maß brachte ein Prinzip an sich zur Geltung, das religiös-jenseitig bezogen war.

In Italien war Maß weniger auf eine nur außerweltliche Entsprechung bezogen als auf einen innerweltlichen Gegenstand, den es zu messen und dadurch in angemessene Form zu bringen hatte. Die Hoftänze von Ebreo bis zu Cornazano verarbeiteten mit einem gewissen Bewußtsein die Lebhaftigkeit der älteren Tänze, die sie als simplere Vorform hinter sich zurückließen, und nahmen die ausgelasseneren Gewohnheiten, die in ihrer primären Erscheinungsform zu Folklore abgewertet wurden, als Reichtum in sich auf. *Gemessenheit* erhielt so einen konkreteren Sinn, weil sie nicht schlechthin galt, sondern *handelnd bezogen wurde auf weniger Gemessenes*. Wildere Bewegungsantriebe und Äußerungen wurden diszipliniert, um in das sinnvollere Geschehen aufgenommen werden zu können. Anregung aus Traditionen und eigene Impulse, äußerer wie innerer Gegenstand wurden verarbeitet, so daß eine gewisse

Stufe von Bewußtsein demgegenüber nicht ausbleiben konnte. Sie stellt den Niederschlag dessen dar, was geistige Arbeit in diesem Hoftanz genannt werden kann. Soweit gereichte der Triebverzicht der oberitalienischen Hofpraxis zu einer Triebsublimierung, und soweit war er nicht nur vereinbar mit dem doch lustvoll den Körper zu seinem Vollzug beiziehenden Ideal einer Selbsterkenntnis am Anderen, er war sogar dessen Bedingung. Die spätere Entwicklung hat aber gezeigt, daß die Unterordnung der Disziplin unter die Funktion eines Rituals der Herrschaft an diesem Anfang einen zwanghaften Prozeß vorwegnahm, vielleicht sogar mit einleitete, der sie jenem emphatischen Ziele der Sublimierung immer stärker entfremdete.

Die spezifische Rolle der Frauen

Im ausgehenden Mittelalter hatten die Frauen des Adels und der Höfe allgemein im Zusammenhang mit Minne und Troubadouren eine eigene Bedeutung gewonnen, die nicht unmittelbar Teil des männlich beherrschten Gesellschaftsprinzips war. Trotz allen ausgesprochen eigentümlichen Ausprägungen dieser Entwicklung, die hier nicht ausgebreitet erörtert werden können, war aber der Stellenwert dieser neuen Bedeutung in bezug auf die Gesamtheit gesellschaftlicher Institutionen sowie ökonomisch und politisch wirksamer Prozesse fast imaginär. Am stärksten war ein Kontext mit entscheidenden anderen Phänomenen der Epoche noch in der religiösen Parallele zu der immer wichtigeren Rolle der Muttergottes und den Formen ihrer Verehrung. Als die Erziehung der Privilegierten dann von den sogenannten humanistischen Inhalten und innerlicheren Formen der Selbstdarstellung geprägt wurde, als die unmittelbar kriegerische Schulung der Ritter an Gewicht verlor, konnte jene zuvor real nicht bestimmbare, imaginäre Dimension von Innigkeit einbezogen werden, die den Frauen besonders zugeschrieben worden war.
Die Frauen der Privilegierten waren die erste Gruppe, die von einer unmittelbaren Funktion im feudalen Reproduktionszusammenhang freigesetzt wurden. Die spezifisch weiblichen

Aufgaben des Hauses wurden in den Familien, die überhaupt über die zerfallenden Lebensverhältnisse hinaus ihre herrschaftliche Rolle behaupten konnten, zunehmend Bediensteten übertragen, während die Männer noch länger in einer kaum merklich veränderten Weise ihre Rolle als Gerichtsherren, als Krieger und politische Herren der Ordnung ausübten. Seit auch sie an kleinen und großen Höfen Muße und »Lässigkeit« pflegen konnten, durften sie sich auch allgemein jenen Inhalten und Lebensformen zuwenden, die bis dahin den Rittern nur über die merkwürdige Ausnahmesituation des »Frauendienstes« zugestanden worden war. Die Pflege von Beziehungen zwischen den Menschen um ihrer selbst willen, künstlerischer, vor allem literarischer Ausdruck hatten in den Liebeshöfen eine gewissermaßen doch exterritoriale Existenz führen müssen. Als Handel treibende Großbürger, Fürsten und höfischer Adel begannen, in jeder Hinsicht unkriegerische Tätigkeiten als Funktionen der herrschenden gesellschaftlichen Wirklichkeit auszubauen, wurde auch der Primat der traditionellen Rittererziehung in seinem Grunde gebrochen, obwohl sie weiterhin eine große Verbindlichkeit von teils noch praktischem, zunehmend allerdings stilistischem Wert behielt. In dieser Situation konnten Kultur und politische Praxis der römischen und griechischen Antike aufgenommen werden. Dafür war sowohl der notwendige Grad von Abstraktion in der Lebensweise wenigstens einer Schicht gegenüber dem engen Zirkel der Reproduktionsnot und ihrer Befriedigung erreicht; aber es war auch jene Stufe gesamtgesellschaftlicher Relevanz des Bürgertums auf der Grundlage des Kaufmannsreichtums zustande gekommen, die notwendig war, um die Verbindung von Kunst und Philosophie mit Staat und Herrschaft, wie sie etwa in Athen bestand, einigermaßen in ihrem Spezifikum, das heißt als politisch bestimmende übernehmen zu können. Denn sonst hätten auch die antiken Traditionen im mittelalterlichen Klerus, vielleicht selbst die karolingische Renaissance schon ähnliche Früchte erbringen müssen. War also eine Verschiebung der Bereiche, in denen Macht und Politik fundiert waren und entwickelt wurden, Voraussetzung für die Öffnung menschlicher Selbstverwirklichung in eine Dimension differenzierterer, vermittelterer Beziehungen, so bedingte sie aber auch, daß diese Ausweitung von Subjektivität im Dienste politischer Praxis funktional werden konnte und wurde.

Die humanistische Erziehung machte es möglich, den Töchtern wie den Söhnen der Herrschenden eine weitgehend ähnliche Bildung zu geben. Damit konnten die Frauen wenigstens an den Höfen beginnen, selbständige Rollen zu spielen, indem sie über eigene gelehrte oder belletristische Beiträge wichtige und bekannte Künstler, Schriftsteller, Gelehrte zu intensiver Gemeinsamkeit um sich versammelten. Da dies jedoch in einer Epoche stattfand, in der es zu den Machtinteressen eines Fürsten gehörte, sich Ansehen als Mäzen zu sichern und mit wenigstens dem Anschein umfassender eigener Bildung seiner Herrschaft eine neuartige Legitimation zu verschaffen[58], *geriet die neue Bedeutung der Frauen sofort in eine Arbeitsteilung der Geschlechter in Funktion der Herrschaft*. Der gleiche Vorgang ist entsprechend in dem Verhältnis der Geschlechter unter den Mitgliedern der Höfe selbst und für deren Selbstverständnis zu beobachten. Den Frauen wurde – mit Gültigkeit und Wirkung bis in die Gegenwart – als spezifische Rolle übertragen, *die emphatischen Bedürfnisse und Möglichkeiten zu verwalten*, – eine Rolle, die komplementär zu dem spezifisch männlich vertretenen Herrschaftsanspruch der Klasse deren Anspruch auf ein höheres Menschenbild rettet. Schon im noch mittelalterlichen Deutschland hatte die heilige Elisabeth von Ungarn mit ein wenig Brot das Elend wiedergutgemacht, das ihr Mann, der Landgraf von Hessen, unter der Bevölkerung anrichtete. Die Rosenlegende ist eine sehr schöne Geschichte; aber die weibliche Menschlichkeit zusammen mit der Brutalität des Landgrafen auch gegen seine Frau selbst verschleiert nur Ausbeutungs- und Unterdrückungsmacht, die eine Klasse insgesamt innehat, die freilich typischerweise durch deren männliche Mitglieder realisiert wird, und bagatellisiert sie zur allgemeinen Frage nach dem jeweiligen Privatcharakter.

Während die Herren des Quattrocento ihren existenziellen Freiraum dazu benutzten, weitgehend sich auf ein überholtes Ritterideal zu stilisieren, in dem sich die Unabänderlichkeit ihres Machtanspruches manifestierte, übernahmen die Damen dem Volke gegenüber die Rolle der Musenfürstin und innerhalb der eigenen Schicht die Vergegenwärtigung von feinsinniger Interaktion. Die Dame des Hofes weiß »durch angenehme und ehrenhafte Gespräche höflich zu unterhalten«[59] und hat »Kenntnisse in Literatur, Musik und Malerei«, sie muß »zu tanzen und zu feiern verstehen«.[60] An dieser Inhaltlichkeit, die freilich ohnehin in der sozialen Isolierung verkümmern muß zum stilvoll wiederholten Klischee, sollten die Männer nach des Regierens Müh und Last sich auch erfreuen können. *Die Vorstellung von freier Interaktion wurde aber nicht durch Interaktion, sondern durch ein dramatisch inszeniertes Kommunikationsspiel eingelöst,* das den Männern erlaubte, auch in diesem Bereich ihre Eroberrolle fortzusetzen. Sie wollten das schöne und erlösende Gefühl, von sanftem Zwang hingezogen zu werden, genießen, ohne ihre gesellschaftlich fixierte Überlegenheit gefährden zu müssen. Deshalb mußte eine Frau sich bitten und überreden lassen zu jeder Gunst[61], aber ein »zügelloses Leben«, das Männern keinen Schaden tat, brachte sie sofort in Verruf.[62] In dieser Ambivalenz beriefen sich leicht die Zeitgenossen Castigliones gleichzeitig auf die scholastischen Autoritäten, nach denen die Frau nur ein Akzidenz sein könne, nach denen sie ein »Fehler oder Irrtum der Natur« sogar sei[63]; retteten dann aber den Wert der Frauen mit dem Argument, daß »Männer von Wert« nicht verschmähten, sie zu achten[64]; oder sie betonten die substantielle Gleichheit beider Geschlechter und sahen Unterschiede nur in den spezifischen Betätigungen – eine Argumentation, die allerdings bei dem historischen Stand der geschlechtsspezifischen Arbeitsteilung und der Bewertung von klassenerhaltender Machtpolitik, beziehungsweise von Annehmlichkeiten und untergeordneter Nützlichkeit rasch ins Negative umschlug.*

Selbstverständlich wiederholte sich die Aufteilung in den Hoftänzen. Frauen hatten noch mehr auf Würde und Anstand zu achten, während das Vorführen virtuoserer Partien den Männern vorbehalten blieb.[66] Der mittelalterliche Tanz auch noch in seiner späten burgundischen Version hatte eine solche Trennung der Funktionen noch nicht gekannt, offenbar weil die

---

* Die absolute Geringschätzung der Frau wurde von einem der Gesprächsteilnehmer von Urbine mit dem Hinweis begründet: »Daß dem so ist, seht Ihr an der Tätigkeit des Mannes und der Frau.«[65]

überhaupt zugelassenen Tänze an den Höfen ohnehin von ausgewogenem Gleichmaß und getragenem Schwung gekennzeichnet waren. Was die neue Zeit des Quattrocento dazugewann, wurde der lebhafteren Bewegung nach dem Männlichen zugeschlagen, obwohl die Entfaltung im Sinne des Posaprinzips gerade in der entgegengesetzten Richtung hätte wirken müssen. Die Frauen dürften auch tatsächlich durch ihre Art von Mitwirkung zu der notwendigen Konzentration auf mehr innere Prozesse Entscheidendes beigetragen haben, allerdings eben doch in den Grenzen einer Rolle, die nur an wenigen Punkten durchbrochen wurde. Es wird dagegen immer angeführt, daß Frauen erstaunlich konkrete Schilderungen von Liebesakten oder derben Geschichten mitanhörten; das dürfte aber doch weitgehend noch dem Umstand zuzuschreiben sein, daß die modernen Anstandsregeln erst eben durchgesetzt wurden und daß sie am wenigsten selbstverständlich in den Bereichen galten, die als eine Art von Privatsphäre von ostentativer Abgrenzung gegenüber dem gemeinen Volke ausgenommen waren. Dies aber blieb im wesentlichen der Wirkungsbereich auch der Frauen an den Höfen, wenn man von den wenigen weiblichen Regenten absieht, die freilich all diese Prinzipien zugunsten einer klaren Herrschaftsführung durchbrechen mußten.

Vorstufe zu einer Hofpsychologie

Eine Art erster Psychologie des Hofes, die sich aus dem ›Libro del cortegiano‹ zusammenfassen läßt, wird eine weitere Interpretation dieses Vorgangs ermöglichen. Die Hofpsychologie entsprang zwar Formen von »Konkurrenz«, die anderer Herkunft und anderer Bedeutung waren als die ökonomisch begründeten Feindschaften zwischen Großkaufleuten. Aber sie gibt, zudem weit besser überliefert in den Quellen der Zeit, ein Bild, das für beide Bereiche zutrifft. Der Grund dafür liegt in der – noch wechselseitigen – Durchdringung von Feudaltradition und Kaufmannskapital im Stil der neuen Höfe wie der Großbürger, auf die einige Züge der Hofdarstellung wieder zurückführen werden. Daß Naturbeherrschung gegen die Natur im Menschen gewandt der Differenzierung und Entfaltung der menschlichen Vermögen dienen könne, taucht durchaus als Möglichkeit auf. Sie wurde gegen Lehren einer gewissen Prädestination durch bestimmte, einmal in den Menschen wirkende Anlagen, die mit der Rezeption des Aristoteles zusammengehangen haben mögen, entschieden verfochten. Es ging darum zu behaupten, »daß wir die Tugenden und Laster zuerst anwenden und dann tugendhaft oder lasterhaft werden. Das Gegenteil kann man von den Dingen sagen, die uns von Natur aus gegeben sind, zu deren Gebrauch wir zunächst die Fähigkeit haben und sie dann erst anwenden, wie es bei den Sinnen der Fall ist«.[67] Die Menschen könnten wilde Tiere zähmen, sie könnten Vögeln beibringen, zu ihnen aus dem Walde wieder zurückzukehren. Dann sei es unsinnig zu vertreten, »daß sie aber mit demselben Fleiß keine Künste erfinden könnten oder wollten, mit denen sie sich selbst nützen und mit Eifer und Bemühung ihr Herz besser machen können«.[68] Wie dies geschehen könne, wo die Menschen ansetzen sollten, wird nicht gesagt.

Dagegen nehmen praktische Anweisungen, die auf eine Anpassung der Mitglieder des Hofes an den Fürsten und an die Situation unter den so eng und so aufeinander angewiesen Zusammenlebenden abzielen, einen auffallend breiten Raum ein. Als obersten Grundsatz für den Höfling gab Castiglione die Parole aus, daß er, »um Neid zu vermeiden und sich vergnüglich mit jedermann zu unterhalten, alles tue, was auch die anderen tun«.[69] Das heißt, er solle sich nicht von üblichen Beschäftigungen ausschließen und sich nicht unüblichen hingeben; er solle über die gängigen Themen sprechen und nicht durch besondere Kunststücke etwa beim Tanzen auffallen; schließlich sogar in der Kleidung »sich der Gewohnheit der Mehrzahl anpassen«.[70] Insbesondere aber sollte er sich dem Dienst bei seinem Herrn widmen, dessen Wünsche und Eigenarten »vernünftig und anständig oder aber solche sind, die an sich weder gut noch schlecht sind, wie etwa zu spielen oder sich eher der einen als der anderen Übung hinzugeben. Dem, möchte ich, *soll der Hofmann sich anpassen, auch wenn es ihm seiner Natur nach fremd ist,* so daß der Herr stets, wenn er ihn sieht, glaubt, er habe mit ihm über etwas zu sprechen, was angenehm ist«.[71]

Wenn alle sich so verhielten, konnte kaum zwischen dem Herrn und »der Mehrzahl« der Hofleute eine starke Differenz bestehen, wohl aber zwischen ihrem Verhalten und ihrer jeweiligen Besonderheit, ihrer »Natur«. Andererseits genügt nicht bloß passive Anpassung, um die eigene Existenz in einer ungezwungenen Hofgesellschaft abzusichern. Der Kampf um Einfluß und Rang – als Unterpfänder einer *von dem Fürsten abhängigen ökonomischen Situation* zugleich – ist hart. Man muß *sich durchsetzen* und kann nicht einfach darauf vertrauen, daß die anderen schon die Vorzüge der Gefährten erkennen werden. Alle Plumpheit muß vermieden, aber dabei doch ein Weg gefunden werden, der eigenen Person zu einem ansehnlichen Platz zu verhelfen. Man darf zwar nicht prahlen mit den eigenen Fähigkeiten; doch ob Eigenlob stinkt oder nicht, entscheidet das Geschick, mit dem es angebracht wird: Wenn man es »anscheinend nicht zu diesem Zwecke sagt«, ist es nur zu empfehlen.[72] Es heißt so schön, der Mann am Hofe solle sich, auch wenn er nicht beobachtet werde, tadellos aufführen.[73] Man errät jedoch, daß dafür ausschlaggebend die Sorge ist, man könnte ohne sein Wissen beobachtet werden und müßte für alle Fälle vorbeugen. Die Selbstlosigkeit hat von vornherein ihre ganz konkreten Adressaten. Anders konnte es auch unter Menschen nicht sein, die aus der Selbständigkeit des ritterlichen Lebens auf weit auseinander liegenden Burgen in die Abhängigkeit von einem Fürsten und vom täglichen Umgang mit zahlreichen Gleichgestellten auf engstem Raume am Hof gerieten.

»Die Kleidung, heißt es gelegentlich, ist gewissermaßen der Körper des Körpers. Man kann von ihr auf die Haltung der Seele schließen. Und dann gibt Erasmus Beispiele dafür, welche Art, sich zu kleiden zu dieser oder jener Seelenlage gehört. Es sind die Anfänge jener Betrachtungsweise, die man auf einer späteren Stufe als ›psychologisch‹ bezeichnen wird.«[74] Bei Castiglione manifestiert sich die gleiche Vorstufe. Jeder ist noch wahrhaft, was er scheint; und doch ist die Erscheinung schon erster Anhaltspunkt für eine äußerlich systematische Einordnung. Ebenso wurde die sinnliche Selbsterfahrung, die einen eigenen Stellenwert zu erobern begann, den Orientierungsschemata gesellschaftlicher Geltung und praktischer Einschätzung durch die anderen überantwortet. Norbert Elias, der diesen Zusammenhängen im Rahmen seiner »soziogenetischen und psychogenetischen Untersuchungen« ›Über den Prozeß der Zivilisation‹ nachgegangen ist, stellt das für den langen Übergang zwischen dem zwölften und dem fünfzehnten Jahrhundert dar: »Am Hofe, im Verkehr mit der Herrin mag man sich Gewalttaten und Affektausbrüche untersagen; aber auch der courtoise Ritter ist in erster Reihe noch ein Krieger und sein Leben eine kaum abreißende Kette von Kriegen, Fehden und Gewalttaten. Die friedlicheren Verflechtungszwänge, die zu einer tiefgreifenden Umformung des Triebhaushalts drängen, wirken noch nicht beständig und gleichmäßig in sein Leben hinein; sie treten nur stellenweise auf, sie sind ständig durchbrochen und durchsetzt von kriegerischen Zwängen, die eine Affektzurückhaltung weder dulden noch erfordern. Dementsprechend verfestigen sich auch die Selbstzwänge, die sich der courtoise Ritter am Hofe auferlegt, noch in einer fast automatisch wirkenden Apparatur, die ihn formt und zurückhält.«[75] Die gegensätzlichen Elemente waren an den Höfen des Quattrocento zweifellos schon über dieses Stadium hinaus miteinander verbunden; dort »verbringt man die meiste Zeit« bereits in »der Unterhaltung mit Männern und Frauen«[76]; ganz so kriegerisch, wie Castiglione sonst behauptet, ging es nach seinem eigenen Zeugnis keineswegs mehr zu. Aber die Stilisierung war nach wie vor weder über eine gewisse Äußerlichkeit hinaus gediehen, noch war ein vereinigendes Stilprinzip gegen alle Zufälligkeit und Naturwüchsigkeit der historischen Voraussetzungen aus der mittelalterlichen Situation durchgesetzt.

Es handelte sich eindeutig um einen deklamatorischen Moralkodex, um den taktisch verinnerlichten Zwang, die eigene, von einem Herrn und seiner Umgebung unmittelbar abhängig gewordene Reproduktion zu behaupten. Als eine Vorstufe zu der *Hofpsychologie* der Zeit Montaignes etwa standen *die Beobachtungen fremden Verhaltens, die eigenen Formen der Voraussicht und der Vorbeugung* aufgrund von Erfahrungen *vor allem im Dienste der Selbsterhaltung.* »Derart fest und eigensinnig sind die Menschen in den Meinungen, die aus Gunst und Mißgunst der Herren entstehen.« Eigensinn nimmt hier

die Bedeutung von Sinn fürs eigene Wohlergehen an, das eben
fest an die Meinungen und Neigungen des gegen den Adel
mächtig gewordenen Fürsten gebunden bleibt. Deshalb muß
der Höfling, der an einen fremden Hof geht, Vorsorge treffen.
»Daß vor ihm selbst schon die gute Meinung über ihn dahin
gelangt, und er bewirke, daß man dort weiß, wie er an anderen Stellen, bei anderen Herren, Damen und Edelleuten wohl
geschätzt sei.«[77] Erwarb er dann Gunst, so sollte er von ihr
nicht ganz abhängig sein, das heißt, wo er es, wie wohl meist,
doch mehr oder weniger war, mußte er verstehen, es nicht zu
scheinen; denn das Hauptziel dabei war offensichtlich, den
Fürsten zu bewegen, *die verbleibende Unabhängigkeit mit höherer Gunst ihm abzukaufen.*[78]
Ähnliche Rücksichten mußten die Kaufleute aufeinander wie
auf die Ungewißheiten ihrer Handelschancen nehmen, seit-
dem das sine cure der Zunftorganisation gebrochen war. Der
Handel war noch nicht Ausdruck einer verselbständigten Ökonomie, so daß sich keine Vorstellung von einer bürgerlichen
Gesetzmäßigkeit in den Verhältnissen bilden konnte wie schon
hundert Jahre später. Deshalb spielte politisch und psychologisch die natürliche Person des Herrschers eine uneinge-
schränkte Rolle. Anpassung an ihn mußte darum als würdiger
gelten im Vergleich zu dem, wovon die großbürgerlichen Hoffnungen und Risiken abhingen. Die Psychologien sahen indessen sehr ähnlich aus. Einmal waren die Großkaufleute noch
ganz von jeweiligen Verhandlungen mit anderen Bürgern, mit
Fürsten und Stadträten abhängig, statt Objektivität über einen
Markt wenigstens indirekt zu spüren. Zum anderen entstand
die Konkurrenz am Hofe, weil die neue Vertauschbarkeit
sich durchsetzte und die Hofleute — wenn auch in einer spezifischen Form — den ökonomischen Mechanismen unterwarf,
über die Selbsterhaltung nun als individuelles Problem erfahren werden mußte. Vortrefflich ließen sich die Maximen adligen Stolzes mit denen kaufmännischer Klugheit und der Pflege
der eigenen Kreditwürdigkeit vereinbaren, während man sich
am Hofe noch berechtigt fühlte, bestimmte Verhaltensweisen
als die von Kaufleuten zu disqualifizieren.
Andererseits wurden auch manche bornierenden Konsequenzen, die mit den Bedingungen adliger Privilegien verbunden

waren, frühzeitig bewußt. Die Freundschaft, deren orphisches Bild auch bei Castiglione entworfen wurde, mußte auch als Gefahr erkannt werden: Man durfte »nicht jedoch dieser süßen Lockspeise der Freundschaft allzu sicher sein, so daß wir es später bereuen müssen«, weil manche »nach vielen Jahren in herzlicher Freundschaft einander am Ende doch auf irgendeine Weise betrügen«.[79] Der Zusammenhang dieser Höfe mit den Unternehmungen der Handelskontore über die Meere und Länder Europas und des Orients schlug sich in ihrer inneren Struktur in verschiedenen Graden der Vermitteltheit nieder. Noch während die Erkenntnis durch die Liebe zum Anderen und zum je besonderen Objekt entdeckt wurde, drang auch der Warencharakter, den Dinge anzunehmen begannen, selbst in die Beziehungen zwischen den Menschen ein: Man werde, so stellte einer der Gesprächspartner am Hofe von Urbino voller Bedauern fest, oft »mehr durch das Urteil anderer als durch das eigene zur Liebe bewegt«[80] – der Kurswert einer Person am Hofe war wichtiger als das gegenseitige Erkennen.

»Dem entspricht«, so sagt Elias, »die Notwendigkeit einer Abstimmung des Verhaltens von Menschen über so weite Räume hin und eine Voraussicht über so weite Handlungsketten, wie noch nie zuvor. Und entsprechend stark ist auch die Selbstbeherrschung, entsprechend beständig der Zwang, die Affektdämpfung und Triebregelung, die das Leben in den Zentren dieses Verflechtungsnetzes notwendig macht.«[81] Der Prozeß aber ist schichtenspezifisch; er wird bei den Herrschenden ausgebildet. »Zunächst sind es in der abendländischen Entwicklung bestimmte Ober- und Mittelschichtfunktionen, die von ihren Inhabern eine solche beständige, aktive Selbstdisziplinierung auf längere Sicht erzwingen, höfische Funktionen in den Zentren der Fernhandelsverflechtung, die unter dem Schutz eines einigermaßen stabilen Gewaltmonopols stehen.«[82] Das ist in zweifacher Richtung bedeutsam. Einerseits wurde die Möglichkeit einer Triebsublimierung zu einem Mittel der Herrschaft. »Auch ihm, dem höfischen Adel, dient dieses Ansich-halten, zu dem Funktion und Lage ihn zwingen, zugleich als Prestigewert, als Mittel zur Unterscheidung von den andrängenden, unteren Schichten, und er tut auf der einen Seite alles, was er kann, damit diese Unterschiede sich nicht verwischen.«[83] Nun kann man von den unteren Schichten des fünfzehnten Jahrhunderts nicht behaupten, sie hätten in solcher Art nach oben gedrängt; und die Großbürger, wie nicht allein das Beispiel der Medici zeigt, waren eng mit den Höfen, selbst mit den Fürstenfamilien verflochten und hatten solchen Zugang weitgehend längst befestigt. – So war auch bei den von Castiglione aufgezeichneten Gesprächen in Urbino Giuliano de'Medici einer der vornehmsten Teilnehmer. Doch das ganze Buch vom ›Cortegiano‹ ist von Bemerkungen, wodurch die gebildeten Menschen sich gegenüber dem Rest unterscheiden, in einer Weise durchzogen, die den von Elias hervorgehobenen Wunsch des Sich-Absetzens gegen die weniger und Unterprivilegierten durch ausgesprochene Überbauzüge genau zum Ausdruck bringen. Die Funktionalisierung wirkte auf die Sache zurück: Diese Auswirkung wurde in der zweiten Richtung verstärkt; nur die Privilegierten waren in der Lage, über die Not der Reproduktion hinaus ein Modell der freien Entfaltung der Menschen und damit auch ein Modell freier Kommunikation mit der Objektwelt und miteinander zu entwerfen, vielleicht sogar antizipatorisch Ansätze dazu zu verwirklichen. Diese wurden aber für sie wie für die Gattung überhaupt in dem Maße unmöglich, in dem Triebverzicht nicht der Sublimierung, sondern der Durchsetzung der Hofleute wie der Kaufleute gegeneinander und gegen die Beherrschten dienstbar gemacht und zugeführt wurde.

Immerhin ging aber die Anstrengung der höfischen wie der großbürgerlichen Gesellschaft nicht darin auf. Wahrscheinlich wird da, wo es um die Grundsätze der Erziehung der Jugend zu dem Ideal dieser Schicht ging, nicht nur ein Selbstverständnis formuliert, das über jene regressiven Zwänge und Interessen hinwegtröstet; dazu stimmen sie zu genau zu der Idee einer Entfaltung des Besonderen an Hand rationaler Übersicht und vergleichend gemessener Interdependenz der Elemente, etwa im Tanz, zusammen. Die Forderung, man solle »gleichsam über sich selbst« stehen und dazu die notwendige Ruhe gewinnen, wird, als verstehe sich das eigentlich von selbst, verbunden mit der zweiten: »Außerdem hat diese ruhige Art und Weise eine gewisse vorsichtige Heftigkeit an sich, weil sie nicht vom Zorn, sondern von der Urteilskraft bewegt und eher von der Vernunft als von der Begierde beherrscht zu sein scheint.« Dadurch zeichnen sich die aus, die bei ihrem alltäglichen Verhalten »mehr als andere Adel und Stärke besitzen, wie beim Löwen und Adler«. Der Verdacht, der Vergleich mit dem Adler könne an die Falkenmetapher für die posa im Tanztraktat von Domenico erinnern, wird durch die folgende Passage bestätigt, die eine Übersetzung des Posaprozesses in die psychisch-physische Situation eines Kriegsherrn oder Regenten darstellt. »Dem ist auch nicht ohne Grund so, weil jene stürmische und plötzliche Bewegung, die ohne Worte oder andere Bezeigung von Zorn mit aller Kraft zugleich und auf einmal, wie die Explosion einer Bombe, aus der Ruhe hervorbricht, die ihren Gegensatz darstellt, viel heftiger und ungestümer wirkt als die, die stufenweise zunehmend sich allmählich erhitzt.«[84] Dabei muß man verstehen, daß hier Plötzlichkeit und Ungestüm für die Konzentration auf den voraufgegangenen und den bevorstehenden Moment der Situation einer Auseinandersetzung stehen, aus der allein sie hervorgehen können – unter dem Primat von Urteilskraft und Vernunft, erfüllt zugleich ganz mit der konkreten Wirklichkeit der einmaligen Konstellation von Ort, Personen und Zeit und ganz auf diese bezogen.

Jedoch die Übersetzung in ein derart anderes Feld verkürzt den Sinn des Prozesses als eine Dimension menschlicher Entfaltung fast um so mehr, je genauer die Entsprechung gelingt, je funktioneller jener Entfaltungsprozeß in seiner instrumentalisierten Version aufgeht. Das relative Gewicht der Bereiche entscheidet darüber; die Gesprächsform des Buches von Castiglione, formal dem literarischen und höfischen Brauch der Zeit entliehen, spiegelt das inhaltliche Ringen der gegensätzlichen Tendenzen und Interessen um diese Entscheidung. Die Partner vertreten, ohne daß die Veröffentlichung eindeutige Stellung bezöge, rigiden Traditionalismus und im schlechten Sinne Realpolitik, Freiheit und Schönheit der Lebensformen, humanistische Bildung und eine neue Kommunikation zwischen den Menschen, Verachtung für das niedere Volk oder Gerechtigkeit und Anstand gegen die Leidenden, Einsperrung der Frau in ihre herkömmliche Unterordnung unter den Mann oder ihre Lösung daraus. Dabei sind die Präferenzen für die progressiven Ziele ebenso erkennbar wie die Anerkennung einer praktischen Notwendigkeit der Aufrechterhaltung, ja der Förderung der bestehenden Herrschaftsstruktur. Keiner sollte in den Gesprächen das letzte Wort haben; desto eher obsiegte praktisch die Realpolitik über die Vorstellung von einer versöhnbaren Welt – auch, wo der Fortschritt der gesellschaftlichen Organisation Formen von Herrschaft und von Ausbeutung zugelassen hätte, die zu jener Idee weniger mörderisch im Widerspruch gestanden hätten. »Sicherlich schadet die Unwissenheit in Musik, Tanzen und Reiten niemandem; nichtsdestoweniger schämt sich«, wer darin nicht glänzen kann; wirklich von Wichtigkeit aber ist es, Kenntnisse »in der Beherrschung von Völkern« zu haben.[85]

Im Zusammenhang hiermit wie mit der Hofpsychologie im engeren Sinne steht die Vorbildrolle des Fürsten für die Höflinge kraft seiner realen Macht. Die Idee des mimetischen Lernens, der Erkenntnis durch ein Sichanverwandeln an den Gegenstand der Beobachtung wie an bestimmte Menschen, konnte sich den historischen Zwängen ihrer Gleichzeitigkeit mit einer Situation objektiver Reproduktionsnot und den Durchsetzungschancen der bestehenden politischen Hierarchie nicht entziehen. So kam Mimesis zur Nachahmung von gängigen Klischees herab.

Mimesis und Klasseninteresse

Nicht anders im kaufmännischen Geschick, wenn der Sinn für das je Besondere und seine Anforderungen nur im Hinblick auf den höheren Gewinn sich verwirklichen durfte; nur schlaues Versteckspiel oder überlegene Spekulation konnten dann die Formen kalkulierter Anpassung sein. Die Geschichte des Begriffes imitatio während der folgenden Jahrhunderte war von Ambivalenz gekennzeichnet. Es wäre falsch zu meinen, die unwandelbaren Charaktere insbesondere der comedia dell'arte – begründet in dem simpleren Orientierungsbedürfnis von Handwerkern und Bauern, dem eine gröbere Typologie durchschnittlicher sozialer Verhaltensweisen genügen mußte – hätten diese Muster erst in die höfische Kunst gebracht. Das wäre so, als wenn man behaupten wollte, der differenzierten bürgerlichen Psychologie des neunzehnten Jahrhunderts hätten erst die Ausschneidebogen der Kinder das invariable Rollendenken zugeführt. Die Vereinfachung und ihre Tendenz zur Ontologisierung entsprachen der höfischen und der großbürgerlichen Psychologie ebenso, nur diese verlangte mehr Raffinement und weniger lustvolle Derbheit. Schon im sechzehnten Jahrhundert bewährte sich die Nachahmung der sozial niederen Typen sogar als Mittel der Kunst, mit dem die Unterschiede zwischen Herrschenden und Beherrschten wirkungsvoll sich verfestigen ließen. In den Erzählungen des ›Decameron‹ deutet sich das an; und das Urteil des cortegiano, Darstellungen, in denen einfältige Bauern von Herren übertölpelt und beraubt würden[86], seien »ebenfalls schön«, wenn sie lustig erzählt würden, führt ebendahin. Auch die Ostentation einer neuen, in Sensibilität übertragenen Mimesis an fremde Schicksale vor dem Volke, das dergleichen sich nicht leisten konnte, machte zum Prinzip hierarchischer Unterscheidung, was an sich die Qualität von Ausdruck in dem eben erst möglichen Sinne von Menschlichkeit trug. »Überhaupt ist das offizielle Mitempfinden fürstlicher Gemütsbewegungen«, so Burkhardt, »zuerst in diesen italienischen Staaten aufgekommen. Der Kern hiervon mag seinen schönen menschlichen Wert haben, die Äußerung, zumal bei den Dichtern, ist in der Regel zweideutig.«[87]

Neue Entfaltungen und neue Bornierungen

Ausdruck versus positiver Inhalt

Wenn je widersprüchliche Tendenzen dennoch auch unabhängig voneinander gesehen werden dürfen und müssen, als gäbe es eine Autonomie der Phänomene, dann in der europäischen Geschichte am ehesten für das Quattrocento. Nicht nur von der allzu groben und allzu raschen Einlösung lustvoller Er-

wartungen in den Bewegungen des »Possenreißers« und der
»Gaukler«, mit deren physischem Vollzug die Triebimpulse
sich erschöpfen, hob die Mimesis höfischer Tänzer sich ab. »Wir
aber müssen uns diese Nachahmung gleichsam im Vorbeigehen
und heimlich aneignen und stets die Würde des Edelmanns dabei bewahren, ohne schmutzige Worte dabei zu sagen oder un-
anständige Bewegungen zu machen, ohne Gesicht oder Körper
hemmungslos zu verrenken, sondern wir müssen die Bewegungen auf eine gewisse Art ausführen, so daß der, der hört und
sieht, sich aus unseren Worten und Gesten viel mehr vorstellt,
als was er wirklich sieht und hört, ...«[88] Es war der Ausdruck, der über das bloße Abgeben einer Mitteilung und ihrer
Aufnahme hinaus den Sehenden dazu veranlaßt, die Mitteilung, den Inhalt, seinerseits in einem mimetischen Sicheinlas-
sen auf den Gegenstand sich anzuverwandeln, wie der Darstel-
lende zuvor es getan hat. Guglielmo sprach von dem Zusam-
menwirken des Misuraprinzips mit der dadurch moderierten
Spontaneität der individuellen Ausführung zu dem Ziel:
»Diese Tugend des Tanzens beruht darin, daß geistige Bewegungen durch anschauliche Handlung geäußert werden.« Der
Vorgang wird als die Entsprechung von Innerem und Äußerem
verstanden; deren Harmonie entsteht als körperliche Entäußerung geistiger Bewegungen und damit auch als geistige Ver-
arbeitung der Bewegungserlebnisse des Körpers, die doch erst
jene ausgelöst haben: »Dies ist eine Handlung von jener Süße
und Melodie, die im Tanzen an der eigenen Person ins Äußere
gebracht wird, ...«[89] Darauf beruhte auch die Kunst der wahren Unterhaltung. »Denn ihre vollkommene Anmut und wahre
Tugend besteht darin, das, was man ausdrücken will, mit
Gesten und Worten so mühelos vorzubringen, daß die Zu-
hörer die erzählten Dinge mit eigenen Augen zu sehen meinen.«[90] Bei der Nachahmung kam es auf etwas Wesentliches
an, das nicht einmal in einem aufzufindenden Urtypus gesucht
wurde. So »muß unser Hofmann die Anmut von denen rau-
ben, die sie nach seiner Meinung besitzen, und zwar von jedem
den löblichsten Teil; und darf es nicht wie einer unserer
Freunde machen, den Ihr alle kennt, der sich dem König Fer-
dinand dem Jüngeren von Neapel für sehr ähnlich hielt und
bei dessen Nachahmung für nichts anderes Sorge trug, als

häufig den Kopf zu erheben und dabei einen Teil des Mundes zu verziehen, was bei dem König durch eine Krankheit zur Gewohnheit geworden war«.[91]

Nicht das Urbild – und würde es auch nur in irgendeiner Königsfigur gefunden – sollte man immer gleich zu erreichen versuchen; die großen Dichter Petrarca und Boccaccio seien nicht durch Nachahmung der alten Schriftsteller groß geworden: »Ihr wahrer Lehrmeister aber war, wie ich glaube, die Begabung und ihr eigenes natürliches Urteil.«[92] Freilich bedarf dieses eigene Urteil der Ausbildung – im mimetischen Lernen sind eigene »Natur« und ein Vorbild durch die Person so konkret aufeinander vermittelt, daß der Prozeß selbst zur Substanz wird: Über eine lebendige Mitte bestimmt die Natur dieses Menschen sich historisch und entfaltet zugleich. *Über die Mimesis an das Objekt vollzieht sich immer zugleich eine Mimesis des Subjektes an sich selbst;* der Zusammenhang wird im Kapitel über die posa sowie in der Diskussion von Vorstellungen einer versöhnbaren Welt als die reale Vermittlung zwischen Objekt- und Selbsterkenntnis entwickelt. »Wer also ein guter Schüler sein will, muß stets, außer etwas gut zu verrichten, allen Eifer aufwenden, um sich dem Lehrer anzugleichen, und wenn dies möglich wäre, sich gleichsam in ihn zu verwandeln.«[93] Und während an anderer Stelle ein ausgiebiges Bemühen aufgewandt wurde, gleich dem System der misurae zum Beispiel, alle bekannten und denkbaren Schwänke in Arten und diese wieder in Untergruppen aufzuteilen und zu benennen[94], verstand man doch – wie es die Interpretation der Misuraregeln immanent ergeben wird –, daß wahrhafter Ausdruck immer nur aus einem je neuen Sichabarbeiten an dem Medium und seiner historisch gegebenen Struktur hervorgehen kann; daß das Auszudrückende als ein Besonderes je dem bis dahin kodifizierten Stand der Bedeutungsdifferenzierungen und Bezugsmodelle – etwa der Sprache – als einem Allgemeinen gegenübersteht. Dies vorhandene Allgemeine muß aufgebrochen werden in dem Bemühen, den Kanon auf das zu vermitteln, was in ihm noch vorgesehen ist, und das noch nicht Vorgesehene auf den so sich verändernden Kanon. Derart verändert, neu differenziert, kann er vielleicht seinen Totalitätsanspruch wieder aufnehmen, der freilich ohnehin immer vorläufig bleibt. »Wißt Ihr nicht«, so erinnert Castiglione, »daß die Sprachbilder, die der Rede so viel Anmut und Pracht verleihen, alle Mißbräuche grammatikalischer Regeln darstellen«, die eben »unserm Ohr lieblich und mild klingen.«[95]

Raum, bezogen auf Zeit und Ausdruck

Es ist wohl kaum möglich, dergleichen an den sparsamen Notierungen festzumachen, die von den aufgezeichneten Tänzen des fünfzehnten Jahrhunderts vorliegen. Ansätze dazu lassen sich jedoch skizzieren. Der – in Burgund noch nicht übliche – Wechsel von geraden und gewundenen Tanzwegen wurde nicht nur als Möglichkeit der Abwechslung verstanden; er wurde als Mittel der Charakterisierung verwandt, wenn zum Beispiel aus der comedia dell'arte Scaramuccio, der zweite Capitano, in das Stück ›Verceppe‹ aufgenommen wurde. »Seinen wankelmütigen Charakter veranschaulicht der Grundriß des ›Verceppe‹ auf das lebhafteste«, meint Ingrid Brainard[96], wobei der Hinweis auf den Tanzweg als einen »Grundriß« mir nicht unproblematisch zu sein scheint. Zwar wurde nach dem Grundsatz des »partire del terreno« von den Tanzenden im voraus eine Koordination ihrer zeitlichen und räumlichen Disposition gefordert. Mir scheint aber, daß diese Konzeption erst später sich gegenüber den jeweiligen Momenten ihrer Realisierung durch die Bewegungen der Tanzenden zur Grundrißvorstellung verselbständigte. Es hängt gerade hiermit zusammen, daß die Raumorientierung zunächst noch ein Mittel des Ausdrucks, wenigstens der Typisierung, werden konnte: Sie war nicht, wie dies in den späteren sogenannten Grundrißballetten weitgehend geschah, vergegenständlicht zur zeitunabhängigen Figur, die damit jedem Vorgang an oder in den Personen äußerlich sein mußte.

Die älteren Tänze waren in strenger Parallelität verlaufen, in der Herren und Damen auf gerader Linie nebeneinander durch den Saal schritten. Dann kam jener »›stile nuovo‹, der die großen nach 1450 entstandenen Tanzkompositionen beherrscht«, auf.[97] Die Schrittfolgen blieben für die Partner zumeist noch die gleichen, aber sie wurden in symmetrischen Formen gegeneinander gekehrt. Dadurch entstand eine Spannung zwischen einer bestimmten Bewegung und ihrer gleichartigen Wiederholung in dem Spiegelbild, das durch die andere Person ausgeführt wurde. Die Bewegung wurde sich selbst entgegengesetzt und mit sich selbst vereinigt und umschloß damit einen Raum, der so zum *Ort eines Vorganges sich selbst darstellender mimetischer Selbstreflexion wurde.*

Bloße Verdoppelung dagegen vermag vielleicht einen gewissen Nachdruck zu bewirken, *erschöpft sich aber im ohnmächtigen Insistieren* auf dem, was sich selbst nicht zu explizieren versteht. Die gleiche Wirkung entsteht, wenn eine bestimmte Bewegung von vielen Personen gleichzeitig gemacht wird. Gleichzeitige Wiederholung hebt die besonderen Qualitäten des Raumes auf. *Bloßes additives Nebeneinander* bleibt übrig, weil verschiedene Raumpunkte nicht mit verschiedenen Zeitpunkten eines sich entwickelnden Geschehens verbunden sind, sondern keine andere Funktion haben, als die Gleichzeitigkeit von Wiederholungen zu ermöglichen. Der Raum stellt nur die Möglichkeit zur Verfügung, daß einer bestimmten Bewegung oder Haltung ihre Einmaligkeit genommen wird, ohne dies als ein Geschehen in der Zeit zu entwickeln. *In solcher Geschichtslosigkeit verliert* eine Choreographie nicht nur die Beziehung zur Dimension der Zeit; *auch der Raum* verliert *die Qualität* von Dimensionen.

Dagegen hat die zeitliche Symmetrie in der Form der Verschiebung eine Wirkung, die der vorher diskutierten Spiegelbildlichkeit gleicht, sobald die Wiederholung nicht schematisch abläuft. Wie der umspiegelte Raum zwischen den beiden Personen, die zueinander gekehrt gleichzeitig das gleiche vollziehen, so kann auch ein Zeitraum derart zwischen der Wiederholung und der ersten Ausführung der Begegnung stehen, daß sie zueinander gekehrt sind und die Pause, einander spiegelnd, umschließen. Diesen Vorgang untersuchen wir noch als das Prinzip der posa. Die Verschiebung in der Zeit kann aber auch noch zusätzliche Dimensionen erhalten, durch die neue Beziehungen entstehen. *Was eben der Eine getanzt hat, führt darauf seinerseits der Andere aus, und zwar an seinem anderen Platz.* Diese Form der Symmetrie und die erste gleichzeitiger

Spiegelbildlichkeit nennt Ingrid Brainard die »vorwiegend korrespondierende Symmetrie« der bassadanza und der nicht thematischen balli, »wobei jeder Einzelne sich selbständig und jeden Schritt, jede Drehung, jedes Vor und Zurück mit Blick, Miene und Geste begleitet, wie sie dem Charakter des jeweiligen Tanzes entsprechen«.[98] Dabei werden die Schrittfolgen des Tanzes selbst zu dessen Gehalt, die ausdeutende Aufführung drückt deren Bezüge aufeinander aus, das heißt *sie expliziert im Spiel zwischen den beiden Ausführenden die Beziehungsmöglichkeiten zwischen den Elementen* der wiederholten Bewegung. Daneben wären auch Verschiebungen in der Zeit denkbar, in denen Raumpunkt und Personen vertauscht werden; derselbe Tänzer könnte die Bewegung nacheinander an zwei verschiedenen Plätzen der Tanzfläche ausführen, oder am selben Ort könnte sie erst von dem einen, dann vom anderen Tänzer verwirklicht werden. Gewiß sind solche Verschiebungen noch nicht notwendig Mittel vervielfältigter und komplexerer Beziehungen in der größeren Form. Dazu müssen die Wiederholungen schon *zusätzlich auf etwas zwischen ihnen bezogen werden.* Aber sie entdecken die Möglichkeiten dazu, die im Quattrocento offensichtlich schon erste Einlösungen gefunden haben.

Die Autorin – so viel läßt sich inzwischen wohl mit Gewißheit sagen – hat zu Recht gegen den positivistischen Standpunkt von Sachs darauf bestanden, die Existenz jener »Blicke, Mienen und Gesten« anzunehmen, obwohl sich aus den Traktaten kaum ausdrückliche Anweisungen dazu unmittelbar entnehmen lassen. Auch die Formulierung ist richtig gewählt, es habe sich bei diesen Gruppen von Tänzen darum gehandelt, deren eigenem »Charakter« zu entsprechen; wogegen die thematischen balli mit pantomimischen Zügen den Tanzenden einen Charakter auszudrücken aufgeben, der selbst schon dem Charakter einer dritten Sache entsprechen soll. Ursprünglich war die piva ein Tanz der Schäfer gewesen, dann wurde sie in das höfische System der misure als ausgelassenster und dabei einfachster Tanz aufgenommen, aber bereits Domenico verwies sie als etwas »Trostloses« an ihren sozialen Ursprung zurück[99]: die gemeinen Leute, die »villani«, sollten an dergleichen ihren Spaß haben. Der Ablauf war zu simpel, als daß aus den Be-

zügen der Elemente zueinander deren Transzendierung auf einen Gehalt sich hätte ausdrücken lassen. Über das Stadium einer piva war der choreographische Tanz hinausgelangt. »Es gehört ein hohes Maß an choreographischem Können dazu, einen ganzen Handlungsverlauf so zu planen, daß jede Wendung, jeder Kreis, jede Diagonale, jede geometrische Figur, jedes Vor und Zurück, das ausdrückt, was die besondere Situation erfordert, und daß gleichzeitig die Summe aller Wegstrecken eine vollkommene Illustration des Themas ergibt.«[100]*
Hier ist das Vokabular zweifellos zu technisch ausgefallen. Wenn Ausdruck entstehen soll, dann wird das gewiß nicht durch die »Summe aller Wegstrecken« möglich sein; ein derartiges Tanzverfahren kann gar nicht gedacht werden, schon überhaupt nicht Sinn haben. Auch kann es dann nicht um »Illustration« gehen, die doch nur beiherspielt, wie Kant sagen könnte. Gewiß wurden aber die einzelnen Bewegungen, etwa in der ›Mercantia‹ oder in der Abschiedsszene ›Partita Crudele‹ bei Ebreo, auf einen Gegenstand bezogen, der ihnen zuvor äußerlich war, den sie nicht von jeher meinen konnten. Zueinander und Abkehr, Reverenz und einsam schwingende continenza, rasche Drehungen und in sich ruhende posa erhielten durch ihre Reihenfolge und durch ihre Konfrontation oder zusammenstimmende Gleichzeitigkeit *einen zuvor inhaltlich orientierten Sinn*. Dieser konnte im Nachvollzug eines Naturphänomens gesehen werden, wie etwa in dem Stück ›Fodra‹ des Guglielmo Ebreo die bestimmte Kombination der Schritte und ihrer Ausführung mit den Tanzwegen die Tanzenden auf ihre Weise zu »Blitzen« werden ließ. Es wurde aber auch versucht, *im Tanzen Szenen aus dem Zusammenleben der Menschen zu verstehen und zu deuten*. So schuf man einen Kontext, in dem die Reverenz eine Werbung, die continenza Unsicherheit, die Drehung ein Abweisen, eine posa Abwarten, eine andere den Beginn von Zuneigung ausdrückten.
Eine Wiederholung des Schrittes oder der Schrittfolge in

---

* An dieser Stelle wird übrigens das Datum 1430 als Beginn genannt und damit geklärt, daß schon die vor der Jahrhundertwende entstandenen Tänze von Domenico durchaus der Entwicklung angehörten, deren Ausprägung als ›stile nuovo‹ erst nach dieser angesetzt worden war.

gleichzeitiger oder zeitlich verschobener Symmetrie vervielfältigte die Möglichkeiten von Ausdruck. Was von Gleichem oder von Vergleichbarem ausging, ließ sich in Differenzierungen durchführen. Wurden etwa die movimenti abwechselnd von zwei oder gar drei Tänzern ausgeführt, so konnte »ein regelrechter tänzerischer Dialog zustande« kommen.[101] Die Wiederholungen konnten durch Verzögerung und Beschleunigung, durch Vereinfachung und Erweiterung etwas zu verstehen geben. Nach dem Prinzip des ondeggiando und des campeggiando ließen sich in die Ausführung sehr viele Nuancierungen einführen. Gesten und sogar Schritte des Kanons konnte man in diesem Zusammenhang so weit abwandeln, daß sie Ähnlichkeit mit bestimmten, der alltäglichen Verständigung dienenden Elementen einer sogenannten Zeichensprache annahmen; oder es konnten andere, historisch bestimmten Bedeutungen zugeordnete Elemente, zum Beispiel Umschreitungen aus dem Ritual der Messe oder Devotionshaltungen aus dem Ritual der Herrscherverehrung, eingebracht werden, indem die entsprechenden Assoziationen unmittelbar als Zitat oder in den andersartigen Zusammenhang übertragen den regelgemäßen Kombinationsmöglichkeiten des Kanons zuwuchsen.

Es ist außerordentlich wichtig, daß diese Entwicklung sich weitgehend in der Stille kleiner Gesellschaften vollziehen konnte, in der sie wie eine Form des Gesprächs immer nur von wenigen oder gar nur von zwei Personen zur Kommunikation geführt wurde. Zugleich erweiterten sich die denkbaren Möglichkeiten gerade durch die zunehmende Zahl der an den Tänzen Beteiligten im Verlaufe des Jahrhunderts. Zwar verteilten sie sich bei der bassadanza noch lange Zeit offensichtlich vorwiegend auf nebeneinander tanzende Dreiergruppen, so daß der Ausdruckscharakter der Bewegungen immanent weiterhin auf den einen oder die zwei Partner bezogen blieb; andererseits schlossen die Gruppen sich doch auch zu langen Reihen »alla fila« zusammen.[102] In den balli waren mehrere Personen zu gemeinsamen tänzerischen Evolutionen zusammengeführt – keineswegs übrigens nur Paare, sondern auch eine Dame mit drei Herren, zwei Paare mit zwei Herren oder dergleichen Variationen mehr. Es ist kaum denkbar, die damit verbundenen formalen Ausweitungen und Komplikationen in stringentem Zusammenhang mit dem neuen Reichtum von Ausdruck darzustellen. Man muß sogar annehmen, daß, was an Kombinationschancen der Personen und der Schrittfolgen, der Tempi und der Nuancen in der Ausführung gewonnen wurde, keineswegs sich auch an entsprechend komplexen Gehalten und Inhalten in Ausdruck einlöste. Zweifellos kamen die Phänomene der choreographischen Mehrteiligkeit im Wechsel der misure und von fila und Gruppen, von Paarreihen und Soli zustande; doch schon, ob gleichzeitig Tanzende nebeneinander verschiedene Tempi auf dieselbe Musik tanzten, ist nicht bekannt. Die Komplexität der Bezüge, die aus solchen Überschneidungen und Differenzierungen hätte entstehen müssen, dürfte den zunehmend formal komplizierteren Konzeptionen weitgehend gefehlt haben. Das heißt, die Seite des Mediums, die gelegentlich als das Handwerkszeug bezeichnet wird, entwickelte sich sehr viel schneller als die Möglichkeiten, damit im Sinne der theoretisch zum Desiderat erhobenen Prinzipien von misura, memoria, maniera, aiere und so fort umzugehen. In dieser Situation begannen eben aufgenommene Momente wie Ausdruck und thematische Darstellung sich auch schon wieder zu verselbständigen.

Ganz sicher ist dieser Umstand darauf zurückzuführen, daß die balli und die ihnen immer ähnlicher werdenden Bassadanzen aus der kommunikativen Situation zwischen wenigen Personen in die repräsentative Funktion des Hofes vor dem Volke gezogen wurden. Konfigurationen so vieler Elemente waren noch nicht erarbeitet, und die Empfehlungen Castigliones, sich auf zwei Freunde zu beschränken, weil mehr Vertraute eine Gefahr statt eines Glückes bedeuten würden, weisen darauf hin, daß sie der Zeit selbst als unmöglich galten in der absehbaren Realität, die objektiv noch auf den Begriff der Kooperation diskutiert werden wird. Ebensowenig konnten alle triebhaften Bewegungsimpulse, die in den Morisken und Mommerien oder sportlichen Übungen befriedigt wurden, in einen Tanz aufgehoben werden, der sie zu der Vereinigung mit geistiger zu körperlicher Arbeit hätte werden lassen in dem Sinne, daß die Individuen gemeinsam sich die Gattungsvermögen erarbeitet hätten. Nur Ansätze dazu sind erkennbar.

Die naive Totalität einer versöhnbaren Welt stand im Gegensatz zu Herrschaft und vertikaler Arbeitsteilung, an denen diejenigen doch eisern festzuhalten entschlossen waren, die den Vorstellungen von Versöhnung sich hingaben, während sie die Masse der empirischen Individuen davon ausgeschlossen ließen. Darum mußten auch sie selbst, um ihrer Würde vor den Beherrschten willen, einem Teil ihrer Vergnügen weiter in Verkleidungen nachgehen, das heißt, selbstgewählte Rolle und Bedürfnisse der Person eigentümlich gegeneinander isolieren.

Am Ende des Jahrhunderts wurden bereits große Aufführungen aus der Tradition von Hoftanz und Moriske zu den Hochzeiten von Guidobaldo de Montefeltro und Elisabeth Gonzaga, von Giangaleazzo Sforza und Isabella von Mailand veranstaltet.[103] Die Kategorie der Repräsentation setzte sich sowohl in der Menge der Beteiligten durch wie in dem ungeheuren Pomp der Kostüme wie in dem ewigen Grundthema der Fürstenverherrlichung. So auch bei der Hochzeit von Alfonso d'Este mit Anna Sforza; »da sah man, von einem rauschenden Orchester begleitet, einen Chortanz von Jünglingen in Efeu gehüllt, in künstlich verschlungenen Figuren; dann erschien Apoll, schlug die Lyra mit dem Plektrum und sang dazu ein Preislied auf das Haus Este«.[104] Doch die Differenzierungen formaler Kompositionsmodelle und erst recht inhaltlichen Ausdrucks hatten noch längst nicht große Zahlen von technischen Kombinationen der Kanonelemente durchdringen können. Wenn damals hundert Personen mitwirkten, so war niemand in der Lage, ein derartiges Aufgebot zu einem sinnvollen Ganzen kooperieren zu lassen. Die Aufgabe der Koordination wurde denn auch weit weniger den Choreographen – zumindest als solchen – übertragen als den Librettisten, die entlang gewissen Assoziationen zum Festanlaß eine Reihe von legendären und antik mythologischen Fragmenten zu einer Abfolge von Auftritten vereinigten. Es ist von großer Wichtigkeit, daß auf jeden Fall *die zentralen Personen der Hochzeit* und ein Teil ihrer Gäste nicht an der Ausführung beteiligt, vielmehr gerade zu *Adressaten einer auf sie stilisierten Handlung* geworden waren. Auch darin ist bereits die Geschichte der höfischen Ballette während des sechzehnten Jahrhunderts in gewisser Weise vorweggenommen.

Leider läßt sich nicht mehr rekonstruieren, ob noch etwas von den Zusammenhängen zwischen Tanz und mimetischem Lernen bis in diese Spektakel erhalten blieb oder ob die Kontinuität im Entscheidenden überhaupt abbrach. Technisch zumindest dürfte wohl der Stand gehalten worden sein. Dabei wurde deutlich, daß ein Prozeß beobachtet werden kann, der durch die Generationen der Traktate verfassenden Tanzmeister eine ziemlich unvermittelte Richtungsänderung erfuhr. Obwohl der Begriff der misura im Bewußtsein der früheren noch an dem aristotelischen mittleren Maß zwischen den Extremen ausgerichtet war, wurden unter solch traditioneller begrifflicher Abschirmung in Wirklichkeit die systematischen Proportionen der Verhältnisse von verschiedenen misure untereinander und zu Schritten langsam auf das Niveau immer eigenständigerer spezifischer Differenzierungen gehoben, bis schließlich Cornazano eine neue Kategorie einführte. Er nannte diese Differenzierungen ein eigenes Prinzip des Tanzens und sprach von »diversità di cose«.[105]

Bei Cornazano, der in seinem Militärtraktat Plato zitiert, um seiner Forderung nach einer Einheit von Staatsführung und Philosophie den Nachdruck der antiken Autorität zu verleihen[106], dürfte sich in dem neuen ästhetischen Prinzip neuplatonischer Einfluß bemerkbar gemacht haben. Auf ihrem der Vernunft zustrebenden Wege muß die Seele die Verschiedenheiten des Konkreten durchlaufen. Doch Ficino betrachtete die zentralen Lehren des Aristoteles als im Platonismus aufgegangen; vermutlich ging ebenso im Verständnis der Tanztraktate schrittweise das strenge Schema der misure in ein von diesem sich mehr und mehr abhebendes Prinzip der Differenzierung über. Es scheint, als habe sich in ihm das Prinzip der misura als rationales Gerüst erhalten und zugleich transzendiert werden können. An dem Punkt der Geschichte des choreographierten Tanzes, in dem die Vielzahl der Beteiligten und der programmhaft mythologische Inhalt weit über den Stand dessen hinausgingen, was aus dem Kanon und aus den bereits verwirklichten Beziehungsmöglichkeiten zwischen seinen Elementen an Differenzierungen gewonnen worden war, fiel die diversità in bloße Äußerlichkeit zurück. In der Folge wurde in den tanz-theoretischen Schriften der Begriff *variatio* an ihrer Stelle verwandt. Mit dem *Wechsel war für eine kurze Zeit* gemeint worden, die Menschen hätten *sich auf die spezifische Differenz einzulassen*. Wo dies, wohl seit dem Ende des Quattrocento, nach und nach in schematischem Experimentieren unterging und die Vergleichbarkeit auf die ceteris-paribus-Klausel isolierender Versuchsanordnung reduziert wurde, *blieb* auf der anderen Seite *bloße Abwechslung*. Im choreographierten Tanz war über das Einhalten zwischen den Schrittfolgen die Möglichkeit ihrer Vermittlung aufeinander entstanden – durch den Posaprozeß, der in den Tanzenden sich entfaltete. Eine bestimmte posa konnte der Umwandlung der größten Zahl von Bewegungen in andere dienen. Eine von vielen sich ergebender Spielbein-Standbeinsituationen wurde zur typischen Haltung fixiert: der Charakter qualitativer Übergänge wurde technisch übersetzt in die *Statik einer multilateralen Neutralität gegenüber Tanzrichtungen und Schrittimpulsen*. Sie konnte zwischen den Schritt vorwärts und den zur Seite, zwischen den Rückwärtsschritt und die Drehung treten und viele andere mehr. Aus dieser Position ließen die Schritte sich auch ebensowohl mit dem rechten wie mit dem linken Fuß beginnen. Die Vielfalt der aus ihr zu beginnenden Richtungen entsprach der diversità in der Ausführung. Eben erst ergaben sich so durch Rationalisierung der Haltungen und der Abfolge die Möglichkeiten zur Differenzierung wie zu jenem Vorgang mimetischen Lernens und zu Ausdruck, und schon zeichnete sich bei Cornazano die Gefahr ab, daß die posa zum bloß neutralen Zwischenglied formalisiert wurde, das beliebig und seinem Vorher und Nachher äußerlich wäre.

Damit ist die Epoche zwischen dem älteren, spätmittelalterlichen höfischen Schreitetanz und der mit den tänzerischen Monstrespektakeln beginnenden Phase bezeichnet. Die Reverenz ist eine gute Probe auf den Stand der Entwicklung. Aus dem höfischen Zeremoniell wurde sie, Folgen und Teile des Tanzes mit Beginn und Abschluß gliedernd, in die Schrittfolgen selbst aufgenommen, gegen die sie zunächst aber noch eine gewisse Selbständigkeit der Grußformel als solcher bewahrte. »Während in der burgundischen Tanzpraxis nur Reverenzen dieses Typs vorkommen, finden sich in den Choreographien der italienischen Maestri zahlreiche stilistische und rhythmische Varianten dieses Schrittes, die dem Bedürfnis nach Binnengliederung der immer umfangreicher werdenden Tanzschöpfungen Rechnung tragen. Zwar zeigt sich auch hier das deutliche Bestreben, der Regel gemäß das ruhige Tempo beizubehalten und die Bewegung mit dem linken Fuß auszuführen; dennoch ist es keine Seltenheit, daß die Tanzbeschreibungen Reverenzen ›col piè dextro‹ verlangen. Dergleichen Sonderfälle sind jedoch stets durch den choreographierten Zusammenhang erklärt und gerechtfertigt. Reverenzen mit dem rechten Fuß entwickeln sich entweder organisch aus der ihnen vorangehenden Schrittfolge, oder aber sie entspringen dem Bestreben nach Symmetrie der Bewegung innerhalb einer tanzenden Dreiergruppe, wie das z. B. in Guglielmos Ballo ›danza di Re, tre ballano‹ der Fall ist.«[108]*

Gesellschaftliche Wirksamkeit kaufmännischen Kalkulierens

Der Wechsel des Sich-Abwendens von einem Gegenstand und Sich-Zuwendens zu einem neuen, die beide je in ihrer Besonderheit erfahren werden, soll diskutiert werden in Hinblick auf *das Modell des Warentauschs* in der Phase, die einer durchgehenden Etablierung einer Zirkulationssphäre voraufging und in der bestimmend *Äquivalenzen erst im jeweiligen Tausch der Gebrauchswerte entstanden*, nicht schon vorab auf etablierten Märkten im allgemeinen so oder so gegeben waren. Die Regression der posa zur neutralen Formel, zur Stereotype, ist entsprechend im Zusammenhang zu sehen mit dem fortschreitenden Abstrahieren vom konkreten individuellen Gebrauchswert der Waren. Die höfische Bildung hatte sich gerade über den Umgang mit den Produkten anderer Länder, die

* Es wird dort (Brainard, Hoftänze ...) auf das Manuscrit de Bourgogne und auf den Guglielmotraktat in F Bezug genommen.

man in den Kreuzzügen zum ersten Mal plündernd zur Kenntnis genommen, dann durch die Vermittlung der reisenden und jene Produkte ins Land bringenden Kaufleute in den eigenen Lebensstil aufgenommen hatte, gegen die »einfältigen Bauern« abgesetzt. Seit die Gerechtsamen weitgehend in monetäre Grundrente aus Pachtzahlungen umgewandelt worden waren, standen den Adligen auch die Mittel zur Verfügung, aus dem eng geschlossenen Kreise der autarken Reproduktion im feudal-agrarischen Lebensverband hinauszugelangen und gebrauchswertneutrale Revenuen in welche Waren auch immer zu verwandeln.

Klassentrennung als europäisches Einheitsphänomen

So wurde man an den Höfen auch aufgeschlossen für die Dichter, die Tänze, die Sprachen fremder Länder, »weil« – so Castiglione – »der Verkehr zwischen verschiedenen Nationen es stets mit sich bringt, daß wie die Waren auch neue Worte von einer zur anderen gelangen«.[109] Der Mensch am Hofe »soll nicht nur prächtige und zierliche Worte aus allen Teilen Italiens aufgreifen, sondern ich würde es auch loben, wenn er manchmal jene französischen und spanischen Ausdrücke verwendete, die durch Gewohnheit schon von uns angenommen worden sind«.[110] Wie die fremden Waren nicht den primären Bedürfnissen der Reproduktion dienten, so erweiterten sich mit den fremden Worten die Möglichkeiten der differenzierteren sprachlichen Kommunikation, deren Inhalte nicht allgemein religiös, sondern diesseitig, aber klassenspezifisch waren. *Als Stil gewann Sprache im Gebrauch der Privilegierten Autonomie gegenüber* den Aufgaben von Übermittlung der Informationen, die Interaktion in den *Prozessen der Reproduktion* erforderlich macht, und dem Befehl. Zu demselben Zwecke lag es dann auch nahe, »neue Wörter zu bilden und in neuen Bildern zu sprechen«, die man aus den als Material verfügbar gewordenen antiken Sprachen Latein und Griechisch in vielen Varianten entwickeln konnte.[111] Praktisch ging es mit solchen Künsten weitgehend darum, im Hofleben eine glänzende Stellung einzunehmen und eine gewisse, sicher nicht immer um des Gegenstandes willen entfaltete Virtuosität zu produzieren, um »angenehm die Damen unterhalten« zu können.[112] Deshalb dürfte viel von dem, was der Abarbeitung am Objekt und der Kommunikation zwischen den Subjekten neue Möglichkeiten zuführen konnte, zur bloßen Abwechslung gediehen sein. In der Zeit gingen noch mehr denn je die Motive und Funktionen dessen durcheinander. Mimetisches Sich-Einlassen auf das je Besondere, die kalkulierte Anpassung an die psychologischen Anforderungen der Hofgesellschaft und das geschäftstüchtige »Allzeit bereit« in den kontingenten Verhältnissen der Kaufmannspraxis lassen sich empirisch wie genetisch nicht voneinander trennen und sind in ihren Tendenzen und Auswirkungen zutiefst miteinander verbunden.

Der Übergang war fließend. Olschki sagt von der »erotischen Philosophie«, die sich Ende des Jahrhunderts ausbreitete, »sie brachte auch eine Literatur in der Umgangssprache hervor, in der sich eine geistige und sittliche Verklärung der natürlichen Triebe und des Sinnenhungers der Menschen mit einer ausgearbeiteten Kasuistik der höfischen Liebe verband«.[113] Dazu gehören auch noch der Ficino-Schüler Pietro Bembo mit seinem 1525 erschienenen ›Libro di natura d'amore‹ und Leone Ebreos ›Dialoghi d'amore‹. In dem etwas früheren Castiglione sind die »Kasuistik« für höfische Liebe und die für andere Anpassungsregeln ganz pragmatisch vermengt. »Wer sich daher vielen in seinen Gesprächen anzupassen hat, muß sich durch sein eigenes Urteil leiten und, wenn er die Unterschiede zwischen dem einen und dem anderen kennt, jeden Tag Stil und Art ändern, je nach der Natur derer, mit denen er sich unterhalten will.«[114] Anschließend wird im ›cortegiano‹ die hofpsychologische Seite hervorgehoben; man müsse »sich an den Herrn anpassen«.[115] Ob mit der »Natur« der Anderen tatsächlich mehr deren Eigenart oder lediglich der Rang und der Einfluß der betreffenden Person am Hofe gemeint waren, läßt sich nicht ausmachen. Die Grenzen, in denen das »eigene Urteil« die Handlungen bestimmen konnte, waren ganz klar gesteckt; in allen Fragen, die ein Risiko gegenüber dem Fürsten mit sich brachten, hielt man sich besser an Befehle. Sehr interessant ist das Vorbild, nach dem solch höfisches Verhalten von Kriegern ihrem Fürsten gegenüber bei Castiglione konzipiert wurde: »Man handelt dann wie die guten Kaufleute, die das

Wenige aufs Spiel setzen, um viel, aber nicht das Viele, um wenig zu verdienen.«[116] Das steht in bezeichnendem Widerspruch zu der Parole, daß »der wahre Stachel zu allem Großen und Gefährlichen der Ruhm ist; wer sich aus Gewinnsucht oder aus einem anderen Grunde daran gibt, leistet niemals etwas Gutes und verdient auch nicht Edelmann, sondern ganz gemeiner Kaufmann genannt zu werden«.[117] Empfindlich grenzte man sich gegen den Stand ab, der einem bereits Vorbild war. Wenn man den Vorbehalt macht, daß die folgende Darstellung nur die bewußtlose immanente Vorstufe zu dem wiedergibt, was erst nach der Auflösung des geschlossenen Feudalsystems als solches zu Tage treten konnte, so kann man sich gerade deshalb Max Weber hier anschließen, weil bei ihm eine frühe feudale Wurzel für eine spätere Abwehr rekonstruiert wird, die erst gegenüber dem bereits die alte Feudalhierarchie selber mitbestimmenden Kaufmannskapital wirksam wird: »Die feudale Vergesellschaftung stiftete also hier eine Durchtränkung der wichtigsten Lebensbeziehungen mit streng persönlichen Banden, deren Eigenart es zugleich mit sich bringt, daß das ritterliche Würdegefühl in dem Kult gerade dieses Persönlichen lebt (das es im Feudalismus selbst als solches aber noch gar nicht gab, R. L.), in dem äußersten Gegenpol aller sachlich-geschäftlichen Beziehungen also, welche deshalb der feudalen Ethik als das Würdelose und Gemeine gelten müssen und immer gegolten haben.«[118]
Der Widerspruch klärt sich als der Gegensatz von einer neuen, bewußtlos betriebenen Notwendigkeit praktischer Maximen zu einem gleichzeitig gepflegten Selbstverständnis aus frei überarbeiteter Tradition. Wie Castiglione seine Empfehlungen an die Staatsmänner, nach welchen Kriterien man sich auf einen Krieg einlassen solle, schloß Cornazano auch mit einem entsprechenden Kalkül ab: »Auch wird gesagt, man solle ihn nicht führen, / es sei denn, man erhoffe einen Profit (util), der größer wäre / als die Kosten des Unternehmens. / Tut er das Gegenteil, so verhält er sich, als angelte er / mit einer Fliege aus Gold, die teurer zu stehen kommt, / als alles kostet, was man in einem ganzen Jahre fischen kann. / Das sollte lernen, wer in die Lage kommt zu regieren. ...«[119] Die Florentiner handelten nach der gleichen Maxime, als sie im Krieg gegen

San Geminiano sich mit der Kapitulation des aufsässigen einstigen Handelspartners zufrieden gaben, um nicht die zukünftigen Partner Profite tragender Geschäfte der Grundlage ihrer Handelsunternehmungen zu berauben. Es wurde auch darauf geachtet, daß nicht durch Plünderung sich in den Händen der Söldner das verlor, was man selber durch günstige Geschäftsbedingungen friedlich und mit Zinseszins an sich zu bringen gedachte. Da der als Gonfaloniere der Signoria in Dienst genommene Befehlshaber, der Herzog von Urbino, die Truppen nicht von der besiegten Stadt zurückhalten konnte, eilte einer der bedeutendsten Florentiner Handelsherren persönlich dorthin, um Ordnung zu schaffen. »Die Parteienkämpfe zeigen hier einen so wilden Charakter und waren von so heftigen Schwankungen der ganzen Existenz begleitet«, sagt Jacob Burckhardt über diese Zeit, »daß man kaum begreift, wie die Genuesen es anfingen, um nach allen Revolutionen und Okkupationen immer wieder in einen erträglichen Zustand einzulenken. Vielleicht gelang es, weil alle, die sich beim Staatswesen beteiligten, fast ohne Ausnahme zugleich als Kaufleute tätig waren.«[120]
Wenn auch die Mitglieder der einstigen Feudalfamilien bei Gelegenheit durchaus das Bedürfnis hatten, sich gegen »Krämergeist« und kaufmännische Gewinnsucht mit ethisch verstandenen Prinzipien von Ruhm und Ehre abzusetzen, so hieß das keineswegs, daß sie mit Handel treibenden Großbürgern grundsätzlich nichts gemein haben wollten. Vermutlich wurde das pejorative Verhältnis zu den kaufmännischen Maximen gerade an den kleinen Händlern festgemacht, während die großen mit ihren Unternehmungen schließlich das Geld der Landherren zu Gewinnen brachten und – nicht zuletzt deswegen – Titel und Ehrenämter aus der Tradition feudaler Funktionen an den veränderten Höfen verliehen bekamen. Im gleichen Zuge wurde, in gewissen grundsätzlichen Erklärungen wenigstens, das durch Geburt und Funktion in der Hierarchie einfach gegebene weltliche Elitekriterium des Mittelalters durch ein inhaltliches ersetzt. Die Ausbildung und die »Güter des Geistes und des Körpers« sollten der Maßstab für die Fähigkeit zum Mitglied eines Hofes sein.[121] Die Gruppen, die zusammen die neue Klasse der Herrschenden bilde-

ten – Adel, Fürsten und Großbürger (die Kirche ist als von ihnen abhängige Institution der Herrschaft zu betrachten) –, verdankten ihre Privilegien weitgehend ähnlich wirkenden polit-ökonomischen Verhältnissen wie die Herrschenden der antiken Stadtgesellschaften Griechenlands.

So war das Wiederaufleben des Ideals der Kalokagathia doppelt durch die Herrschaft des Kaufmannskapitals bedingt. Die von den Türken um die Mitte des Jahrhunderts aus Byzanz vertriebenen Gelehrten kamen gerade nach Italien auf Grund der intensiven Handelsbeziehungen ihres Reiches mit Oberitalien und des politischen Einflusses oberitalienischer Stadtstaaten beziehungsweise der ihre Politik bestimmenden Handelsherren auf Byzanz. Aber überhaupt bestand eine bestimmte Verwandtschaft der gesellschaftlichen Strukturen selbst, durch die es zuerst in dem Bereich der progressivsten Handelszentren zu der »Renaissance« antiker Philosophien kam.

Diese Philosophien und die antike Kunst wurden nicht als solche »wiedergeboren«; sie konnten vielmehr wieder ihre einstige Funktion, von einem Feudalzusammenhang sich befreiender Perspektiven in Vorstellungen gattungsgeschichtlicher Selbstverwirklichung von Personen artikulieren. Die alten Familien konnten sich um so weniger noch gegen die Inhaber des Kaufmannskapitals abgrenzen, als diese nicht nur politischen Einfluß und unmittelbar die politische Macht an sich brachten, die jene als gleichrangig und dazu meist als stärker anerkennen mußten im Vergleich zu ihrer eigenen, an der neuen Macht des Reichtums nur in Abhängigkeit von jenen teilnehmenden: Auch die besonders wichtigen Zentren der Kultur bildeten sich im Umkreis der glanzvollen Handelsgeschlechter; die neuplatonische Akademie, zu der Ficino, Pico de la Mirandola und viele bekannte Gelehrte gehörten, entstand in Florenz durch die Gönnerschaft der Medicis. Wenn man davon absieht, daß auch Arnold Hauser an den frühen Ansätzen zu einer Kapitalisierung der Produktion schon viel zu eindeutig seine Behauptung festmacht, schon im Quattrocento habe ein »Vollrationalismus« geherrscht und sei rücksichtslos »die Tradition der Rationalität geopfert« worden[122], wenn man diese wieder einmal überzogenen Interpretationen beiseite läßt, kann man seiner Darstellung des Zusammenhangs von Großbürgertum und Fürstenhöfen über die Wirksamkeit des Kaufmannskapitals durchaus zustimmen: »Er (der Bürger, R. L.) nähert sich einem irrationalen Lebensstil gerade in der Zeit, als die nunmehr fiskalisch denkenden Fürsten sich den Geschäftsprinzipien eines soliden, zuverlässigen, kreditfähigen Kaufmanns anzupassen beginnen. Die höfischen und die bürgerlichen Kreise begegnen sich auf halbem Wege.«[123] Allerdings muß man sich gegenwärtig halten, daß die halben Wege auf zwei ganz verschiedenen Ebenen zurückgelegt wurden: von naturwüchsiger Herrschaft zu disponierender, infolgedessen von einem planenden Individuum ausgehender Rechenhaftigkeit die einen – die anderen von solch individuellen, freilich insgesamt kalkulierten Erfahrungen über finanzielle Macht zu Herrschaft und kunstvoller Ostentation. Und das Entscheidende liegt darin, daß beide Gruppen selber auch das zu einem Moment ihrer eigenen gesellschaftlichen Existenz machen konnten, was die andere, ihr entgegenkommend, als ihre einstige Bestimmung mitbrachte. Die sogenannte Refeudalisierung war ein äußerst ambivalenter Prozeß. Die Kaufleute nahmen an der Herrschaft, die Fürsten am Handelsreichtum teil, und beide gemeinsam fanden einen Lebensstil, der aus dem ökonomischen wie aus dem politischen Erfahrungskontext den Beginn identischer Individualität auch im Sinne einer Entfaltung der Gattungsvermögen fortbildete. Ebenso gemeinsam gaben sie ihm aber auch die Funktion einer beherrschenden Form der Selbstdarstellung, in die ökonomische Fundierung und politische Geltung eingingen.

Die Devise einer neuen Kalokagathia blieb indessen nicht einfach Formel für eine gesellschaftspolitische Notwendigkeit. Ihr entsprach zum einen die Durchdringung der ganz naturwüchsigen Herrschaftsformen der Feudalität mit der Rationalität, die sich in dem Kalkül der Inhaber des Kaufmannskapitals entwickelte. Zum anderen machte die Verinnerlichung des Herrschaftsanspruches zur individuell sich vollziehenden Qualifikation derer, die zu den privilegierten Gruppen gehörten, nicht allein die hierarchische Teilung von körperlicher und geistiger Arbeit innerhalb der Reproduktion undurchsichtiger; vielmehr wurde auch eine Tendenz zu einem vernünftigeren

Bild jener Menschen begründet, die die Besten, die Würdigsten
wären. Castiglione begründete ein scheinbar schon ganz individualistisches Elitebild: »Das erlebt man jedoch ebensowohl
bei Unadeligen wie bei Adeligen, da die Natur diese feinen
Unterscheidungen nicht kennt; man findet im Gegenteil oft,
wie ich gesagt habe, bei Personen niedrigster Herkunft die
höchsten Gaben der Natur. Da man also den Adel weder
durch Verstand noch durch Gewalt oder Kunst erwirbt und
er viel mehr der Ruhm unserer Vorfahren als unser eigener ist,
erscheint es mir allzu seltsam, daß alle guten Eigenschaften
unseres Hofmannes wertlos sein sollen, wenn seine Eltern
unadelig gewesen sind, und daß jene anderen Bedingungen,
die Ihr genannt habt, nicht ausreichen sollten, um ihn auf den
Gipfel der Vollkommenheit zu führen, nämlich Verstand,
Schönheit des Gesichts, Anlage der Gestalt und jene Anmut,
die ihn jedem beim ersten Anblick stets höchst angenehm
macht.«[124] Gewiß haben es die Umstände der Zeit dem Grafen
Baldesar Castiglione und seinen Standesgenossen nicht allzu
schwer gemacht, sich zu einer solchen Öffnung zu bekennen.
Es bestand kaum die Gefahr, daß außer in Märchen und Legenden viele Schweinehirten Königstöchter heiraten und politische Macht in die Hände bekommen könnten. Sogar in den
Erzählungen und den Dramen der Zeit – und noch der folgenden zwei bis drei Jahrhunderte – leitete ein nicht weiter
erklärter Instinkt die Paare durch alle Intrigen und Verkleidungen hindurch sozialspezifisch äußerst passend zu einander.
Die »Niedrigsten« verirrten sich nur ganz ausnahmsweise in die
Kreise, deren jetzt »kulturell« begründeten Herrschaftsanspruch sie infolgedessen nicht gefährden konnten. Tatsächlich
wurde nur die Verwandlung der alten Kriegerkaste in eine
neue Klasse von Privilegierten vollzogen, die zudem die alten
Initiationen und Rituale schon deshalb übernahm, weil die
homini novi sich beeilten, mit der Übernahme des Formalen
den Schein traditionaler Legitimität zu gewinnen. Vorbild
für solches Nebeneinander von mittelalterlichem Ritual und
neuer Kaufmannstüchtigkeit als Prinzip der Realität konnte
ihnen der Stadtadel sein, der gewissen Äußerlichkeiten des
feudalen Status nicht entsagt hatte, während er doch seine
Subsistenz auf den Handel gründete.

Die Verselbständigung von Ritualen gegenüber dem Kontext ihrer einstigen Funktion in der civitas terrena kam damit auf den Begriff. Vergegenständlicht zum Symbol der Anpassung neuer Herrschaftsformen an die von ihnen aufgelösten alten, konnten sie verfügbar werden auch für die Manipulation der Beherrschten. Auch *die Entwicklung* der spektakulären Hochzeitsaufführungen aus *der ostentativen Seite höfischer Tänze ist politisch zu erklären.* Das neue Ideal anmutiger Erscheinung war von Anfang an nicht unabhängig von einer repräsentativen Vorstellung von Öffentlichkeit herrschender Individuen. Es mußte innerhalb der Hofgesellschaft des fünfzehnten Jahrhunderts und vor dem Volke, dem die Herrschenden sich demonstrativ präsentierten, zumindest weitgehend der Ostentation verfallen. Den Privilegierten erlaubten schon ihre intrigenhaften Kämpfe untereinander um die Teilhabe an der Macht nicht, mehr als vielleicht einem oder wenigen Vertrauten sich zu öffnen – auch für ein wechselseitiges Lernen und Erkennen, dessen Ausdruck jene Anmut oder vielleicht »Lässigkeit« doch sein mußte, wenn sie einen substantiellen Gehalt haben sollte. Das Auftreten gegenüber denen, die sie durchaus weiter unter ihrer Macht zu behalten beabsichtigten, die zweite und weitere Form von Öffentlichkeit, konnte erst recht nichts von dem erkennenden Zuwenden zum Anderen haben. *Die Kunst eines bewußt dekorativen Erscheinens meinte* sogar gerade *eine Demonstration unüberschreitbarer Unterschiede,* die nach den neuen Grundsätzen nicht viel weniger ontologisiert wurden als nach den mittelalterlich feudalen Vorstellungen. Sie wurden nur auf dem Grunde rationalerer Desiderate gefaßt, wenn sie deren Recht auf die Macht nicht mehr in der Gnade Gottes, sondern in den Herrschenden als menschlichen, aber eben besonders hervorragenden Individuen selbst begründeten. »Am Ende des Quattrocento sind die städtisch-bürgerlichen und die ritterlich-romantischen Kunstrichtungen dermaßen miteinander vermischt, daß auch eine so durchaus bürgerliche Kunst wie die florentinische einen mehr oder weniger höfischen Charakter annimmt. Diese Erscheinung aber entspricht nur der allgemeinen Entwicklung und bezeichnet den Weg, der von der städtischen Demokratie zum fürstlichen Absolutismus führt.« (Hauser)[125]

Als man die Produkte anderer Länder nicht mehr nur bestaunte, sondern sich daran gewöhnte, sie als Waren in erweiterte Formen der eigenen Reproduktion aufzunehmen, waren auch die verschiedenen Lebensformen wenigstens der europäischen Länder nicht länger durch das Tabu voneinander geschieden, das dem Fremden der Fremde sein Recht läßt, ihm aber nicht gestattet, in den eigenen Zusammenhang von Kampfweisen, Rechtsgepflogenheiten, Produktionsformen und Sitten einzudringen. Im fünfzehnten Jahrhundert war die Ära vorüber, während derer die Ritter der verschiedenen Nationen auf den europäischen Kreuzzügen einander begegneten, dann als Gesandtschaften, auch als Verbündete in den Kriegen die Lebensweise der anderen kennenlernten, ohne doch eigentlich die eigene in Frage stellen zu können. Nicht nur fremde Worte und Begriffe drangen ein wie die Waren von in der Ferne arbeitenden Produzenten. Die Entwicklung ging parallel vor sich mit der Auflösung der ritterlichen Funktionen aus der Kriegs- und Herrschaftsverfassung des Lehenssystems mit seiner feudal-agrarischen Wirtschaftsform. So wurde unter dem Einfluß der Epoche des Kaufmannskapitals die Idee ritterlicher Tugenden in einen gewissen Internationalismus verwandelt.

Noch waren die Verhältnisse keineswegs überall die gleichen; aber die Adeligen fanden sich oft an ausländischen Höfen und kamen in die Lage, ungewohnten Regeln und Sitten sich beugen zu müssen, seit ihr Leben nicht mehr mit der früheren Ausschließlichkeit an das Land und die Bewohner ihres Lehens gebunden war. Das heißt, es fand ein großer Teil der Ritter nicht den Anschluß an diese Entwicklung und geriet ganz in Armut und Bedeutungslosigkeit abgelegener Provinzen. Für die anderen aber wurden die Unterschiede zwischen den Höfen und Nationen relativiert. Es war zwar nicht daran zu denken, daß die Kontingenz ihrer Naturwüchsigkeit in eine frei und vernünftig bestimmte Ordnung hätte aufgehoben werden können. Doch war auch nicht länger ersichtlich, warum ein Sittenkodex an sich verbindlicher als ein anderer, eine Form des Wettkampfes gültiger als eine andere hätten sein können. Die Unterschiede konnten nicht unmittelbar eingeebnet werden, noch weniger wäre jemand überhaupt auf diesen Gedanken gekommen, der doch seine gesellschaftliche Rolle gerade aus derselben Genesis legitimierte, die er dann hätte in Frage stellen müssen. Die regionalen und nationalen Unterschiede wurden aber zur Beliebigkeit herabgesetzt. Es bestand für den Menschen am Hofe die Notwendigkeit, sich »den Sitten der Nationen, bei denen er sich befindet, anzupassen«.[126] Es war die vielversprechende Idee aufgekommen, das Fremde durch Nachahmung kennenzulernen. Sie verwirklichte sich in dem Bemühen, wenn nicht selbst dem anderen ähnlich zu werden, so doch jedenfalls ihm adäquat sich zu verhalten; und das setzte zumindest voraus, daß implizit in die eigenen Reaktionen ein Nachvollziehen des Anderen einging. Konkurrenzbestimmte Anpassung und Selbstentfaltung über Nachahmung von Fremdem sind Seiten eines Verhaltens. In der Praxis dürfte die mimetische Seite bei weitem schwächer gewesen sein. Sie unterlag einem Realitätsprinzip, das bereits – im Sinne dessen, was als Sport charakterisiert worden ist – eine bestimmte Virtuosität als solche verlangte. Es war eine verdinglichte Leistungsnorm, die erforderte, »vollkommener Reiter in jedem Sattel (zu) sein«.[127] Bloße Allgewandtheit und Geschicklichkeit drohten den privilegierten Freiraum von körperlicher Arbeit in der Reproduktion auszufüllen. So wurde die Figur des Alkibiades berufen, der in ewiger Flucht sich auf alles so weit einließ, daß er das Prestige, mit dem er seine Existenz an fremden Höfen absicherte, unter allen Verhältnissen zu erneuern vermochte und dabei doch nicht mehr wissen konnte, was das eine mit dem anderen, was all das mit ihm noch gemein hatte. Doch wie er, der »alle Völker, bei denen er lebte, übertraf, und zwar jedes in dem, was ihm am eigentümlichsten war, so möge unser Hofmann die anderen übertreffen, jeden in dem, worin er sich am berufensten fühlt«.[128] *Das Eigentümlichste wurde so zur Spezialität herabgesetzt,* »alla francese« oder »alla tedesca«. Der spätere aristokratische Typus des Dilettanten kündigt sich bereits an. Odysseus polytropos, der Viel-Gereiste und der in vielen Listen Erfahrene. Darin klingt für das Quattrocento etwas schon von der höfischen Langeweile an, die nach Ab-

wechslung verlangt: Es heißt denn auch anschließend bei Castiglione ganz abstrakt, man müsse »im Leben stets zwischen verschiedenen Tätigkeiten abwechseln«.[129]
Unter der Herrschaft des Kaufmannskapitals wurde zunächst an einigen Stellen städtischer Produktion, tendenziell aber doch für immer weitere Bereiche der Gesellschaft der Charakter der objektiven Bedingungen der Arbeit aufgelöst, der in der vorbürgerlichen Phase dem arbeitenden Subjekt als »natürlichem Individuum« erschienen war »als Natur, Erde, als sein unorganischer Leib«, wie Marx sagt.[130] Entsprechend war der eigene Leib der Subjekte in den »vorbürgerlichen Verhältnissen« bloßer unbegriffener Leib. Er trat der Natur insofern »unorganisch« gegenüber, als sie ihm äußerlich blieb, seine Arbeit zu ihr nur hinzukam, nicht aber in toter Arbeit – Werkzeug, Maschine – in ausreichendem Maße gespeichert wurde, um die Prozesse der Aneignung von Natur ihren eigenen Prinzipien zu unterwerfen. Im fünfzehnten Jahrhundert ist real und im Bewußtsein der vom Großhandel Lebenden der Beginn dazu gemacht, dieses Verhältnis zum eigenen Körper als unbegriffenem, bloßen Leib aufzubrechen. Nicht länger konnte die Kontingenz der Naturbedingungen für die Produktion unreflektiert hingenommen werden; weder von den sich entfaltenden Individuen noch gesamtgesellschaftlich. Daran arbeiteten die Handelsherren, wenn sie Produktionen und Handelsbeziehungen der Rechenhaftigkeit zu unterwerfen begannen; daran arbeitete Leonardo da Vinci mit seinen Entwürfen zu Maschinen. Wie die Diskussion der menschlichen Physis auf geometrische Modelle – auch wenn diese aus einer Zahlenmystik herstammten – in den vitruvischen Zeichnungen, so löste auch der Tanz, in dem das Misuraprinzip realisiert wurde, die Körperlichkeit aus der Fraglosigkeit des Gegebenen, das allenfalls Askese oder Völlerei hatten beeinflussen können, das aber keiner Form rationaler Reflexion zugänglich erschienen war.
Andererseits wurde damit real das Verhältnis zu der anzueignenden Natur noch nicht weniger »unorganisch«. Vielmehr begann der Prozeß sich durchzusetzen, in dem überhaupt erst erkennbar wurde, daß die Menschen ebensolche Natur wie die der Dingwelt waren, daß auch die Formen, die sich als je

besondere in verschiedenen Gemeinwesen des europäischen Mittelalters für das Verhältnis zum eigenen Körper herausgebildet hatten, dem Bereich des Naturwüchsigen zugehörten. Die Antwort der höfischen Gesellschaften auf die erste Ahnung davon konnte aus den dargestellten Gründen nicht bewußte Destruktion der naturwüchsigen Traditionen werden, wie es Waldenser und Adamiten versuchten. Vielmehr wurde die Kontingenz *zur positiven Vielfalt von Gegenständen.* Darin war bereits *ein stilistischer Pluralismus angelegt,* als dessen Blütezeit sich möglicherweise die Epoche des Manierismus in der Kunstgeschichte interpretieren ließe. Das Quattrocento selbst war aber zu stark ausgerichtet auf die scheinhaften Möglichkeiten einer erkennenden Hinwendung zum Besonderen, die in der ersten Stufe der Auflösung sich andeuteten, zu intensiv mit ihnen beschäftigt, als daß nicht *zwischen dem Aufbrechen der feudalen und dem Anbrechen der kapitalistischen Entwicklung die Vorstellung eines ganz Anderen* hätte erlebt werden können. Bereits im sechzehnten Jahrhundert begann die eben erst sich realisierende Fähigkeit des Menschen, »frei seinem Produkt gegenüberzutreten« und darin die durch ihn angeeignete Natur zu erkennen, ganz in den Dienst der Produktion und des Herrschaftsapparates – insbesondere des Heerwesens – aufgesogen zu werden.

Daß des Menschen »Verhältnis zur Natur sich nicht in der Befriedigung unmittelbar physischer Bedürfnisse erschöpft: ›Das Tier formiert nur nach dem Maß und dem Bedürfnis der species, der es angehört, während der Mensch nach dem Maß jeder species zu produzieren weiß und überall das inhärente Maß dem Gegenstand anzulegen weiß; der Mensch formiert daher auch nach den Gesetzen der Schönheit‹[131], daß Produktion auch im Sinne einer emphatisch erweiterten Reproduktion zu verwirklichen sei, blitzte realhistorisch durch die in dieser Arbeit enfalteten Phänomene des Quattrocento deutlicher auf als vielleicht in der ganzen übrigen europäischen Geschichte bis heute. Herrschaft an Menschen wie über Natur war in »den persönlichen Verhältnissen« keine Naturbeherrschung in jenem systemhaften Sinne gewesen, daß die Menschen sie aufgrund ihrer explizit gewordenen Fähigkeit organisiert hätten, »das inhärente Maß dem Gegenstand anzulegen«. Die Vorstellung von dieser Fähigkeit hatte sich aber in einer vor ihrer Unterordnung unter die Prinzipien des Kapitalismus gewissermaßen frei flutenden Ahnung als ein Überbaubewußtsein durchgesetzt. Einstweilen frei von einer durchgehenden Rückkoppelung an den Basisprozeß der Produktion hatte sie ihr mimetisches Moment weit über die realen Verhältnisse der Menschen hinaus zu erkennen gegeben. Wo die Menschen, die meinen konnten, fern von der Mühe der Produzenten sich reproduzieren zu können, ihrer Fähigkeiten inne wurden, die Objekte nach deren inhärentem Maß zu produzieren und sie damit in ihr Bewußtsein zu heben, war für einen Augenblick eine Freiheit gegeben: »der Mensch formiert aber auch nach den Gesetzen der Schönheit.« Die zitierte Passage stammt aus den sogenannten Frühschriften von Marx; er gestattete sich noch einen Begriff von Gesetzen, die in der Vermittlung auf die Kategorien der menschlichen Geschichte mehr von dem je besonderen Maß der Objekte enthalten durften, als die Gesetze der zweiten Natur des Kapitalismus es können. Damit kommt diese Stelle aber auch der bestimmten immanenten Interpretation der vorkapitalistischen bis frühkapitalistischen Epoche, die hier versucht wurde, näher, als es die sub specie des klassischen Kapitals entstandenen Rekonstruktionen etwa im vierundzwanzigsten Kapitel des ersten Bandes können und sollen. Erst nachdem die Entwicklung des Quattrocento auch an und für sich diskutiert, das in der sogenannten Frührenaissance sich manifestierende Bewußtsein als solches ernst genommen worden ist, sind seine historischen Elemente in den Fortgang der Geschichte bis hin zu den kapitalistischen Verhältnissen unter dem etablierten Bürgertum und zu der heutigen Spätphase einzuführen, ihre Fortwirkung zu analysieren.

Teil II

Die Möglichkeit einer Einheit von Metrik und Mimesis

Vorbemerkung zur Einführung in den Gegenstand: Die Praxis des frühen italienischen choreographierten Tanzes

Am Beginn der sogenannten europäischen Neuzeit stand eine Entwicklung, die ein ganz eigenes Verhältnis der Menschen zu den physisch bedingten Momenten ihrer Existenz ermöglichte. Am ehesten läßt es sich an den Überresten einer speziellen Form von Ästhetik im engeren Sinne des Wortes rekonstruieren, an den Traktaten, in denen wir die erste Phase eines Tanzes erkennen können, der nicht mehr bloß naturwüchsig und unreflektiert gewisse gesellschaftliche Seinsweisen spiegelt, wie etwa kultische Rundtänze. Als man ihn zu choreographieren begann, löste er sich auch von reinem Ritual und den Festen agrarischer oder städtisch-zünftischer Gemeinschaften; das hatten die mittelalterlich-höfischen Vergnügungen nicht bis zu dem Grade einer eigenen Gestalt vermocht.

Eine ganz kleine Zahl von Tanzmeistern des Quattrocento sind uns bekannt durch ihre Aufzeichnungen von Choreographien und diesen vorangestellte allgemeine theoretische Einleitungen. Sie lebten an verschiedenen der oberitalienischen Fürstenhöfe, für die ihre Einfälle bestimmt waren. Venedig zählte nicht unmittelbar dazu; von dort sind keine quattrocentonischen Tanzmeister oder Traktate bekannt. »Selbst den Kunstgeist der Renaissance hat sich Venedig von außen her zubringen lassen, und erst gegen Ende des 15. Jahrhunderts sich mit voller eigener Machtfülle darin bewegt.«[1] Die Traktate sind den Sforzas in Mailand, der Markgräfin von Ferrara, die Bassedanzen und Balli sind den Königinnen von Neapel, Prinzessinnen und Herzoginnen, den vornehmen Damen der großen italienischen Stadtstaaten gewidmet. Es gab nur wenige Handschriften; sie waren diesen Personen überreicht worden und förderten vor allem deren Erfahrungen im eigenen Tanzen. Anderen dürften sie, wenn überhaupt, so nur als Teilnehmern der von jenen veranstalteten Feste, oder sonst in deren Gesellschaft, zugänglich gewesen sein. Dieser Tanz war Teil der Selbstverwirklichung weniger herrschender Familien und der an ihrer Macht Teilnehmenden.

Das Verständnis dieses Tanzes entzog ihn der Rolle eines bloßen Zeitvertreibs. Während es andererseits aber auch nicht denkbar war, daß er noch einmal in eine unmittelbare Beziehung zu religiösen Übungen gezogen werden konnte, aus denen die Kirche ihn schon seit Jahrhunderten verbannt hatte, gehörte er in einen Bereich des Lebens, der am ehesten noch mit dem antiken Begriff der Muße bezeichnet werden kann. Die Tanzmeister unterrichteten die Hauptpersonen und die Mitglieder der höfischen Gesellschaften in einer virtù e szienza naturale[2], mit deren Ausübung diese sich tags in schön angelegten Gärten oder als Unterbrechung der Abendgespräche im Palast unterhielten. So endet das im ersten Buch vom ›cortegiano‹ aufgezeichnete Gespräch des Hofs von Urbino damit, daß eine bassa und eine roegarza von einigen Teilnehmern »zum Vergnügen« auch der übrigen getanzt wurden.[3] Doch wie ihre Gespräche als eine Art von Akademien und mit teils allgemeinen, teils je neu festgesetzten Regeln über zuvor gewählte Themen geführt wurden, so waren auch das Tanzen und die Tänze zu einer differenzierten Beschäftigung geworden. Ihr Sinn hing von dem Ideal einer Bildung ab, die nicht unmittelbar nützlich zu sein brauchte, weder für die physische Reproduktion, noch um Macht auszuüben oder um eine Zukunft der Seele jenseits der realen Welt zu beeinflussen.

In einen dieser Zusammenhänge gerieten die frühen italienischen Choreographien allerdings, sofern sie bei großen Festen ausgeführt wurden. So politisch wie die Interessen, die zu Verheiratungen unter den Herrschenden führten oder den Empfang von Regierenden durch andere Länder und Städte motivierten, müssen auch die Formen dieser Hochzeiten und Einzüge gesehen werden. Freilich kam dabei den balli, selbst wo sie Namen trugen und Andeutungen von Inhalt aufwiesen, die auf eine Person im Mittelpunkt des Festes und auf dessen Anlaß einen gewissen Bezug erkennen ließen, mehr eine allgemeine Funktion zu. Die Feste, während derer die Herren und Damen des Hofes miteinander tanzten, hatten einen doppelten Charakter von Öffentlichkeit: Die Beziehungen zu anderen Territorien wurden durch die Anwesenheit ihrer Fürsten manifestiert, und zugleich wurde der Bevölkerung des Landes selbst präsentiert, durch welche Akte und von wem ihre Geschicke entschieden wurden. Beide Seiten der Öffentlichkeit bringen einen Charakter von Ostentation mit sich. Sie scheint indessen während des Quattrocento dem choreographierten Tanz nur bei solchen Gelegenheiten eine veränderte Bedeutung gegeben, ihn aber nicht als Erscheinung unmittelbar beeinflußt zu haben. Es wurden zu öffentlichen Anlässen Choreographien konzipiert oder wiederholt, die ebenso ohne Zuschauer und weniger vorbereitet getanzt wurden. Auch die Tanzenden waren dieselben Personen; eine Mitwirkung von professionellen Tänzern etwa war ohnehin ganz ausgeschlossen. Zudem diente der Darstellung von Herrschaft in hervorragender Weise die Einrichtung der Trionfi, in denen Ostentation von Geschmack und Reichtum, legitimierende Anknüpfung an antike Mythologie und Übernahme der Form der Prozession sich verbanden.

Die Choreographen wurden nicht dazu herangezogen, solche Formen von Öffentlichkeit zu arrangieren. Derartigen Aufgaben konnten sich allenfalls Architekten und bildende Künstler unterziehen. Tanz wurde als eine Kunst begriffen, recht den eigenen Körper zu bewegen. Er hatte nichts mit der räumlichen Organisation von großen Menschenansammlungen gemein. Oft tanzte man zu dritt; nur selten wurden einmal bis zu zwölf Personen in einer Choreographie zusammengeführt.[4] Der instrumentale Teil der Musik wurde für eine Leier geschrieben oder auch für zwei, vielleicht drei Instrumente; weder sie noch die Gesangstimme konnten sich einem großen Kreis von Tanzenden und Zuhörenden mitteilen.[5] Bei einigen sehr großen Festen scheint eine Reihe solcher Gruppen gleichzeitig nebeneinander getanzt zu haben, wobei dann auch Trompeten die anderen Instrumente verstärkten. Bei solchen Anlässen haben die Tanzmeister auch die Aufgabe übernommen, das Ganze der Veranstaltungen zu organisieren, ebenso Morisken, also den Volkstraditionen noch näher stehende ausgelassene Maskenumzüge, zu leiten. In dieser Zeit waren die Aufgaben nicht streng systematisch aufgeteilt und zugeordnet. Cornazano war Consigliere, Segretario o Ciamberlano des Herzogs von Mailand; und zumal er, auch als Autor, sich eingehend mit militärischen Dingen befaßte, werden seine politischen Funktionen die weit bedeutenderen gewesen sein. Die

Position eines Tanzmeisters wurde am häufigsten mit der Aufgabe eines Prinzenerziehers verbunden, dessen Einfluß auf den Hof und die Politik nicht deutlicher und nicht bewußter sich vollziehen konnte als über die Arbeit an der äußeren Haltung und die musische Ausbildung herrschender Personen. Daß man dabei nicht unmittelbar an bestimmte Formen des Auftretens vor den anderen Klassen und Schichten des Volkes dachte, zeigt sich bereits an der wohl besonderen Forderungen unterworfenen, aber doch den männlichen Hofleuten grundsätzlich nicht nachstehenden Rolle der Frauen beim Tanz.

Männliche und weibliche Mitglieder der Höfe müssen oft sehr weit fortgeschritten sein in der Beherrschung der Prinzipien wie der Ausführung der Schritte; denn nicht nur sind Regeln und Elemente dieser Tänze recht komplex und differenziert, nicht nur entwerfen die theoretischen Einleitungen eine gewisse Vorstellung von dem Sinn tanzenden Sichbewegens, auch die erhaltenen Aufzeichnungen und Anweisungen beweisen die Schwierigkeit der Ausführung. Eine wie große Zahl von Tanzmeistern an den verschiedenen Orten mit ihrem Unterricht darauf vorbereitet haben, scheint ebenso ungewiß zu sein wie deren soziale Verhältnisse im allgemeinen. Die bekannten Meister haben offenbar Zugang zu dem engsten Zirkel der Herrschenden gehabt und bedeutende Privilegien erhalten, wo sie nicht schon durch eine adlige Geburt wie Cornazano Zugang zu wichtigen Ämtern hatten. Domenico und Guglielmo Ebreo wurden offenbar zum Cavagliere ernannt, was ihrer angesehenen Stellung angemessen gewesen zu sein scheint.* Diese drei sind an den Höfen von Mailand, Ferrara, Neapel, Faenza, Forli, Pesaro, Bologna, Urbino tätig gewesen. Sie haben für die Hochzeiten und Fürstenbesuche der Este, Sforza, Montefeltro, Manfredi, Ordelaffi, bei Bartolomeo Coleone die Tänze entworfen und vorbereitet. Ihre Schüler choreographierten aber auch selbst balliti. Bei Guglielmo sind zwei Stücke aufgezeichnet, die von Lorenzo de'Medici stammen.

---

* Curt Sachs sagt: »Der norditalienische Tanzmeister hatte eine angesehene Stellung. Er war der Gefährte von Fürsten und konnte ihr Vertrauter sein; tatsächlich konnte er bei venetianischen Hochzeiten, bei denen es Brauch war, zunächst die Braut in einem lautlosen Tanz herumzuführen, die Stelle des Brautvaters einnehmen.«[6]

Die posa, eine lebendige Mitte als zentrales Prinzip

Die Ballettgeschichten pflegen die Erörterungen, die zur Darstellung des sogenannten klassischen Balletts in Europa führen sollen, bei den italienischen Tanzmeistern des fünfzehnten Jahrhunderts und ihren Traktaten aufzunehmen. Ob sich die Wahl dieser Periode einfach aus dem Fehlen entsprechender Traktate aus früheren Jahrhunderten erklärt oder eindeutiger in der Sache begründet sein soll, ist nicht immer zu ersehen. Sie fällt immerhin zusammen mit dem Beginn eines offensichtlich ganz Anderen im Tanz. Wir kennen die mittelalterlichen Erscheinungsformen des Tanzens nur sehr rudimentär. Immerhin dürfte die Vorstellung zutreffen, daß sie in verschiedenen Weisen religiös verstandener Umgänge oder rituell motivierten Schreitens bestanden, daß sie aber in auch sehr viel erregter rhythmisierten Schritten und Drehungen geübt wurden, daß diese teils sich in bestimmte Liturgien und teils in das Divertissement herrschender Schichten fortsetzten. Wer zu verstehen versucht, was vor der Mitte des Quattrocento sich veränderte, braucht nicht die Mühe auf sich zu nehmen, an einer peinlich erschöpfenden Vergleichung bestimmter Elemente die technischen Unterschiede zu erarbeiten, indem er insbesondere bestimmte Schritte den neuen Regeln zufolge gegenüber möglichen Vorformen im damals anstehenden Vorrat an tänzerischen Bewegungen analysiert. Dazu reicht ohnehin die Kenntnis des Materials keineswegs aus. Es wäre aber überhaupt ein Unternehmen, das nur von ergänzender Bedeutung sein könnte. Blieben seine Ergebnisse begriffslos, so ließe nicht viel mehr als eine quantitative Feststellung sich folgern, etwa über den Umfang der Veränderungen und der Anzahl der Aspekte, unter denen sie aufgezählt zu werden hätten. Auf dergleichen kommt es bei dem größten Teil der Sekundärliteratur allerdings hinaus, auch wo sie nicht von vornherein zugunsten bildbunter Darstellungen auf wissenschaftliche Arbeit, auf Erkenntnis, verzichtet. Die ernsthaften Publikationen sind weitgehend vom Interesse der »Rekonstruktion« bestimmt, so daß sie weniger der Analyse des Materials als solcher denn der Absicht gewidmet sind, mehr oder weniger exakte Anhaltspunkte für eine imaginative Fortsetzung des einstigen Vollzuges aufzufinden. Über sie geraten die Anstrengungen in den Sog hypostasierter Aktualität; selbst die in sich korrekten Details verfallen, wie Bruchstücke eines Zitats, der über ihnen errichteten Fälschung.

Beschäftigt man sich eingehend genug mit den vorhandenen Quellen, so tritt dagegen die Bedeutung einer Reihe von dort zentral auftauchenden Begriffen und eines ganz besonderen Phänomens – dem der posa – als das Bestimmende hervor; es wird aus ihrer Diskussion der zwingende Zusammenhang klar, in dem die Details als Veränderungen interpretiert werden müssen.

In meiner Darstellung setze ich nun dieses Prinzip an den Anfang dieses ästhetischen Teiles, obwohl es nur ein verhältnismäßig spätes Ergebnis der immanenten Interpretation sein konnte. Das ist deshalb sinnvoll, weil von einer abstrakteren Ebene begrifflicher Interpretation aus innere, konstitutive Beziehungen zwischen den zunächst äußerlich nebeneinander behandelten Kategorien der Tanztraktate erkennbar geworden sind, die eine logische Rekonstruktion des gesamten Komplexes nahelegen. An der posa, die weder in den Quellen selbst noch in der Sekundärliteratur bisher an zentraler oder auch nur an hervorgehobener Stelle behandelt worden ist, läßt sich der Prozeß reflektiven und mimetischen Bewußtwerdens der Bewegungen auf seinen Begriff bringen. Nur über diese Reflexion kann man die Entstehung von Bewegungsgestalten größeren Umfanges und tieferen Gehalts erklären, ohne in bloßen positiven Feststellungen und Beschreibungen hängen zu bleiben. Abstrakt ist auch nur die Funktion des Posaprozesses als Prinzip dieser Interpretation von quattrocentonischer Tanzpraxis und -theorie. Der Prozeß selbst ist gerade äußerst anschaulich. Mit seiner Darstellung zu beginnen, bringt eigentlich nur insofern eine Schwierigkeit für den Leser mit sich, weil wir nicht gewohnt sind, daß ein praktischer Vorgang an der Stelle des Inbegriffes von Kategorien steht und entsprechend die posa erst selber begrifflich gefaßt werden muß, um als Grund für das Verständnis der weiteren tanzästhetischen Phänomene präsent zu sein. Dazu kommt die Überraschung, daß gerade die Momente des Tanzes wesentlich sein sollen, in

denen keine Bewegung oder Bewegung nur als innere statt-
findet. Tatsächlich hat sich aber die choreographierte Bewegung
gerade über ein bestimmtes Einhalten konstituiert, und im
übrigen wären zum Beispiel Inder oder Japaner von ihrer
Tradition her gar nicht darüber erstaunt.

Es wäre unsinnig und falsch, behaupten zu wollen, zuvor habe
nicht auch ein Stehenbleiben eines, mehrerer oder aller an
einem Tanz Teilnehmenden gewisse Einschnitte markiert, sogar zu bestimmten Figuren gehört. Trotzdem kann solcher
Gebrauch keinesfalls verwechselt werden mit der posata, die
zum ersten Male bei Domenico erscheint.[7] *Das Einhalten
wurde* in seiner Zeit *zu einem Wesentlichen der Bewegung, zu
einem Moment des Tanzes.* Posata oder posa heißt Ruhe und
Haltung, Pose und Pause. In der ersten Periode von Tänzen
in Europa, die als Choreographien bezeichnet werden können,
begegnet dieses Phänomen. Es kann als das zentrale herausgearbeitet werden. In ihrer äußerst sorgfältigen Aufbereitung
des bekannten Materials hat Ingrid Brainard sein Erscheinen
analysiert.[8] »Ihre tanztechnische Funktion erfüllt die Posata«,
indem sie »schwierige Übergänge von einer Tanzphase oder
Schrittfolge zur anderen erleichtert«; sie ist sehr selten als
Abschluß, häufig als »Fermate« und als »Cäsur«, als »leicht-
betonte Haltepunkte im Innern der Tanz-Abschnitte«, festzustellen.[9] Ingrid Brainard hat nicht die Bedeutung der posa
in ihrem außerordentlichen Umfange gesehen, durchaus aber
einige Züge benannt, die auf ihre Rekonstruktion hinführen.
Sie spricht von der »Entdeckung der dynamisch spannenden
Kraft der Bewegungspause«; sie sieht, daß diese »ihrem Wesen
gemäß an den Kristallisationspunkten« der Choreographien
stehen; sie sagt, sie sei »wie ein Atemholen zwischen den Bewegungen« und »gleichzeitig ein Transformator«.[10] Es geht
hier ganz zweifellos, wie sie fragend vermutet, um den entscheidenden Schritt dazu, »das undifferenziert wogende Hin
und Her der Tanzschritte und -Bewegungen durch einzelne,
wohl überlegte und sinngemäß plazierte Haltepunkte zu gliedern«. In einem viel tieferen Sinne als dem einer Erörterung
des Schrittmaterials trifft die Entdeckung, daß »die Posa nicht
mehr ausschließlich im traditionellen Sinne als Augenblick der
Ruhe zwischen den Bewegungen« aufgefaßt, sondern als

»Ruhe gegen Bewegung« gesetzt wird.[11] Dies ist aus den choreographischen Strukturen zu rekonstruieren.

In dem Innehalten des Tanzenden als posa wird Tanz seiner selbst gewahr. Es fällt nicht als bloßes Anhalten aus dem Fortgang heraus. Die Pausen sind präzis bestimmte Teile der rhythmischen Folge; die Zeiten der begleitenden Musik wie die Einheiten der choreographischen Entwicklung werden unausgesetzt fortgezählt. Sie stellen der Form einbeschriebene Freiräume dar, dieser sich integrierend durch einen Bezug, der nicht der Zufälligkeit eines bloßen Kontrastes entlehnt wurde. Gewiß ist das Stehenbleiben zunächst einfacher Gegensatz zum Fortschreiten gewesen. Aus solcher Unbestimmtheit wird es in den bestimmenden Zusammenhang gezogen, da es die Bedeutung gewinnt, den Augenblick der Sammlung am Ende eines Schrittes und der inneren Vorbereitung auf den nächsten zu bilden. Als solcher erhält es ein so starkes eigenes Gewicht, daß es zu einem eigenen Teil des Formganzen erhoben wird. Freilich bedeutet diese Eigenständigkeit auch die sie konstituierende Abhängigkeit von den anderen, den bewegten Teilen. Zugleich kann aber gar nicht von diesen als von Teilen eines Ganzen gesprochen werden, bevor nicht das Einhalten zu dem Moment des Übergangs geworden ist, in dem der eine auf den anderen vermittelt wird. Die Selbständigkeit der in sich bestimmten Schritte bliebe ohnedies in dem Zustande liegen, den Hegel als die Situationslosigkeit[12] versteht.

Der Schritt fort von der mittelalterlichen Situation wird ganz deutlich. Wenn Arnold Hauser dabei vermutlich auch kaum an den Tanz, sondern an Malerei, Musik oder Baukunst gedacht hat, so trifft seine Charakterisierung doch auf diesen genauer als auf die weiter entwickelten Künste zu: »Die Grundform der gotischen Kunst ist die Addition. Ob nun das einzelne Werk aus mehreren verhältnismäßig selbständigen Teilen besteht oder in solche Teile nicht zerlegbar ist, ob es sich um eine malerische oder eine plastische, eine epische oder eine dramatische Darstellung handelt, immer ist es das Prinzip der Expansion und nicht der Konzentration, der Koordination und nicht der Subordination, der offenen Reihe und nicht der geschlossenen geometrischen Form, von der es beherrscht wird. Es sind gleichsam die Etappen und Stationen eines Weges, durch die es den Beschauer führt, und es ist ein panoramisches, revueartiges, kein einseitiges, einheitliches, von einem einzigen Gesichtspunkt beherrschtes Bild der Wirklichkeit, das es erschließt.«[13] Der Gegensatz ist zwar extrem, von einem viel moderneren Standpunkt aus formuliert, als er sich im Quattrocento bildete. Doch wird greifbar, was diese Epoche hinter sich zu lassen begann. Das Wort »Transformation« ist geeignet, das in die Entwicklung einer Bewegungsabfolge eingerückte Einhalten zunächst einmal in seiner tanztechnischen Funktion zu bezeichnen. Die posata in diesem Verstande ist bei allen Traktate verfassenden italienischen Tanzmeistern, also auch bei Guglielmo Ebreo[14] und Antonio Cornazano, in den Aufbau des Tanzes eingegangen. Das Zusammenrücken von Schritten in einen vorab festgelegten Ablauf, dem musikalisch eine kleine Komposition von vorgeschriebener Anzahl der Takte entsprach, läßt anders sich auch nicht denken. In die Klarheit des Bewußtseins trat die posa für Domenico, der die Bezeichnung erklärte und zum Begriff erhob, zugleich mit den anderen Wortformen posata oder posada.

Von ihm stammt die Einführung des Wortes fantasmata in die Tanzsprache und seine Gleichsetzung mit posata, durch die deren Funktion über ihre technisch formale Seite hinaus inhaltlich bestimmt werden kann. Domenico belehrt darüber: »Und wisse, daß diese fantasmata in körperlicher Wendigkeit besteht, wie sie das Verständis des oben beschriebenen (Zeit-)Maßes veranlaßt; dabei macht man während jedes Taktstrichs einen Augenblick halt, als habe man, wie der Dichter sagt, das Haupt der Medusa gesehen: Das heißt, nachdem man eine Bewegung gemacht hat, ist man in diesem Augenblick wie zu Stein erstarrt und nimmt im nächsten die Bewegung wieder auf wie ein Falke, der einen Flügelschlag macht.«[15] Dieses Einhalten zwischen zwei Schritten ist nicht länger ein bloßes »Unterbrechen des Zusammenhanges durch die freie Willkür über solchen Inhalt«[16], sondern es ergeht ihm wie der Dialektik des Gedankens[17]: Im Anhalten werden die Bewegungen nicht unterbrochen, man könnte sagen, »sie werden zusammengefaßt wie in der Reflexion, sie werden zur Bestimmtheit vereinfacht«, zu einer Seite ihrer selbst herausgesetzt und gehen in eine höhere Wahrheit über. »Dadurch emergiert das einfache sich übersehende Ganze selbst aus dem Reichtume, worin seine Reflexion verloren schien.« *Das Einhalten ist nicht bloß technisch formal »Transformation«;* eine solche Selbständigkeit des Technischen wäre unmöglich. Es hat *seine inhaltliche Seite als Reflexion auf die es umstellenden Bewegungen.* Domenico spricht allerdings nicht von Reflexion und Bewußtsein, sondern von einem Erstarren, das während eines Augenblicks sich in die Folge von Bewegungen fügt. Er zitiert sogar das Haupt der Medusa, als sei dieses Erstarren gar nicht anders als das der Angst zu beschreiben; das Bewußtsein kommt aber gerade dadurch, daß es in die Bewegung seines Inhaltes eingeht, dazu, in höherer Wahrheit sich als Ganzes zu überblicken. Gerade der Tanz, der unumkehrbar an den Fortgang der Zeit gebunden ist, bietet sich dafür an, in ihm einen derartigen Prozeß zu objektivieren: Um zu einem Ganzen werden zu können, das doch nur in der Vermitteltheit des Späteren auf das Frühere Wirklichkeit gewinnen kann, bedarf er unabdingbar dieses Prozesses, soll nicht das je ausgeführte Element alles Frühere bloß ablösen und damit auch auslöschen.

Es handelt sich bei dem tänzerischen Phänomen offensichtlich nicht um die Reflexion im Begriff, wohl aber um ein Seiner-Selbst-Gewahrwerden. Dieses vollzieht sich, und zwar über das Verharren während des Einhaltens, als Mimesis. Mimetisches Lernen realisiert sich als das Hinstarren auf das Unbekannte, dessen Bild man sich einprägt, indem man zunächst reglos hinschauend sich ihm gleichzusetzen sucht, um es dann erinnernd zu reproduzieren. *So ereignet sich während des »Erstarrens« ein mimetischer Prozeß,* der die ausgeführte Schrittfolge zum Gegenstand hat: Durch keine neue Bewegung darf die eben gemachte gelöscht werden, bevor sie nicht erinnernd nachvollzogen und damit auch für die Erinnerung aufbewahrt ist, als welche sie erkannt, verstanden werden kann. Freilich kann diese Spontaneität nur eine Seite des Prozesses sein. Dieser war insofern auch vergegenständlicht, als er bei den italienischen Choreographen zum Formprinzip gemacht wurde, in aufgeschriebenen Anweisungen als Element zeitlicher und räumlicher Disposition erschien. Allerdings blieben diese Anweisungen während des Quattrocento noch offen; das

heißt, in den Choreographien von bassadanze und balli wird
nur in bestimmten Fällen – gewissermaßen positiv kasuistisch
– ausdrücklich gesagt, wo und wie eine posa ausgeführt werden müsse. Allgemein blieb das Einlösen der Regel dem Bewußtsein der Tanzenden für ihre Notwendigkeit überlassen.
Der Vollzug der posa behielt auch dadurch eine gewisse Spontaneität.

Deren Funktion freilich war als Stilprinzip im voraus reflektiert, und erst recht war das existenziell Spontane der Angst
vor dem Medusenhaupt überwunden. Dieses erinnert daran,
daß alles Mimetische aus einem Naturzustand der angstvoll
reglosen Mimikry hervorgegangen sein dürfte, die angesichts
der noch unbekannten oder der als überwältigend bekannten
Gefahr zur Erhaltung des eigenen Lebens geübt wird. Es läßt
sich eine anthropologische Perspektive verfolgen, in der die
animalische Mimikry als Urform der Nachahmung erscheint.
Sie kann begriffen werden von der Einsicht her, daß Angst ein
erstes Motiv dafür gibt, sich unter dem Zwang einer bestimmten Situation mit einem Anderen zu identifizieren. Nachahmung wäre entsprechend als ein Niederschlag solcher Identifikation zu verstehen, sobald sie aus dem reinen Außersichsein
in eigenes Reagieren übergeht. Der Vorgang könnte ähnlich
vorgestellt werden wie Herbert Meads[18] Modell sprachähn-
licher Modelle bei Tieren, wenn immer weitere Stufen der
Distanz zu Gegner und Situation die Konstitution von »Si-
gnalen« bis schließlich zu deren frei verfügbarer Anwendung
möglich machen. Marx sieht diese frühe anthropologische
Phase so: »Das Bewußtsein ist natürlich zuerst bloß Bewußtsein über die *nächste* sinnliche Umgebung und Bewußtsein des
bornierten Zusammenhanges mit anderen Personen und Dingen außer dem sich bewußt werdenden Individuum; es ist zu
gleicher Zeit Bewußtsein der Natur, die den Menschen an-
fangs als eine durchaus fremde, allmächtige und unangreifbare
Macht gegenübertritt, zu der sich die Menschen rein tierisch
verhalten (. . .).«[19] Dieses Bewußtsein niederen Ranges wird
in dem Maße durch höhere Stufen abgelöst, in dem die vergesellschafteten Menschen gemeinsam Sicherheiten gewinnen und
sich gegenüber der absoluten Übermacht der Natur emanzipieren; es wird sublimiert, soweit die Natur durch das Eingreifen

der Menschen historische wird, aber es geht nicht verloren. Es lebt davon im mimetischen Erkennen der Wechsel fort, in dem Angst vor dem Unbekannten und dessen Erkenntnis einander bedingen, – solange freilich der Gegenstand nicht der Subsumtion unter vorab gefertigte Vorstellungen des Subjektes verfällt.

Kant hat den Übergang von der existenziellen Angst zur Erkenntnis des Unbekannten am Erhabenen mit einer Geltung weit über dieses hinaus reflektiert, obwohl er keinem anderen als dem übergroßen Objekte der Urteilskraft, dem Erhabenen, das Recht zugestand, der »ihm angemessene Maßstab« sei »bloß in ihm zu suchen«.[20] Er sieht, daß erst mit der Sicherheit vor dem nur von Ferne Bedrohlichen die Tätigkeit des urteilenden Erkennens ihre Selbständigkeit gewinnt, also wo nicht mehr die bloße Furcht vor Gefahr herrscht. Kant weiß aber auch, daß sie in einem Prozeß der Bewegung zwischen Subjekt und Objekt sich vollzieht, »indem das Gemüt von dem Gegenstande nicht bloß angezogen, sondern wechselweise wieder abgestoßen wird«.[21] Nur bornierte Kant, dem, »was wir schlechtweg klein nennen«, nur »eine Verachtung« abgewinnen konnte[22], eben diesen Prozeß im Bezug auf das noch Übermächtige, statt in ihm die Konstitution mimetischen Erkennens allgemein zu finden. Bei ihm findet deshalb lediglich angesichts einer realhistorisch unbeherrschbar erscheinenden Natur eine solche Bewegung Einlaß in die Lehre vom ästhetischen Urteilen. In der »Starre« der posa war ein Einhalten der physischen Bewegung gemeint, das dem Erstarren vor dem Medusenhaupt nur noch so ähnlich sein sollte, wie jede Kommunikation im Hin und Her von »Anziehen« und »Abstoßen« die durch sie überwundene Begegnung von Kämpfern immer noch enthält und wie die Angst vor Unbekanntem in der Unsicherheit gegenüber dem Neuen fortlebt. Das Bild des Falken bei Domenico widerspricht nicht dem des Medusenhauptes. Es legt allerdings eher nahe, an den Raubvogel zu denken, der in der Luft stehenbleibt, um abwartend beobachten zu können, mit welcher präsumtiven Beute er es am Boden zu tun hat. Wo sie nur noch historisches Material neuer Beziehungen sind, konnten die Angst des Opfers und das Lauern des Jägers zu Metaphern für die beiden Seiten eines

Vorganges, für das Sich-Annähern und das Zurückgehen in sich selbst, für die Bewegung des »Gemüts« verwandelt werden. Ein Anhalten und ein aus ihm entwickeltes Gleiten in die neue Figur. In dem Namen fantasmata, den Domenico dem gegeben hat, kommt die Vielheit der Objekte zum Ausdruck, denen das Einbildungsvermögen der Tanzenden begegnet, und die Fülle von Posen, in denen sie – wie allegorische Statuen zu Stein erstarrt – diesen Objekten entsprechen sollten.

Ingrid Brainard hat gemeint, die Posituren nach verschiedenen positiven Aspekten von »Funktion im Gesamtzusammenhang«, nach »Pantomimisch-Ausdruckshaftem« und betreffs der »tänzerischen Ausführung« besprechen zu sollen. Sie ist überrascht, wie »undifferenziert« »die Ergebnisse einer auf den Inhalt respektive Ausdrucksgehalt der Stellungen abzielenden Untersuchung« waren.[23] Entsprechend könnte überhaupt das Mimetische der posa verneint werden, wollte man es an dem phänomenhaft Erscheinenden selbst festmachen. Es stehe »den wenigen eindeutig pantomimischen Posata-Passagen eine zahlenmäßig zwar erheblich größere, aber infolge ihrer Themenlosigkeit in sich unprofilierte und unbestimmbare Gruppe von Stellungen gegenüber, deren sinngemäße Gestaltung ausschließlich dem Ballerino überlassen« geblieben sei.[24] Die verschiedenen Erscheinungsformen der posata als kaum betontes Anhalten in geraden Schrittfolgen, als Zwischenglied an Punkten des Richtungswechsels, als ausführlicher vorgeschriebene Haltung oder als allgemein gefordertes Verweilen, machen einen Interpretationsversuch nach diesen spezifischen Seiten durchaus verständlich, um so mehr als andere Autoren den gesamten Komplex noch keiner eingehenderen Untersuchung für wert gehalten haben. Das Insistieren auf den Unterschieden ist auch zweifellos berechtigt durch das vielfältige Auftauchen des Phänomens in den allgemeinen Ausführungen insbesondere Domenicos, seines ersten Zeugen, zumal dabei jeweils auch unterscheidbare choreographische Situationen angegeben werden. Dennoch handelt es sich dem Wesen und der Bedeutung nach um einen Vorgang, der in unterschiedlichen Graden der Abstraktion von jeweiligen Einzelsituationen erscheint. Deshalb nehmen *die* Posituren, die »infolge ihrer absoluten Unabhängigkeit von irgendwelchen Schritten des Repertoires sämtliche anderen Posituren überflügeln, um selber Schrittgeltung zu erlangen und dementsprechend plaziert zu werden«[25], eine »Sonderstellung« nur insofern ein, als an ihnen klarer und augenfälliger als in den anderen Zusammenhängen das Einhalten als selbständiges Moment zur Geltung gelangt. In allen diesen »Cäsuren« liegt in gewissem Sinne Ausdruck; doch nicht deshalb, weil eine dargestellte Handlung, ein der Bewegung vorgegebener äußerer Inhalt »ausgedrückt« würde. Die in der Mimesis an sich selbst im Tänzer zu sich kommende Gestalt der Schritte und Figuren drückt innehaltend ihre »höhere Wahrheit« aus, ihren Sinn. Darum sind pantomimisch besetzte Posituren von solchem Ausdruck gerade am weitesten entfernt.

Die posa ist schon deshalb nicht bloße Negation der bestimmten Bewegungen der Schritte, weil rein technisch formal nur durch ihr Eintreten längere Perioden von Schritten rhythmisch verbunden zusammenzutreten vermögen. Diese Wirkung hat Domenico in einen recht komplexen ästhetischen Kontext einbezogen, auf den ihre Diskussion bei Mabel Dolmetsch auch fixiert bleibt.[26] In Domenicos Lehre, wie in der seiner Zeitgenossen und seiner Schüler, gibt es »natürliche« und »akzidentielle« Bewegungen; diese entsprechen den betonten und den unbetonten Teilen des musikalischen Taktes, als Leere und als Fülle bezeichnet.[27] Die Leere, in die die posa als »akzidentielle« Bewegung »zwischen den Schlägen« gehört, nennt er das Schweigen zwischen den sprechenden Teilen der Fülle. Daß erst über dieses Schweigen, dem »Erstarren« gleichgesetzt, das Schrittemachen zur geklärten und durchschaubaren Form des Tanzes wird, ist in dem Traktat selbst artikuliert. »Sonst wäre es nicht möglich«, sagte Domenico, »den Beginn und die Mitte und das Ende in diesem Akt des Tanzens zu unterscheiden.«[28] Bei Mabel Dolmetsch wird nur deutlich, daß die »akzidentiellen« Bewegungen, überhaupt verschiedene Bewegungen auf der Stelle – wie frappamento, scorsa, cambiamento –, »in das Zeitmaß der Hauptschritte einbezogen sind«[29]; die posa geht in derartigen Erwägungen unter, ebenso wie ihre Bedeutung für die Verbindung von Schritten. Ohnehin bedeutet das Einhalten einer Zählzeit für eine bestimmte

Bewegung, wie die Parallelität von Musik zu vorgeschriebenen Tänzen es erfordert, ein Bezwingen des Körpers durch den Verstand, der zählend das Maß der Bewegungen angibt. Die posa erfüllt sich mit der Funktion, nach und vor dem Einlösen von Bewegungsimpulsen in bestimmte Schritte, *der Konzentration auf Maß und Verlauf stattzugeben*. Damit wird sie formal zur Vermittlung in sich geschlossener Bewegungsinhalte, Gestalten, zu entwickelteren Perioden. *Eigentliche Vermittlung* kann sie aber nur genannt werden, *weil die Reflexion des Verstandes auf das Metrisch-Formale des* Erscheinens der Schritte *zusammenfällt mit dem mimetischen Innewerden*. Der Einschnitt, der ein Zählen, ein Messen erst denkbar macht und Zeitpunkt seiner Realisation ist, ist nur die äußerliche Seite des Einhaltens, in dem eine bestimmte Bewegung des Tanzenden durch sein »Gemüt« ihrer selbst gewahr und zu Bewußtsein erhoben wird.

Bei Guglielmo Ebreo finden sich Verwendungen der posa; seine theoretischen Ausführungen sind allerdings kaum mit ihr beschäftigt. Bei Antonio Cornazano wird sie besprochen, die Ausführungen Domenicos werden zitiert, aber in sehr verkürzter Form. Selbst in den Aufzeichnungen, in denen er die Choreographien des Älteren tradiert, werden trotz der sonst gewissenhaften Wiedergabe die Posituren unterschlagen oder auch durch gleichwertige positive Schritte ersetzt.[30] Es ist schwer zu entscheiden, ob Cornazano – und auch Ebreo – noch nicht begriffen hat, daß die posa, die positura, sehr wohl in den neuen strenger durchgeformten Bewegungszusammenhang und den Kanon der ihn konstituierenden Bewegungen hineinpaßte, ja hineingehörte, oder ob sie für ihn bereits zu einem so unabdingbaren Moment zusammengefügter Schrittfolgen geworden war, daß sie nicht mehr einer programmatischen eigenen Erwähnung in der Aufzeichnung bedurfte. Sie wurde jedenfalls gelegentlich einem Zwischenschritt verbunden, in dem sie aufging, aber in bestimmter Weise betont wurde. Für die erste Möglichkeit spricht vielleicht eine Einschränkung, mit der Domenicos Erstarren theoretisch bejaht und übernommen wird. Der Übergang von der posa in die neue Bewegung solle nicht schreckhaft sein, »come persona che susciti da morte a uita«.[31] Diese Passage müßte dann derart interpretiert werden, daß Cornazano das Medusenhafte des Erstarrens zu wörtlich und zu pantomimisch verstanden hätte und darum die posa wieder auf eine nur spezielle Funktion reduziert hätte. Es ließe sich jedoch ebensowohl argumentieren, er habe gerade solchen Rückfall ausschließen wollen, vor dem schreckhaften Übergang ausdrücklich gewarnt, um dem Tanzenden zu empfehlen, er solle aus dem Einhalten in die neue Bewegung übergehen wie ein »vom Tode zu neuem Leben Erwachender«. Mit diesem Bilde wurde Domenicos Vorstellung, der Vorgang sei dem Ausatmen und dem neuen Einatmen vergleichbar, in radikalerer Weise wieder aufgenommen und innerlich der des totengleichen Erstarrens vor dem Medusenhaupt verbunden.

Sieht man die Vereinigung dessen mit dem kontinuierlichen, vorab alle Teile kalkulierenden Disponieren über das Ganze eines Tanzes von bestimmter Zeitdauer, so ist genau hieran das ganz Andere gegenüber früheren freiwogenden Formen zu sehen. Die Veränderung rechtfertigt den Begriff Choreographie in einem ersten Beginn. Nur bei Domenico finden sich theoretische Erörterungen von einiger Ausführlichkeit über die posa; nur in seinen Choreographien trifft man sie an all den »Kristallisationspunkten« (Brainard), zu denen sie gehört und die sie ausmacht. Die späteren Tanzmeister des Quattrocento sind schon weit unergiebiger, was ihr Auftreten betrifft. Die nächste Generation italienischer Choreographen, Negri und Caroso um 1600, schwieg über sie in sonst noch so ausführlichen Traktaten; in ihren Schrittfolgen geschieht der posa keine Erwähnung mehr. Deren Erscheinen in einem Augenblick der Geschichte des Tanzes darf wohl zu Recht mit dem Benjaminschen Begriff des Aufblitzens verbunden werden. Was sich in voraufgehenden Phasen vorbereitet haben mag, was ohne jeden Zweifel *der Knoten* war, *aus dessen Explikation die bestimmenden Ansätze des europäischen Balletts hervorgetreten sind,* hat selbst nur auf wenigen Traktatseiten und in ein paar Dutzend Tanznotierungen vom Beginn der zweiten Hälfte des fünfzehnten Jahrhunderts in Oberitalien am Tage gelegen. Wenn sich auch für Cornazano, den unmittelbaren Nachfolger Domenicos, nicht eindeutig ausmachen läßt, aus welchem Grunde das namentliche Auftreten der posa in seinen

Schriften wieder zurücktritt, für die ganze spätere Entwicklung läßt es sich mit aller Entschiedenheit sagen. Die posa, posata, positura entfaltete sich einerseits nach den in ihr enthaltenen Seiten; andererseits wurde sie von den positiven Elementen der bewegten Form aufgesogen, die damit in sich bereits jene Bezogenheit aufeinander aufnahmen, die zuvor noch über das für sich entäußerte Dasein der posa vermittelt war. Die Tänzer nahmen während der posa verschiedene Haltungen an, wie sie aus der zuvor ausgeführten Bewegung sich ergeben konnten, oder schritten zu Posituren eigener Bestimmtheit, die im Einhalten auf bestimmte Weise auch der Um- und Übersetzung einer gestalteten Bewegung in die andere dienten. Das gegenüber den Schritten zuvor und hernach verselbständigte Einhalten konnte nicht bloß deren Negation bleiben. Es bestimmte sich auch selbst als eine eigene Haltung des stehenden Körpers, da es doch nicht mehr einfach Erstarren vor dem Medusenhaupt war. In den verschiedenen Posituren gibt sich trotzdem ihr Gemeinsames zu erkennen, das Aussetzen der ortsverändernden Fortbewegung und die Bewegungslosigkeit mit ihm. Die Mannigfaltigkeit der Posituren und ihr gemeinsamer Stellenwert im choreographischen Kontext dürfen nicht miteinander verwechselt werden. Die mannigfaltigen Erscheinungsformen haben als solche Bedeutung. Zugleich zeigt in ihnen sich das Prinzip einer Abstraktion.

Technisch läßt sie daran sich festmachen, daß die posa oder positura in den verschiedensten Situationen ausgeführt wird, mit dem rechten wie mit dem linken Bein, mit und ohne pantomomischen Inhalt, ohne jede Regung oder als leichtes Schwingen des Körpers am Platze und so fort. Stellen die Tänzer sich während des Einhalts von einem Bewegungsvollzug auf den anderen um, so hat dieser Prozeß aber nicht nur eine mimetische Seite, die auf das Gewahrwerden der Schrittgestalten konzentriert ist. Er muß auch als das Zur-Ruhe-Kommen eines *Bewegungsimpulses* und das Initiieren des Impulses für die nächste Bewegung im Tänzer analysiert werden. Alles Mimetische, das doch dem Vorbewußten der Menschen zugehört und ihrem Triebpotential nicht so fern wie alles Diskursive steht, ist nicht nur mit dem Spannen und Entspannen der unwillkürlichen, sondern auch der willkürlichen Muskelsysteme verbunden. Dennoch bleibt von diesem Zusammenhang im Einhalt etwas ausgespart, das als bloße Disponibilität des Körpers beschrieben werden muß. Der Moment des Übergangs wird auch in deren Dienst gestellt, indem der Tanzende nach welchem Schritt des Kanons auch immer für jeden beliebigen anderen bereitgemacht wird. Während der in positiven Einheiten zählende Verstand den Bewegungen das Zeitmaß erteilt, wird – zugleich mit dem Augenblick des mimetischen Gewahrwerdens – der die choreographische Gestalt annehmende Körper der Einheit entrissen, die das Bewußtsein mit der Realisierung in der Bewegung eingeht, um erneut verfügbar zu werden, um eine neue Bestimmtheit objektivieren zu können.

Indifferente Posituren, in bezug auf die durch sie vermittelten Schritte, erfüllen diese Aufgabe leichter. Darum tritt eine Gruppe von ihnen, die sich besonderen Schritten gegenüber unabhängig zeigen, hervor. Ihre Indifferenz läßt sie einerseits beliebiger erscheinen. Eine gewisse Unbestimmtheit läßt sich als Voraussetzung universeller Verwendbarkeit interpretieren. Tatsächlich wäre es auch falsch, nicht schon hier auf die Gefahr hinzuweisen, daß Routine sich eines solchen Allerweltsstückes bemächtigt und damit die Lücken schließt, die irgendwo in der Reihenfolge durch eine ebenso schematische Zusammenstellung von Elementen des Kanons entstehen. Andererseits sind die ihrer Gestalt nach weniger bestimmten Posituren leichter geeignet, Augenblicke der von bloßer positiver Bestimmtheit absehenden Konzentration zu sein. So können im Einhalten verschiedene Formen problemloser zurückgenommen werden in das sie integrierende Bewußtsein. Wenn der Körper als ruhender seiner Bewegbarkeit bewußt wird, erreicht er einen der bloß äußerlich *technischen Disponibilität* vergleichbaren Zustand, der jedoch hier *Bereitschaft* genannt werden muß und – ebenso wie das Innewerden der bestimmten eben vollzogenen oder gleich zu vollziehenden Bewegungen – *mimetisch* ist. Diese Mimesis des Menschen an seinen eigenen Körper, *der bewußte Nachvollzug seiner Physis über den Augenblick der Unbewegtheit des Bewegbaren trägt meditativen Charakter.* In der Choreographie vermag dieser aber immer nur gestreift zu werden, er bleibt *Grenzwert*; denn das vorgegebene und seinerseits nachzuvollziehende Metrum läßt es nicht zu, daß der bewegliche Körper und das Bewußtsein versinken. Während der posa kommt es zu einer Immobilität, die auch ihrerseits von den sie umstellenden Bewegungen als bestimmte konstituiert wird und nicht ohne das Ganze zu zerstören auf den Kontext von Bewegung vergessen kann.

Darum sind auch Bewegungen auf der Stelle, während derer es nur zu keiner Ortsveränderung kommt, nicht wider das Prinzip der posata. Der Posaprozeß konnte sich über eine posa von ihrerseits ganz besonderer Gestalt vollziehen; das durchaus bestimmte Dritte vermag in ganz besonderer Weise die Aufgabe der Vermittlung zu übernehmen, wenn auch die Gefahr sehr nahe liegt, daß es dieser Aufgabe als seines Eigentlichen ledig wird und eine Art von Selbständigkeit zwischen den zu vermittelnden Elementen erhält. In diesen Fällen bleibt es zwar von anderem Range als die positiven Kanonelemente, die einfach auf ihrer Gestalt sozusagen aus eigenem Rechte beharren können. Es wird dann aber seiner im wesentlichen aufgegebenen Funktion um so rigider untergeordnet, als es zum Sinn nichts beizutragen hat. Das Ergebnis sind äußerliche, zwischen den eigentlichen Schrittfolgen mechanisch eingeschaltete Elemente niederen Ranges. Sowohl die Möglichkeit einer Erhebung der posa zu noch höherem Rang durch eine intensivere Bestimmtheit taucht auf, die freilich um so komplexere Bezüge zwischen dem Schrittgeschehen um sie, ihrer Vermittlungsfunktion und ihrer eigenen Gestalt implizieren, als auch die Gefahr des Herabkommens zum bloßen Mittel technisch praktikabler Abläufe. Sie sind aber erst an der Entwicklung seit dem sechzehnten Jahrhundert zu diskutieren. Für das fünfzehnte Jahrhundert in Italien erscheint noch die Rationalität eines, freilich wenig entfalteten, Prinzips im Einklang mit mimetischer Spontaneität. Misura und fantasmata bedingten einander. Ihr Zusammenspiel von regelhafter Allgemeinheit und in ihr allererst als bestimmt sich ereignendem Besonderen suggeriert Totalität, bevor erkennbar wurde, wie komplex die Bezüge sein würden und wie falsch die Harmonie darin nur einiger klingen würde über dem Grunde derer, die unberücksichtigt blieben. Der Zusammenhang von hypostasierter Harmonie, Funktionalisierung der einen und Hegemonie anderer Elemente war noch nicht erkennbar. Wie die posa wohl ins Bewußtsein gehoben wurde, indem der durch sie sich vollziehende Vorgang in den Bewegungen des Tänzers bestimmte Veränderungen bewirkte und so in ihnen sich objektivierte, dennoch aber nicht dem Tanzenden als Gegenstand seiner Begrifflichkeit bewußt wurde, so blieb auch die Gefahr der Instrumentalisierung verborgen.

Die Posituren, von denen hier also vorrangig zu handeln ist, lassen sich auch als Haltungen beschreiben, in denen Rumpf, Kopf, Beine und Arme, Hände eine genau zu bezeichnende und reproduzierbare Stellung einnehmen, eigentlich aber nicht in dieser als solcher ihren Sinn haben. Aus der Terminologie des späteren, des klassischen Balletts muß hier das port-de-bras zitiert werden. Freilich müßte man gleichzeitig von einem port-de-corps, von einem port-de-pieds oder Entsprechendem reden. Die Situation läuft auf ein se porter allgemein hinaus, auf das déportement. Dessen Kodifikationen im klassischen Ballett haben inzwischen die Reihe der Positionen gebildet; von der Fußstellung her und der Beinhaltung ist sie auf fünf festgelegt worden. Es sind eben die fünf Positionen, und es ist evident, daß diese als das Fundament des gesamten klassischen Balletts[32] mit der posa oder positura der ersten italienischen Choreographien mehr als die Etymologie gemein haben. Die Positur, die zunächst nur als Bewegungspause sich hatte bestimmen lassen, war derart zu einem Prinzip choreographischen Tanzes erhoben, daß sie nicht Negation blieb, sondern mannigfaltige positive Erscheinungen, in denen die posa sich nach der Seite der Pose entwickelt hatte, unter sich zu subsumieren vermochte. Diese Tendenz löste sich schließlich sogar in der Subsumierung von »akzidentiellen« Bewegungen am Platze, also ursprünglich noch neben der posa stehenden Bewegungen, ein; die continenza ging gegen Ende des sechzehnten Jahrhunderts in Frankreich, als contenance, in der posture auf. Soweit die Interpretation von Ingrid Brainard richtig ist, daß bei Cornazano der scambio, der bei Domenico zu den movimenti accidentali gezählt wird, zum movimento naturale aufrückte[33], ist anzunehmen, eine besonders stark ausgeprägte Zwischenbewegung habe diesem Subsumtionsprozeß sich widersetzt und infolgedessen verselbständigt werden müssen, als der Bereich der Zwischenbewegungen als solcher im Posaprinzip aufging. Ähnlich wurde das frappamento später zu einem selbständigen, wenn auch ohne Ortsveränderung ausgeführten Element des Kanons – dem frappement. Diese Vorgänge sind jedoch im Zusammenhang mit der systematischen Bedeutung der Positionen für das Ballett zur Zeit der Traktate von Caroso, Negri und Arbeau zu behandeln

Im mimetischen Lernen schiebt das Subjekt seine Einbildungskraft dem Vorzustellenden, Zubegreifenden entgegen. Wo sie eine eigene Entäußerung darstellt, wie für den Tanz *in der posa*, wird außerdem *die Potenz von Kommunikation über das Ein-Gebildete mit anderen Subjekten* geschaffen. Solche Kommunikation kann aber nur gelingen, wenn auch diese anderen als mimetisch Lernende beteiligt sind, das heißt, die Tänze der Höfe im Quattrocento vollzogen sich als *eine freie Form der Interaktion*. Es waren gleichsam Unterhaltungen, in denen jedoch auch die Körperlichkeit der Menschen einbezogen war. Sie bildete sogar das Medium der Beziehungen überhaupt, die sich im gemeinsamen Gestalten von choreographischen Situationen verwirklichten. Die mittelalterlichen Rundtänze waren gleichfalls Form intensiver existentieller Bezogenheit der in ihnen vereinigten Individuen. Jedoch war ihre Gestalt so einfach, wie die Individuen vorab in der Gemeinsamkeit aufgingen und die Beziehungen der Runde entsprechend undifferenziert blieben. Sie haben gleichwohl zur Zeit der ersten choreographierten Tänze – und bis in die Gegenwart – eine gewisse Bedeutung behalten; sie sind selbst emphatisch verstanden worden. Wo in der Malerei des Quattrocento Tänze dargestellt sind, haben sie diesen reigenhaften Charakter, der unbeschwert einfaches Glück ausdrücken soll wie die Kette von Tanzenden in dem Fresco ›die gute Regierung‹ der Brüder Lorenzetti im Palazzo Publico von Siena oder wie in Botticellis ›Frühling‹.[34] Allerdings zeigt sich sehr schön in diesen Gemälden die zweifellos vorhandene Möglichkeit, die Runde oder die fila in sich zu gliedern, zu rhythmisieren und formal wie inhaltlich zu differenzieren. Beide Werke sind auch exemplarisch für ihre Zeit darin, daß diese Differenzierungen in ursprünglicher Einheit mit emphatisch kommunikativen Momenten entstehen. Trotz der Gleichförmigkeit der alten Reigenfiguren sind die Menschen gleichwohl erwacht zur Begegnung miteinander. Ihre einfachen Bewegungen sind wie die Blicke stets zu ungezwungenem Erkennen des Anderen in Korrespondenz mit dem Selbsterkennen bereit.

Die komplexeren neuen Tanzformen konnten bildlich kaum wiedergegeben werden und haben offenbar überhaupt in der Zeit selbst keine außerordentliche bewußte Bedeutung über die Tanztraktate und die Tranzpraxis hinaus erhalten. Trotzdem entwickelten sie sich zu komplexen Gebilden, um so zwangloser, als dies zweckfreie Handeln gerade von bewußten Absichten unbelastet eine neue reflektiertere Weise kommunikativer Gemeinsamkeit erbrachte. Der Posaprozeß ist die Mitte und das Indiz einer Veränderung, durch die *jene mittelalterlich begriffslose Einheit von miteinander handelnden Menschen aufgelöst* wurde, *ohne daß damit sofort ein Sprung in die Verstandesbegrifflichkeit* gemacht worden wäre. Vielmehr wurde der existentielle Charakter der alten Bezogenheiten nur soweit geöffnet, daß Beziehungen nicht mehr unerkennbar in ihre Einheit eingebunden waren, sondern als solche Gegenstand differenzierender Entfaltung werden konnten. In diesen neuen Manifestationen vereinigte sich ein bewußteres Verhältnis zur eigenen Physis mit einem expliziteren Verhältnis zu anderen Individuen, das sich darüber herstellte und dem es den materialen Aspekt der Interaktion zuführte. Man kann sagen, daß auch sie »in jener Dynamik ihren Ursprung haben, die am Ende der naturalwirtschaftlichen Periode des Mittelalters das Gesicht des Abendlandes verändert«.[35] Freilich realisierte sich dieser Vorgang wiederum auch nicht unabhängig von überlieferten Grundvorstellungen, nach denen eine bestimmte physische Erscheinung des Menschen als richtig und ideal angesehen wurde. In deren Mittelpunkt stand die demutvolle Geneigtheit hochmittelalterlicher Heiligenfiguren, in der diese sich immer der Begegnung mit der jenseitigen Erleuchtung zugeneigt hielten. Das Quattrocento hat sie nicht einfach durch etwas ganz Anderes ersetzt. Im Sinne des neu auflebenden Neoplatonismus konnten solche Haltungen aber zum Material einer neuen Konstellation werden. Jene Neigung zum Jenseitigen konnte unter diesseitigen Desideraten darein übergehen, daß Menschen einander sich zuwandten.

Was dabei an Freiheit gegenüber metaphysischer Einordnung gewonnen wurde, verband sich den Einflüssen und Anregungen, die neuerdings von der Selbstdarstellung der Menschen in der griechischen Antike ausgingen. An den öffentlichen Standbildern im Geiste der Polis konnte die neue Selbsterfahrung einerseits die Dimension eines allgemeinen Geltungsanspruchs gewinnen; beziehungsvoll wird die Hintergrundlandschaft des Frescos im Herzogspalast von Mantua, in dem Mantegna Lodovico Gonzaga und seine Familie dargestellt hat, beherrscht von einer antikischen Herrscherstatue auf der Höhe der Stadt.[36] Die größere Freiheit einzelner gegenüber der einstigen Lebensgemeinschaft schlug sich aber auch nieder in dem neuen Ideal anmutiger Erscheinung. Das Phänomen der posa gelangte zu seiner ansatzweisen Entfaltung in einer Spannung zwischen den Dimensionen von Anmut und Öffentlichkeit, von erkennender Begegnung der Menschen und unbeschwerter höfischer Unterhaltung, von einem Beginn emphatisch reflektierter Beziehung der Menschen auch zum eigenen Körper im mimetischen Begreifen und ihrer Bedingung, einer systematischen Metrik.

Die Kategorien der frühen choreographischen Ästhetik I: die misura

Der Begriff der misura steht bei den italienischen Tanzmeistern für das Maß der Schritte. Er wurde im Zusammenhang insbesondere mit dem Rhythmus, mit den Takten der Musik verstanden und ist wesentlich Begriff der Zeit. Die »natürlichen« und die »akzidentiellen« Bewegungen wurden entsprechend den Taktschlägen und den unbetonten Taktteilen der begleitenden Musik erklärt. Domenico erläutert zunächst Grundregeln der Schritte, dann deren Beziehung zur Musik. Sein Schüler Cornazano trat in die Aufzählung der zu dem Kanon gehörenden Schritte erst ein, nachdem er musikalisch und choreographisch die quatro principal misure behandelt hatte. Ebreo sagt: »Das Maß versteht sich, in diesem Bereich und im Zusammenhang der Tanzkunst, als eine angenehme und gemessene Übereinstimmung zwischen der Stimme und der mit Überlegung und Kunst aufgeteilten Zeit.«[37] Dies soll ebenso auf die Bewegungen des Tanzenden wie auf das Spiel des Instrumentes bezogen werden.[38] In der misura ist das zeitliche Gemessensein der Schritte und der Melodie gemeint, mehr noch, deren »Übereinstimmung«. Das Verhältnis beider zueinander ist nicht explizit genug erläutert, um bis zu der Frage zu gelangen, welches logische Verhältnis sich in dem Verweis auf musikalische Regeln und Begriffe für choreographische Bestimmung ausdrückt. Zweifellos war in der Musik eine strenge Lehre der Zeiteinheiten längst selbstverständliche Grundlage der Kompositionsregeln, bevor sie zur Begleitung dieser ersten metrisch durchkonstruierten Tänze gereichte. Wieweit ihrem Einfluß zugeschrieben werden kann, daß auch choreographische Regeln auf die Einhaltung eines zeitlichen Metrums gegründet wurden, läßt sich nicht ausmachen. Auch hat die Durchdringung der Abfolge von Schritten mit dem Formprinzip des zeitlichen Maßes, das historisch in der Musik früher aufgetreten ist, eine zu wesentliche Funktion für den Tanz, als daß sie auf eine solche anlehnende Erklärung abgeschoben werden dürfte.

Allerdings besteht bis in die Gegenwart ein Anschein, bei der Konzeption wie bei der Reproduktion von einander paralleler Melodie und Choreographie komme jener der Rang eines Ersten zu. In Wahrheit bedeutet aber die positive zeitliche Bestimmung der Schritte viel zu grundlegende innere Veränderungen des Phänomens, um diesem so äußerlich bleiben zu können, wie die Vorstellung es beinhaltet, die Bewegungen würden nach Maßgabe von Rhythmus und Inhalt eines vorgegebenen Musikstückes zugeschnitten. Der Nachweis, daß der Wechsel von Schritten und Posituren formal wie inhaltlich zum Zusammenwachsen einzelner tanztechnischer Elemente zu bestimmten Einheiten führte, löst teilweise diese Behauptung schon ein.

So ist zu verstehen, warum in der damaligen Lehre die misura nicht allein aus abgeleiteten Gründen, also der musikalischen Vorgabe durch den Wert der Note und die Länge eines Taktes, einen Komplex von Bewegungen umfaßte. Diese Komplexe setzten sich zusammen aus einer Anzahl von movimenti naturali und movimenti accidentali; das heißt, aus einigen verschiedenen Formen der ortsverändernden Bewegung wie vorwärts, seitwärts oder rückwärts gerichteten Schritten, Drehungen und Sprüngen und zum anderen den ursprünglich noch neben der posa stehenden Bewegungen auf der Stelle sowie dieser selbst. Der Begriff der misura beinhaltet genau festgelegte Zeitwerte für die Ausführung aller zu dem Repertoire gehörenden Schritte. Zwei einfache Schritte – sempio – sind in derselben Zeitdauer zu machen wie ein Doppelschritt – doppio; eine volle Drehung in der doppelten Zeiteinheit, die eine halbe Drehung beansprucht und der des Doppelschritts gleich ist.* Die »akzidentiellen« Schritte, die übrigens auch wie das scambiamento als eine Art Wechselschritt eine Bewegung der Beine und damit leichte Umschreibungen des Standortes sein können, werden bei Cornazano, was ihre Dauer betrifft, dem »Belieben« anheimgestellt. Dies widerspricht indessen nicht dem Prinzip einer genauen zeitlichen Festlegung aller Schritte. Die Regel Domenicos, die nebengeordneten Bewegungen seien in den unbetonten Taktzeiten auszuführen, präzisiert vielmehr den Charakter strenger Regelung der Abfolge in zeitlichen Einheiten. Nur kommt den Neben- oder Zwischenbewegungen dem Prinzip zufolge, nachdem die posa die aufeinanderfolgenden Schritte vermittelt, eine ausgleichende Funktion zu, so daß ihre Zeitdauer sich als abgeleitete aus dem Verhältnis der Dauer der Schritte zu der Gesamtdauer der misura bestimmt. Die Bewegungsform und das Zeitmaß durchdringen sich hier gegenseitig; diese Durchdringung manifestiert sich in der Zeitbestimmung der Zwischenbewegungen in Funktion der Hauptschritte. In der ersten dieser Tanztheorien wird noch positiv für frappamento, scorsa und scambiamento ein Vierteltakt zur Ausführung vorgeschrieben. Dort erscheint diese Angabe als eine spezielle Ausführung zu der allgemeinen Regel[40], wie sie bei den Nachfolgern allein stehen bleibt.

* Von diesen Angaben bei Cornazano weichen andere ab, jedoch ohne das System der Vergleichbarkeit der Zeiteinheiten zu verändern.[39]

Verschiedene Typen von misure bilden Einheiten jeweils von bestimmten Taktkombinationen in musikalischer und von bestimmten Schrittkombinationen in choreographischer Hinsicht. Die Traktate des Quattrocento verstehen selbst ausdrücklich die misura als das Prinzip, unter dem diese beiden Arten von Kombinationen zusammengefaßt werden, und erklären eben diese Zusammenfassung zu dem Grunde, aus dem allein Tanz als Kunst sich begreifen kann: »... sie bestehen darin, daß man versucht, vollendet die misura zu erreichen, über der die gesamte Kunst des Tanzens begründet ist«.[41] Diese Choreographien sind entstanden, indem eine Anzahl grundsätzlich feststehender Schritte in charakteristischer Folge zusammengeführt wurden. Alle systematisch erfaßten Elemente – naturali wie accidentali – erscheinen als die zwölf motti bei Domenico, als die zwölf movimenti corporei bei Cornazano. Aus ihnen werden bestimmte Folgen von einfachen Vorwärtsbewegungen, rückwärtsgerichteten Reverenzen, seitlichen Ripresen und Continenzen oder Drehungen gebildet. Der Rhythmus, in dem die auftaktig ausgeführten Schritte mit den mehr ornamental zu verstehenden Bewegungen wechseln, bedingt Zusammenfassungen über mehrere Takte hinweg. Vier Namen von misure bezeichnen solche bestimmten Schrittgruppen geradeso wie die zugehörigen musikalischen Typen; es sind die Tänze piva, saltarello, quadernaria, bassadanza. Sie sind nach der Komplexität der Schrittwechsel und zugleich nach der musikalischen Tempobezeichnung beziehungsweise der relativen Geschwindigkeit unterschieden. Darüber hinaus sind die Unterschiede in ähnlicher Weise zu einem geschlossenen System aufeinander definiert, wie es für die einzelnen Schritte der Fall ist. Die vier Arten der misura verhalten sich zueinander in bestimmten quantitativen Verhältnissen der jeweils von ihnen umfaßten Takte. Diese Verhältnisse selbst interessieren für die Diskussion der Begriffe von memoria, Harmonie und Proportion. Für die einzelnen Schritte sowie die spezifischen Schrittfolgen haben sie eine Bedeutung, deren Niederschlag einige bisher mehr spekulativ entwickelten Überlegungen am Material zu präzisieren erlaubt.

Das Zusammenordnen verschiedener Schritte zur misura

bringt offensichtlich ebenso für jene selbst eine zu ihrer bloßen in sich fixierten Gestalt hinzutretende Bestimmung, wie derart allererst die komplexeren Formen entstehen. Der einzelne Schritt ist technisch bestimmt; es werden die und die Teile des Körpers aus einer durch Raumkoordinaten bestimmbaren Situation in eine andere geführt, und zwar in recht genau festgelegter Weise. Allein, es ist dabei nicht möglich, absolute Zahlenangaben über die jeweiligen Wegstrecken zu machen. Erst im Bezug auf den zeitlichen und choreographischen Zusammenhang der misura haben auch räumliche Abmessungen eine Bedeutung. Daneben gehen eine ganze Reihe von *außerchoreographischen Bestimmungen* bereits in die noch unverbundenen Elemente des Kanons ein. So der Begriff der Richtung und seine anthropologisch-anthropozentrische Konkretion in vorn und hinten, rechts und links sowie seine historisch-geographische Konkretion in den ebenfalls mit vier angenommenen sogenannten Himmelsrichtungen; in gewisser Weise die Vorstellung des Menschen von einem Oben und einem Unten; die Begriffspaare von schnell und langsam, weich und eckig mit allen ihren jeweiligen Einlösungen geschichtlicher Perioden. Dieses und weit mehr wäre unter dem Stichwort einer Semantik der Bewegungen zu problematisieren. Diese Frage nach der historischen wie der anthropologischen und gar telluren Bestimmtheit des Materials, in dem Choreographie ihr Medium findet, kann jedoch hier nicht ausgeführt werden, zumal bislang derartige Versuche von Theoretikern des Tanzes einige mehr oder weniger rigide Systeme von phänomenologischem Anspruch erbracht, Überlegungen zum Sinn von Bewegung aber eher verstellt haben. Die Schritte des Tanzes, insbesondere des choreographischen, sind jedenfalls den Bewegungen der Menschen in deren übrigem Leben ebenso bewußt unähnlich, wie sie zugleich gegen diese nicht zu isolieren sind. Um zu einem gewissen Punkt der immanent ästhetischen Untersuchung zu gelangen, an dem die Frage nach dem gesellschaftlichen Kontext in der erforderlichen Begrifflichkeit gestellt werden kann, muß die Organisation des Materials gerade an dessen Erscheinen in den komplexen Formen rekonstruiert werden.

In ihnen werden einzelne Schritte aufeinander bezogen; über

den im Zusammenhang mit der posa entfalteten Prozeß treten sie miteinander zu Folgen zusammen, in denen der eine Schritt in den anderen übergeht, beziehungsweise umgeformt wird. Als Auftakt zu einigen einfachen Vorwärtsbewegungen hat eine reverenza eine andere Bedeutung, als wenn sie eine Zwischenphase zwischen einem sempio und einer Drehung bildet. Ein Sprung bestimmter Ausführung, der am Anfang einer Folge gemacht wird, verändert sich, sobald er einen Ablauf anderer Schritte beschließt. In den verschiedenen Situationen müssen die immer gleichen Bewegungen entweder mit ganz neu zu initiierenden Impulsen ausgeführt werden, die folgende Schritte in andere Richtungen transformieren, oder sie fallen in eine Phase des Auslaufens oder des Anhaltens. So ergeben sich *dynamische Entwicklungslinien.* Augenblicke des Einhaltens pflegen in den bekannten Schrittfolgen erst deren Abschluß als Ganzes zu markieren. Das heißt, der am Prinzip der posa dargestellte Prozeß ereignet sich praktisch in dieser italienischen Epoche nicht zwischen zwei Schritten, sondern zwischen zwei Schrittfolgen als ganzen. Die sie bildenden Elemente reihen sich also in ihrem Inneren nicht schon jeweils aufeinander vermittelt aneinander. Gerade dadurch werden sie Momente dieser komplexeren Form, daß sie nur im Bezug auf alle konstituierenden Schritte sich auf die Folge vermitteln. Die posa ist aber nicht einmal nur Innewerden der sie umstellenden Schritte, sondern der vorausgehenden und der nachfolgenden Schrittfolge. Im Zusammenhang der Folgen werden die einzelnen Schritte als partielle Träger der Gesamtform insofern in einen höheren Rang erhoben, als sie teilhaben an deren Möglichkeit, in ihrer komplexeren Struktur differenzierter zu sein und damit die Qualität von Ausdruck zu gewinnen. Die langsamen, besonders wenig impulsiven Schritte der bassadanza werden als Ausdruck von Würde und schöner Gelassenheit verstanden; das führt dazu, daß sie de le mesure regina genannt wird.[42] Die viel lebhafteren Schritte und tempi des saltarello und deren Bewegtheit auch in der Vertikalen, die allerdings nicht bis zu Sprüngen zu gehen brauchte, galt als Ausdruck von Fröhlichkeit und Ausgelassenheit. Cornazano sagt zu dem mimetischen Charakter der misura, der nicht rational allein zu begreifen sei: »Darin hat Meister Domenichino, Ihr guter Diener und mein Lehrer, ein hervorragendes Urteil gezeigt; er hat das Tanzen einer ernsten misura dem gleitenden Flug der Einbildungskraft im Schatten (der Schritte, R. L.) (ombra fantasmatica) verglichen, und durch diesen Vergleich und Ausdruck werden viele Dinge verstanden, die nicht auf andere Weise erklärt werden können.«[43] Innerhalb jener beiden misure kommt es auf je eigene Weise zum Austrag des Prozesses zwischen ortsverändernden und vorwiegend deren Impulse abfangenden oder vorbereitenden Zwischenbewegungen. Die beiden misure wurden überdies als zusammengehörig betrachtet, als Tanz und Nachtanz ausgeführt. Die beiden verbleibenden misure, quadernaria und piva, stellten ebenfalls ein Paar dar, dem jeweils entsprechende Charakterisierungen zugeschrieben wurden; indessen waren sie auch beide gleichermaßen einfacher strukturiert, die piva im Verhältnis zum saltarello, die quadernaria im Verhältnis zur bassadanza.[44] »Diese paarige Zusammengehörigkeit« hat Ingrid Brainard überzeugend rekonstruiert. Dabei wird die Bestimmtheit von Schrittfolgen, tempi und misure durch die Gegensätze einmal von schnell, lebhaft und gelassen, würdig und zum andern von einfacher und komplexer Struktur deutlich. Der als Ausdruck verstandene Charakter einer Schrittfolge ist darum nicht allein durch die sie jeweils konstituierenden Elemente und deren Konstitutionsprozeß bedingt, sondern auch über das umfassende System der anerkannten und gebräuchlichen misure insgesamt vermittelt.

So teilen bestimmte Schritte, wie der kleine Sprung im saltarello nach einem Doppelschritt, den ihnen vorausgehenden und nachfolgenden ihren spezifischen Charakter mit. Brainard hat gezeigt, wie diese Prägung von dem besonderen Schritt ausgehend, der zunächst zwischen den anderen mehr nur als bezeichnende Abwechslung steht, diese anderen durchdringt. Allerdings faßt sie diesen Vorgang, der bei der nächsten Tanzmeistergeneration darin mündet, daß der Sprung eigentlich nicht mehr gesprungen, der an ihm gemäßigte Impuls dafür aber dem Doppelschritt in bedeutungsvollerem Schwingen zugewachsen ist, als »Wandel im Tanzstil« auf und läßt sein Verständnis zu rasch wieder in scheinbare historische Zufälligkeit zurücksinken.[45]

Freilich erklärt sich der *Charakter* bestimmter choreographierter Tänze *aus der bloßen Nachahmung historisch vorfindlicher Eigenarten bei verschiedenen landschaftlich* gebundenen Vorwürfen. So hieß ein bestimmter ballo »Foglie« und war offensichtlich Übertragung eines portugiesischen Bauerntanzes in die Formen des choreographierten. »Der ballo unseres lombardischen Maestro stellt also das fehlende Bindeglied dar zwischen der volkstümlichen Urform und der sarabandenhaften Vornehmheit der ›Folias‹ späterer Jahrhunderte.«[46] Es mag sich um einen als fila fixierten Reigen handeln, der in seiner Volkstumsähnlichkeit zunächst mehr eine Einlage war. Indem versucht wird, mit den zwölf Bewegungen des Kanons derart Spezifisches aufzunehmen und in erforderlicherweise veränderter Form wiederzugeben, enstehen *entscheidende Spannungen* zwischen der Tendenz zur Rigidität dieses Kanons und dem solcher Formalität und Regelhaftigkeit sich entziehenden Vorbild. Sie entscheiden darüber, ob der mimetische Prozeß, dem diese Choreographie die Entwicklung differenzierter Formen verdankt, sich verkapselt und abstirbt oder ob die zu Bewußtsein ihrer selbst gelangten Formen noch einmal als ganze von einem ihnen äußerlichen Inhalt in neue Bewegung gezogen werden können.

Die Frage nach Ausdruck und Sinn ist an diese Entscheidungen gebunden. Es handelt sich um zwei Vorgänge, die als mimetisch bezeichnet werden müssen; sie sind aber durchaus verschiedener Natur. Das im Einhalten sich vollziehende Gewahrwerden der eigenen Bewegung wiederholt sich keineswegs unmittelbar in dem mimetischen Verhalten gegenüber bis dahin unbekannten Phänomenen wie zum Beispiel dem Bauerntanz. Gewiß, typische Figuren eines Tiroler Bauerntanzes müssen – wenn auch als dem Kanon fremde, so doch bereits als Tanzschritte – in ähnlichem Hinstarren nachgemacht werden, wie es das Besondere der vertrauten Schritte verlangt. Wird aber die Nachahmung im Hinblick darauf geübt, daß eine nachzuahmende Figur in die vertrauten Schritte übersetzt werden soll, so ergibt sich ein Vorgang von zweiseitiger Wirkung: Die fremden Formen werden im Hinblick auf die vertrauten betrachtet; zugleich müssen aber diese auch erneut betrachtet werden im Hinblick darauf, wie sie denn und welche von ihnen in welchen Kombinationen geeignet sein könnten, das dem sich als geschlossenen Kanon verstehenden System Gegenübertretende zu übersetzen. Eine Anverwandlung beider aneinander muß das Ergebnis sein, wenn nicht eines dem anderen zum Opfer fallen soll.

Ist dies der eine Prozeß, durch den der Kanon weiter differenziert wird in den Kombinationen seiner Elemente und vielleicht sogar erweitert wird zu neuen Variationen der Schritte, kommt einem zweiten möglicherweise noch größere Bedeutung zu. Die Choreographien von Domenico und seinen Schülern sind nicht allein von dem Bemühen gezeichnet, sich ein neues Interesse durch die Aufnahme neuer charakteristischer und mit dem Assoziationsbereich ganz verschiedener Länder verknüpfter Figuren zu gewinnen. Es gibt auch erste Versuche, kleine Handlungen zwischen einigen Personen tanzend anzudeuten. Dabei werden nicht fremde Bewegungselemente Gegenstand der Integration; vielmehr müssen bestimmte abstrakte Inhalte, wie Liebeswerbung, Zögern und Annahme etwa, in Bewegungen übersetzt werden, die einem Repertoire angehören und dazu bereits in bestimmten Folgen einen bestimmten Charakter tragen. Die Begriffe Ausdruck und Sinn können nicht aus dieser Problematik allein für den choreographischen Tanz diskutiert werden. Ein Repertoire wird immer, wie es der Fall des frühen italienischen auch war, wenngleich auf einem recht bescheidenen Stand der Differenzierung, bestimmte Kombinationen anzubieten haben, bestimmte Schwierigkeiten aufweisen, wo seine Formen der Aufnahme von Inhalten wie einer dramatischen Handlung oder ganz anderem in das Medium choreographierter Bewegung zugeführt werden. In einem Stück konnte immerhin sinnvoll jenes Zögern der Angebeteten in einer posa sich ausdrücken: Erste Spuren von Inhalten, die nicht die Schritte damals ohnehin in sich schlossen, wurden mit der Mimesis des Tanzes an sich selbst versetzt. Die abstrakten Inhalte wurden also nicht zu pantomimischen Formeln stilisiert. Vielmehr wurden, zumindest in wenigen Fällen, solche Inhalte zur Ausdruckserweiterung von Elementen des Kanons umgesetzt und solche Gesten, die diesen Inhalten im übrigen Leben zugeordnet werden, nach den strengen Erfordernissen des Systems umgeformt.

Pantomimisches dürfte eine Zwischenform darstellen. Es mochte ein Winken der Hand in einer Tanzphase mit dem Thema Abschied zu einer neuen Erscheinungsform der Positur erstarren, um in späteren Zusammenhängen die Möglichkeiten für Ausdruck und Mimesis zu bereichern – sehr wohl konnte sie dann als Element des, inzwischen erweiterten, Kanons durchaus andere Inhalte als den ursprünglichen tragen.

Das wohl offensichtlichste Beispiel für eine solche Entwicklung ist die Integration der Grußformeln. Wenn in einer bestimmten Phase die Herren bei der Reverenz einen Hut abgenommen und dabei eine bestimmte dekorative Geste mit dem Arm beschrieben hatten, so wurde in späterer Zeit eine solche Geste selbst zur Bedeutung von Gruß und Ehrerbietung verselbständigt. Sie lebt bis in die klassischen ports-de-bras fort, in denen nun eine entsprechende Signifikanz der Geste selbst, die aus der bedeutungsvollen Kraft des integrierenden Kanons geflossen sein mag, nicht mehr von dem historisch zufälligen Anlaß zu scheiden ist, der in ihr aufgegangen ist. Eine Isolierung des einen oder des anderen Elements nach einem Prinzip der Entstehungsgeschichte würde *die gewachsene Konstellation* zerstören, *auf Grund derer eine Bedeutung nur möglich sein kann.* Das heißt aber, daß ein historisches Verständnis der Entstehungsgeschichte des Gesamtphänomens bis in seine Elemente nachzugehen hat, nicht aber sich soziologisch mit bestimmten historiographischen Herkunftsnachweisen erledigen läßt.

Alle Schritte des Kanons waren quantitativ kommensurabel über ihre genau festgelegte und in einer Grundzeiteinheit vergegenständlichte Dauer. Ungleichmäßigkeiten des Metrums wurden nicht zugelassen. Volle und leere Taktzeiten mußten immer eingehalten werden; ohne das wäre das Wesen der misura entstellt worden. Bereits mit den Zusammenfassungen mehrerer Schritte zu typischen Folgen, dadurch, daß ein Doppelschritt mit einem kleinen Sprung zusammen den gemeinsamen Namen moto del saltarello – Saltarelloschritt – trugen, war ein gewisses Niveau der Abstraktion von der Konzentration bloß auf den jeweiligen Schritt erreicht. Der Name abstrahiert soweit von dem Nacheinander einzelner Bewegungen, daß es heißt »un dopio cum uno saltetto«[47]; die Reihenfolge wurde nicht mehr angegeben, weil sie in den erweiterten Formen aufgegangen war. Der moto del saltarello war mit einem bestimmten Zeitwert und einer bestimmten rhythmischen Struktur in das quantitative System der misure und moti eingeordnet.

Über die Kommensurabilität der Zeitwerte wurden Schritte gegen einander vertauschbar. Nach Cornazano war es erlaubt, Kombinationen von sempio und ripresa oder andere gelegentlich an Stelle des moto del saltarello zu tanzen, die, um die vorgegebene Taktzahl einzuhalten, unter Umständen auch sehr viel schneller ausgeführt werden mußten als die typische Schrittfolge.[48] Um so unproblematischer erschienen den Tanztheoretikern alle denkbaren Umrechnungen, in denen eintaktige Schritte durch zwei halbtaktige, zwei eintaktige auch durch drei zusammen zwei Takte einnehmende Schritte ausgewechselt wurden und so fort. Domenico schlug sogar vor, die Maße der einen misura in die der anderen zu übersetzen, »due tempi di saltarello in uno de bassadanza«.[49] Nach solchen Passagen kehrten die Choreographien immer wieder auch zu der Grundschrittfolge zurück. Die abweichenden Phasen stellen aber mehr dar, als nur vereinzelte Ausnahmen von einer Regel. So wurden nach ihrem Zeitmaß verschiedene riprese – ripresa grande und ripresa piccola – nebeneinander bei Cornazano in der bassadanza verwandt; nur durch verschiedene tänzerische Ausführungen könne sie ihre volle Schönheit entfalten.[50] Selbst das Verhältnis von moti naturali accidentali zu den betonten und unbetonten Taktzeiten konnte einmal umgekehrt werden. Guglielmo Ebreo ist darüber hinausgegangen und hat das Abstrahieren von simpler Parallelität der beiden Seiten der misura, der in Takten gezählten Musik mit den in tempi gezählten Schritten, zu einem Prinzip von Choreographie erhoben. Es bestehe »detta scienza, o vero arte del danzare, scientifico et intelligente, in questo modo«.[51] Die Tänzer sollten sich darin üben, ebenso im Takt wie gegen den Takt zu tanzen, jedoch misuramente, das Zeitmaß wohl bedenkend. So gelange man zur Perfektion in der Tanzkunst, auf Grund einer intelligenzia und eines intelletto, die mit Verständnis und mit Verstand zugleich zu übersetzen sein dürften. Die freie Verfügung darüber, wie unmittelbar die Tanzzeiten den Musikzeiten gerade entsprechen sollten, war nicht irgendwie das Ergebnis, sondern überhaupt das erklärte Ziel der Arbeit dieser Tanzmeister. Ein weiteres »experimento de cognoser un bon dancatore« (einen guten Tänzer herauszukennen) wendet die Forderung nach Unabhängigkeit des Tänzers von einer simpel die Impulse der Bewegungen vorgebenden Melodie noch etwas anders.[52] Aus einem vierstimmig gespielten Stück sollte eine Stimme zur Bestimmung des Schrittmaßes ausgewählt und gegen die irritierenden Einflüsse der übrigen durchgehalten werden.

Curt Sachs hat diese Situation als Unfähigkeit des Quattrocento zu einer durchgreifenden Ordnung interpretiert, als verspieltes Verweilen an »kleinen individuellen Zügen und die Unfähigkeit, sie zu einem künstlerischen Ganzen zu verschmelzen«: »Everything is pell-mell.«[53] Nur wenn man das Interesse der »Rekonstruktion« an die Traktate der Zeit heranbringt, kann ein solches Urteil entstehen. Freilich für »Rekonstruktionen« dessen, was doch in Wahrheit zumindest durch eine kaum absehbare Anzahl entscheidender Details wie auch weitgehend in seinem gesamten Selbstverständnis der heutigen Reproduktion sich entzieht, könnten die phänotypischen Versatzstücke nicht krude genug voneinander zu unterscheiden sein. Das Argument zeigt nur, wie verkürzt der Begriff von Ordnung ist bei denen, die sie hier nicht zu finden vermögen, weil sie nur die Art von Ordnung kennen, die ihren Bedürfnissen nach einem Schema entspricht. Sachs hat selbst auf die gewiß deutliche Entwicklung »gestischer« Elemente zu »pantomimischen Figuren« hingewiesen[54], die wir bislang nur nach der Seite ihres erweiterten Einflusses auf den Kanon analysiert haben.

Dies ist aber gerade eine Wirkung des metrisch abstrakten Ordnungssystems. Es wäre sicher falsch, sich die Choreographien von Domenico und auch von seinen Schülern als Gebilde vorzustellen, in deren letzten Einzelheiten die strengsten Kompositionsregeln evident wären und in deren verschiedenen Teilen immer differenzierte Inhalte über kunstvoll reflektierte Formen manifest würden. Immerhin ist zu beidem manche Anlage zu erkennen. Die Tatsache, daß die am höchsten entwickelte Tanzform, die bassadanza, mehr und mehr den übrigen misure gegenübergestellt wurde, die zu Momenten der neuen Form des ballo – auch balletto – gerieten, zeigt das ganz klar. Das System der misure wurde schon zur Zeit seiner strengsten Theoretiker transzendiert; es wurde in eine Kunstform überführt, die sowohl das Prinzip der Vermittlung einzelner Schritte zu Folgen weit über diese hinaus fortsetzte und Gehalte ermöglichte, als auch die dem Kanon immanenten wie äußerlichen Möglichkeiten eines an bestimmte Inhalte gebundenen Ausdrucks fortschreitend hervorbrachte. Das setzte voraus, daß das einfältige Beieinander von Lust an Bewegungen und Bedachtsein auf diesen einigermaßen äußerliche Regeln insbesondere des aristotelisch denkenden Mittelalters aufgelöst wurde.

Mimetische wie formale Ansätze konnten nur über ein Bewußtsein der Bewegung ihrer selbst hervortreten. Die Reflexion sonderte sich aus dem bloßen Einhalten gewisser Regeln ab und machte sich ihr Medium zu einem nunmehr bewußt äußerlichen Gegenstand, indem die Tanztheoretiker Perfektheit forderten, die »Beherrschung« der Schritte bedeutete; »denn eine jede Sache läßt sich nur aus ihrem Gegenteil erkennen und noch perfekter erfassen«.[55] An Formbewußtsein fehlt es nicht, nicht einmal an einem seinem Stoff gegenüber durchgängigen. Vielmehr zeichnete sich bereits mit der beginnenden Differenzierung eines Kanons von formal klar bestimmten Schritten und Kombinationen auch die Gefahr ab, die mit dem System quantifizierbarer Werte verbunden ist – die Präzision der Relationen droht in ihre bloße Äußerlichkeit zurückzusinken, in ein »pell-mell« von Vertauschbarem, dem metrisch bestimmte Unterschiede nur dazu dienen, den schematischen Reiz des Wechsels von positiven Formen abzuliefern. Unter den Begriffen von Ausdruck und Form, von Mimesis und Rationalisierung wird diese Dialektik an den immer mehr entfalteten Erscheinungen des choreographischen Tanzes in den Perioden seiner europäischen Geschichte zu explizieren sein.

Die Vorstellung, der Begriff der misura sei Erbteil des Mittelalters[56], ist einerseits gar nicht abzuweisen. Die misura hängt sicher mit der maze zusammen, die allgemeine Regel für das einem jeden nach seinem besonderen sozialen Stande Gebührende war und als solche leitender Begriff ritterlich-höfischer Kultur sein mußte. Jedoch stellt das italienische fünfzehnte Jahrhundert sich uns als eben die Periode dar, während derer diese Begriffe und das, was unter ihnen am Material geschieht, von neuen Ordnungsprinzipien durchdrungen werden. Bei immer wiederholbarer Gleichheit wird die Quantität des Metrums zu jenem Symmetrieprinzip, das über dem Vergleichbaren dem Besonderen einen genau bestimmten Ort zu geben erlaubt. Das mittelalterliche Gleichmaß der maze meinte die immergleiche Bezogenheit der Menschen auf eine metaphysische Wertung. Das derart Maßvolle floß ununterscheidbar von dem historischen Zeitfluß dahin; auch noch die burgundischen Tanzformen, in denen sich immerhin eine traditionelle Übung zu einem speziell höfischen Divertissement zu besondern begann, ließen kein eigenes Zeitverständnis erkennen, über das sie in einen substantiellen Gegensatz zur bloß historischen Zeit getreten wären.

Das wurde aber mit der brillant entwickelten Metrik des Quattrocento erreicht. Die wiederholbare Gleichheit zeitlich gemessener Elemente konnte im soweit autonomen Bereich des choreographischen Tanzes *genügend in den jeweiligen Kontext einzelner Passagen eingebunden* werden, *um unverwechselbare Qualität zu erhalten.* Freilich kann diese wiederum nur über den Vergleich mit dem metrisch Gleichen bestimmt werden. Dieser in sich reflektierte Zusammenhang von gewisser Autonomie ist das Kriterium, das uns veranlaßt, von dieser Stufe an Tanz als Kunst im neuzeitlichen Sinne zu bezeichnen. Das Metrum wurde durch die Präzision der Zählbarkeit, wenn diese auch notwendig in nur abstrakten Einheiten vor sich gehen kann, geeignet, insbesondere *den* Künsten die neue Qualität zu ermöglichen, die ganz an den Zeitfluß gebunden sind, Musik und Tanz. Es macht den historischen Zeitlauf übersehbar, indem es ihn in immer gleiche oder doch vergleichbare Zähleinheiten vereinzelt. Es macht ihn zugleich aber auch verfügbar. Weil die einzelnen Einheiten nur als diese Einheiten, gegen den Ablauf isoliert, Träger der je besonderen Konstellation der Choreographie werden können, macht es sie damit auch ungeschichtlich. Gerade durch die metrisch realisierte Vertauschbarkeit wird der je sich ereignende Augenblick sistiert.

Während so die Fiktion quantitativer Äquivalenz herrscht, wird das Vergleichbare im Vergleich in ein räumliches Nebeneinander transportiert. Es wird davon abstrahiert, daß seine Einmaligkeit – die eben erst gewonnene Dimension von Ausdruck und Gehalt – nur im unvertauschbaren Kontext des Zeitpunktes eingelöst werden kann. Dies ist die Gefahr eines neuerlichen Zerfalls in bloß Quantitatives, die von dem neuen Schritt in eine autonomere Bedeutung nur die Möglichkeit übriglassen könnte, das begriffslos historische Nacheinander in ein verständliches, aber ebenfalls begriffsloses Nebeneinander der Zeiteinheiten zu transformieren. Sie kann nur dann überwunden werden, wenn in den je besonderen Beziehungen, wie sie sich im Posaprozeß jeweils konzentrieren, die ungeschichtliche Zeit wiederum konkretisiert werden kann. Die inhaltliche Veränderung der Zeiteinheiten erscheint dann gerade über ihre an sich abstrakte Gleichheit. Diese heben als für Anderes ihr eigenes Einerlei auf; zugleich ist nun, nachdem Zeit bloße Zählfolge geworden war, das heißt, zur realen Abfolge des abstrakten Nebeneinanders, auch eine neue Geschichtlichkeit entstanden. Die Zeit des choreographischen Tanzes ist nicht nur der allgemeinen und naturwüchsig historischen Zeit entrissen, sondern zur bewußten geworden. Die abstrakte Vergleichbarkeit bleibt als Moment erhalten. Es ermöglicht, innezuhalten gegen die Unaufhaltsamkeit bloß äußerlich geschehender Geschichte. Diese kommt am Metrum und über den durch das Metrum provozierten Prozeß der Verinnerlichung und neuen Entäußerung zu ihrem Bewußtsein. An dem Gehalt der Beziehungskonstellationen und deren Veränderungen kommt sie zu ihrer Wirklichkeit. Diese Seite wurde unter dem Prinzip memoria begriffen, das damit zugleich konstitutiv für das der misura war.

Die Kategorien der frühen choreographischen Ästhetik II: die memoria

Auch der Begriff memoria umfaßt ein technisch zu interpretierendes Ordnen und muß zugleich im Zusammenhang mit dem Prozeß der Bewußtwerdung verstanden werden. Domenico sagt recht allgemein, »eine große und tiefe memoria birgt den Schatz aller Bewegungen und zweitens die Form, nach der der Tanz komponiert wird«.[57] Das capitulum de memoria bei Guglielmo Ebreo expliziert das.[58] Vollkommene memoria bedeute grundsätzlich eine fortgesetzte Konzentration auf das, was man tut. Dazu gehöre, daß man die zur Ausführung einer bestimmten misura, die man gerade tanzt, notwendigen »Teile« sich im Geiste gegenwärtig halte und daß man beständig »alle Gefühle« versammelt in sich trage, um sie mit Bedacht auf Zeitmaß und Übereinstimmung der Musik in die Form einzuführen. Es ging darum, daß nicht irgendwelche gerade beifallenden Bewegungen, daß vielmehr die der gewählten misura entsprechenden Schritte getanzt wurden. Memoria war insofern die rechtzeitige Erinnerung an die Elemente des Repertoires und das System, unter dem ihnen bestimmte Plätze angewiesen wurden in Schrittfolgen und Taktzahlen. Die Tanzenden mußten ein bestimmtes Repertoire lernen, um es abrufbar im Gedächtnis zu tragen. Sie hatten aber nicht nur, nicht einmal in erster Linie, bestimmte Figuren in der festgelegten Reihenfolge von Schritten zu lernen, die aus inhaltlichen Gründen nur so und nicht anders erfolgen müßten. Über einen derartigen Bezug auf einen Inhalt durch das Stereotype einer Formel, wie ihn tänzerische Rituale von der magischen Bedeutung liturgischer Altarumschreitungen oder der ekstatischeren religiösen Tänze der isidorischen Liturgie* verwirklicht hatten, waren diese Fixierungen hinausgeraten.

Die Tanzenden mußten sich die »Teile« gegenwärtig halten, die zur Form des Tanzes zusammenzusetzen waren, und zwar mußten sie ständig deren Gesamtheit vor Augen haben. Nur

---

* Neben anderen Quellen wie der ›Encyclopédie‹ Diderots, dem père Menestrier oder Lambert/Daneau bei Prunières.[59] Dergleichen hatte nicht nur in den profanen Ritualen der Hierarchie, sondern vereinzelt auch noch bis zum Ausgang des Mittelalters in christlichen Gottesdiensten sich erhalten. Noch im fünfzehnten Jahrhundert nahmen gelegentlich Priester am »office divin« teil, »die einen mit Masken von Ungeheuern, die anderen in Frauenkleidern, als Irre oder als historische Personen verkleidet«, berichtet Du Tilliot in seinem Buch ›Memoire pour servir à l'histoire de la fête des fous‹.

so konnten sie, zudem die Regel gebotener Abwechslung befolgend, jeweils das Richtige wählen. Auch alle »Gefühle«, die sich den ihnen entsprechenden Schritten und Schrittfolgen zu verbinden hatten, mußten stets bereitgehalten werden, damit eine Choreographie in der vollen Einheit der Formen und mit einem diesen zugeschriebenen Ausdruckscharakter ausgeführt wurde. Memoria ging so schon darin über ein Auswendiglernen von Choreographien hinaus. Unter dem Begriff wurde bei Guglielmo Ebreo vor allem gefordert, die Tanzenden müßten jederzeit zu einer Rekonstruktion des Formganzen aus einem ihnen ebenfalls geläufigen Kanon fähig sein. In dieser Forderung ist die Erkenntnis enthalten, niemals könne ein noch so quantifiziertes System von Elementen durch bloße mechanische Reproduktion des Gedächtnisses in den Formen wiedererstehen, *die seine Möglichkeiten zu inneren Bezügen und Ausdruck entfalten.* Denn es wurde nicht nur die gleichzeitige Präsenz aller dieser Elemente in jedem Moment des Tanzes verlangt, sondern zugleich, die Präsenz müsse dazu gereichen, daß ein Tanz den veränderten Bedingungen von Räumen und Takten entsprechend abgewandelt werden könne.

Wenn entsprechend der misura alle Elemente des Kanons jederzeit verfügbar sein mußten, wurde ihre Vertauschbarkeit zu evident, als daß nicht auch von dieser Seite die Gefahr bestärkt worden wäre, daß die besonderen Schritte und Schrittfolgen schon in den metrischen Werten untergingen, mit denen sie in den Kanon aufgenommen wurden. Nur die dem Verstande nebeneinander gegenwärtigen Vorstellungen können verglichen werden, nur aus dem stets wiederholbaren Vergleich aller zugelassenen Schritte und aller vorgesehenen Gefühle kann die Wahl getroffen werden, durch die Rhythmus und Schritt sowie inhaltliche und äußerlich formale Bedingungen zu dem tänzerischen Erscheinen gelangen, das ihnen gerade angemessen ist. Bei Aufführungen zuvor von Tanzmeistern aufgezeichneter Choreographien war dies letztlich ebenso notwendig wie für Improvisationen, die allererst Spontaneität der Realisierung und Gehörigkeit gegenüber dem System der Regeln und Verhältnisse zu vereinigen hatten. Auch für die Zeit fixierter Choreographien von bassadanza und balletto spielte eine Art von Improvisation in einem begrenzten Verstande des Wortes, das heißt bei strenger Übereinstimmung mit den Regeln, eine wichtige Rolle. Sie wurde als solche den Tänzern zur Aufgabe gemacht[60], sie wurde in der Variation von Vorlagen geübt und hat auch strengen Reproduktionen tanzmeisterlicher Kompositionen mittelbar noch sich mitgeteilt. Der Begriff Improvisation ist indessen bei uns zu sehr als Gegensatz an den der systemhaft vorgefertigten »erschöpfenden« Anweisung gebunden, als daß er ohne weitere kritische Überlegungen zu unseren Vorstellungen zu Klärungen beitragen könnte.

Noch so rigide festgelegte und nachvollzogene Schrittfolgen waren notiert, doch nur nach Stellung und Ortsveränderung der Füße. Zwar sind die Zusammenhänge von diesen »Schritten« mit den Haltungen und Bewegungen des übrigen Körpers durchaus nicht unreflektiert geblieben und werden auch in diesen Überlegungen einen eigenen Platz erhalten müssen; doch ist gerade in diesem Bereich das Detail keineswegs immer aus den Regeln deduzierbar, sondern konnte nur im Kontext der einander ergänzenden Elemente und der in ihrer Gesamtheit bestimmten Folgen gefunden werden. Gerade die relative Unergiebigkeit der Traktate, was diese Details betrifft, beweist, wie viel in der memoria präsent sein mußte. Der Tanz war vollkommen lediglich, wenn die Tanzenden sich nicht »mehr vom Zufall als von einem vernünftigen Maß«[61] leiten ließen. Dieses konnte vernünftig genannt werden, weil in ihm nicht bloß ein System von Regeln beschlossen lag, sondern ein Prinzip, das in der Theorie und der Praxis des Tanzes allen seinen Seiten sich mitteilte. Das theoretische Disponieren nach zeitlichem Metrum, das die misura beinhaltete, trat unter der memoria zur Objektivierung in tatsächlicher Ausführung hervor. Damit ist zweierlei gesagt: Sowohl, daß die regelgerechte Disposition sich in die Konkretion einlassen mußte, in der die Elemente und ihr Kanon auf die einmalige Bestimmtheit der Ausführung durch diese Personen in diesem Raum praktisch bezogen wurden, als auch, daß dazu das an dem Begriff memoria festgemachte Prinzip im Bereich der misura selbst Geltung hatte.

Der Begriff misura umfaßt mehr als ein System von Regeln,

nach denen zwölf Schritte, in naturali und accidentali unterschieden, positive Zeitmaße zugeordnet bekommen, nach denen diese Schritte vier Typen von metrisch definierten misure zugeteilt werden und nach denen Schritte wie misure in exakte mathematische Verhältnisse gebracht werden. Andernfalls gäbe es eine begrenzte Anzahl möglicher Gruppierungen von Schritten für festgesetzte Taktzahlen von bestimmter – rhythmischer – Wertigkeit. Die Tanzenden brauchten dann nur Virtuosität im Umrechnen auf das Vielfache und den Bruchteil der Zeiteinheit, tempo, zu leisten. Das wird durch zwei Dinge undenkbar gemacht. Das erste sind die erwähnten Gefühle. Worin deren Zuordnung zu bestimmten Schritten, Schrittfolgen oder misure begründet sei, ist nicht geradezu zu sagen. Es ist anzunehmen, daß hier der scholastische Grundsatz der adäquatio noch den Stoff für die neuen Bestimmtheiten abgegeben hat. Das zeigt sich an Vorstellungen, die verschiedenen misure seien in einem gewissen Umfang verschiedenen Ständen der Gesellschaft angemessen. Das heißt, sie entsprächen einem charakteristischen Auftreten verschiedener Stände der sozialen Hierarchie, die im ersten Teil eingehender behandelt ist. Diese Hierarchie wurde aber auch in den Charakteren der vier misure selbst noch einmal gesehen, von der bäuerlich simplen piva bis zur königlich gemessenen bassadanza. Auch gilt, es gehörten der höher geachtete langsame und der höher geachtete schnelle Tanz zueinander wie der langsame und der schnelle niederer geachtete.
Ganz sicher geht indessen der Bezug in solcher Zuordnung nicht auf. Die »Gefühle« sind nicht katalogartig aufgeführt. Infolgedessen weiß man nicht recht, wovon die Rede ist. Diese Schwierigkeit weist jedoch auch gerade darauf hin, daß die Gefühle wenigstens eine gewisse Spontaneität haben sollten; sonst würde man genau den vermißten Katalog zumindest in einem systematischen Ansatz finden, weil formelhafte Zuordnung eine positive Fixierung in der Tanztheorie erfordert haben würde. Überzeugend dürfte für unsere Annahme der Umstand sprechen, daß in den Memoriakapiteln verlangt wird, die Tanzenden müßten alle movimenti corporei und alle sentimenti immer gegenwärtig haben, um den jeweiligen Kombinationen Einklang zu sichern. Dem geforderten Prinzip der

ragione wird auch keineswegs eine Ablehnung der Spontaneität gegenübergestellt, die doch trotz aller bloß technischen »Beherrschung« den empfohlenen »Improvisationen« nicht ganz abgehen konnte. Vielmehr ist der Gegenbegriff fortuna. Es ist der Sinn der memoria, einen Begriff von Improvisation zu ermöglichen, der dem Zufall verläßlich entzogen ist, indem er *an das je Besondere gebunden* wird und *darüber auf das Systematische vermittelt* wird.

Was die behandelten Traktate unter dem Begriff der misura ausführen, ist anders nicht zu verstehen. Ein durchgängiges System quantitativer Größen kann nur Grundlage von Regeln sein und für ein statisch konservatives Ordnen der Elemente. Die ein solches transzendierenden Züge der misura sind aber bereits deutlich geworden. Die typischen Schrittfolgen konnten unterbrochen werden durch Vertauschung; sie mußten nach Variationen auch selbst wieder deutlich werden und durften nicht in Beliebiges aufgelöst werden. Auf den neuen Charakter des jeweils neuen, freilich an dem Grundmaß bestimmten, Zusammenhanges scheint es anzukommen. Der Terminus zu erstrebender perfectio im Umgang mit den misure ist noch der neuaristotelische der perfectio scientis; dessen Voraussetzung, »die Zahl der Arten des Seienden (species entis) sei endlich«[62], ist aber hier genau überwunden. Nicht die Vertauschbarkeit einer begrenzten Zahl von im Gedächtnis aufbewahrten Elementen wird zur herrschenden Regel, die dadurch imponierte, daß alles Vorkommende restlos auf ihren generellen Nenner gebracht wäre. Auch nicht das zufällige Komposit wird zugelassen.

Der richtige Weg wird kaum in einer pedantischen aristotelischen mesotes gezeigt, für die schon dieser schematische Grundsatz als die Extreme erscheinen würde. Nicht unter dem Begriff der misura, den Philologen mit der mesotes zu verwechseln versucht sein könnten, sondern in Guglielmos capitulum de memoria und im Zusammenhang mit den Begriffen ragione und adduciendosi alla mente le parti necessarie ad essa misura (dem Geist die für diese misura notwendigen Teile zuführen) ist er zu suchen. Zwar sind in der misura die Vermittlungen der formalen Seite mit einer inhaltlichen und mit einem Ausdruckscharakter des Ganzen choreographischer Komplexe entworfen: doch haben sie sich einerseits erst dank dem an der posa entwickelten Prozeß abgehoben und werden andererseits erst unter der memoria konkretisiert.

In dieser Erinnerung kommt mimetisches Lernen, wie es jener Prozeß beinhaltet, auf seinen Begriff. Während man erstarrt in dem Sinne, daß man alles eigene Bewegungswollen entgleiten läßt, kann man sich ganz von dem, was man sieht, bewegen lassen. So ist jene Tugend der »Lässigkeit« zu verstehen. So entsteht in der Vorstellung das Bild des Gesehenen – oder auch Gehörten; man kann dem Gegenstand des Hinstarrens sich übergeben, indem man die Impulse etwa einer gesehenen Bewegung in sich reproduziert.* Diese Reproduktion kann real oder nur in der Vorstellung vollzogen werden, in jedem Falle ereignet sich ein Aneignen des Anderen. Wird es real wiederholt, so erlischt das Vorbild in der Aktion und kann als Bild nur dann bewahrt werden, wenn in einer weiteren Mimesis an dies sein eigenes Agieren das Subjekt sich die Gestalt noch einmal zu verinnerlichen vermag. Dieser ausführliche Vorgang kann bei entwickelten Fähigkeiten zur Abstraktion auch ohne die Aktion sich verwirklichen; dann findet die Umsetzung von Vor-Bild in inneres Bild sozusagen direkt statt. Allerdings wird auch dabei immer, wenngleich unsichtbar, eine physiologisch materiale Dimension im Spiel bleiben, weil auch die Vorstellungen mit leichten Veränderungen der tonischen Systeme verbunden sind, die man vielleicht als potentielle Muskelspannungen verstehen könnte.

Es gibt also zwei Stufen der Aneignung. Auf der ersten wird die Wiederholung nur realisiert, ohne nach der einmaligen Aktion ausreichende Spuren im Innern zurückzulassen. Auf der zweiten geschieht das eigentliche mimetische Lernen. Der mimetische Prozeß impliziert bewußt oder unbewußt die Wiederholung, und zwar zunächst unmittelbar am Körper oder sofort im vorstellenden Verstande. Dadurch, daß zwischen die bloße Realisierung, das bloße Agieren, und das Bewußtsein eine weitere Reflexionsebene eintritt, wie sie die Tätigkeit des

---

* In gegebenem Zusammenhang wird einmal die Frage mimetischer Reflexe zu behandeln sein, insbesondere an S. Freuds Abhandlung über das Lachen und Ch. Darwins Mimetik der Tiere.

Subjekts auf der präsentativen Ebene des Posaprozesses darstellt, kann an der einmaligen Wiederholung die Gestalt als
tendenziell immer wiederholbar reproduziert werden. Damit
ist sie auch insofern von dem Subjekt angeeignet, als es sie in
dem Beziehungssystem seines Körpers und seiner nachvoll-
ziehenden Vorstellungsvermögen wiederholt. Es leistet damit
körperliche und geistige Arbeit in einem.

Von dieser Stufe der Mimesis läßt sich ihr noch animalischer
Ansatz in der bloßen Mimikry noch einmal und nun deutlicher
fassen. Die buchstäbliche Starre im Angesicht der Medusa läßt
nicht einmal die agierende Form der unmittelbaren Realisierung zu. Das Hin und Her von Identifikation mit dem Anderen und Entäußerung der aufgenommenen Gestalt bleibt in
der absoluten Ekstase, in der ersten, extremen Phase der
Identifikation stecken und läßt noch nicht eine objektivierte
Ekstase in der Form des Agierens, des produktiven, wenn
auch selbstlosen Sich-Identifizierens zu. Über eine solche reflektiertere, etwas freiere Phase der Anpassung kann dann
endlich Subjektivität bewußt genug sich dem Prozeß anvertrauen, um in ihm weder vollends zu erstarren noch ganz im
Anderen unterzugehen. Die Verinnerlichung des Anderen ist
dann reflektiert genug, um auch im eigenen Innern noch etwas
von dessen Anders-Sein zu behalten. Gerade dadurch kann sie
dem Subjekt neue, inhaltliche Differenzierungen zuführen,
und dadurch ist es auch möglich, durch Erinnerung sie neuerlich
als Leistung des Subjekts zu entäußern.

Diese Stufe von Bewußtsein ist in der metrischen Gestalt von
Abstand zu dem Geschehen vergegenständlicht. Misura ist insofern Voraussetzung und Mittel der memoria. Erinnerung ist
Verfügen über Gegenstände, Vorstellungen, die als Formen
des Verstandes aufbewahrt werden, und ist Ziel mimetischen
Verstehens. Memoria ist darum *das Prinzip, unter dem sich
der Kanon und die Regeln mit einer gewissen Spontaneität
durchdringen können.* Das Wort bedeutet *Gedächtnis und Erinnern zugleich.* Die zunächst unbegrifflichen Bilder werden
verstanden, indem sie in den formalen Kontext systematischer
Organisation von Metrum und Regeln eingeführt werden; andererseits bedarf noch das so bestimmte Bild einer Er-Innerung, einer Wiederholung des Aneignungsprozesses, um in

einem bestimmten, choreographischen Zusammenhang aktualisiert werden zu können, sowie einer neuen mimetischen Leistung: Das kanonisierte Bild darf nicht als invariantes Versatzstück zitiert, sondern es muß im Hinblicken auf die jeweilige Situation dem belanglosen Zufall entzogen werden. Ebenso deutlich wird jedoch auch, daß mit jeder neuen Kombination ein neues Lernen verbunden ist, das über diese Bestimmtheit hinausgeht.

Dem entspricht die Forderung, man müsse immer das Ganze der jeweils zu tanzenden misura sich vorstellen – diese Forderung ist als Bedingung abzuleiten aus der explizit von Guglielmo Ebreo formulierten, die für eine misura »notwendigen Teile« müsse man sich gegenwärtig halten, und der anderen, man müsse den Tanz nach den Bedingungen verschiedener Räume zu bestimmen verstehen. Ein derartig qualitativer Begriff von dem Ganzen geht auch über das regelhafte Zusammensetzen, damit über das im voraus Bestimmte hinaus, aber nur in einer auf dieses bezogenen Differenz. Darum muß Cornazano für die Ausführung der komplexesten choreographischen Form – der balliti, die verschiedene misure, strenge Schrittfolgen wie »pantomimische« inhaltliche Passagen umfaßten – memoria in besonderer Weise fordern.[63] Die Analyse der Texte selbst zeigt die Durchdringung zweier Postulate.

Hinter den Forderungen durchgängiger Quantifizierung zum metrischen System steht ein Bestreben, ein vom menschlichen Verstande in sich entwickeltes Erkenntnissystem über das Material hin vorzutreiben. Im bewußten Verzicht auf Erkenntnis der essentiae selbst hat Nikolaus von Cues in Deutschland um die Mitte des Jahrhunderts, an dessen Anfang in Italien Domenico schrieb, um dessen Mitte dort die Traktate von Ebreo und Cornazano entstanden, die beschränkte aber gewisse Erkenntnisform der Mathematik forciert. Schon »das vierzehnte Jahrhundert war beherrscht vom Ideal der Quantifizierung«.[64] Eine »Ersetzung der Kategorie der Substanz durch die Kategorie der Quantität hatte«, wenn auch ohne methodische und technische Durchführung, »das Ideal der kalkulatorischen Behandlung aller möglichen Probleme konstituiert«.[65] Der Begriff der Substanz hat nur insofern eine Bedeutung in der frühen choreographischen Ästhetik, als die

Bezeichnung akzidentiell für die Zwischenbewegungen den Schluß nahelegt, die Bezeichnung natürlich für die Hauptbewegungen sei im Sinne von Substanz zu verstehen. Tatsächlich mögen dieser Nomenklatur auch Vorstellungen zu Grunde gelegen haben, nach denen die ortsverändernden Schritte die eigentliche und natürliche, den Anlagen des Menschen zur Beweglichkeit im Raum entsprechenden Bewegungen waren. Solche dem »Wesen« menschlicher Bewegung gerecht werdenden Tanzelemente mochten noch am ehesten legitimiert werden, als die sie modifizierenden Ornamente noch in einem Sinne zu Akzidentalien erklärt wurden, in dem alles Tanzen ohnehin das Ziel menschlicher Bewegung verfehlen und dem Verdikt der Kirche verfallen mußte.

Aus einem solchen Schema lassen sich aber die Schritte schon im ersten der Traktate nicht verstehen. Wenngleich auch einige der movimenti accidentali wie das frappamento zunächst noch mehr den Charakter des Beiläufigen zu tragen schienen, so entfaltete doch eben an solchem Ornamentieren sich die Besinnung darauf, woran die einfältig noch den Namen einer Hauptsache tragenden Schritte so etwas wie ein Eigentliches haben konnten. Es bot sich dar in der Er-Innerung, die zu deren Sinn fand.[66] Der Satz Adornos: »Was gestern funktional war, kann zum Gegenteil werden« über die »geschichtliche Dynamik des Ornaments«[67] ist, wie hier sich zeigt, auch in umgekehrter Verknüpfung wahr. Der resignative Verzicht auf menschliches Eindringen in die souveränen göttlichen Setzungen: »Die nominalistischen Erkenntnismittel konnten und durften den unbekannten konstitutiven Prinzipien der Welt nur heterogen sein«[68], trifft nach dem Gesagten auf den choreographischen Tanz des Quattrocento nicht zu. Die »Übereinstimmung« von Teilen und Ganzem, von Schrittfolgen und Musik, von Gesten und Schritten der Personen, von den verschiedenen Tänzern miteinander und mit dem Tanz, von Rhythmus und Ausdruck war emphatischer als bloß partielle Stimmigkeit, die insgesamt der vanitas verfallen wäre.* Quantifizierung hatte in der veränderten Situation, die durch das

---

* Die vanitas ist die Eitelkeit der Selbstbespiegelung. Ihre Darstellungen blühten im vierzehnten Jahrhundert, wie zum Beispiel an der grande prostituée der Apokalypse-Teppiche von Anjou.

Posaprinzip geprägt war, eine emphatische Funktionalisierung erfahren, und ebenso das wesentlich gewordene Ornament.

Guglielmo besteht darauf, den Tanz als scientza liberale zu bezeichnen, die »der menschlichen Natur mehr als irgendeine andere entspreche«.[69] Die in den Formen der Choreographie bestimmten Bewegungen seien wie eine Antwort auf alle unsere Sinne, »gleichsam die natürlichste Nahrung unseres Geistes«.[70] Die Schönheit der Musik wird als die Quelle tänzerischer Beseelung genannt, ohne die der Tanz steril bleibe.[71] Indessen ist in den Begriff von Musik die misura eingegangen. Ebenso die Forderung der Anpassung an den jeweiligen Raum[72], so daß daran dem Tanz noch einmal auch seine eigenen Regeln und seine Spontaneität zum Inhalt wurden. An mehreren Stellen wird gesagt, die Bewegungen der Tanzenden, Schritte und Gesten, seien Ausdruck der Musik wie des eigenen Innern: »Deshalb werden sie von dieser Süße und Melodie dazu gebracht, mit ihrer Person gewisse Bewegungen äußerer Demonstration bedeuten, welche im Innern empfunden werden.«[73] Da also das Verhältnis von Tanz und Musik sich über mimetisches Verstehen als Erkenntnis eines Anderen in dem Verhältnis des Tanzes zu seinem Anderen in dem Einhalten verdoppelt, – dies wurde zuallererst an dem Begriff der posa entwickelt – gilt das, was Guglielmo zur Musik sagte, ebenso eigentlich für den Tanz selbst. So ist es zu verstehen, daß im Vorspruch die große Mythologie des Gesanges wie des Tanzes aufgeführt wird zum Beweise dafür, es könne keiner »so roh und unmenschlich sein«, sich von der Süße des Gesanges oder dem Klang des wohlgestimmten Instrumentes nicht in Bewegung ziehen zu lassen.[74] *Orpheus* wurde zum sehnsüchtig gefeierten, aber fast einsamen *Zeugen von menschlicher Kommunikation mit der Natur.* Nur in den zahlreichen Tafelgemälden der Renaissance und des Barock fand diese Auffassung eine isolierte Fortsetzung. Wo Orpheus spielt, treten sogar die sonst einander fressenden und flüchtenden Tiere zu der sanften Ordnung musikalischer Bewegung zueinander*, als sei alle Not

---

* Es ist, als habe, bevor noch das explizite System von begrifflicher und technischer Naturbeherrschung in Europa etabliert wurde, eine Ahnung aufgeleuchtet davon, daß die Natur unter der Herrschaft der Interessen, mit denen die vergesellschafteten Menschen sie aneigneten, nicht allein den

des Verfolgtwerdens erst durch die Menschen über sie gekommen und als könnten die Menschen, sobald sie nur selbst der beherrschenden Naturaneignung entsagten, alles Leben überhaupt versöhnen. Selbst die Berge und Steine vermag der zu ihnen Singende durch »die Süße seiner eigensten Natur« zu einem »seligeren« Dasein »zu wandeln«. In dem Sinne eines solchen besseren Lebens wird von der propria vita des Tanzes gesprochen, die nur in der vollkommenen Übereinstimmung aller in ihm zusammentretenden Seiten und Teile wirklich werden könne[76], die neu und köstlich unserem Geist zuteil werde »per la quale tutti a gioconda festa pare che si commuovino«.[77]

Dem werden die Prädikate von virtute und scientza beigelegt, dazu eine »grandissima e singulare efficacia«.[78] Der choreographische Tanz des Quattrocento kann danach keineswegs so angesehen werden, als habe er sich seinem Selbstverständnis nach von der realen Welt eklipsiert. Viel eher ließe sich behaupten, in ihm sei der Doppelsinn des Begriffes scientza von kunstvollem Vertrautsein mit einem Material und allgemein auftretendem Erkenntnisanspruch zu Ansätzen einer Einlösung gebracht worden. Der Doppelsinn war freilich auch der einer historischen Ambivalenz. Unter Scholastik und Nominalismus hatten abstrakte Wissenschaft und handwerkliche Künste einander gegenübergestanden, die nun zum ersten Male in dem Begriff einer scientza liberale, der nicht mehr lateinischen Formulierung, vereinigt werden sollten, wie er auf den Tanz ausgedehnt wurde. Das gelang nicht vollauf. So wenig

Menschen entfremdet wird, sondern historisch bestimmt wird, indem sie gewissermaßen auch noch sich selbst entfremdet wird. Es schien eine Idee davon zu entstehen, wie die Menschen in der Selbstbefreiung auch die Natur von ihrer bloß naturwüchsigen Bezogenheit auf die Geschichte der Menschengesellschaft befreien könnten. Dabei wurde aber natürlich vollkommen übergangen, daß die Interessen der Menschen und die Naturaneignung durch sie bei Strafe des Untergangs, mindestens der Regression auf primitivste Subsistenzformen nicht einfach abgeschafft werden können; möglicherweise konnte das Beispiel einsiedlerischer Askese die Zeit in solch kurzschlüssiger Illusion bestärken. Jedenfalls wurde die Versöhnung mit der Natur ebensowenig als das Ziel historischer Veränderungen konkret verstanden, wie das Verhältnis der Menschen zu der von ihnen angeeigneten Natur überhaupt klar begriffen wurde.[75]

die programmatischen Vorstellungen, die methodisch sichtbar gemacht werden können, alle einzelnen Elemente der Theorie durchdrungen haben und so sehr die prinzipielle Bedeutung von Zusammenhängen, die wir an der posa, der misura, der memoria festmachen, in den Formulierungen der Texte sich in einer Aufzählung der scheinbar gleichwertig nebeneinander stehenden Kategorien verbirgt. Auch der Begriff *Erkenntnis* wurde nicht ausgesprochen. Dennoch steht er unverkennbar hinter dem Vorgang, in dem *die Menschen und die Natur,* wenn der Sänger sie anspricht, *sich ihres eigentlichen Lebens erinnern,* indem eine bestimmte Musik *dem Geist zum Gegenstand der Abarbeitung wird und sich in Bewegungen ausdrückt.*

Dieses emphatische Moment ist das zweite Postulat neben dem systematischer Quantifikation für die frühe italienische Tanztheorie. Über deren Praxis und die historisch gesellschaftliche läßt nur sehr schwer, hier noch kaum etwas sich sagen. Seine Ideengeschichte hat Hans Blumenberg rekonstruiert. Sie fällt als die des Verdrängten und Unterdrückten mit unter die curiositas, die nach Augustinus die Verinnerlichung in der memoria aushöhlt.[79] Memoria steht schon im Neoplatonismus etwa Plotins für die innere Erfahrung; doch gilt alles innere Erfahren von Äußerem als Verfall der Seele an »die Infektion der Welt«, es ist curiositas, »die Zerstörung vollzieht sich im Sehen des Vielen statt des Einen«.[80] Negiert ist hierin das Prinzip der Homoiosis noch erkennbar. »Die in der ganzen antiken Erkenntnistheorie implizierte Homoiosis verbindet potentiell theoretische Neugierde und magische Selbstüberhöhung, indem sie das Erkenntnisvermögen für fähig hält, nicht nur seine Gegenstände zu *haben,* sondern zu ihnen zu *werden.*«[81] Präziser läßt der Zusammenhang von Mimesis und Erkenntnis sich kaum formulieren; er vollzieht sich über *das mimetische Lernen, das der Erinnerung seine Bilder zu bewahren und zum neuen Gewahrwerden übergibt.* Der antike Neuplatonismus konfrontierte indessen die hier einander zugehörenden Bereiche von curiositas und memoria unter antagonistischen Kategorien. Noch Augustinus kannte die »Attraktion der physischen Welt«, die über das Auge auf das Innere der Menschen wirkt, doch ebenfalls ins Negative gedrückt. Er

bestätigte die antagonistische Anschauung, weil er in der Welt-
erkenntnis, in der Offenheit des Subjekts für das Objekt, nicht
mehr die Möglichkeit einer Einheit von Erlösung und Erkenntnis[82] und einer Selbsterkenntnis in dem Erkennen des Objekts
zu sehen vermochte.[83]

Memoria nahm bei Augustinus die manichäische Lehre, »Erinnerung *ist* schon Wiedergewinnung des Ursprungs«[84], in sich
auf, nicht jedoch den Weg über die Erkenntnis des Objekts
als legitimen Inhalt der Erinnerung: »Die *memoria*, die in der
trinitarischen Analogie Augustins der dem göttlichen Vater
nachgebildete Urgrund der Seele ist, steht für den Sachverhalt,
daß alles Denken, sofern es nur nicht durch ›Gegenstände‹
okkupiert und abgelenkt wäre, Sich-Selbst-Denken sein müßte
und darin die Ebenbildlichkeit eines Gottes repräsentierte, der
seit Aristoteles als Sich-selbst-denkendes-Denken begriffen
worden war.«[85] Das emphatische Motiv selbst wurde zur
Begründung der Verdammnis, weil es vermessen sei. Augustinus, der gegen bloß instrumentalisierendes Indienstnehmen
den Begriff des Genusses in die Philosophie eingeführt hat,
entsinnlichte andererseits gerade, was er darunter begriff,
indem er »die triebhafte Selbstgenügsamkeit des Sichüber-
lassens an die Welt der ›Erscheinungen‹ verwarf«.[86] So wurde
zweierlei tabuiert, das Sich-Selbst-Denken der Menschen und
ihr Sich-Überlassen an das Objekt; deren Vereinigung als
Mimesis an sich selbst und als mimetisches Lernen war erst
recht undenkbar gemacht.

Auf Karl Heinz Haag sich berufend hat Adorno konstatiert,
in der ›Civitas dei‹ werde die Welt dem Prinzip überantwortet, das es zu überwinden gelte, um »erst am Jüngsten Tag …
die unverstörte Schöpfung jäh wiederherstellen zu lassen«.[87]
Hier ist geschichtsphilosophisch gewandt die Frage behandelt,
der wir an der ästhetischen Sache des choreographischen Tanzes nachgehen. Augustinus trieb im Begrifflichen das auseinander, was zusammen wollte, in *Neugierde und Verinnerlichung*. Thomas von Aquin hat *die ideengeschichtliche Dichotomie* noch konkretisiert, indem er sie transponierte in die von
erkenntnisbegieriger Seele und einer körperlichen Natur des
Menschen, die dazu neigt, »die Mühe der wissenschaftlichen
Forschung zu meiden«.[88] *Die Seiten des Hin und des Her*

wurden gegeneinander verselbständigt, so daß sie jede für sich nicht das Reflexionsniveau des Prozesses erreichen konnten. Die materiale Seite hatte, in der Realgeschichte als Mühe der Reproduktion endlos wiederholt, liegenbleiben müssen, während Erkenntnis in der resultierenden Abstraktheit perfektioniert wurde – ihrerseits endlos wiederholt, um im unerkennbaren Jenseits aufzugehen. Die beiden existentiellen Formen ekstatischer Identifikation mit dem Anderen waren zwar komplementär zueinander, aber aus sich nicht einlösbar zur Einheit. Hinter der thomistischen Entgegensetzung tut sich *der Gegensatz von körperlicher und geistiger Arbeit* auf, allerdings idealisiert zu Agilität und Trägheit. Darin kommt zum Ausdruck, daß *der historische Charakter der Dichotomie* ontologisch nicht erkannt wurde, und dies schlug sich in der eigentümlich mechanischen Form der Vermittlung nieder. Nach aristotelischem Muster wird sie in einer Mitte gesucht, die Mitte nur im wörtlichen Sinne eines quantitativen Durchschnittswertes wäre. Der Gedanke an eine Einheit von körperlicher und geistiger Arbeit kommt nicht einmal in Form einer noch so partiellen Verneinung mehr vor. Dem Ziel einer Vereinigung der Objekterkenntnis und der Selbsterkenntnis durch das Subjekt ergeht es nicht anders; es ist hier tatsächlich so, »daß der Aristotelismus alle gnostischen Restbestände ausgeschaltet und ihre Fortentwicklung unmöglich gemacht hat«.[89] Eine daraus folgende Entwicklung zeichnete sich bei Thomas von Aquin bereits ab: Die Objekterkenntnis konnte als schlechtere Hälfte eine eigene Existenz entfalten, um den Preis allerdings, daß sie gegen die im Innern des Subjekts zu vollziehende Erkenntnis seiner selbst wie – im allgemeinsten gefaßt – des Wesens oder Sinnes der realen Welt isoliert wurde. Die Menschen sollten lernen, »zwischen dem Zugänglichen und dem Unzugänglichen zu unterscheiden«[90] und *sich auf die Beschäftigung mit dem Zugänglichen, aber Uneigentlichen der Erscheinungswelt zu bescheiden.* Beide Teile haben seither ein eigenes Geschick. Im Nominalismus wurde die Lehre vom Antagonismus zur Dichotomie radikalisiert, die Teleologie der Seele bedingungslos in das Unzugängliche verwiesen, aus dem keine Antworten zu erhoffen, nur die Entscheidung – in der Form der Prädestination – zu gewärtigen war. Weder mit der physischen noch mit der metaphysischen Welt hatte Erkenntnis etwas gemein. Die Menschen standen nun Gott und der Welt in der Äußerlichkeit gegenüber, die ihnen von den Theologen angewiesen wurde. Die Erkenntnis wurde frei für eine In-Dienstnahme für die äußeren Zwecke der Menschen, da sie schon ihren inneren entfremdet war durch das Verbot.

Gewiß, »ganz in dem von Augustinus geschaffenen Schema setzt sich die memoria gegen die curiositas durch«[91], sie schrumpfte aber dabei zur speziellen Funktion wie jene; das Durchsetzen selbst gibt schon einen Vorgeschmack davon, etwa von der exemplarisch bei Blumenberg zitierten Mont-Vantoux-Szene Petrarcas. Seine Feindlichkeit gegen die Natur, die doch eben noch zu mühevoller Bewegung in einer Bergwanderung gereizt hatte, hat der Dichter im Augenblick des Verzichtes zugunsten eines wahreren Jenseits in diese selbst projiziert; er stellt sich vor: »Die Natur leistet dem Zudringen Widerstand«.[92] Noch einmal, und wieder nur in ihrer Verbannung, schimmert bei Dante »die antike *Theorie* in der Verschränkung der für den modernen Interpreten dissoziierten Kategorien des Theoretischen und Ästhetischen als Daseinserfüllung« durch, als er Odysseus bei dem Versuch untergehen läßt, einen unbekannten Berg im Meer hinter den Grenzen dieser Welt, hinter den Säulen des Herakles, zu erreichen.[93] Das Versöhnungsmotiv in dem Zusammenhang mit Erkenntnis taucht bei Petrarca in dem Satz »Aber Freundschaft ist nun einmal durch und durch neugierig«[94] als Entschuldigung für die Mitteilung seiner Erfahrungen auf, so schüchtern, daß es nur den Verzicht noch bestätigt. Der Dialog von Nikolaus Cusanus über mens und mensura klingt so schön: »Ich wundere mich darüber, daß der Geist, den du vom Messen her benannt sein läßt, so begierig darauf ausgeht, den Dingen Maß anzulegen.« Und der Meister antwortet: »Dies hat seinen Sinn darin, daß er das Maß seiner selbst gewinnen will. Denn der Geist ist lebendiger Maßstab, der seiner Fassungskraft dadurch inne wird, daß er anderem sein Maß anlegt. Denn er betreibt alles, um sich selbst zu erkennen.«[95] Aber das ist nicht mehr Selbsterkenntnis durch Objekterkenntnis. Dieser Geist kann nur in dem quantitativen Maß sich selbst erkennen, das er anderem anlegt. Die Bilder, die solches

Messen liefert, werden im Gedächtnis gespeichert, an ihnen gibt es nichts zu erinnern. Die memoria ist zum Gedächtnis herabgekommen.

Damit wurde curiositas in der Tat so beiläufig, wie es vor ihrer wirklichen Abtrennung von Erkenntnis dogmatisch dekretiert worden war. Zugleich wurde der Erkenntniswille, nachdem die Scheu, die über Kommunikation mit der Natur lag, ihm amputiert war, innerhalb der gegenständlichen Welt unbegrenzbar. Der theologische Vorbehalt, was dem Menschen zu erkennen nicht zustehe und, wie Gott selbst, verborgen sein müsse, gewährte schließlich der profanen Erkenntnis Skrupellosigkeit gegen das Objekt und lieh ihr die scheinbare Unschuld, sie werde nicht zur Selbstbehauptung der vergesellschafteten Menschen in Naturbeherrschung betrieben. Dem ist freilich ihre autonome Entwicklung zu verdanken, mit der eine die Natur nachkonstruierende Phantasie zur Möglichkeit wurde. Ernst Cassirer meint: »Der reine Denkakt hat das Sinnliche und Körperliche nicht einfach zum gleichgültigen und indifferenten Substrat, noch bedient er sich desselben als eines bloßen Organs, das ihm selbst wie ein totes Werkzeug gegenübersteht: sondern die Kraft und die Leistung dieses Aktes besteht eben darin, daß er die im Sinnlichen gelegenen Unterschiede als solche erfaßt und vollständig in sich repräsentiert.«[96]

Bisher haben nur am Beginn der Geschichte, die sie verwirklichte, Spiel und Berechnung beieinander sein können, bei Leonardo da Vinci, »in dem zu Beginn der Epoche eben jene Identität von Kunst und Erkenntnis unvermittelt gesetzt ist«, für die es *nach* dem Absolutismus des Cartesianismus »durch hundert Vermittlungen hindurch« vielleicht einen Zeugen[97] gab, der allerdings in reflektierterem Bewußtsein die frühe Leistung als ein Desiderat für die späte Epoche versteht. Eine wie immer veränderte neue Aktualität hat sich noch nicht realisiert. Das Zusammentreten eines mimetischen und eines quantifizierend-konstruktivistischen Postulats – um sie verkürzt einmal so zu nennen – ist offenbar auf die Frage hin zu diskutieren, ob *am Beginn* des choreographischen Tanzes eine solche Möglichkeit der Identität von Kunst und Erkenntnis aufgeleuchtet habe. Die Interpretation des Begriffes memoria, die sich aus der immanenten Analyse der frühen tanztheoretischen Texte ergibt, legt es nahe, in dem von uns an der memoria entwickelten Prinzip ein Aufleben des emphatischen Erkenntnisbegriffes zu vermuten, nachdem dieser durch die Vereinigung von paulinischer Theologie und Aristotelismus unterdrückt worden war.[98] Daß Unterdrücktes und Unterdrückendes in dem Augenblick des Wiederauftauchens nicht unverändert wie Urmotive oder chemische Elemente bei der Analyse festgestellt werden können, ist evident.

»Der Begriff der ›rationalen‹ Selbstbeschränkung, mit dem die christliche Polemik der Gnosis entgegentritt«, hatte sich inzwischen realisiert in der »Kritik der Zahlenspekulation: es dürften nicht aus Zahlenverhältnissen Regeln für Tatsachenverhältnisse abgeleitet werden, sondern die Zahlen selbst müßten aus der Regel begriffen werden, aus der sie hervorgehen«. Das heißt, die Überreste gnostischer Traditionen bestanden zunächst in einer unverstanden von Pythagoras und Plato übernommenen Zahlenmystik; als deren Äußerlichkeit der Sache gegenüber kritisiert zu werden und durch eine zwar ebenso äußerliche, aber systematische Mathematik ersetzt zu werden begann, mag vorbereitet worden sein, daß der gnostische Erkenntnisbegriff – von bloßer Zahlenspekulation, die mit ihm nie gemeint gewesen war, gelöst – in ein neues Verhältnis zu formaler Rationalität treten konnte. Bei einem späten Wiederauftauchen konnte er die Verbindung mit dem strengen System zeitlicher Metrik in dem Memoriaprinzip des Tanzes eingehen, durch das Besonderes und Allgemeines anders als schematisch aufeinander bezogen werden konnten. Wieso war die aristotelische Lehre, der zu erreichende neue Ruhepunkt sei alleiniger Sinn und Inhalt einer Bewegung, so weit überwunden, daß Bewegung, auch die des Menschen, gegen die Scholastik zu einem Phänomen verselbständigt werden und eine eigene Berechtigung für Tanzschritte, die doch für »das Wesen des Menschen« als ganz überflüssig hatten gelten müssen, gedacht werden konnten? Woher kam der Überschuß[99] in den Tanz, um den Ausdruck von Herbert Marcuse in diesem Zusammenhang zu gebrauchen?

Methodologische Zwischenbemerkung

Die im Verbande des mittelalterlich feudalen Ordo lebenden Menschen hatten, wie Hegel gesagt hat, ihr Bewußtsein außer ihnen »in dem Werkzeuge oder dem fruchtbar gemachten, bebauten Acker«[100]; das heißt, ihre Existenzen waren jeweils an bestimmte agrarische Produktionsmöglichkeiten, also an absolut unbeweglichen Boden gebunden oder an Werkstätten, die zwar physikalisch weniger gebunden waren, durch die zünftige Gesellschaftsordnung aber den feudalen Gesetzen von Unveräußerlichkeit und unveränderter Reproduktion ebenso rigide, wenn auch willkürlicher unterworfen. Obwohl die scholastische Philosophie durch antikes und christliches Erbe über die Realgeschichte der Zeit hinaus traditionale Quellen für eine reichere Vielfalt von Denkformen besaß, entsprechen ihre Begriffe dennoch den zeitgenössischen Verhältnissen insofern, als nach der geltenden Lehre die Menschen ihre eigene individuelle Entwicklung nicht als eine freie, sondern als die Realisierung einer metaphysisch, vorgängig ihnen zugeordneten essentia zu betrachten hatten.

Nach den naturwissenschaftlichen Lehrmeinungen, von der aristotelischen Physik beherrscht, konnte eine Bewegung nur solange andauern, wie die sie bewirkende Kraft auf den bewegten Gegenstand fortwirkte. Man kann danach nicht von einem Sich-Bewegen im strengen Sinne sprechen. Das Ereignis einer Bewegung konnte nicht anders als im Hinblick auf deren vorgegebenes Ziel gesehen werden, das wiederum nicht anders als in Abhängigkeit von der essentia des Bewegten verstanden wurde. Causa efficiens und causa finalis waren untrennbar und an die causa formalis gebunden, letztendlich an die essentia rei. Der an dem Begriff posa entwickelte Prozeß manifestiert ein Bewußtsein, das zu dem scholastischen und dem mittelalterlichen Leben in Gegensatz trat und zugleich in einem freieren Abstand zu ihnen doch die Konkretheit behielt, die als Möglichkeit in dem abstrakten System beschlossen lag, nach dem alles Äußere mit allem Inneren, alles Innere mit allem Äußeren verbunden sein sollte. Der Prozeß vollzog sich in einem mimetischen Bereich und in dem positiver Regeln zugleich. Beide Bereiche wurden im Tanz aber nur wie mit verbundenen Augen zusammengebracht. *Die Menschen* standen den beiden Weisen ihrer Bewußtwerdung nicht gegenüber, sie bewegten sich allererst in ihnen; sie *konnten so auch noch nicht deren Ganzes reflektieren, das sie nur erst herzustellen begannen.* Sie waren ganz in diesem Herstellen und konnten also dem Prozeß noch nicht ihre Reflexion zuwenden; sie trieben zwar ihre Intentionen und ihre ersten Erfahrungen dabei zu einer Begrifflichkeit vor, auf die wir uns heute in den Traktaten stützen können, ohne indessen davon selbst einen Begriff zu haben. Ihn hier zu entfalten und unter ihm die einstige Praxis darzustellen ist darum ein Bemühen, das dem Bewußtsein der historischen Subjekte des Quattrocento transzendent ist, das jedoch aus den Artikulationen der Epoche die notwendigen Elemente stringent genug herausheben darf. Am besten gestatten die Erläuterungen der memoria in den Abhandlungen von Domenico bis zu Cornazano zu rekonstruieren, wie die verschiedenen Kategorien und die Dimensionen des choreographischen Tanzes immanent zusammenhingen. An ihr wird auch der tatsächlich zu Grunde liegende historische Stand des Bewußtseins allgemein deutlich, über den die expliziten theoretischen Regeln der misura auf die Praxis choreographischen Sich-Bewegens vermittelt waren. Überdies gewinnen so die Bedeutung und der theoretische Stellenwert des Prinzips an Klarheit, das in ihnen angelegt war, ihrer Formulierung in der damaligen Theorie aber fremd blieb.

Der Begriff, den die Menschen des Quattrocento von ihren neuen Erfahrungen nicht hatten, bildeten sie in der lebendigen Mitte aus, die wir heute in ihrer Tanzpraxis begreifen und an ihrem posa genannten Verhalten festmachen können. Dies war eine praktische Vermittlung von hohem reflexivem Rang. Unter dem Memoriaprinzip sollte sie eigens wirksam gemacht werden. Die ästhetische Forderung ging darauf hin, daß in den tänzerischen Ausführungen eine Reflexion der Tanzabläufe eingelöst werden sollte, daß darüber die Ausführung von hauptsächlich bekannten Schritten und Haltungen zu einem jeweils besonderen Prozeß entfaltet werden müßten. Diese Leistung einer Vermittlung ist gegenüber der Kenntnis des zu beseelenden Schrittkanons eine schon bewußtere Erscheinung des Prinzips, das im ersten Kapitel dieses Teils selbständig dargestellt und posa genannt worden ist. Die memoria ist eine höhere Stufe des in den Regeln der misura nur implizierten Posaprozesses. Als solche stellt sie gleichzeitig ein emphatisches Modell dar, in das Praxis als Reflexionsebene eingegangen ist. Der Begriff der misura umfaßt einen theoretischen Formenkomplex, in dem jener Prozeß faktisch enthalten ist. Mit dem Begriff der memoria wird der Vorgang, durch den er in die Konkretion realer Bewegungskompositionen übersetzt wird, selber erkennbar. Unter dem Metrum als ihr äußerlichem erstarrt zunächst die Zeit zur bloßen Abstraktion, zum bloßen Gegensatz zu der historischen. Wird das abstrakte Metrum auf den Plan gerufen durch eine ihrerseits ungreifbar, unübersehbar dahinfließende Inhaltlichkeit und auf diese vermittelnd bezogen, so kann sie an ihm ihren bloßen Fluß zum bewußten Moment des Prozesses werden lassen. Das ist schon Hegelsche Er-Innerung, memoria. Es ist nicht sinnvoll, im Rahmen dieser Untersuchungen die sich andeutenden Analogien, etwa von posa und Begriff, zum Aufbau der Hegelschen Logik expliziter zu diskutieren, weil damit die Interpretation, um die es hier geht, überlastet werden würde. Ohnehin wird die Frage am Problem der Erkenntnistheorie des Florentiner Neuplatonismus eingehender gestreift werden müssen, wo Kants und Hegels Begriffe von einem intuitiven Verstand klärend heranzuziehen wären. Außerdem wird eine eingehendere Beschäftigung mit den besonders relevanten Komplexen, insbesondere dem wesentlichen Verhältnis und dem Übergang zum Begriff, einer eigenen Studie vorbehalten bleiben.

Den logischen Zusammenhang, in dem sich die Kategorien der frühen choreographischen Ästhetik darstellen und an ihrer Praxis einlösen, muß jetzt noch die Diskussion der hinzutretenden Begriffe wie maniera und aiere korrigieren und ergänzen. Ihr kommt die Aufgabe zu, von der immanenten Analyse überzuleiten zu dem Versuch, die bestimmte Praxis des Tanzes in dem Zusammenhang mit den historischen Verhältnissen zu rekonstruieren. Wenn sie derart, wenigstens ansatzweise, als Moment der gesellschaftlichen Praxis abgeleitet, dem Phänomen der posa also eine gewisse objektive Bedeutung auch für die Interpretation der historischen Epoche insgesamt behauptet werden kann, wird die Frage danach am Platze sein, warum gerade damals und dort die aufgezeigten Veränderungen sich verwirklichten und ob ihre Rekonstruktion einen substantiellen Ansatz zum historischen Verständnis der Epoche überhaupt für uns beizutragen vermag.

Die Kategorien der frühen choreographischen Ästhetik III: maniera, aiere, movimento

Die Begriffe maniera, aiere und movimento stehen zusammen für die Präzisierung tänzerischer Wirklichkeit aller Schritte. Sie bestimmen den Übergang zu der äußersten Stufe von Konkretion, über die die gesamte ästhetische Konstruktion sich endgültig dem ihr zu Grunde liegenden Prinzip verbindet. Das Memoriaprinzip wird hier unter allgemeinen Postulaten über das richtige und notwendige körperliche Verhalten seinerseits praktisch vermittelt auf das Prinzip der posa. Das bestimmte Verhältnis aller Elemente zu dem quantitativen Ordnungssystem und zu der Organisation formaler Einheiten wird als geltend vorausgesetzt. Beide Bereiche sind für sich explizit in den Texten diskutiert. Wie sie aufeinander bezogen seien, konnten wir nur aus den Implikationen der betreffenden technisch-formalen Passagen sowie aus den Stellen rekonstruieren, die allgemein die Bedeutung des Tanzes dort behandeln. Die Erörterungen zum Begriff der memoria und seiner Geschichte haben es uns möglich gemacht, wesenslogische Verbindungen zwischen der Kategorie der Erinnerung und dem an der posa entwickelten Prozeß aufzudecken, als Erscheinungen der Mimesis zu behandeln und als solche spezifisch zu differenzieren. Ein Bewußtsein von diesen Prinzipien, auch von ihren komplexen Zusammenhängen, ist immanent in der frühen italienischen Tanztheorie enthalten; die Theoretiker haben aber noch nicht einen Begriff von solchem Bewußtsein. Dieses drückt noch ganz sich in dem praktischen

Verhalten aus, von dem sie – Vorstufe der Reflexion – allgemeine Postulate abhoben und formulierten. Die Formulierungen erwecken jedoch den Anschein, als handele es sich um eine Anzahl von Forderungen für die Ausführung, denen jeweils großer Nachdruck verliehen wird – »zur Vollkommenheit der Kunst zu tanzen ist es notwendig«, »unerläßlich« etc. –, zwischen denen aber kein systematischer Zusammenhang bestünde.

Dieser Charakter des Kasuistischen wird durch den Wechsel der Begriffe für das entsprechende Postulat bei Domenico und Cornazano noch suggestiver. Dagegen ist ganz deutlich, daß die am Begriff der posa antizipatorisch formulierten Zusammenhänge einer inneren Organisation der Choreographien sich gerade unter maniera, aiere und movimento an entscheidenden Anweisungen für Details der Ausführung festmachen lassen. Was rückblickend als Prinzip benannt werden kann, objektivierte damals sich in der Stringenz des Vollzuges. Nicht in der Theorie, wo ihn die Weisen suchen, sondern in der Praxis fand sich der Schlußstein der zueinander gedachten Tendenzen. Würden die Texte klipp und klar davon sprechen, so wüßten wir viel weniger als so, ob in ihrer Realisierung die Choreographien eine theoretisch behauptete Stringenz erlebten. Noch weniger als in anderen Künsten lassen sich im Ballett Theorie und Praxis auf allgemeine Reflexion und Interpretation zusammenstutzen. Um so notwendiger, *die Evidenzen der Ausführung als Schlußstein der positiv artikulierten Theorie zu verstehen;* anders kämen die Prinzipien wieder zu Regeln, die Organisation des Materials zum System herab, und von den Postulaten wäre nur eines sicher, daß sie nämlich zum Gebäude eines ebenso perfekt verbalisierten wie falschen Bewußtseins gehörten.

Die Vollkommenheit der maniera versteht sich erst, »natürlich und notwendig«, aus der Ausführung selbst.[101] Sie wird als adornamento bezeichnet und als atto o veramente regola beschrieben.[102] Das Ornament wird nicht als Floskel, sondern als Akt und als Postulat zugleich aufgefaßt. »Natürlich« war das Bedürfnis, durch ornamental ausdeutende Bewegungen die Schritte, insbesondere die einfachen Vorwärtsschritte sempio und doppio, zu überhöhen. Die »Notwendigkeit«, die bloß ortsverändernden Bewegungen zum Sprechen zu bringen, wird erst im Bezugsrahmen der misura denkbar, geht aber über diese hinaus. Die Entwicklung der frühen italienischen Choreographie ist geprägt dadurch, daß die einst nur zusammenkommenden Kanonelemente einander durchdrangen: Schritte, pausierendes Schwingen und Ornamente.* Vertikal und horizontal gelangten die Tanzenden über das bloße räumliche Gerichtetsein der Schritte hinaus, wie es der Zweck der Figuren noch gewesen war, die solange prinzipiell geographisch bestimmt blieben, als magisch rituale Altarumschreitungen oder unreflektierte Muster von Vorwärts und Rückwärts, Seitwärts und Drehung bei dörflichen Tanzvergnügen Prinzipien des Tanzes nicht immanent sich entfalten ließen.

Campeggiare hieß das Schwingen der Person nach den Seiten, ondeggiare das leichte Federn auf den Fußspitzen. Es läßt sich nachweisen, daß dieses bei dem saltarello des Cornazano ein Aufgehen zuvor in kleinen Sprüngen ausgeführter Schritte in dem Ganzen der Schrittfolge darstellt. Man müsse die Schritte »adorni et ombreggi con bella maniera«[104] sagt Guglielmo Ebreo und nimmt damit das Motiv jenes Bewegungsschattens wieder auf, in dem – wie in einem Windschatten mechanisch positiver Aktivität – die Einbildungskraft immer neu geboren wird: ombra fantasmatica, die Bedeutung der posa. Demgegenüber erscheint das seitliche Schwingen der burgundischen Tänze, der branle, im Frankreich der gleichen Zeit mit einer gewissen naiven Selbständigkeit die Schrittfolgen abzuschließen. Der branle war selbständige, aber untergeordnete Bewegung, indem er erlaubte, die an den Hauptschritten überstehenden Bewegungsimpulse aufzubrauchen; eine simpel lustvolle Form, die allgemeine gemessene Würde des Schreitens wiederherzustellen. Das Wort ondeggiando schließt eine Metapher in sich, die der über leise Wogen gleitenden Gondel.[105] Die Gondel wird vom Wasser getragen, dessen Oberflächenbewegung den Schwerpunkt des nur auf ihm ruhenden Körpers hebt und sinken läßt. Dieses Auf und Nieder ist bloße Wirkung eines Naturgeschehens, mit dem keinerlei Absicht ver-

---

* Ingrid Brainard führt dies von dem movimento aus, das in der Fortsetzung der Saltarellokombination von Domenico bei Cornazano mit dem »Manierawiegen« zu einem neuen homogenen Ganzen verschmolzen sei.[103]

bunden sein kann; durch die Sehnsucht der Menschen nach der Versöhnung von Willkür und Wirklichkeit kommt ihr Begriff des Spielerischen dem nahe.

Freilich ist der Weg rückwärts durch unser Bewußtsein verstellt; die »Naturformen«, die »sind, was wir waren«, können nicht, wie Schiller es will, das »sein, was wir wieder werden sollen«.[106] Der Tanzende, der durch ein »virtuosamente esercitando«* im ondeggiare sich übt, *bewegt sich mit einem Körper, dessen Schwere ihm bewußt geworden ist.* Die Gondelparabel fordert von ihm, er solle das Schweben des Bootes auf dem Wasser in seiner Bewegung reproduzieren. Daß er auf dem festen Boden der Erdoberfläche alle Bewegung selbst machen und selbst wollen muß, verdoppelt noch die Deutlichkeit seiner Bedingungen. Nachahmung des Naturvorganges ist nur in einer physischen Reproduktion möglich, in der ein mimetisch – oder reflektorisch messend – in die Vorstellungen des Verstandes aufgenommener Vorgang durch die Bewegungen eines Körpers realisiert wird, die der willkürlichen Enervierung und Koordination bedürfen. Aber die Bewußtheit war nicht vorherrschende Berechnung. Das Gleiten der Gondel konnten die Tanzenden auf Grund einer geeigneten immanenten Organisation ihres Körpers vollziehen; sie wurden ihres Schwerpunktes Herr. Bis man nicht diesen Grad der Bewußtheit erreicht hat, bleibt alle »Nachahmung« bloße Mimikry, die noch nicht von der reinen Außenbestimmtheit ab- und der Er-Innerung zugewandt ist; oder sie ist Symbol, dem Menschen so äußerlich wie dem Objekt.

Die erste Periode choreographischen Tanzes ist als der Beginn dieser Bewußtwerdung zu verstehen. Im Quattrocento ist die Lust, dem einmal realisierten Bewegungsimpuls ausschwingend

---

* Mabel Dolmetsch scheint mir mit der folgenden Zusammenfassung zwar nicht das Entscheidende an der maniera benannt, aber richtig darauf hingewiesen zu haben, daß bei den mitschwingenden Bewegungen des Körpers die im Schritt angegebenen Impulse unvermittelt fortgesetzt werden: »Die maniera genannte Qualität wird als Bewegung dargestellt, mit der der Körper der Bewegung des Beckens folgt; wenn also der Tänzer einen sempio oder einen doppio ausführt, der vom linken Fuß bestimmt wird, so dreht er seinen Körper nach links, während er sich nach rechts dreht, wenn ein solcher Schritt vom rechten Fuß bestimmt wird. Und diese Drehung wird entsprechend durch den ganzen Schritt beibehalten.«[107]

sich hinzugeben, noch nicht ganz aufgegangen in dessen inhaltlich formaler Funktion für die Integration der choreographischen Formen. Das Spielen mit dem Körpergewicht im Wiegen
und Federn ist noch nicht zur absoluten Herrschaft über den
eigenen Schwerpunkt radikalisiert. Doch sind die Ansätze zu
élévation und dem klassischen Ideal der Schwerelosigkeit klar
erkennbar. »Destra leggierèza« ist das Stichwort im ›trattato
dell'arte del ballo‹. Im Kapitel aiere findet es sich und faßt
die Wirkung von Anmut mit dem Anspruch zusammen, zu
gefallen, wie es aus der Praxis des rilievo hervorgeht.[108]
»Aeriosa presenza et elevato movimento« werden für die
Ausführung ausdrücklich aller Schritte verlangt.[109] Etymolo-
gisch ist damit Mabel Dolmetsch gerechtfertigt, wenn sie den
entsprechenden Terminus bei Cornazano, das alzamento, als
Elevation versteht[110]; die Tanzenden erhoben sich ein wenig
auf den Fußspitzen. Freilich war weniger technisch dieses
Sich-Erheben während einzelner Phasen gemeint als *ein prin-
zipielles Einbeziehen der dritten Dimension in Ausführung,
Verständnis und Sinn aller Schritte.* Darum konnten gelegent-
liche Sprünge in der italienischen bassadanza ausfallen und
ihren Impuls in ein aiere des Ganzen aufheben.

Dies ist aber nur der Beginn einer veränderten Körperhaltung,
die aus den Füßen sich in die ganze Person fortsetzt. Da der
ebenfalls auftretende Begriff presenza mehr heißen muß, als
die Tanzenden seien überhaupt anwesend, kann nur eine
besondere Manifestation dieser Anwesenheit gemeint gewesen
sein. Sie geht nicht darin auf, daß ein Mensch einen geographisch bestimmten Ort im Raum für irgendeine Zeitdauer ein-
nimmt. Dies wäre die Situation der Starre in der Mimikry an
unbewegte Natur, in ihr wären die Menschen »einzig der
äußerlichsten, der räumlichen Beziehung fähig«[111]. Guglielmo
Ebreo war sich bewußt, daß der Tanz in keinem Moment
mehr hinter die immanente Bestimmtheit, die mit misura und
memoria erreicht war, zurückfallen durfte. Er reflektierte die
presenza als materiale und verlangte von den Tanzenden,
ihrerseits auf deren Bezug zu dem Raum der Aufführung
und auf die dem choreographischen Ganzen eigene Zeiteinheit
zu reflektieren: »die Ausführung muß streng den Ort berücksichtigen und das Tempo, das für den Geist so wichtig ist.«[112]

In der Realisierung dieser Prinzipien wird erst die Möglichkeit geschaffen, Anwesenheit über die bloß körperliche hinaus evident zu machen – als bewußte.

Nachdem durch die misura die bloß historische Zeit aufgehoben und durch die memoria in eine eigene Geschichtlichkeit überführt worden ist, werden nun der bloße geographische Raum und die bloße biophysische Körperlichkeit des Menschen aufgehoben. Die physikalischen Schwerpunkte der menschlichen Körper, die nach Schwere und Raumverteilung, das heißt, nach der physischen Gestalt sich bestimmen, werden für die im Tanz sich Bewegenden zum Gegenstand des Bewußtseins. Es vermittelt sich über die willkürliche Veränderbarkeit der physischen Gestalt durch die körperlichen Bewegungen und innerhalb der Grenzen der Anatomie. Einen Begriff von diesem Zusammenhang hatten die italienischen Choreographen nicht; er kommt bei ihnen aber zum Ausdruck in den Überschneidungen der Termini, die darum zu Unrecht irreführend[113] genannt worden sind, wo Domenico mesura de terreno sagt, um den Kontext zu bezeichnen, dessen zentraler Begriff tatsächlich il deportamento de tutta la persona heißt.[114] Durch eine ganz bestimmte Haltung in seinem ganzen Körper gibt der Tanzende sich die aeriosa presenza. Scheinbar ist deren Prinzip noch in einer Reihe von zueinander tretenden partiellen Anweisungen verstreut. Aerioso läßt sich jedoch gewissermaßen als Oberbegriff interpretieren. Darin ist die Vorstellung enthalten, die Menschen sollten, tanzend zunächst, soweit sich ihrer Schwere bemächtigen, daß sie *der Erdanziehung entgegen sich in die Höhe stilisieren,* sich mehr den Lüften zurechnend. *Eine Verlagerung des Körperschwerpunktes über den unwillkürlichen Ort im unbewegten Menschen nach oben ist das Mittel.*

Der Prozeß läßt sich sehr genau beobachten an drei Zeichnungen des nur wenige Jahrzehnte nach Guglielmo Ebreo und Cornazano lebenden Michel Angelo zum Thema der Auferstehung Christi.[115] Drei Phasen sind dargestellt: Eine stehende Figur läßt ihr Gewicht eben noch zu einem Teil aufruhen auf den Steinelementen der Grabumrandung, auf denen die Füße stehen, wobei die Masse des Körpers weitgehend schon nach oben gestaut ist, künstlerisch und kinetisch in die Stellungen des erhobenen rechten und des über die Brust greifenden Armes abgefangen. Eine zweite Figur hat mit dem Erdboden nur noch durch die Zehen des linken Fußes Berührung; was das rechte Bein nicht mehr trägt, ist in einem Schwung der Hüften nach oben gezogen, und während der Körper fast ganz an den hochgezogenen Schultern aufgehängt zu sein scheint, geben die Arme dem Unterstützung, indem sie halb frei schwingend nach oben und zur Seite, halb auch in fester Spannung der Muskulatur in die Luft greifen. Der aufsteigende Christus schließlich hat, mit gekreuzt vor sich gehobenen Armen und zurückgewandtem Kopf, seinen Schwerpunkt fast schon oberhalb der Brust, so daß er wie nach oben gezogen wirkt und Leib wie leichtgebeugte Beine als Anhang erscheinen. Als derart physikalisch am menschlichen Körper zu realisierender Prozeß war vordem Auferstehung und Himmelfahrt nicht verstanden worden. Seine Rekonstruktion durch Michel Angelo am religiösen Sujet hat exemplarischen Charakter, sie ist ernsthaftes Gedankenexperiment und hat mehr mit den Flugmaschinen Leonardos als mit den theologischen Dogmen gemein.

Das deportamento war die Frühform des déportement. Mit ihm war schon gemeint, daß die Menschen sich nicht einfach von der Erde tragen lassen sollen; das tun die plumpen Bauern, die vom Lande kommen und selber erdhaft sind, die villani.[116] »La quale agl' innamorati e gienerosi quori, et agli annimi gentili per cieleste indiclinazione, più tosto che per accidentale disposizione è amicissima e con forma aliena in tutto e mortal mimica de'viziosi e meccanichi plebei, i quali le più volte, coll animo corrotto e colla sciellerata mente . . .«[117] Die Menschen von vornehmem Sinn sollen im deportamento sich selbst tragen, se porter, und eine Art Emanzipation von bloßer räumlich physikalischer Bestimmtheit ihrer Präsenz durch »eine hohe Haltung« sichtbar erweisen. Das se porter erscheint in verschiedenen Momenten der Ausführung, immer aber bedeutet es, daß die Tanzenden nach der Ausführung eines Schrittes oder einer Schrittfolge, in die später sogenannte erste Position der symmetrisch nebeneinander stehenden Füße zurückkehrend, ihre ganze Person in einem leichten Federn nach oben aufrichten. Der Eindruck entsteht, als habe man *damals das anthropologische Ereignis des aufrechten Ganges noch einmal vollziehen wollen,* nun aber aus der biologischen Phase der Naturgeschichte in eine des Bewußtseins und damit der Menschengeschichte übertragen. Dieses rilevamento wird als das wirklich Menschliche, als umanissimo bezeichnet.[118]

In den Texten der Tanzmeister läßt sich nicht voneinander scheiden, was aus christlich religiöser oder antik philosophischer Tradition und was aus deren spezifisch neuem Verständnis durch den italienischen Humanismus in diese Konzeption eingegangen ist. »Diese Dinge sind viel leichter und angenehmer für den, der seine Natur vom höchsten Himmel empfangen hat, zu liebenswürdigem Entgegenkommen neigt und der wohl gebaut ist mit einer freien Person, heil und heiter, ohne irgendwelche körperlichen Fehler.«[119] Das Desiderat der angenehmen Erscheinung ist ohne Zweifel ein sehr wichtiges Element in dieser Konstellation. Es löst sich praktisch darin ein, daß »die hohe Haltung« nicht einfach mit der am Ende von Schritten eingenommen ersten Position der Füße identisch ist, sondern als ein eigener Bewegungsvorgang – der auch movimento corporeo heißen kann – in die Komplexe der Formen eingeht. Sie ist eines mit den federnden Bewegungen des ondeggiare während der einfachen und doppelten Vorwärtsschritte; über dieses ist sie dem seitlich schwingenden campeggiare verwandt. Im deportamento kündete sich eine Haltung an, durch die die Menschen ihre Physis selbst über deren naturwüchsig physikalische Bestimmtheit hinaus in die Höhe zu stilisieren bestrebt waren; solche Absicht blieb jedoch *im lustvoll Spielerischen verborgen.*

Über der Unbeweglichkeit der Füße entwickelte sich eine posa, deren Einhalt nur Verzicht auf bloße Ortsveränderung bedeutete, dagegen in der vollkommen zweckfreien Bewegung des Körpers an sich der Entfaltung des Vorstellungsvermögens Raum gab. Hatten derart die Tanzenden sich für einen Augenblick über das Vorwärts, Seitwärts, Rückwärts der Schrittfolgen erhoben, glitten sie in deren Folge wieder zurück. Im Ansetzen zum nächsten Schritt setzte man die Hebung noch soweit fort, daß man den Fuß mit sinkendem Körpergewicht auf den Boden aufsetzen konnte, im Einklang mit der betonten Zeit des musikalischen Rhythmus. Die Beherrschung des eigenen Körperschwerpunkts war spielerisch; nicht instrumentell und nicht gegen die materialen Bedingungen der Körperbasis verabsolutiert. Zwar mußte man die langsamen Hebungen der Gondel auf die Höhe sachter Wellen in der tänzerischen Nachahmung aus der Anstrengung von Muskelkräften gegen die Gravitation erzwingen; zum Hinabsinken aber konnte man dieser noch einmal lustvoll sich anvertrauen. Das alzamento war einem besonderen Akt des Sich-wieder-Aufrichtens anvertraut, ri-levamento.

In der Konstellation, die von einer Seite durch die ombra fantasmatica und deren variierende Realisierung auch in ondeggiando und campeggiando bestimmt ist, war die Idee der aeriosa presenza zu ambivalent, um als Postulat durchgängige Geltung zu besitzen und aus dem besonderen Akt, atto, in ein allgemeines Prinzip aufzugehen, das unmittelbar für alle Elemente des Kanons, ja für deren Vermittlung aufeinander selbst konstitutiv erklärt worden wäre. Das geschah über den Posaprozeß, dem praktisch auch diese Dimension auf das Ganze zu transportieren aufgegeben war. Das aerioso dürfte sich daneben auch in einem äußerlichen Ideal von körperlicher Anmut zum Teil verloren haben und einem dekorativen Dastehen vor der Öffentlichkeit preisgegeben gewesen sein, das mit einer Spielbein–Standbein-Haltung in der posa der eigentlichen fantasmatica die Konzentration entzog. Dies war indessen der Gang der folgenden Entwicklung des europäischen choreographischen Tanzes. Bei den frühen italienischen Theoretikern sind die Ansätze dazu gegeben, wenngleich sie, zumindest tanzimmanent, zu wesentlich von ihrer Verbindung mit der Hingabe an die spielerische Entfaltung des Triebhaften bestimmt waren, wie Bewegungen sie realisieren, in denen dennoch zuviel vom Impuls ausgekostet und in Rhythmus überführt wurde, als daß bereits für die Zeit um 1420 oder um 1470 der Fortgang prädestiniert erschiene. Das ondeggiando wurde von Cornazano sehr präzise vorgezeichnet.[120] Die Hebungen sollten langsam steigend emporgeführt werden, und das Absinken sollte, wenn auch nicht unvermittelt, so doch rasch geschehen. Die viel schneller ausgeführte Senkung dürfte nicht allein dem Wechsel von Bewegungsanstrengung zum Geschehenlassen der Erdanziehung entspro-

chen haben. Beide Phasen wurden als Einheit verstanden; bei
solcher Bewußtheit konnte die Spannung nicht simpel in den
freien Fall sich auflösen, der auch zweifellos alle Intentionen
dieses Tanzes durchbrochen haben würde. Im Verhältnis dazu
wird nun die Abwärtsbewegung zu rasch gegangen sein, um
ein restloses Abbauen der Spannung zu erlauben, das deren
Aufbau bis zum Höhepunkt des ondeggiando vergleichbar
gewesen wäre. Es dürfte ein Überschuß verblieben sein. Die
stille Bewegung, in der er dann am Ende des federnden Vor-
schreitens sich umsetzt, läßt die dynamisch-technische Seite
des Prozesses erkennen, der formal und inhaltlich, das heißt
abstrakt, an dem Begriff der posa diskutiert worden ist.

Die posa stand so abstrakt, wie sie hier schließlich hat begriffen werden können, nicht da. Sie war eingebettet in die Figuren und Beziehungen der frühen Kunstform Tanz und war
darum von deren kommunikativen Inhalten nicht zu trennen.
In dem differenzierten Leben der Höfe, wo es am wenigsten
belastet war von Ostentation oder kriegerischem Gehabe der
Männer, bildete *jenes still in sich bewegte Einhalten* im Tanzen
eine Einheit mit anderen Ausdrucksformen dafür, daß man
in einer Begegnung *etwas gewahr wurde und auch etwas von
sich offenbar werden ließ.* Die Verwandtschaft der posa mit
bestimmten Gesten ist unverkennbar, mit denen auf den Bild-
darstellungen der Zeit Menschen einander eine Beziehung
ausdrücken. In der Ikonographie ist das Ende des Mittelalters
bezeichnet durch Stellungen der Personen zueinander, die es
ihnen erlauben, sich gegenseitig anzusehen.

Das begann freilich schon früh, gerade in dem Umkreis der
Liebeshöfe und der Minne, und setzte sich dann, zu eigener
Deutlichkeit gereift, in den großen Ritterromanen fort. Ein
Manuskript des ›Roman de la rose‹ zum Beispiel enthält eine
Miniatur, auf der ein Paar sich bei den rechten Händen hält
und intensiv einander ins Gesicht schaut.[121] Dabei ist seine
linke Hand über dem abgewinkelten Arm zu einer streng
stilisierten Geste geöffnet, die sich wie eine Stereotype in ähnlichen Szenen des vierzehnten Jahrhunderts in Frankreich wie
auch in Italien wiederfindet. Das für unseren Zusammenhang
Bemerkenswerte an ihr wird erst im Übergang des Quattrocento deutlich. Die alte Formel wurde ebenso wie die Vor-

stellungen des mit ihr verbundenen Sich-Begegnens zu vielfältigen Beziehungen belebt. Besonders schön ist der Wandel
wie auch die weiterhin geltende Ambivalenz von Formel und
spontanem Ausdruck wiederum in dem schon zitierten Fresko
Mantegnas in Mantua zu beobachten. Während der Kardinal,
in der Mitte mit Front zum Beschauer aufgebaut, seine Hand
ziemlich steif und nach innen gekehrt vor seiner Brust hält,
hebt der alte Herzog seine Rechte zum Gruß so seinem
zweiten Sohne entgegen, der wie er, aber auf der anderen
Seite des Bildes, im Profil erscheint, daß der Andere unterhalb
des Gesichtes auch die innere Handfläche sich zugewandt sieht.
Es ist eine Geste zwischen Gruß und Segnung, streng noch in
ihrer traditionellen Förmlichkeit und doch zart durch die
Öffnung gegenüber dem Begegnenden. Das Kind neben ihnen,
das mit seiner Hand die der Mutter behutsam berührt, scheint
etwas von der Bedeutung auch der Geste des Erwachsenen aus-
zusprechen.

In der Komposition ist auch im übrigen ein merkwürdiger
Wechsel von Berühren und Anschauen verbindend durch die
Gruppe gezogen. An ihm wird selbst bei einem sonst so repräsentativ strengen Bilde von Menschen wie diesem ihr Gemeinsames fühlbar. Daraus wird auch ein wichtiger Zug des
Hintergrundes für den quattrocentonischen Tanz frei. Die
Geste des Herzogs findet man nicht nur in vielen Abwand-
lungen bis zur liebevollsten Hinwendung weltvergessener
Paare. Sie gehörte auch zu den Tänzen selber, in die sie an
gewissen einschneidenden Punkten eingeflochten wurde, so daß
sie zweifellos gerade mit manchen Posahaltungen verschmolzen ist. Der höfische Tanz war überhaupt eine Form des einander sich Zuwendens, *alle Kommunikation von Menschen
miteinander wurde auch körperlich emphatisch vollzogen.* Die
ganze Fülle vorstellbarer Verwirklichungen bietet sich etwa
in dem ›Paradies‹ des Giovanni di Paolo dar.[122] Alle Menschen sind in den intensivsten Beziehungen begriffen, Gespräch, Umarmung und schweigendes Schauen eines jeden in
die Augen des Anderen zugleich. Es sind viele Gruppen nebeneinander, aber fast immer von nur zwei, manchmal drei
Menschen. Die oben beschriebene Handgeste machen nur wenige, ein besonders würdevoller alter Mann, ein Mönch, auch

ein etwas steiferer junger Mann; doch sie erheben beide Hände und sehen tief freundlich dem Anderen entgegen. Die übrgen sind in Umarmungen, manche auch dabei kniend, wenn der Andere ein Heiliger ist, oder mit den Händen sich anfassend dargestellt. Jungfrauen, Greise, Matronen und Jünglinge sind zu zweien beieinander, in allen Zusammenstellungen der verschiedenen Alter und Geschlechter; zwei Mönche neigen sich einander zum Kuß zu. Allen sieht man an, daß sie in ihren gemalten, unveränderten Haltungen stark bewegende Begegnungen haben, während in der ›Hölle‹ vor den anderen Qualen allgemein die dargestellt ist, daß jeder ganz gegen die anderen neben ihm vereinzelt ist. Nur zwei können sich eben noch einmal in die Augen sehen, während schon ein Dämon den enen Menschen entreißt. Nur die Kinder des Paradieses sind ebenso glücklich zu vielen wie auf dem blumigen Rasen mit sich selbst beschäftigt. Die Gemeinsamkeit im gegenseitigen Blick und der feinen Berührung bildete in solchem Nebeneinander der kleinen Gruppen die innere Beziehung, die Einheit des Bildes, bevor es auch äußerlich im objektiven Bezugsrahmen geometrischer Kompositionslinien in ein reflektiertes Ganzes gebracht wurde. Solange die Geometrie des formalen Aufbaus das Innige der Begegnungen nur desto schöner hervorzuheben vermochte – wie vielleicht am strahlendsten in Leonardos Gruppen von St. Anna, Madonna, Kind und Johannesknaben oder Lamm –, schien die Vereinigung zu gelingen, die nur zu bald von unnachgiebigen Formprinzipien bedroht zu werden begann. Im sechzehnten Jahrhundert brachte auch das Ornament nicht mehr die es tragenden Strukturen zu ihrem Sprechen, sondern beanspruchte immer selbständigeres Gewicht, bis es zu einem Überhang an Äußerlichkeit, wenn auch voller repräsentativer Macht geriet. Im Guglielmo-Traktat konnte es dagegen noch heißen, »portando la sua persona libera colli gesti suoi alla detta misura ...«[123]: Man trägt frei seine Person mit seinen Gesten zu der angegebenen misura vor.

Zusammenschau und Übergang:
Die quattrocentonischen Höfe als Verkündung
von spätritterlicher Ideologie
und Kaufmannskapitalpraxis

Die üblichen Vorstellungen von der Renaissance als einer Orgie des Persönlichkeitskults treffen also einen richtigen Kern; sie projizieren aber ganz falsch den heutigen europäischen Stand von Ichbildung in eine seiner entscheidenden Entstehungsphasen. Deshalb schildern sie uns das Durcheinander von Söldnerführern, Botticelli, Leonardo, Sinnesfreuden, Giftmord, Machtgier und Musenfürstinnen, als hätten sich im modernen Sinne identische – und das heißt auch unter einer repressiven Identität, einer Rollenidentität leidende – Menschen einmal tüchtig ausgelebt. In Wirklichkeit müssen wir uns vorzustellen versuchen, daß all die spektakulären wie die innigsten Weisen von Handeln auf dem Weg zu verselbständigter Individualität gemeinsam charakterisiert sind durch *ihre temptative Bedeutung. Das einheitliche Prinzip ist nicht das einer fertig ausgebildeten Persönlichkeitsstruktur,* sondern gerade einerseits die existenzielle Bewußtlosigkeit auf einem neuen Weg, andererseits aber eine dazu völlig äußerliche Faktizität noch anstehender historischer Verhältnisse. »Der italienische Despotismus«, schreibt Olschki schon für das vierzehnte Jahrhundert, in dem allerdings die Dichotomie noch ziemlich umstandslos in den beiden verselbständigten Seiten des mittelalterlichen Ordo bestand, »hat sich in einem völligen moralischen Vakuum entwickelt. Dieselben ›signori‹ aber waren gleichwohl immer bemüht, ihre Seelen im Jenseits zu retten.«[1] Wo eine Klasse von der unmittelbaren Reproduktionsmühe freigesetzt wurde und die so befreite körperliche Arbeit vernünftigeren Zusammenhängen widmen zu können schien, da waren doch diese Zusammenhänge nicht frei genug von Zwecken wie insbesondere dem der Ostentation in ihren neuen herrschaftlichen Funktionen und ihren konservativen Angeboten für Selbstverständnis und Selbstdarstellung.
Ansätze entwickelten sich für ein Leben als Ausdruck der In-

dividuen, wie für autonomen Ausdruck überhaupt, am bekanntesten in der Kunst. Gleichzeitig blockierten die traditionellen Inhalte, in eine spätritterliche Stilisierung übergeleitet, die entstehenden Möglichkeiten. Die feudale Ordnung war noch zu gegenwärtig, um nicht als formales Legitimationsprinzip übernommen zu werden. In einer Vielzahl ihrer Elemente lebte sie fort; allerdings so, daß prinzipiell gesellschaftliche Geltung nach Form und Maß der Vergangenheit behauptet wurde, während realiter alte Funktionen, Normen und Desiderate nur in der Brechung romanhafter Erinnerung in die höfische Spätritterlichkeit eingingen. Die entsprechende feinschmeckerhafte Ubiquität bemächtigte sich der Sitten und Gesetze, die jeweils aus der besonderen Geschichte bestimmter feudaler Lebenseinheiten gewachsen waren; es entstand ein höfischer Internationalismus in einer Epoche, die kunsthistorisch dem Manierismus vorausging. Eine Vielfalt von Verhaltensregeln war zwar noch nicht zu der schematischen Allgewalt und Allgegenwart geraten, die für das sechzehnte Jahrhundert kennzeichnend wurde. Soweit hatte sich noch nicht ganz eine europäische Bürgerklasse etabliert. Immerhin waren die Verhaltensformen noch an die europäische Adelstradition angelehnt und noch inhaltlich begründet, aber doch zu äußerlich, als daß sie nicht die eben möglich werdende individuelle Entfaltung in ihrem Keim hätten treffen müssen.

Die Veränderungen in den geschlechtsspezifischen Rollenbildern stellen sich ähnlich dar. Wohl schienen die Frauen aus Fürstenfamilien, höfischem Adel und Großbürgertum eine selbständige Bedeutung einzunehmen, die über die fast imaginäre Dimension der spätmittelalterlichen Liebeshöfe hinaus gesellschaftliche Anerkennung und Wirksamkeit erhielt. In diesen Schichten erhielten Töchter eine weitgehend gleiche Erziehung wie die Söhne; das hing selbstverständlich mit dem allgemein innerlicheren Charakter einer humanistischen Ausbildung im Gegensatz zum einstigen Knappendienst zusammen. Aber wie nur die Frauen der herrschenden Klasse in diese Öffnung einbezogen werden konnten, so wurde ihre Rolle auch fast im gleichen Zuge in deren neuen Herrschaftsstil eingeschlossen. Die Funktionen der Herrschaft wandelten sich, indem die Fürsten um ihres Machtinteresses willen Mäzenatentum und Bildung zeigen, selbst starke Abneigung dagegen nicht erkennbar werden lassen durften, wie Macchiavelli sie später belehrte. Noch in der Phase wüstester Gewaltanwendung bereitete sich auch eine gewaltlosere Form fürstlicher Macht vor. Sie hieß Repräsentation und wurde zu vielen Erscheinungsweisen entwickelt. So blieben insgesamt die Anfänge einer selbständigeren Rolle der Frauen da stecken, wo sie funktionalisiert und zu Elementen eines Stils fixiert wurden.

Das gleiche geschah den choreographierten Tänzen und auch den bildenden Künsten, sobald sie den Status von Staatsaktionen zugeteilt erhielten. Vielleicht haben in diesen Elementen verkapselt dennoch sich jene kaum bestimmten Wünsche und Bedürfnisse immerhin bis in die Gegenwart fortsetzen lassen. Gewiß trifft das jedenfalls zu für den notwendigen Plan, die Menschen von dem Druck der Reproduktionsmühen zu befreien und ihnen immer neue Dimensionen aneignender Erfahrungen zu eröffnen: Wir müssen die technische Phantasie Leonardo da Vincis, seine arbeitssparenden und seine Flugmaschinen als eine Utopie dieser Art verstehen, da wir heute seine damals im allgemeinen ganz unpraktisch auftretenden Erfindungen am Ende der kapitalistischen Produktionsgeschichte sehen, die wenigstens diese Befreiung real möglich hat werden lassen. Daß die gleiche Geschichte heute die Realisierung dieser Möglichkeit nicht zuläßt, kann nur einer der grundlegenden Aspekte ihrer Rekonstruktion sein.

Dieses Buch zeigt immer wieder »die Vorstellung von einer versöhnbaren Welt« und deren Übergang dazu, daß ihre Möglichkeit, die von Anfang an objektiv uneinlösbar erschien, historisch im Aufbau der modernen europäischen Ökonomie und ihrer Staaten kassiert wurde. Als gegen 1400 der Umwandlungsprozeß der Herrschaftsform abgeschlossen war, begann auch die Repräsentation ihre eigentliche Funktion zu übernehmen. »Der ältere Begriff ›Bürger‹ weicht nun dem neu eingeführten Ausdruck ›Untertanen‹ (subditi domini); Giangaleazzo verbot den Gebrauch des Wortes ›popolo‹. Seine Untertanen konnten ihm nur durch ein ausgeklügeltes Protokoll persönlich gegenübertreten.«[2] Trotzdem kann auch hier nicht allein und einfach von der These der ›Dialektik der Aufklärung‹ ausgegangen werden, der Prozeß sei in der Etablierung perfekterer Herrschaft aufgegangen, obwohl diese These erst eine substanzielle, differenzierte Interpretation möglich macht. Olschki scheint mir für diese eine ganz spezifische Epoche zu Recht zu formulieren, was in seiner Verallgemeinerung jeder Geschichtsschreibung ihren politischen Grund nimmt und sie damit in einem radikalen Sinn ahistorisch macht: »Man möchte aus der Gleichförmigkeit und Phantasielosigkeit der Ergebnisse aller Politik den Schluß ziehen, daß die politische Intelligenz auf der Stufenleiter menschlicher Betätigungen einen niedrigen Rang innehat. Was als Berufspolitik damals, und wahrscheinlich immer und überall, betrieben worden ist, kann nur durch die Vision großer Männer auf anderen Gebieten, in der Philosophie, der Dichtung und Wissenschaft oder auch nur in Utopien überwunden werden.«[3] Olschki hat sein Votum auf die Vorphase des Quattrocento noch auf die Zeit Dantes und Petrarcas gefaßt, so daß die nur und gerade am herrschenden Kaufmannskapital zu entwickelnde historische Stringenz dieser Interpretation nicht einmal voll erreicht ist. Um so deutlicher aber wird auch die geschichtsphilosophische Resignation, die überhaupt herrscht. Das geht bis zum Verzicht auf historische Einordnung bei einem Autor wie Denis Hay, der die neuen Bildungen des Quattrocento den schönen Unwägbarkeiten zurechnet: »Ich glaube nicht, daß man eine solche Entwicklung genau erklären kann, denn alle Erklärungen einer Erscheinung neigen dazu, diese zum Verschwinden zu bringen.«[4] Seit Burckhardt über Max Weber bis in die Gegenwart versuchen bürgerliche Autoren, die erkenntnispraktischen Ziele von Marx abzuwehren, indem sie seine Methode zu ignorieren vorgeben oder in spezifischer und geeigneter Weise ad absurdum interpretieren, zum Beispiel Sombart. Die Projektion aller politökonomischen Zusammenhänge in ein Spezialabteil Berufspolitik und der tröstlich idealistische Ausgleich in dem Olschkizitat sind dafür ebenso Symptom wie die eingangs besprochenen »Renaissance-Probleme«. Der ganz unqualifizierte Gebrauch des Wortes »Volk« ist sicher das deutlichste und wichtigste Indiz für die grundsätzliche Ahistorizität. Ich beziehe mich hier darauf, weil einerseits die Arbeiten von Olschki wichtige Kenntnisse und Erkenntnisse vermitteln können, und andererseits die Kritik an diesem

Verarbeitungsansatz sowohl eine notwendige Distanz auch zu anderen Werken der Geschichtsschreibung, wie etwa auch Huizinga, zu bezeichnen erlaubt als auch bestimmte Probleme der hier behandelten Epoche selbst deutlich macht. Die spezifische Kontingenz, die von der Zeit aufgewiesen wird, darf nicht zu einer Universalie erhoben werden, sondern muß, wenn ihre Feststellung überhaupt Erklärungswert gewinnen soll, gerade für das Quattrocento noch als eine Bestimmung für das Verhältnis der historischen Elemente zueinander rekonstruiert werden. Schon das sechzehnte Jahrhundert erfordert einen eigenen Ansatz, der freilich sich noch auf das gleiche Problem der Kontingenz beziehen muß. Der neuralgische Punkt dieser Auseinandersetzungen ist immer wieder auch die These von der »Refeudalisierung« im Quattrocento und danach. Auf einer gewissen Ebene phänomenologischer Betrachtungen zeigt tatsächlich das Großbürgertum des Quattrocento einen ausgeprägten Drang, sich durch Landbesitz, Titel und spätritterliches Gehabe feudale Lebensweisen noch einmal zu eigen zu machen. Vielleicht kann auch eine hermeneutische Interpretation dieser Erscheinung, wie behauptet wird, nicht die spezifischen veränderten Intentionen und Bedeutungen solchen Verhaltens herausarbeiten, die eine politökonomische Analyse der gesellschaftlichen Verhältnisse und der in ihnen sich durchsetzenden Tendenzen und Strategien erkennen läßt. Für eine solche historisch materialistische Untersuchung kann allerdings kein Zweifel darüber bestehen – bei aller Unsicherheit in manchen einzelnen Aspekten –, daß feudal an jener Refeudalisierung nur die Elemente waren, von diesen aber ein moderner Gebrauch gemacht wurde. Das Interesse an Boden in den agrarischen Gebieten war bestimmt von dem Bedürfnis nach Sicherheit vor den Handelsrisiken, die es im Lehenszusammenhang in keiner vergleichbaren Weise gab, und von dem Bedürfnis nach Ostentation einer ganz neuen Art von Macht und Herrschaft mit den traditionellen Mitteln und Symbolen. Ebenso war das Selbstverständnis der neuen Landherren und der ihnen sich weitgehend angleichenden alten nunmehr kalkulierte Ausbeutung von Grund und Arbeit einerseits, andererseits der idyllische Genuß von Landschaft und Muße im Gegensatz zur Abstraktheit der organisatorischen Funktionen von Großkaufleuten und städtischen Betriebsamkeiten und Gefahren. Auch dem entspricht ein vergleichbares Phänomen im Frankreich des sechzehnten Jahrhunderts, freilich wiederum in ganz spezifischer und entscheidender Verschiebung, wo das reiche Bürgertum sich weniger zu kleinen Hofhaltern selber stilisiert, sondern mehr als Amtsadel in die Hierarchie unter dem König einreiht. An dieser Entwicklung wird auch die Frage der Konstitution von Ichidentität und Selbst als kalkulatorischer Instanz weiter aufgezeigt und deutlicher erkannt werden können.

Zwischen beiden Epochen möchte ich noch einmal einhalten und die fortgeschrittenste Vorstellung der Ära des Kaufmannskapitals an einem Satz von Leonardo da Vinci in Erinnerung bringen: »Die Seele will in ihrem Körper bleiben, weil sie ohne ihre Organe weder sehen noch hören kann.«

Leonardo ist als Maler und Kanalarchitekt in Frankreich am Hof von Blois gestorben. In der Zeit seiner Versuche und Erfindungen in Italien hat er gesagt, dem Menschen, der mit seinem Flugapparat fliegen könne wie ein Vogel, fehle noch die Seele des Vogels: »Dieser Seele des Vogels muß die Seele des Menschen zu gleichen versuchen.«

Teil III

Die Geometrisierung der Erscheinung des Menschen

Die Regeln I:
Vorfindliches und ordnende Prinzipien

Die drei für diese Zeit wichtigen Werke der Tanzmeister sind nicht speziell im Zusammenhang mit der Pariser Situation des späteren sechzehnten Jahrhunderts entstanden. Die französische Quelle stammt von dem Geistlichen Jean Tabourot, der in einer Provinzstadt an der oberen Marne lebte und in hohem Alter 1582 unter dem Namen Thoinot Arbeau seine Kenntnisse und Einsichten aus den zurückliegenden Jahrzehnten veröffentlichte. Der Schüler, der in dem zu diesem Zwecke fingierten Dialog die Fragen zu stellen hat, ist vermutlich ein Student aus großbürgerlichen Verhältnissen des Ortes. Auch die Beispiele aus der Praxis des Tanzens sind in diesem Text offensichtlich aus dem Bereich bürgerlichen Verkehrs gegriffen, so daß der Zusammenhang mit den Hofballetten nicht ohne weiteres offenliegt. Die italienischen Quellen, Fabritio Carosos ›Ballerino‹, 1581, und Cesare Negris ›Nuove inventioni de balli‹, 1604, gehören einer jüngeren Generation an. Sie sind zwar an oberitalienischen Höfen und für deren Gebrauch entstanden, geben aber ebenfalls keine ausdrückliche Darstellung des genauen Verhältnisses, in dem die großen Aktionen wie etwa das Ballett für die polnischen Botschafter 1573 oder das ›Ballet comicque de la Royne‹ gleichen Stils von 1581 zu der Technik der Italiener standen. Dieses kann darum erst auf einer Metaebene rekonstruiert und benannt werden.

Die an den Tanz des italienischen fünfzehnten Jahrhunderts anschließende Entwicklung hat sich erst in den Publikationen gegen Ende des sechzehnten Jahrhunderts niedergeschlagen. Zwar liegt der Traktat von Antonius Arena zeitlich in der Zwischenphase zwischen Cornazano und Caroso und gibt Kenntnis vom Stand der Entwicklung für eine provençalische Universitätsstadt; er bezeichnet aber keine eigene Periode und klärt nicht auf abweichende Weise die Prinzipien, die es neuerlich herauszuarbeiten gilt. Die neuen Abhandlungen sind sehr anders aufgebaut, und es ist nicht möglich, sie nach derselben Methode zu interpretieren, die sich aus Form und Inhalt der quattrocentonischen Texte ergab. Der wichtigste Unterschied in dieser Hinsicht ist auch der auffallendste: Es finden sich nicht mehr theoretische Teile, in denen zusammenhängend bestimmte Grundkategorien genannt und erläutert würden, wie sie seit Domenico für Aufbau und Ausführung von Schrittkanon und gesamter Komposition zugrunde gelegt worden waren. Diesen Mangel heben denn auch bereits die gängigen Ballettgeschichten hervor. Dieser Umstand hat sicher nicht zur Folge, daß eine theoretische Untersuchung der Texte auf zentrale Begriffe und Prinzipien hin unterbleiben könnte oder müßte. Die theoretische Interpretation muß nur an einem Material entfaltet werden, das begrifflicher Diskussion kaum unmittelbare Ansatzpunkte darbietet, dafür eine um so größere Breite von positiven Anweisungen enthält. Negri selbst nannte seine »regole« gelegentlich auch »precetti«.[1]

Der Duktus ist imperatorisch deskriptiv; er äußert sich meist auch formal, indem eine Art von Lehrgespräch als Darstellungsprinzip gewählt ist. Allgemeine Ausführungen, die mehr als bloße Beschreibungen der einzelnen Schritte und Haltungen sind, finden sich gelegentlich der Widmungen an fürstliche Herren oder in nur wenige Punkte umfassenden Vorbemerkungen; verstreut werden auch anläßlich der einen oder anderen Aufzählung der für einen bestimmten Schritt notwendigen Bewegungen grundsätzlichere Bemerkungen gemacht, falls der Autor ausführlicher als im übrigen auf einer bestimmten Weise der Durchführung insistieren wollte. Solche Stellen können aber immer nur Anhalt sein für die Erarbeitung grundsätzlich geltender Kategorien. Deren Existenz läßt sich vorerst allein aus dem kategorischen Duktus der Anweisungen vermuten; denn manifest erscheinen sie bei der immanenten Prüfung der Texte einzig darin, daß *bestimmte Details der positiven Regeln* mehr oder weniger durchgängig wiederholt werden. Von diesen gilt es darum auszugehen. Sie müssen vergleichend analysiert werden, will man Prinzipien aufzeigen.

Wo in den Texten die Kategorien der quattrocentonischen Tanzästhetik dennoch einmal vorkommen, zeigen die Zusammenhänge sie ins bloß Technische depraviert. Wenn etwa Reyna als Fortschritt der choreographischen Kunst hervorhebt, »von Caroso weiß man, daß er seine Choreographie aufzeichnete, bevor er sie tanzen ließ«[2], so verkennt er, daß

die Fähigkeit zu abstraktem Disponieren über das Material nicht schon bedeutete, daß die aufgezeichnete Reihenfolge auch wirklich entsprechend als ein Ganzes konzipiert werden konnte. Vielmehr verschwanden mit den Improvisationen auch die Sinnvorstellungen. Die neue choreographische Technik, darin der damaligen naturwissenschaftlichen Auseinandersetzung mit den an Sinnlichkeit gebundenen Erfahrungen zutiefst verwandt, führte zu einem ganz anderen Ende. Hans Blumenberg sagte über diese »bereits auf bestimmte Prämissen abgestellte, nach ihnen ausgewählte und eingerichtete, unter definierte Bedingungen gestellte, also experimentelle Erfahrung«: »Diese Art von Erfahrung bietet sich nie unmittelbar dar und erschöpft sich nicht in anschaulicher Gegebenheit: sie bestätigt oder widerlegt Annahmen hinsichtlich eines bestimmten zumindest prinzipiell meßbaren Aspekts des Gesamtphänomens. Aber solche regulierte Erfahrung kann nicht am Anfang eines theoretischen Umbruches stehen. Am Anfang steht vielmehr die Distanzierung von unserer alltäglichen Erfahrung als solcher (...) Unsere nächste Erfahrungswelt ist zu kompliziert, von zu vielen Faktoren durchkreuzt . . .«[3]
Von den einstigen ästhetischen Begriffen sind nur noch die Worte geblieben, denen für die Zeitgenossen von der Tradition her gewisse, inhaltlich nicht rekonstruierbare Würde verblieben sein mag. Trotzdem haftet den Publikationen der Tenor eines Anspruches an, der ernsthaft genug ist und so apodiktische Formulierungen hervorgebracht hat, daß er einen über die partielle Bedeutung von Tänzen sehr entschieden hinausgehenden allgemeinen Charakter behauptet. Dieser zeigt sich am unmittelbarsten an gewissen Forderungen, die sich auf Ort und soziale Qualität der tanzenden Personen, auf Grußformeln und andere Gepflogenheiten beziehen. Zwar füllten vor allem Beschreibungen, wie man die Schritte macht, Tabulaturen von Schrittfolgen – eigentlich bereits Tanzvorlagen – und deren Zusammenstellungen zu ganzen Stücken die Seiten der umfangreich gewordenen Bücher. Jedoch finden sich immer auch Anweisungen, deren Wichtigkeit für die Autoren wie für das inzwischen offenbar zahlreich gewordene Publikum gerade darin bestanden haben muß, daß sie das Auftreten vor anderen Menschen ganz allgemein zum Gegen-

stand hatten. Die Veröffentlichungen stehen recht offensichtlich auf eine Weise, die noch eingehend zu bestimmen bleibt, zwischen den Höfen, deren zentralen Personen sie gewidmet sind oder von denen sie auf andere Weise sprechen, und dem Bürgertum, das als Käufer mit den gedruckten Abhandlungen in Verbindung trat. Zumindest bestimmte elementare Postulate für das Verhalten bei Tänzen galten ebenso im übrigen Leben, »beim Tanzen wie auch beim Gehen auf den Straßen«[4] oder im Palast[5]: »außerhalb der Tänze«.[6]

Das Symmetrieprinzip

Wie Negri hat auch Caroso seine »vollständige Theorie in Regeln gebracht«.[7] Nach diesen sollten jeweils bestimmte ortsverändernde Bewegungen und Haltungen, des ganzen Körpers sowohl wie einzelner Partien, mit räumlichen und zeitlichen Maßeinheiten koordiniert werden. Zu diesem Zweck wurden Regeln aufgestellt, die einer Tabulatur aller Schritte des Repertoires gleichkommen. Unter anderen Regeln wurden bestimmte Phasen der Ausführung bestimmten Teilen der menschlichen Physis zugewiesen. Beide Gruppen weisen uns auf ein erstes Ordnungsschema ganz unmittelbar hin: das der Symmetrie. Allgemein gilt, daß alles, was nach der rechten Seite vollführt wird, auch nach der linken gemacht zu werden habe. Rechts und links werden an einer gedachten Mitte konstituiert. Sogar der Leib selber ist noch von dieser trennenden, gegenüberstellenden Orientierung betroffen. Die Mitte reduziert sich so auf ein geometrisches Konstrukt, das, als Linie oder Ebene, jedenfalls keine dritte Dimension aufweist. Es ist, zwischen den Seiten, die *Vertikale an und für sich*. Es gibt keine leibliche Mitte, nur eine im Leib gedachte Mitte, die ihn in links und rechts aufteilt. Siegfried Giedion hat in anderem Zusammenhang auf die hervorragende Bedeutung von Symmetrieebenen für die Auffassung von Körpern im Raum hingewiesen, eine »Abstraktion, die überall durchbrach, rationalisiert durch das Ordnungsprinzip der Vertikalen«.[8] Selber absolut immateriell, kann es an den Tanzenden nur manifestiert werden, soweit diese ihre Bewegungen zu Symptomen seiner Geltung machen. Je rigider die Rechts-Links-Gleichheit

durchgeführt wird, desto unmittelbarer gilt das abstrakte
Prinzip; desto unvermittelter steht dieses damit auch dem zufällig werdenden Material seiner Verkörperung gegenüber.
Arbeau hat diesen Grundsatz besonders choreographisch an
den Gaillarden zur Anschauung gebracht, die bei Negri
schließlich den Hauptgegenstand der Ausführungen bildeten.
Die Folgen von fünf Schritten, die diesen Tanz ausmachten,
wurden immer wieder variiert, sobald eine Version von dem
tanzenden Paar ausgeführt worden war. Zu solcher Ausführung gehörte aber zwingend, daß sie einmal mit dem einen
und ein zweites Mal mit dem anderen Fuße beginnend getanzt
wurden.[9] Die Forderung der Rechts- und Linksgleichheit
konnte nur dadurch verwirklicht werden, daß ganze Ab-
schnitte oder manchmal sogar bloß einzelne Schritte wiederholt wurden. Das brachte für den Aufbau der Choreographie
unwillkürlich bestimmte präjudizierende Konsequenzen mit
sich. So mußte der Ablauf in kleinere, überschaubare Einheiten
aufgeteilt werden und war durch ein rigides Reprisenschema
sehr auffallend charakterisiert. An diesem Schema änderte sich
kaum Entscheidendes durch die Möglichkeit, zwei oder sogar
drei derartiger Schrittfolgen zusammenzufassen, indem die an
sich jeweils vorgesehene Abschlußcadence durch einen ins Folgende überleitenden Tanzschritt ersetzt wurde. Arbeau nannte
diese neuen größeren Einheiten »Passagen«[10] und hob sofort
hervor, daß auch diese selbstverständlich in zwei Durchgängen
auszuführen seien, von denen der zweite Teil im »revers du
passage précédent« getanzt, das heißt, auf dem anderen Fuße
begonnen werden mußte.[11] Das bedingte einen Wechsel von
rechts und links, der Symmetrien von beträchtlicher Kompliziertheit herstellte, da die symmetrisch umzukehrenden Reihen bis zu fünfundzwanzig Schritte hatten.*[12]
Die Anzahl der umzukehrenden Glieder einer Reihe war aber
insofern noch weit höher, als ein bestimmter Schritt mit genau

* Arbeau führt zum Beispiel die folgende Gegenüberstellung durch:
Greue droite, gr. dr., ruade gauche, greue gauche, posture droite, greue
droite, posture gauche, greue gauche, ruade gauche, gr. gauche.
Sault majeur pour préparer cadance, cadance en posture droite.
Zu dem revers: Gr. g., gr. g., r. dr., gr. dr., po. g., gr. g., po. dr., gr. dr.,
r. dr., gr. dr., sault majeur, po. g. etc. etc.[13]

festgelegten Bewegungen von Armen und Schultern und auch des Kopfes begleitet wurde. Wie Caroso exakt die Abfolge eines Schrittes in einzelnen Phasen vorschreibt, so bedeuten verschiedene Schritte auch bei Arbeau, daß jeweils mehrere Anweisungen einzuhalten sind. Zur Einleitung der continenza wird im ›Ballerino‹ verlangt, daß der linke Fuß etwas angehoben, nach der linken Seite ausgestreckt und erst dann in einer präzise angegebenen Entfernung vom rechten auf den Boden gesetzt werde, wenn zuvor die linke Körperseite ein wenig nach links gewendet worden sei; dabei sollten aber in diesem Falle der Kopf gerade und die Schultern auf gleicher Höhe wie zuvor gehalten werden.[14] Nach Arbeaus ›Orchésographie‹ ist die volte zu machen, indem man aus einer Stellung mit geschlossenen Füßen den linken hüpfend in die Höhe hebe und dabei die Schultern nach links drehe, einen einfachen Schritt nach rechts mache, um in eine Rückwärtsdrehung zu gehen, aus der ein großer, weiterhin gedrehter Sprung folge; beim Aufkommen auf die geschlossenen Füße sei die rechte Schulter vorzudrehen.[15] Und wieder hatte einer volte auf dem einen Fuße die gleiche auf dem anderen zu folgen.[16]

Wenn ein solcher Bewegungszusammenhang sich aus der formalen und inhaltlichen Situation eines Ballettstücks in gewisser Weise zwingend ergibt, wird es nicht besonders kompliziert erscheinen, jeweils rechts und links zu vertauschen und eine Abfolge wie die der continenza oder der volte nach der anderen Seite zu wiederholen. Darin würde eine mimetische Anpassung des Vorganges als ganzem an eine veränderte Situation vollzogen; die Übertragung würde intuitiv vor sich gehen, das heißt vom Gehalt der gesamten Figur her. Charakteristisch für die Tabulatur des Repertoires im sechzehnten Jahrhundert ist aber gerade, daß eine bloß positiv festgesetzte Reihenfolge von Elementen Stück für Stück umgekehrt werden soll, so daß die Tanzenden eine absolute Kontrolle über jedes Element einzeln ausüben und darüber in willkürlicher Weise verfügen können. Die Absicht, die mit diesem Verfahren verbunden war, hat Arbeau eindeutig benannt: »Denn dadurch bleibt dieser Tanz einförmig in allen seinen Teilen [uniforme en toutes ses parties], zu Beginn ebenso wie am Ende.«[17] Warum diese Einförmigkeit postuliert wurde, läßt sich vorerst noch nicht sagen. Zweifellos erforderte der Symmetriegrundsatz gleichbleibende Einheiten im Raum und erst recht in der Zeit, da ja Bewegungen einer und derselben Person nur im Nacheinander, also in der zeitlichen, periodisch verschobenen Symmetrie wiederholt werden können.

Komplexere Formen entstehen auf dieser Grundlage nur als Komplikation. Die Perioden können kürzer oder länger sein, und es können sich mehrere – auch mehr oder weniger umfangreiche – symmetrische Systeme überlagern. In dem Ballett ›Alba Novella‹ von Caroso sieht das so aus: Die Schrittfolge einer Partie des Balletts besteht aus einer riverenza grave links; dann zwei continenze grave, eine links mit dem linken Fuß, eine rechts mit dem rechten Fuß; dann zwei puntate, einmal vorwärts, einmal rückwärts; dann zwei seguiti, einmal links, einmal rechts usw. usw.[18] Diese noch fortzusetzende Abfolge kann als ganze wiederholt werden; dann ist diese Partie des Balletts beendet. Aber bereits innerhalb dieser zu wiederholenden Reihen erscheinen kleine Reihen, die hier aus jeweils nur einem Glied bestehen und infolgedessen umgehend in dem Rechts-Links-Wechsel gespiegelt werden. Die noch nicht wiederholte riverenza am Anfang weist auf eine größere Periode der Wiederholung hin. Dieses Schema enthält automatisch das Rezept, wie größere und schwierigere Formen zu konstruieren seien. Die balliti Carosos haben bis zu sechzehn Partien, in deren Verlauf meist ein extrapolierendes Schema der Steigerung durchgeführt ist. Zwischen einen Schritt und seine gespiegelte Wiederholung schob der Choreograph einfach immer mehr andere Schritte oder auch kleine, in sich bereits durch Spiegelung abgeschlossene symmetrische Systeme ein. Am deutlichsten erscheint diese Konstruktion in der Schrittschematik von Negri. In dieser jüngsten Veröffentlichung der Epoche wiederholt sich fast automatisch für alle Fünfschrittfolgen die Formel, sie seien »mit dem linken Fuße voran« zu beginnen, »danach dasselbe mit dem rechten Fuß«.

Das Beispiel von Caroso zeigt neben dem Rechts und Links ein Vorwärts und Rückwärts, womit eine weitere Symmetrieebene eingeführt ist. Bei Negri spielt diese sowie eine andere Übertragung der Abfolge durch Drehung, »man drehe sich in der gleichen Reihenfolge«, sehr häufig eine Rolle. Allerdings dienten diese Tabulaturen der Vorstellung des Materials im Lehrbuch; in den Choreographien selbst wurden nicht immer einfach alle Wiederholungen nach den verschiedenen vorgesehenen Richtungen durchexerziert. Wohl kamen auch im Quattrocento mehrere Schritte vor, die in einem Zusammenhang vorwärts, in einem anderen rückwärts ausgeführt werden konnten. Die Elemente des alten Kanons sind aber im sechzehnten Jahrhundert aus solchen Zusammenhängen gerade herausgenommen worden. Sie dann umstands- und unterschiedslos in allen Richtungen durchzupauken, hat keineswegs allein die Tanzenden gewandter gemacht, in den Choreographien die jeweils geforderte Version prompter und sauberer abzuliefern. Vielmehr war in diesem Ordnungsprinzip, das gewiß Einfachheit für sich hatte, in gefährlicher Simplizität tendenziell alles den wenigen Variationen eines einzigen Parameters unterworfen, nämlich der topographischen Ausrichtung. Schließlich wurde jede Bewegung in jeder Richtung möglich und erforderlich. Wesentliche Veränderungen im Umgang der Menschen mit Formeln gingen notwendig damit einher.

Die Differenz läßt sich an den Begriffen »misura« und »memoria« bestimmen. So oder so bestimmte Schritte waren bei Negri oder Arbeau nicht mehr konstituierende Bestandteile eines choreographischen Typus von eigenem Charakter; sie gehörten nicht mehr wesenhaft einer bestimmten misura zu. Freilich gaben weiterhin einzelne markante Schritte Tänzen mit verschiedenen Namen und Rhythmen das Gepräge und traten auch weiterhin in typischer Weise zusammen mit bestimmten anderen Schritten und Haltungen auf. Jedoch wurde nicht länger eine in ihrem Wesen liegende innere Notwendigkeit dazu behauptet. Die Schritte verselbständigten sich eben soweit, daß sie in den Tabulaturen lediglich nach gewissen gemeinsamen technischen Eigenschaften angeordnet wurden – als Sprünge, als Drehungen, als Battements und dergleichen mehr. Damit boten sie sich der Ausbildung aller Variationen dar, die sich nach dem einen Ordnungsprinzip folgerichtig ableiten ließen. Dieses ist aber erst von einer Seite benannt. Nicht allein die Auflösung des Kontextes der verschiedenen misure macht den Wandel evident; positiv manifestiert ihn eine erheblich gewachsene Zahl von »atti et movimenti«. Deren Unterscheidung beruht allerdings zu einem großen Teil auf lediglich quantitativen Kriterien, wenn Negri eine Liste von weit über hundert namentlich unterschiedenen Schritten aufstellte, zu denen allein siebenundsechzig verschiedene Sprünge gehörten.[19]

Maß als Zähleinheit – Tabulatur

Die Italiener erwähnten ebenso wie Arbeau die Möglichkeit, eine abschließende cadence aufzuschieben und so mit zwei oder mehreren Fünfschrittfolgen zusammenzufassen. Die cadence ist einer der Schritte, die als Markierung eines Einschnittes bekannt waren und eine nur zu entscheidende Rolle für die Evidenz einer Gliederung des Tanzablaufs spielten. In der ›Orchésographie‹ wird umgehend von derartigen Versuchen, mit solchen schematischen Kennzeichen zu brechen, abgeraten mit der Begründung, Zuschauende könnten in Erwartung des Gehörigen ungeduldig werden und die Tänzer selbst in Verwirrung geraten. Bei so langen Passagen könne die Erinnerung wahrhaftig leicht versagen.[20] Das fällt hinter den Begriff der memoria weit zurück. An dieser Stelle kommt einmal das Wort *mémoire* vor; an der Wortverwandtschaft wird besonders deutlich, wie wenig geblieben war von einer Tanztheorie und einer ihr nach den vorhandenen Choreographien über weite Strecken auch entsprechenden Praxis, für die gefordert wurde, alle Schritte des Kanons müßten den Tanzenden stets gegenwärtig sein, damit sie im Tanzen den Rhythmus und Charakter der einen misura in die einer anderen zu übertragen fähig seien. Statt dessen wird hier der Erinnerung, die damit zum bloß registrativen Gedächtnisakt herabgebracht wird, kaum zugemutet, die Anzahl der zuletzt gemachten Schritte zu überschauen, wenn diese über ein Minimum hinausgeht.
Daß dies als so schwierig gelten konnte, zeigt weiterhin, wie wenig auch die Abfolge der einzelnen Fünfschrittperioden – um an dem Beispiel zu bleiben – als in sich eigene Einheiten empfunden wurden; andernfalls wäre es doch gar kein Problem der mémoire, sich den jeweiligen Augenblick im Verhältnis von zwei oder drei Einheiten gegenwärtig zu halten,

während diese in der etwas größeren Einheit der Passage aufgingen. Es wird noch einzugehen sein auf die zumindest technisch fortbestehende Funktion abschließender – oder auch einleitender – Haltungen und wie sie auf die besondere Bewegungsstruktur solcher Einheiten bezogen waren. Unter dem Aspekt, wie über die Integration der Elemente und Einheiten größere Formen von autonomem Gehalt gebildet würden, muß hier bereits festgehalten werden, daß der Signalcharakter, den die cadence bei Arbeau erhält, eine lediglich äußerliche Gliederung der Abfolge ausweist. Das Memoriaprinzip war zerfallen; die Elemente, die während eines bestimmten Abschnittes ausgeführt wurden, traten nicht mehr je im Subjekt zu einem Ganzen zusammen, das sie er-innerte, indem es sie physisch verwirklichte. Was bei Arbeau statt dessen typischerweise zu leisten war, läßt sich als eine Aufgabe für das Gedächtnis beschreiben. Es galt, in der Systematik, unter der das Angebot positiv nebeneinander stehender Variationen angeordnet war, die Orientierung zu behalten. Das bedeutete im einzelnen meist nicht mehr, als richtig mitzuzählen und danach die vorgeschriebene numerische Reihenfolge einzuhalten. Im weiteren war darunter die Fähigkeit zu verstehen, die in den einzelnen Regeln wiederholten Schemata stets präsent zu haben und die augenblickliche Tanzphase richtig mit dem entsprechenden Punkt der gelernten Einteilung zu identifizieren. Man mußte nur die Wendepunkte der symmetrischen Umkehrungen im großen und kleinen richtig erkennen und folgerecht handeln. Caroso und Negri zufolge war es bis 1600 genauso.

Der Begriff der misura war überall gleichermaßen depraviert: Caroso sagt, »sie will nichts anderes bedeuten als das Anpassen an die Regel; nämlich wie ich dir zu Anfang diese Regeln erklärt habe...« Die richtige Reihenfolge der Links-Rechtsgleichheit sei einzuhalten.[21] Eine andere Aufgabe hatte auch die mémoire nicht mehr. Maß und Er-Innerung wurden von demselben Prinzip entthront. Nach der Entwicklung des sechzehnten Jahrhunderts stand an ihrer Stelle die Forderung nach einem quantitativen Gedächtnis. So lautet Negris »primo avertimento«: »Das erste ist, daß die ganze Bedeutung des richtigen Tanzens einer gagliarda oder anderer Tänze, abgesehen von der Anmut und Beweglichkeit, die man besitzen muß, darin besteht, daß man das Ohr aufmerksam dem Klange widmet, der das Instrument des Tanzes ist, und daß man im Zeitmaß mit dessen misura tanzt [ballare à tempo con la misura di quello] unter Beachtung dessen, was oben gesagt worden.«[22] Misura ist nun das Maß der Zeiteinheiten und deren bestimmte Abfolge im jeweiligen Rhythmus. Was Arnold Hauser für das Quattrocento überzogen und verfrüht formulierte, trifft hier ganz zu: »Die ganze Kunstentwicklung gliedert sich in den allgemeinen großen Rationalisierungsprozeß ein. (...) Und wie die Zentralperspektive nur die Mathematisierung des Raumes, die Proportionalität nur die Systematisierung der einzelnen Formen einer Darstellung ist, so werden allmählich sämtliche Kriterien der künstlerischen Qualität Vernunftgründen unterworfen, sämtliche Gesetze der Kunst rationalisiert. Dieser Rationalismus bleibt keineswegs auf die italienische Kunst beschränkt; im Norden nimmt er nur trivialere Züge an als in Italien, wird handgreiflicher, naiver.«[23]

Der Schritt zum Trivialen war allerdings eben nicht ein geographischer, sondern ein historischer. Die späteren Italiener, Caroso und Negri, unterlagen dem genauso wie Arbeau. Auch Tanz und Musik hingen über solchen Typus von Maß zusammen; das heißt, ebenso wie die einzelnen Schritte war die Musik wesentlich nur nach Maßgabe dieses Verhältnisses zwischen Zeiteinheiten von Bedeutung, so daß Tanz deren Koordination ausmachte. Arbeau empfahl seinen Schülern, vor allem bei schwierigen Stellen, sich bekannte Melodien spielen zu lassen: »Denn wenn die Weisen dem Tänzer bekannt sind und er sie innerlich mit dem Instrumentenspieler mitsingt, so kann er nicht verfehlen, sie gut zu tanzen...«[24] So wurde die Musik zum bloßen Gerüst für das Gedächtnis. Es ist dabei wohl deutlich, daß ein solches Verhältnis zu ihr der quantitativen Schematik entspricht, über die Bewegungen und Haltungen in das Ballett eingingen, statt inhaltlich vermittelt zu werden. Überall, wo bei Negri die Formel »ben misuramente« auftaucht, ist damit ausschließlich gemeint, man habe im Takt zu bleiben. Schon bei der Darstellung der entschiedenen Tendenzen der quattrocentonischen Traktate, das Einfühlungs-

und Übertragungsvermögen der Tanzenden mehr zu einer virtuosen Beherrschung der misure werden zu lassen, haben wir auf die Gefahr hingewiesen, daß eine derartige spielerische Verfügbarkeit in bloß noch brillanten Rechenkunststücken enden könne. Wohl werden andere Teile der hier relevanten Publikationen es notwendig machen, die These vom Verfall in rein quantitative und äußerliche Ordnungen zumindest zu modifizieren. Doch wird sie, bereits durch das Symmetrieprinzip begründet, weiter erhärtet an dem zweiten Schema, das für die Organisation des Repertoires zu Schrittfolgen festgestellt werden kann.

Bei Thoinot Arbeau finden sich die Anweisungen für bestimmte Schrittfolgen noch eingelassen in eine Fülle historischer Reminiszenzen: Ansätze zur Auffrischung antiker Tanzästhetik, eingeflochtene Lebensweisheiten für den bürgerlichen Umgang und Bemerkungen zu dessen Struktur. Außerdem gibt seine ›Orchésographie‹ noch einen Überblick über verschiedene Tänze wie Pavanen, Morisken, Canarie und Branle, so daß hier die Bezeichnung *tabulature* – »tabulature des Morisques« oder »tabulature de la dance des Canaries« – die dahinter stehende schematistische Vorstellung nicht derart aufdringlich hervortreten läßt, wie dies bei den beiden Italienern der Fall ist. Unter diesen erscheint wiederum bei Negri durch Konzentration auf eine Form, die der gagliarda, das Vorgehen noch penetranter; doch ist der Aufbau des Schrittrepertoires grundsätzlich der gleiche wie bei Caroso, von dem er ihn im allgemeinen übernahm.* Es kommt für uns an dieser Stelle nicht auf alle einzelnen Schritte an, auf Bezeichnungen wie continenza, passi, riprese, trabucchetti, puntate, fioretti und andere, sondern auf deren Aufstellung in ziemlich beliebigem Nebeneinander, die sie dennoch gliederte, indem alle Typen nach demselben Schlüssel unterteilt wurden. In Carosos ›Ballerino‹ von 1581 sind grundsätzlich jeweils zwei Versionen der Ausführung vorgesehen, »grave« und »minima«; diese Angaben bezogen sich auf die Anzahl der für die eine oder die andere vorgesehenen Zeiteinheiten. Dabei ist die Auf-

* Zurecht sagt Curt Sachs: »Tatsächlich ist seine Beschreibung der Schritte von Caroso abgeleitet, und abgesehen von seinen eigenen Tanzkompositionen (...) hat er dem Forscher kaum viel Eigenes zu bieten ...«[25]

teilung streng binomisch, da minima in der Regel angibt, es
stehe die Hälfte der für grave vorgeschriebenen Takte zur
Verfügung. Doch gab es drei riverenze, eine grave von sechs
Schlägen, eine minima von vier und eine semi-minima von
folgerichtig zwei Schlägen Dauer.[26] Das Material für diese
Schemata stammte selbstverständlich vor allem aus dem Re-
pertoire des Quattrocento. Aber auch neue Schritte mußten in
der Gesamttabulatur untergebracht werden. Die Tabulatur im
›Ballerino‹ wird eingeleitet mit der Bemerkung, diese Regeln
gelten für alle »Akte und Bewegungen«, wie sie in allen
»Balletti« und im »Ballo gagliardo« vorkämen, und er,
Caroso, habe ihnen Namen gegeben.
Das Namengeben war indessen alles andere als ein adamitischer
Akt, in dem die Begegnung des Phänomens und des Menschen
zu einem Symbol vergegenständlicht würde, um so fort-
zudauern und die begriffliche Herrschaft der Menschen über
die Natur einerseits zu garantieren, zugleich aber doch auch
mit Gewißheit ihre Fähigkeit zu bezeichnen, das Wesen der
Dinge erfahren und in der Chiffre festhalten zu können.* Allgemein »begannen unpersönliches Wissen und enzyklopädische
Kompilationen an die Stelle humanistischen Forschergeistes
und geistiger Problematik zu treten«.[27] Soweit die Namen
hier inhaltlich etwas aussagten, waren sie allgemein älterer
Herkunft. Ihnen ordnete Caroso dann bestimmte relative und
absolute Zeitwerte zu oder unterschied zum Beispiel einen
seitlichen fioretto von einem gewöhnlichen. Was er hinzutat,
bestand hauptsächlich in der Rigidität dieser Zuordnung und
deren kategorischer Fixierung. Dabei entstanden so eigentüm-
liche Bezeichnungen wie die eines »semi doppio«, worunter
man sich nicht einen einfachen Schritt, sondern einen gegenüber dem gewöhnlichen doppelt schnell ausgeführten Doppelschritt vorzustellen hat. In der unter dem Titel ›Nobilità di
dame‹ erschienenen späteren Fassung ist das Schema noch

---

* Bei bildlichen Darstellungen dieses Vorgangs – etwa ›Adam gibt den
Tieren Namen‹, eine flämische Tapisserie des sechzehnten Jahrhunderts in
der Galleria Accademia in Florenz – wird nicht auf den Schöpfer Gott-
vater verzichtet; Seine Anwesenheit garantiert die Kongruenz von Wesen
der Objekte und menschlicher Erkenntnis im Namen: das Motiv noch carte-
sischer Erkenntnistheorie.

folgerichtiger durchgebildet. Es wurden nun vier continenze vorgesehen, so daß es eine »grave« und eine »semigrave« sowie eine »breve« und eine »semibreve« geben konnte. Drei passi puntati waren »semigrave«, »breve« und »semibreve« benannt und mit drei, zwei und einem Takt angesetzt. Der vierte passo puntate, nämlich der einfache passo mit dem Grundzeitmaß, kommt praktisch und theoretisch nicht vor. Aufgrund des Schemas ist er aber so eindeutig rekonstruierbar als grave, daß dieser faktisch nicht existente Schritt von allen als Konstruktionsbasis in den gebräuchlichen Schritten mitgedacht wurde.* Einige Elemente des Repertoires waren jedoch in solchen Konstruktionen nicht unterzubringen. Sie wurden unter mehr oder weniger vagen Oberbezeichnungen angeordnet, wenn sich keinerlei technische oder quantitativ schematische Ordnungsbezüge herstellen ließen, etwa unter den acht, später zwölf, seguiti.

Negri bezog in seine Tabulaturen außerdem unter dem Symmetrieprinzip behandelte Gesichtspunkte ein und kam zu entsprechend weiter unterteilten Gruppen. Damit wird in den Regeln der ›Nuove inventioni de balli‹ auch am deutlichsten, welche Folgen sich aus dem quantitativen Ordnungsschema für den Aufbau von kleineren und größeren Formen ergaben. Sie können auf eine Formel von der Art derer gebracht werden, die sich aus den Symmetrieregeln ergab. Ihr Gegenstand ist die Variation der Geschwindigkeit in der Ausführung. Möglichkeiten der Steigerung lagen darin, die Anzahl der Schläge pro Zeiteinheit zu erhöhen. Negri verzeichnete immer einen Typus von Fünfschritten in einer regola. Dadurch, daß einige der dazu gehörenden Schritte in bestimmten Anordnungen durch andere ausgewechselt wurden, ergaben sich Variationsmöglichkeiten. Diese wurden jeweils in fünf oder mehr Versionen des Typus durchgespielt, bis sie erschöpft waren. Diese Übungsreihen, so kann man sie wohl bezeichnen, waren in sich nach einem Prinzip gesteigerten Tempos aufgebaut, nach dem allerdings die letzte Nummer einer Reihe niemals die schnellste war; es entsteht vielmehr der Eindruck, daß eine

---

* Dies erinnert an das Vorgehen der reflektierenden Urteilskraft bei Kant, wo das positiv nicht Gegebene in eine zu diesem Zweck apriorisch konstruierte Leerstelle eingesetzt wird.

Art von Crescendomuster befolgt wurde, dem zufolge eine ruhige Anfangstaktzahl mehr und mehr Beschleunigung erfährt, bis sich am Ende auf einem höheren Geschwindigkeitsniveau eine relative Beruhigung wieder einstellen soll. Dieses Verfahren schlug sich bei Negri in Formelketten nieder wie »presto«, »un pocco più presto«, »con prestezza«, »con gran prestezza«, »con grandissima prestezza«. Mit der Geschwindigkeit wurde gegebenermaßen auch die technische Schwierigkeit gesteigert; und zwar sollten nicht nur dieselben Schritte schneller ausgeführt werden – erst recht wurden sie kaum durch einfachere ersetzt. Vielmehr waren auch kompliziertere oder mehr ins Akrobatische von Sprüngen und Drehungen gehende auf den rascheren Rhythmus zu tanzen. Zugleich wurden damit die symmetrisch zu wiederholenden Reihen ebenfalls komplizierter. Aus beiden Schemata wurde ein kombiniertes Prinzip der Steigerung abgeleitet, und es wurden nicht nur die verschiedenen Nummern eines Typus aneinandergereiht. Auch die Folge dieser Typen wurde ihm unterworfen, wie sie in den Regeln über die »Fünfschritte« aufgeführt sind.

Klarer, weil reflektiert, kam das gleiche theoretische Vorgehen in der Architekturlehre der Zeit zum Ausdruck. Sie konnte von vornherein von geometrischen Elementen ausgehen und lieferte schon bei Alberti und Lionardo Planfolgen, »die jede mögliche Entwicklung des Quadrats und des Kreises demonstrieren, von der einfachsten zur komplexesten aller Konfigurationen, die niemals abweichen vom Prinzip der klaren Anordnung elementarer geometrischer Formen«.[28] Ebenso gegliedert sind die verschiedenen Weisen der Ausführung, die isoliert für einzelne Schritte, Sprünge und Drehungen ausgearbeitet wurden.

Kompilation statt Kanon

Während derart tendenziell alle Gegenstände nach demselben Prinzip angeordnet und entwickelt wurden, kam keinerlei Reflexion auf irgendwelche Bezüge dieser Gegenstände aufeinander zustande, die möglicherweise systematisch hätten begriffen werden können. Darum sagt Curt Sachs zu Recht: »Jeder, der nach Arbeau den ›Ballerino di M. Fabritio Caroso da Sermoneta‹, der in so vielen Ausgaben erschienen ist, aufschlägt, muß sehr enttäuscht sein. ... Noch weniger zufriedenstellend ist der zweite Tanz-Autor jener Zeit, Cesare Negri ...«[29] Stereotyp sagte letzterer am Ende jeder ersten der oben besprochenen Nummern von Fünfschrittypen, »besagte Schritte sind in fünf Arten zu vollziehen, die erste wie beschrieben«. [»li detti passi si fanno in cinque modi, il primo come si è detto«]. Es gab keinen in einem substanziellen Sinne bestimmten Gegenstand, kein bestimmtes Thema der bloß nach quantitativen Parametern variierten Sequenz, so daß man um einen Oberbegriff oder eine irgendwie als selbständiger Sinnzusammenhang auch nur technischer Provenienz auftretende Formel verlegen war. An Stelle dessen setzte man einen Hinweis auf die positive Beschreibung der Abfolge innerhalb der ersten Nummer, »li detti passi«; diese erscheint als Vorlage für die folgenden Modifikationen und gleichzeitig selbst als Modifikation, »in cinque modi, il primo come si è detto«.

Arbeau sagte, nachdem er mehrere Versionen der Gaillarde aufgezählt hatte: »Es sind dies diejenigen, die mir derzeit eingefallen sind: Wenn Ihr beim Betrachten der guten Tänzer bemerkt, daß noch weitere zu ihnen hinzutreten, so haltet sie schriftlich fest und gebt ihnen einen Namen, der Euch passend erscheint.«[30] Kaum könnte man offener über den Stand der choreographischen Theorie im späten sechzehnten Jahrhundert sprechen. Inhaltlich waren Repertoire und Schema vom Vorfindlichen abhängig, soweit sogar, daß kein Zweifel darüber blieb, daß die Reihe seiner Elemente praktisch beliebig erweitert werden konnte. Arbeau legte für deren Aufnahme die Betonung auf den Akt schriftlicher Fixierung und eine Art Kodifizierung durch einen ein für alle Mal gewählten Namen. Bei Caroso, noch mehr bei Negri, schlug sich der prinzipiell gleiche Vorgang vor allem darin nieder, daß der Schritt, der durch die Erfindung eines Tänzers oder – vermutlich die häufigste Form – durch die Adaptation sogenannter folkloristischer Elemente in die hoch stilisierten Tänze aufgenommen wurde, nach den geltenden allgemeinen Regeln und Maßeinheiten verändert wurde. Unübersehbar waren Negri und Caroso voller Stolz auf die Durchgängigkeit ihrer einheitlich angeordneten Gebäude. Man spürt zudem, welche Sicherheit ihnen das Gefühl gab, ihre Fähigkeit zum Einordnen von allem, was immer sich vorfinden werde, verspreche prinzipiell, daß keine unvorhergesehenen Probleme mehr auftauchen könnten. Der Mangel an Sicherheit auf besserem Grunde war eben groß.

Soweit sieht es ganz danach aus, als seien mit memoria und misura – das Posaprinzip als deren eigentliche, innere Wahrheit bleibt einer besonderen und zusammenfassenden Behandlung vorbehalten – im sechzehnten Jahrhundert so gut wie gänzlich jene Prinzipien wieder aufgegeben worden, aus deren Wirksamkeit im Zusammenhang bestimmter Bewegungen, Haltungen, Abfolgen mit autonomen Konstellationen und immanent hervorgebrachten Gehalten choreographierter Tanz, die »ars liberalis del ballare« überhaupt hervorging. Wir haben bereits ausgeführt, daß schon während der letzten beiden Jahrzehnte des fünfzehnten Jahrhunderts in Oberitalien der außerordentlich massiv werdende Druck ostentativer Funktionen, in die Tanz bei großen Prunkaktionen der Herrscher zunehmend hineingezogen wurde, zersetzend auf seine immanenten Form-Gehalt-Bezüge wirken mußte.* Diese Tendenzen sind nach zwei Richtungen zu verfolgen. Zum einen beanspruchte der Stil der Hofballette unter den letzten Valois den Tanz in einem Grade für Ostentation, der dem dabei entstehenden Typus eine eigene neue Qualität gab; diese Entwicklung ist unter dem Begriff des *profanen Rituals* diskutiert worden. Andererseits ist das Auftreten, das am Tanz ausgerichtet und durch den Tanz zur Geltung gebracht wurde, für breiter gewordene bürgerliche Schichten zu behandeln. Dabei konnte neben einem höfisch-aristokratischen Gestus ein Begriff von *Selbstdarstellung der Individuen im bürgerlichen Verkehr* hervortreten. Die Untersuchungen über Tanz im sech-

---

* In der Literatur wird entsprechend auch gelegentlich bereits die Aufführung anläßlich der Mailänder Fürstenhochzeit von 1495 als geometrisches Ballett bezeichnet. Diese Auffassung ist zutreffend, wenn man das geometrische Ballett seinem Wesen nach als dasjenige versteht, das sich an die zentralen monarchischen Personen als nicht tanzende, als Adressaten und als statisches Zentrum wendet.

zehnten Jahrhundert müssen schon deshalb in dieser soziologischen Breite geführt werden, weil auch während dieser Epoche das Phänomen noch keineswegs an ein professionelles
Milieu abgegeben war. Ganz im Gegenteil war es in solchem
Maße zwingend konstitutiv für die konkrete Gestalt von
Herrschaft und daneben für die spezifische Form bürgerlicher
Individuation, daß beider Geschichte zu seinem Verständnis
notwendig ist. Zugleich bietet sich jedoch dadurch auch ein
ästhetischer Ansatz dar, aus dessen immanenter Entwicklung
ein relevanter Parameter für die sozialphilosophisch-gesell-
schaftstheoretische Analyse der Zeit gewonnen werden kann.
Dies ist um so mehr der Fall, als Tanzästhetik auf ein Medium
bezogen ist, das unmittelbar und vermittelt die vergesellschafteten Menschen darstellt. Die Textstellen bei Arbeau, Caroso
und Negri, die auf diese Zusammenhänge verweisen oder an
denen ihre Entfaltung anzuknüpfen hat, können in dem politisch-ökonomischen und dem sozialpsychologischen Kapitel
behandelt werden.
Im Rahmen der immanenten Interpretation der Regeln muß
noch ein ganzer Komplex von positiven Vorschriften diskutiert werden, die von den quantitativen Ordnungsschemata zu
unterscheiden sind. Sie wären zu gruppieren um die einigermaßen banale, aber ausgesprochen zentrale Regelung, daß alle
Schrittfolgen und Figuren mit dem linken Fuß zuerst begonnen werden sollten. Die dafür angegebenen Begründungen
sind besonders interessant, weil aus allen quantitativen Ord-
nungsvorstellungen und allen Symmetrieforderungen doch
nur formale Gleichheit und bestimmte Verhältniszahlen abgeleitet werden können. Um so kruder ist denn auch jene ästhetische Forderung an bestimmte pragmatische Beobachtungen
am menschlichen Körper und an bestimmte damals offenbar
vorfindliche Verfahren rückgekoppelt, nach denen er nützlich
gemacht wurde.
Arbeau berichtete am ausführlichsten darüber. Die für uns zunächst befremdliche Herleitung erschien ihm offenbar ganz
unbedenklich. Der linke Fuß müsse immer zuerst aufgesetzt
werden, weil die meisten Menschen auf dem rechten gewandter und sicherer seien und mit diesem den unsicheren
linken notfalls entlasten könnten.[31] Die Überlegung setzt eine

recht entwickelte Ökonomie des menschlichen Körpers und seiner Kräfteverhältnisse voraus, beruht sie doch auf einem Prinzip, nach dem alle Möglichkeiten und Schwächen überblickt und kalkuliert wurden und nach dem Sicherheitsüberlegungen spontanere Motive zurückgedrängt hatten. Die Frage, ob die Feststellung selbst richtig oder falsch war, ob die Menschen notwendig und endgültig auf eine solche Verschiedenheit der beiden Seiten ihres Körpers festgelegt seien, tritt hier zurück, wenn man hinzunimmt, woher der Tanzmeister seine Erfahrung und deren angebliche Evidenz bezog: Er berief sich *auf die Erfordernisse einer marschierenden Truppe*. Dort müsse alles genau festgelegt werden; man muß sich darauf verlassen können, daß unter allen Umständen die Bewegungen der Korporation funktionieren. Beim Marschieren seien immer acht Takte üblich, davon der fünfte markiert, die drei letzten stumm; auf eins beginne der linke Fuß, bei acht leite ein »passée« zur nächsten Folge über: *Links*, zwei, drei, vier, *links*, zwei, drei, vier... In den verschiedenen Ländern seien Variationen dieses Grundtypus üblich, die durch unterschiedliche Aufteilungen der ersten vier ganzen Noten in halbe und viertel zustande kämen. Auch die Raummaße wurden systematisiert, das Verhältnis menschlicher Schrittlängen zu geographischen Einheiten genormt. Zwei Schritte seien gleich der Armspanne, »welche die Geometer als fünf Fuß lang einschätzen«. Dieser Versuch zeigt allerdings, wie äußerlich die metrische Ordnung den noch hilflos übernommenen naturwüchsigen Maßen von Spanne und Fuß übergestülpt wurde. Indirekt wurde aber auch dieses Mißverhältnis bereits zugunsten abstrakter Normen entschieden; denn auf die absolut bestimmte Länge einer Meile sollten genau 2500 Tambourschläge kommen. Auf diese wurden aber mehr Schritte zurückgelegt, als man Takte schlug; eine umständliche Berechnung ergab, daß die am Ende einer Taktfolge und am Beginn der nächsten vom Fuß eingenommenen Räume nur einmal berechnet werden durften.[32]

Es ist bemerkenswert, wie explizit in einer Tanzlehre darauf insistiert wird, wie ein bestimmter physischer Vorgang durch eine auf exakten abstrakten Maßen beruhende Schematik rekonstruiert werden konnte. Dabei blieb unreflektiert, welche Folgen das für das übrige Leben und den Tanz haben müßte. Mehr und mehr wurden die Menschen in ihrem körperlichen Dasein und Sich-Realisieren auf die metrischen Schemata genormt, wie umgekehrt diese Schemata immer komplizierter, aber präziser dem menschlichen Naturverhalten auf den Leib geschrieben wurden. Arbeau übernahm nur die Erfahrung, die schlecht exerzierten Soldaten könnten nicht die richtige Gleichförmigkeit ihrer Schritte herstellen; dann aber seien sie konfus und würden besiegt. Deshalb sei man neuerdings in Frankreich darum bemüht, die »rencs & iougs des escouades«, d. h. die Quer-, bzw. die Längsreihen einer exerzierenden Kolonne, in bestimmten Maßen [»avec certaines mesures«] marschieren zu lassen.[33] An einer anderen Stelle griff er noch einmal diesen Begründungszusammenhang auf: Auch die Soldaten müßten alle immer mit dem gleichen Fuße beginnen, weil sie sonst, rückten sie angesichts des Feindes Schulter an Schulter auf, sich gegenseitig stören würden.[34] Ein ebenso affirmatives Verhältnis zur Kriegskunst hatte Balthasar de Beaujoyeulx, der mit einer emphatischen Betonung im Gemeinsamen allerdings zugleich auch das Motiv erkennbar machte. In seiner Beschreibung des von ihm entworfenen und durchgeführten ›Balet Comicque de la Royne‹ sagte er: »In der Mitte dieses Balletts wird eine Kette aus vier voneinander verschiedenen Gliedern gebildet derart, daß man bei ihrem Anblick sagen würde, es sei eine geordnete Schlachtreihe, so gut wird die Ordnung dabei gewahrt und so genau bemüht sich ein jeder, seinen rang et cadence einzuhalten.«[35] Arbeau gab für den Rekurs aufs Militärische als Begründung den flüchtigen Hinweis auf Berichte aus der Antike, nach denen einerseits Waffenübungen zu einem Tanz wie dem »Pirrique« sich entwickelt hätten, andererseits Tanz überhaupt als rhythmische Körperübung den Kriegsdienst mit vorbereitet habe. Beaujoyeulx gab dagegen offen zu erkennen, daß seine Kunst und die der Schlachtenlenkung ein gemeinsames Prinzip kannten, das der klaren und deutlichen Ordnung und des präzisen Einübens immer gleicher Bewegungsabläufe. Er schien darüber hinaus dieses Ideal im Felde praktisch besser verwirklicht zu sehen als bei seinen Aufführungen durch den

Hof, so daß der Schlachtordnung etwas Vorbildliches anhaftete.

Bei Negri und Caroso lassen sich ähnliche Querbeziehungen nicht ausdrücklich nachweisen; sie betrachteten in ihrer Schrittschematik die Regel, nach der die Folgen links zu beginnen sind und erst die Wiederholungen auf dem rechten Fuß einzusetzen haben, einfach als faktisch geltend. »Du mußt vielmehr die Augen geradeaus gerichtet halten, das ist das Fundament aller Arten von Tänzen und die wahre Regel, weil man mit dem Fuße, mit welchem man beginnt, auch aufhören muß, und zwar sind die fünf Bewegungen oder Pas so zu machen, daß man mit dem linken anfängt und aufhört, während im übrigen der rechte dasselbe tut. So muß man also bei allen Tänzen und Gagliarden so verfahren, daß von allen Bewegungen oder von allen Teilen des Tanzes der linke und der rechte gleich viel zu machen haben. Ist das nicht der Fall, so ist der Tanz falsch. Sind in einem Tanz zwei Mutanzen, so ist zu beachten, daß die eine mit dem linken Fuße genau so gemacht wird, wie die andere mit dem rechten, und nicht, wie manche zu tun pflegen, diese anders als jene, wenn auch in eben so vielen Takten. (...) Und wisse, daß die, welche die Mutanza mit dem linken Fuße beginnen und sie nach dem Takt mit dem rechten beenden, nicht gut tun.«[36] Als Begründung gab Caroso dazu an, daß »der eine Fuß eben so viel wie der andere« zu tun haben solle. Entsprechende Regeln wurden für die Verteilung der Aufgaben auf die rechte und die linke Hand aufgestellt. Man sollte mit der rechten den Hut abnehmen, ihn halten und die Geste der Ehrenbezeugung machen, weil die Menschen mit dieser Hand geschickter seien. Indessen war Caroso bereit, Linkshändigkeit hinzunehmen: »Kann jemand es links besser, so mag er dies tun.«[37] Es schien ihm offenbar erfolglos zu sein, gegen eine derartige Veranlagung die ordnenden Regeln mobilisieren zu wollen.

Derart fielen die Ambitionen auf durchgängige Systematik und deren pragmatisch-dezisionistische Anknüpfung an jene Gegebenheiten auseinander, die als Naturnotwendigkeiten interpretiert wurden. Wer sich wie die Kritische Theorie aus ein und demselben Grund gegen das System der idealistischen Erkenntnistheorie gewandt hat wie gegen die Illusion, daß unmittelbar Begriffe aus den Phänomenen der Wirklichkeit hervorgehen könnten, wird gewiß nicht erstaunt sein, gerade das abstrakte Ordnungsprinzip in hilflosen Pragmatismus zurückgeworfen zu sehen, wo es seinen wesenhaften Bezug zu den realen Phänomenen oder seinen Ansatz auszuweisen hätte. Im übrigen hätte aber eine derartige Kritik, sollte sie ohne weiteres gelten, etwas fragwürdig Moralisierendes. Sie würde übersehen, daß es im sechzehnten Jahrhundert offenbar weniger auf Theorienbildung ankam, in der das Wesen einer Sache als solcher auf begrifflichem Niveau bewußt gemacht werden sollte, als darauf, das Wesentliche für einen ganz bestimmten Umgang mit der Sache überschaubar und kalkulierbar zu machen. Erst im Zusammenhang mit dem Interesse, dem die systematische Reflexion auf das Besondere geopfert wurde, kann die Rationalisierung des Materials kritisch diskutiert werden. Negri und Caroso veröffentlichen ihre Bücher für den Gebrauch in Italien, Spanien und Frankreich; weil sie stolz waren, das Tanzen und die Ballette den zufälligen Unterschieden provinzieller Gebräuche zu entziehen und ihrer Kunst eine gewisse, auf der Höhe der Zeit erreichte Ubiquität zu sichern, bedeutete es ihnen offensichtlich so viel, Regeln von allgemeiner Gültigkeit zu formulieren, die überall befolgt werden konnten: »ich werde sagen, wie ich in jener Zeit Prinzipien für den Gebrauch gewisser bisher zu unbestimmter und formloser Ballette setzte.«[38] Zugleich damit schaffte Negri die bei Caroso noch geduldeten Tänze zu drei Personen ab; »es waren dies geordnete Ballette, die zwei zu zwei oder zu vier oder auch, wie es gefälliger war, zu sechs vollführt werden konnten . . .«.[39]

Die oberitalienische Gewohnheit des fünfzehnten Jahrhunderts war damit zugunsten einer Regelung verschwunden, deren strenger binomischer Charakter keine Probleme für das Symmetrieprinzip stellte. Caroso war überzeugt, dadurch ein großes Verdienst zu erwerben, daß er das Tanzen unter unmißverständliche Regeln brachte: »ridurre sotto determinate regole il ballare«.[40] An die Stelle der Prinzipien von misura und memoria trat bei ihm die Devise »misura e tempo«; er habe auf dem Titelblatt »den Zirkel und die Sanduhr angebracht als Motto für die Regel ›Maß und Zeit‹«.[41] Tatsächlich werden bei allen Anweisungen von ihm nicht nur die genauen Zeiteinheiten vorgeschrieben, sondern auch angegeben, daß der eine Fuß zwei oder vier Finger breit über den Boden gehoben werden müsse, ein Fuß vor- oder zurückgesetzt zu werden habe und so fort. Bei Negri finden sich die gleichen Vorschriften. Es regiert das Zirkelmaß und garantiert die doppelte Buchführung von Zeiteinheiten nach Schrittdauer und musikalischem Takt. Als »Harmonie« konnte schon gelten, wenn die Vergleichsrechnung aufging.

Exkurs I:
Die Geometrisierung
der Erscheinung des Menschen insgesamt

Tanzkunst und Körperübungen

Was sich im choreographierten Tanz nur implizit durchsetzte, wurde in anderen Traktaten klar und deutlich als Grundlage aller Auffassungen und Vorschriften dargestellt. Vitruvische Tradition setzte man lediglich so fort, daß die menschliche Physis weiteren Versuchen einer messend schematisierenden Beschreibung unterworfen wurde. Am wichtigsten für den Vergleich mit dem Tanz sind die Abhandlungen über das Fechten und das Springen, in denen gegen Ende des sechzehnten Jahrhunderts jene Versuche von vornherein auf einen Bewegungsablauf ausgerichtet waren, wie ihn ein menschlicher Körper vollzieht. Dazu wurden hier notwendig auch die Raumbeziehungen berücksichtigt sowie eine Einteilung der Abläufe in Phasen beziehungsweise eine Anzahl verschiedener, aufeinander bezogener Haltungen. Die Verwandtschaft zwischen den Bereichen wird von allen Tanzautoren mit Ausführungen über die antiken Kriegertänze ausdrücklich betont. Thoinot Arbeau hat den verschiedenen Positionen und Begegnungsformen im Fechten einen eigenen Abschnitt gewidmet. Er erläuterte genau, mit welchen Stellungen die Phasen eines

Kampfes strukturiert wurden, weil er deren Überformungen zu Kriegertänzen – den Pirriques – beschreiben wollte. Er lieferte auch für die fechterischen »gestes« eine eigene Tabulatur.[42] In der ›Orchésographie‹ sind der Umgang mit dem Schwert und die Tänze, anhand dieser neuen Formen von Pirrique oder Mattachin, ziemlich naiv nebeneinandergestellt. Die jüngeren choreographischen Autoren der Zeit trennten sauberer in Disziplinen. Bei Caroso und Negri findet man kaum etwas aus dem Bereich der Fechtkunst. Dagegen werden in einem Traktat über die Kunst des Saltos, eines freien Sports, um die Mitte des Jahrhunderts[43] besonders interessante Ausführungen über das Tanzen von Balletten gemacht. In dem ›Traité sur l'espée‹ von Saint-Didier wird die Verwandtschaft der Fechtkunst mit bestimmten spielerischen Sportarten, insbesondere dem jeu de paulme, nachdrücklich betont.[44] Dies ist ein besonders früher Fechttraktat mit systematischer Ambition und soll als Beispiel für eine Anzahl anderer französischer Veröffentlichungen der Epoche etwas näher betrachtet werden.

Saint-Didier nennt eine Reihe von Grundstellungen: »pieds ioncts«, »pied droit arriere«, »pied gauche arriere« und so fort. Sie haben die Namen mit manchen der Posituren Arbeaus gemeinsam. »Pied droit ou gauche arriere« entspricht genau der Stellung auf gleich belasteten, voreinander stehenden Füßen, die »posture« hieß; freilich ist die Möglichkeit zur Gewichtsverlagerung im Fechten von größter Wichtigkeit und macht diese Positur im Vor und Zurück der Kämpfer vor anderen wichtig. Die Funktion der Grundstellungen, ein bestimmter Kader systematisch aufeinander abgestimmter Ausgangshaltungen für die übrigen Schrittentwicklungen zu sein, ist viel deutlicher als in der Choreographie herausgestellt. Sie trifft darin das Prinzip, das dem neuen Tanzverständnis unterlag; nur bewußter und klarer. Offensichtlich hatte sich der Tanz doch bereits weit genug in einer autonomen Gehaltlichkeit entfaltet, damit seine Elemente und Schrittfolgen dem Ansturm schematischer Rationalisierung einen größeren Widerstand entgegensetzen konnten als die rein körperlichen neuen Künste. Der instrumentelle Charakter der körperlichen Übungen war dafür ausschlaggebend. Das Federballspiel war

weniger gründlich geregelt als der Kopfsprung, bei dem es um
Leib und Leben ging wie beim Fechten. Da dieses aber durch
das Duell von größerer praktischer Bedeutung war, kam dem
Umgang mit Waffen ein höherer Rang zu. »Bedenkt man, daß
der Federball und die Waffen sehr nahe Verwandte sind«[45],
so sei offenbar, daß das eine zum anderen befähige. Die Waffen
zu führen sei aber besser, weil sie »Gesundheit und Ehre
jener bewahren, die sie zu verlieren fürchten«.

Der Umgang mit der Waffe wurde in sechs Punkten behandelt,
die einen deutlichen Überblick über die Möglichkeiten und
Notwendigkeiten geben. Es wurden zwei »desmarches« unterschieden, eine das linke und eine das rechte Bein vorstellend.
Es sei besser, mit dem linken Bein zu beginnen, weil man auf
diesem – die Waffe in der rechten Hand – mehr Operations-
freiheit und Anlauf habe; »on a liberté de prendre plus de
temps, & grande course«.[46] Zweitens waren drei »gardes« und
drei »situations« zu unterscheiden. Es konnte die Spitze des
Degens auf den Leib oder auf das Gesicht gerichtet sein, und
es konnte mit der Schneide ein Schlag von oben nach unten
geführt werden. Saint-Didier nannte dies die drei »assitua-
tions principalles«, die er bei der untersten beginnend auf-
zähle, weil in jeder Wissenschaft und in jedem Handwerk,
weil überhaupt »alle Dinge mit den Fundamenten beginnen«.[47]
Alle drei Grundsituationen konnten in zwei Varianten abgewandelt werden, indem man sie von rechts oder von links
ausführte. Drittens gab es drei Arten von »coups«, den Hieb,
den Rückhandhieb und den Stich (Maindroict, Renvers,
Estoc).[48] Es wurden viertens sechs Zielbereiche genannt;
Schläge von unten, Schläge von oben, Stiche in die Brust, jeweils mit Vor- oder mit Rückhand ausgeführt.[49] Fünftens galt
es zu lernen, wie man gleichzeitig Verteidigung und Angriff
führen konnte, das heißt, den Gegner zu verletzen suchen
konnte, ohne sich dabei Angriffen auszusetzen. Die eigene
Deckung wie der Angriff auf den Gegner waren zwei verschiedene Seiten der Kunst, die jede für sich gemeistert werden
mußten und auch noch als kombiniertes Handeln und Planen
zu beherrschen waren.[50]

Der letzte Punkt betrifft ein Prinzip, das der Koordination
von Angriff und Verteidigung dient, aber nicht nach der Art

der vorigen Punkte auf der Regulierung positiver physischer Gegebenheiten beruht. Es wird von einem »grand secret« gesprochen, das darin bestehe, »ebenso im Angriff wie in der Verteidigung einen möglichen Hieb abzuschätzen«.[51] Beobachtung und Antizipation der Absichten des Gegners sind der Gegenstand; in diesem Geheimnis werde man seine Auskunft finden oder gar nicht. Die Gegner im Kampf sind enger aufeinander angewiesen, sie sind im eigenen Interesse dazu gezwungen, bedeutend intensiver und auch überlegter miteinander zu kooperieren als die Tänzer auf dem Koordinatenkreuz der gemeinsamen Tanzfläche und in ihren geometrischen Figuren. »Und um dies zu erreichen, muß man die Spitze des Degens beobachten und sie niemals aus dem Auge lassen.«

Die Konzentration auf ein hinter den einzelnen Akten verborgenes Geschehen soll über einen bestimmten Punkt verwirklicht werden, über die Spitze des gegnerischen Degens; denn seine Berührung mit dem eigenen Körper würde die Gemeinsamkeit der antagonistisch miteinander Verbundenen einlösen. In dem ›Traité sur l'espée‹ ist diesem Zusammenhang ein auffallend breiter Raum gewidmet. Es wird ausgeführt, warum gerade das Äußerlichste am Gegner – »das Äußere, das die besagte Spitze des Degens ist« – zum Beobachtungsparameter für dessen Absichten gemacht wurde. In ihm kommt die Taktik zur Erscheinung; »seine Führung wird vom Inneren bestimmt, nämlich vom Willen«. Dieser Wille des Anderen kann nicht als solcher ausfindig gemacht und bestimmt werden. Er sollte rekonstruiert werden auf der Basis von positiven Beobachtungsdaten, wie sie die Position der Degenspitze und die zu ihr führenden Bewegungen liefern. Die Bewegungsrichtungen können physikalisch extrapoliert werden. Die Positionen lassen sich interpretativ identifizieren, weil beide Kämpfer von demselben Kodex ausgehen. Durch die Eigenschaften der gemeinsamen Anatomie und der gleichen Waffe sind schon objektiv determinierte Möglichkeiten vorgegeben. Doch trifft zusätzlich ein bestimmtes System, gelegentlich auch als ein Fechtstil bezeichnet, eine bestimmte notwendige Auswahl, und zwar eine nicht rein willkürliche; es werden technisch zwingend Elemente miteinander verbunden. Faktisch führte also eine solche strenge Kodifizierung eines Systems, das doch in den europäischen Ländern allgemeine Gültigkeit beanspruchte*, auch zu dem Ergebnis, daß das Verhalten eines Gegners mit größerer Sicherheit nach bekannten Maximen beurteilt werden konnte. Dieser Hintergrund ermöglichte eigentlich erst den Duellpartnern, ihre Kalküle auf ein Wiedererkennen genormter Kampfsituationen und Reaktionen aufzubauen. Es heißt an anderer Stelle, man solle »den Meistern gut folgen und sie nachahmen«.[53] In Wirklichkeit verließ man sich nun aber nicht mehr auf die Nachahmung großer Fechter, sondern rekonstruierte theoretisch ihr Vorgehen und eignete sich diskursiv deren Technik an. Allerdings, die Situation des Kämpfenden, der die Degenspitze des Anderen nicht aus den Augen läßt und über sie in die inneren Absichten des Anderen einzudringen trachtet, um ihnen adäquat sich verhalten zu können, erinnert in gewisser Weise immer noch an den Begriff der Mimesis. Doch räumten diese Traktate mit mimetischem Lernen, jedenfalls theoretisch, auf. Es gab keine Mimikry ans Tote; kein Erstarren, während dessen das Begegnende aufgenommen würde; äußerste Agilität hieß vielmehr die Devise. Die Aktivität war in dem Maße möglich, in dem ein Fechter einem anderen gegenüber sich stark und als gleicher oder überlegener Gegner fühlen konnte. Sie wurde zum Prinzip, nicht weil aufnehmende Beobachtung am Wesen des Anderen ansetzte, sondern weil dessen Erscheinung positive Daten für eine Kalkulation nach dem Muster der eigenen lieferte. Agrippa von Nettesheim, der zur »Perspektivkunst« im übrigen naiv affirmativ stand, berichtet über genau diesen Unterschied, wenn er gegen Platos Lehre vom Sehen die des Hipparchos setzte: »Plato hält dafür, daß das Licht, das aus den Augen strömt, dem Lichte begegnet, das von dem (anderen) Körper ausgeht, und so das Sehen zustande kommt. Galenus ist mit dem Platone einig; Hipparchus aber spricht, daß die Strahlen der Augen, so auf sichtbare Dinge eingerichtet, gleichsam als wenn sie sie betastet hätten, sie zu dem Gesicht zurückbringen.«[54] In beiden Fällen spielt sich etwas zwischen zwei festen Einheiten ab. Im Platoschen System und in der neuplatoni-

---

* Saint-Didier erwähnt selbst eine Diskussion mit Neapolitanern, in der er diesen die von ihm gefundene Systematik des Fechtens beibrachte.[52]

schen Erkenntnispraxis wurden sie aber als Teile eines sich integrierenden Weltganzen verstanden, so daß die wechselseitige Bewegung von Subjekt und Objekt zueinander das zentrale Moment war. Die naturwissenschaftlich experimentelle Objektvorstellung dagegen trennt nicht allein das Objekt aus dem allgemeinen Zusammenhang heraus; sondern ihr entspricht die Vorstellung, daß das Sehen — hier noch anschaulich stellvertretend für Erkenntnis überhaupt — reine Aktivität des Subjekts gegen das Objekt sei. Damit wird auch das Subjekt isoliert. Beide Seiten stehen isoliert einander gegenüber; der Prozeß ist absolut beherrscht von einem aktiv erkennenden Pol, dem, selber punktförmig zu denken, ein ebenso punktförmiges Zentrum des zu Erkennenden im Gegenstand entspricht.

Dieses in sich absolut scheinende, aus dem Zusammenhang von Kosmos und Geschichte ärmlich herausgebrochene System beschreibt exakt den Tatbestand einer perspektivischen Auffassung, für die es nur *einen* Betrachtungsort gibt und eine auf diesen bezogene Präsentation der Gegenständlichkeit. Wie der »optische Erwartungshorizont« des Galileischen Fernrohres war es noch — wie Blumenberg sagt — »ganz bestimmt von dem Prinzip der universalen Herrschaft des Eidos der aristotelischen Physik, die eine Welt anschaulicher Typen und der ihr zugeordneten begrifflichen Leistungen des Menschen entworfen hatte«[55], und erforderte doch, wie »der Gebrauch des Fernrohres zu astronomischen Beobachtungen«, die ja in eigentümlichem Herauslösen des Vergrößerten aus seinem Kontext begründet waren, »schon einen Bruch mit der Tradition, eine neue Antizipation der erfahrbaren Gegenständlichkeit«.[56]

Es wurde nichts grundlegend Neues aufgenommen. Ein Katalog von Varianten mußte darauf überprüft werden, welche von ihnen sich je aktualisierte. Die Agilität der Subjekte war gesichert auf dem Grund einer Lage, die insofern tot war, als an ihr nichts wesentlich sich verändern konnte. Dadurch wurde zugleich eine gewisse Sicherheit geschaffen, es wurde die naturwüchsig errungene Überlegenheit über den unberechenbaren Zufall durch dessen apodiktischen Ausschluß abgesichert. Das Innere des anderen Menschen wurde in der Kampfsituation auf bestimmte vorfixierte Maximen reduziert. Trotzdem kam immerhin zwischen den Kämpfenden intensiver als bei den Tanzenden ein Gemeinsames, ein ihrer beider Situation bestimmendes Wesentliches zum Ausdruck. Das heißt, das Modell von Kooperation der Subjekte war so trostlos antagonistisch, wie die Absicht zur Kenntnis des Anderen vom Existenzdruck der Lebensgefahr diktiert wurde – im sozialen Handeln wie in der Psychologie der Zeit. Derselbe Grund war ausschlaggebend für die Notwendigkeit eines in sich geschlossenen Systems von Ausfällen, Schlägen und Zielzonen. In einem eigenen Kapitel zur besonderen Bedeutung des letzten Punktes für das Verständnis der Fechtkunst überhaupt heißt es, nur eine endliche Reihe vorbekannter Möglichkeiten könne Beruhigung verschaffen. »Jede unbegrenzte Antwort hat keinerlei Gewißheit.«[57] Damit wurde, zumindest tendenziell, Erfahrung von Besonderem reduziert auf Verifikationen und Falsifikationen. Ihr biographisches und zufälliges Auftreten in der bürgerlichen Kultur wird dann Erlebnis der Individuen genannt.

Etwa zur gleichen Zeit erschien zum erstenmal der Traktat des Italieners Camillo Agrippa ›Trattato di scientia d'arme. Con un dialogo di filosofia‹.[58] Er war Cosimo de Medici, Herzog von Florenz, gewidmet und stellt ein interessantes Zeugnis für die eigenartige Ideologie der fechtenden Ehrenmänner zwischen Rittertradition und neuer Zeit dar. Anders als Cornazano klagte Agrippa in seinem Vorspruch über »die moderne, teuflische Erfindung der Artillerie«. Inzwischen hatte sich offensichtlich auch im Bewußtsein durchgesetzt, daß nun, nachdem die Kanone erfunden worden war, nicht mehr die Rittertugenden der Einzelkämpfer die Schlachten entschieden. Bemerkenswerterweise übrigens wurde damals schon dieser Umstand der technischen Erfindung und nicht den Massen der Söldnerheere zugeschrieben, erst recht nicht erklärt auf dem Hintergrund der veränderten Kriegsziele und der neuen ausschlaggebenden Finanzierungsmethoden. Der Fechtmeister aus Mailand hielt dagegen einfach eine alte Tradition hoch; er lobte die Erfindungsgabe und Kunst eines Mannes, der selbst kämpfen kann. Das ist um so interessanter, als der Autor in seinem ›Dialogo del modo di mettere in battaglia presto e con

facilità il popolo . . .‹ (Dialog über die Weise, wie man das
Volk schnell und beweglich in die Schlacht wirft)[59] den ratio-
nellen Einsatz der Massen in Schlachten zum Gegenstand ausführlicher Überlegungen gemacht hat. Freilich hatte das Fechten damals, und noch bis weit ins nächste Jahrhundert, eine
sehr große praktische Bedeutung als Weise von Angriff und
Verteidigung, vor allem zwischen Individuen mit ihren kleinen Hausgarden. Aber das galt einmal doch aufgrund offenbar einer Art von Konvention – man konnte auch schießen
oder einen Haufen Söldner schicken. Zum anderen war diese
Konvention eben auf die Angehörigen der privilegierten
Stände beschränkt. So hatte diese sehr wohl noch lebensnot-
wendige Fähigkeit zugleich doch schon einen ideologischen
Charakter, der sich in den folgenden Jahrhunderten immer
deutlicher zeigte; durch Entwicklungen zu einer Sportart
einerseits, andererseits durch den immer grotesker werdenden
Abstand zu den im Kriege üblichen Kampftechniken, soweit
Fechten noch als Duell neben den Pistolen gepflegt wurde –
offiziell in Frankreich ohnehin schon von Bodin verurteilt und
von Richelieu streng unterdrückt.

Gleichzeitig setzte Agrippa alles daran, um seine Kunst mit
den modernsten Methoden zur Wissenschaft zu erheben. Was
sie an praktischem Realitätsbezug verlor, wurde ihr an Geltung zurückerstattet, indem sie auf die geltende Auffassung
von Realität bezogen wurde. Als Frontispiz ließ er eine
Szene drucken, auf der man Männer um einen Tisch mit Welt-
kugeln, Zirkeln und Büchern, dazu mit langen Degen im
Gehänge sitzen sieht. Seine These ist: »letztlich beherrscht man
diese Profession nur mit ›punti, linee, tempi, misure, et simili‹
und diese entstehen in gewisser Weise aus mathematischer oder
auch bloß geometrischer Überlegung«.[60] Er gab einen Katalog
von Stellungen (guardie) und stellte neben die verbalen Erklärungen die Abbildungen geometrischer Figuren. Diese wirken einigermaßen symbolisch oder allegorisch, da die sugge-
rierte Analogie zu den jeweiligen Positionen mathematisch
um so weniger durchgeführt und ausgewiesen werden konnte,
als ja das Erklärungsmodell der Physik dafür, das Parallelo-
gramm der Kräfte, noch längst nicht entwickelt worden war.
Man findet einfach in sich geschlossene Gebilde wie Kugel,

Fünfeck oder auch mehrere Polygone ineinander. Es wäre eine schwierige, aber reizvolle Aufgabe, herauszufinden, ob mit diesen Figuren bestimmte Verhältnisse von Raumverteilung und Schwerpunktlage des menschlichen Körpers oder was sonst zu Bewußtsein gebracht werden sollten. Andere geometrische Konstruktionen verdeutlichen in der ›scientia d'arme‹ die Interdependenz von verschiedenen Körperbewegungen einerseits und dem mit dem Arm zu führenden Degenstoß oder Hieb andererseits. Verschiedene Beugungsgrade der Knie, das sind verschiedene Kombinationen von Gewichtsverlagerung zum vorgesetzten Bein mit unterschiedlich tiefen Pliés, werden auf verschiedene korrespondierende Armhaltungen bezogen. Sie gehen aus von einer pieds-ioncts-Stellung, dem aufrechten Stand, in dem der waagrechte Degen etwa in Augenhöhe gehalten wird. Dabei muß der Arm angewinkelt sein, damit die Stoßkraft, die nicht aus dem Vorschnellen des Körpers kommen kann, in der Möglichkeit, den Arm zu strekken, liegt. Dann wird ein Bein immer weiter vorgesetzt. Je mehr der Körper zu diesem vorgeschoben wird, desto stärker muß gleichzeitig das hintere Bein gebeugt werden, damit weiterhin beide Beine das Gewicht gemeinsam tragen; damit ein festerer Stand erreicht wird; damit zugleich auch die Spannkraft des hinteren Beins potentiell da ist, um in die Führung des Stichs umgesetzt werden zu können. Diese Stellungen sind mit einem immer mehr gestreckten Arm verbunden, der die Waffe etwas unterhalb der eigenen Augen vorträgt. Die Klinge zeigt dann nicht mehr wie ein Strahl des Blicks auf den Gegner. Stoßrichtung des Körpers und Blick sind nur in der Haltung der pieds ioncts eins, das heißt, nur wo der Arm frei aus seiner isolierten Kraft agiert und der übrige Leib in der »gebrüsteten« Haltung neutralisiert ist. Die vom ganzen Körper aufzubringende Kraft wird mit dem Agenten der kalkulierenden Beobachtung, mit dem Auge, koordiniert; das verstandesmäßig kontrollierende Bewußtsein und das Eintaxieren der gegnerischen Pläne werden oberhalb des Brennpunktes fixiert, den die physische Organisation eines Fechters mit seinem Degen darstellt. Michel Foucault hat diesen Konstruktionszusammenhang exakt dargestellt, als er das perspektivische System in dem berühmten Bilde der Infantin von Velasquez analysierte. Der Maler, der sich selber als den begutachtenden Beobachter und zugleich mit gezücktem Pinsel gemalt hat, wird so beschrieben: »Die geschickte Hand ist durch den Blick einen Moment zum Stillstand gekommen; andererseits ruht der Blick auf der Geste des Einhaltens. Zwischen der feinen Spitze des Pinsels und dem stählernen Blick kann das Schauspiel seinen vollen Umfang entfalten.«[61] Das Fechten war wie das Malen ein recht künstliches Schauspiel, aber ein jeweils kurzlebiges. Der Fechter treibt ganz offensichtlich seinen Kontrahenten in eine bestimmte Gegenposition zu der seinen. Seine Mittel sind schlagfertig und von schlagender Realität. Der Maler zwingt indirekt durch eine komplexe Kombination suggestiver Blicke der gemalten Personen und ihres perspektivisch organisierten Raumes den Betrachter in einen bestimmten Punkt. »In dem Augenblick, in dem die Augen des Malers den Betrachter in ihr Blickfeld stellen, erfassen sie ihn, zwingen ihn zum Eindringen in das Bild, weisen ihm einen zugleich privilegierten und obligatorischen Platz zu . . .«[62]

Die Physis wird von dem disponierenden Verstand, wie er an Saint-Didier bereits diskutiert worden ist, in Dienst genommen. Auch hier zeigt sich, daß die Koordination unter dem Primat jener instrumentellen Agilität stattfand, die oben im Gegensatz zu einem mimetischen Eingehen auf den eigenen Körper wie auf ein Gegenüber entwickelt worden ist. So viel ließ sich aber ausgezeichnet in der graphischen Figur von kombinierten Beugungsgraden der Knie und resultierenden Ausfallwinkeln erfassen.[63] Tatsächlich wird damit eine Art angewandter Geometrie betrieben. Allerdings ist sie nicht Ausdruck exakter Berechnungen des dargestellten Vorgangs; das wäre nur vermittels Vektoren- und Resultantenrechnungen möglich. Die auf verschiedene Ausfallpositionen angewandten geometrischen Figuren haben auch im strengen Sinne nicht-analytische Funktion. Vielmehr wird mit ihrer Hilfe ein als solcher hingenommener Vorgang beschrieben und in die Gewißheit verheißende Analogie zur Geometrie gezogen oder gezwungen. Eine strenge Analyse würde einen Zusammenhang der Teileelemente aufzeigen, die als Ganzes so gedeutet werden können, daß sie zu einem Prozeß der Konzentration aller verschiedenen Körperregionen auf ein resultierendes fechterisches Handeln gehören. Auch die ausgleichend balancierenden Bewegungen des freien Armes, selbst die Kopfhaltung, trugen dazu nur faktisch, nicht nach berechneten Proportionen von Maßen und Wegen bei. Jedoch leistete auch das äußerliche Antragen regelmäßiger und berechenbarer Formtypen schon genug, um einen Anfang zu einem diskursiven Verständnis der Interdependenzen sowie der Sequenzen zu geben. Auf diesem Wege könnte man weiter auch nur in der jeweiligen Berechnung, nicht aber grundsätzlich kommen. Der körperliche Konzentrationsprozeß und der disponierende Verstand durchdrangen sich nicht.

So erschöpfte sich die im Titel des Traktats angekündigte Philosophie in der Vorführung mancher geometrischer Konstruktionskunststücke, die schließlich in der Rekonstruktion der Erdkugel mit Hilfe eines Oktogons kulminierten. Um beide Seiten, die vorfindlichen Phänomene und deren exakte Erfassung, zu einer Deckung zu bringen, bedurfte man der Metaphysik vielleicht nötiger denn je. Um 1600, zur Zeit der Publikation Negris, hatte sich freilich diese Lage schon etwas verändert und der eigentliche Prozeß einer fechterischen Kampfentwicklung wurde strenger in den Griff genommen. Sollte jemandem die Interpretation von Saint-Didier und Agrippa zu spekulativ und der Begriff des diskursiven Verständnisses bis hierher zu hoch gegriffen sein, so lösen die folgenden theoretischen Ausführungen nach Nicoletto Giganti durchaus beides ein.

Fechtkunst als Wissenschaft

Sein Traktat von 1606 erhielt den Namen ›Scienza d'arme‹, womit bereits ein bestimmtes Programm vorweggenommen war; nämlich die Fechtkunst als eine Wissenschaft darzustellen. Obgleich der Begriff, ähnlich darin dem der Künste, weiter gefaßt und unbedenklicher vergeben wurde als später, etwa nach der ›Encyclopédie‹ von Diderot und d'Alembert, kam Giganti in einer ziemlich langen Einleitung allen Einwendungen gegen seinen Anspruch zuvor. Er skizzierte geradezu *eine Art Wissenschaftstheorie*, um seiner Lehre darin den richtigen

Platz anweisen zu können. Er ging davon aus, daß Wissenschaft eine bestimmte und dargelegte Kenntnis von Dingen sei, die der Verstand sich aneigne.[64] Je nachdem, ob es sich um Gegenstände handelt, die der Verstand selber hervorbringt beziehungsweise in sich selbst findet oder sie außer ihm gegeben vorfindet, heißen die Wissenschaften spekulative oder praktische. Zu den letzteren gehören Ethik, Politik und Ökonomie als »scienza prattica attiva« und Landwirtschaft, Seefahrt, Medizin und andere als »scienza prattica fattiva«.[65] Bei den spekulativen Wissenschaften wurden »rationale« von »realen« unterschieden. Eine »scienza speculativa rationale« beschäftigte sich mit einem Gegenstand, der ihr allein vom Verstande geliefert wurde und aus dem dessen Sein und nichts anderes hervortreten sollte.[66] In diese Kategorie wurden Grammatik, Rhetorik, Poesie und Logik zusammengefaßt. Unübersehbar liegt das Hauptgewicht aber auf der »scienza speculativa reale«, deren Gegenstand an seiner äußeren Erscheinung sein Wesen, seine essentia darstelle (»il quale dimostra nell esteriore l'essentia sua«).[67] Als deren Modell galt die Mathematik, und zwar deshalb, weil sie unmittelbar als angewandte gedacht wurde. Sie wurde als gleichartig mit der Physik angesehen, eine Unterscheidung läßt sich gar nicht systematisch herausarbeiten. Während als Gegenstände der Physik bewegte und natürliche Körper wie die Elemente – zweifellos nicht im chemischen Sinne hier zu verstehen – genannt werden, sollte zur Mathematik gehören, was geometrisch nach »Linien, Kreisen, Oberflächen« konstruiert und was arithmetisch in Einheiten berechnet würde.[68] Alles Sein, das sich »kontinuierlich oder diskontinuierlich ausdehne«, sei ihr Feld.

Die Aufgabe der realen spekulativen Wissenschaften wird von Giganti genauso definiert, wie bereits unsere Interpretation der früheren Fechttraktate deren Erkenntnisinteresse herausgearbeitet hatte. Vorfindliche Gegenstände und Prozesse sollten den abstrakten Modellen des Verstandes soweit unterworfen werden, daß der Umgang mit ihnen nicht mehr der Naturwüchsigkeit anheimfiel, sondern den Möglichkeiten der Kalkulation und Disposition erschlossen wurde, die der Verstand, »spekulativ«, innnerhalb der von ihm selbst autonom hervorgebrachten Formen zu beherrschen vermochte. Diese Tendenz zur Mathematisierung war bereits in jener Tradition von der Antike durch das Mittelalter begründet, nach der Arithmetik, Geometrie, Astronomie und Musik das Quadrivium der »mathematischen Künste« bildeten. »Im Gegensatz zu diesen ›freien Künsten‹«, so Wittkower, »wurden Malerei, Skulptur und Architektur als handwerkliche Tätigkeiten angesehen. Um sie von der Ebene des Mechanischen auf die der freien Künste zu heben, mußte man ihnen eine feste theoretische, das heißt mathematische Grundlage geben.«[69] Giganti erklärte die Fechtkunst zu einer Disziplin dieser Art von Wissenschaft, »weil man sie nicht sich zu eigen machen kann, es sei denn durch Operationen des Verstandes«. Sie bestehe in der mathematischen Kenntnis von Linien, Zahlen und Maßen; man müsse die Mannigfaltigkeit von Linien, Kreisen, Winkeln und Flächen so beherrschen, wie gelehrte Kenner diese vor ihm dargelegt hätten[70] – gemeint ist Camillo Agrippa.[71] Diese spekulative Wissenschaft sei in der Kenntnis einfach ihres eigenen Gegenstandes begründet: im Abwehren und Verletzen. Beide Maximen werden in der ›Scienza d'arme‹ als Einheit aufgefaßt – die dann ein »Werk des Verstandes« ist. Das beiden Fechtern Gemeinsame wird klar als das Eigentliche der Vorgänge erkannt; freilich wird die Gemeinsamkeit nicht als ein eigenes, prozessual existentielles Moment gesehen, vielmehr in dem gleichermaßen abstrakten Charakter der quantitativen Ordnungsschemata, die mit den Begriffen von tempi und misure gegeben waren.[72] Allerdings werde dem Verstand dieser Gegenstand von außen vorgegeben, so daß von einer scienza speculativa reale gesprochen werden müsse.[73] Dieses den reinen Verstandesoperationen Äußerliche waren »Haltung des Körpers und des Degens« sowie »Stellungen und Gegenstellungen« [guardie, e contraguardie]. Wie stark bereits die Haltung des Körpers, von der die des Degens doch allein abhing, in der bestimmten Form von guardie und contraguardie von den Verstandesprinzipien durchdrungen war, kam dabei nicht zum Ausdruck – vermutlich auch nicht zum Bewußtsein des Autors. Immerhin gelang es ihm, Inneres und Äußeres, Verstandesprinzipien des Subjekts und Realisierungsbedingungen im Objekt als Wechselbeziehungen zu verstehen. »Wie die Operationen des Verstandes sich ohne äußeres Handeln nicht darstellen können: so läßt sich dieses äußere Handeln nicht ohne die Operationen des Verstandes begreifen, so daß diese Wissenschaft nur in der Äußerlichkeit begriffen werden kann, wenn auch dieses Begreifen vom Verstande herkommt.«[74]

Die Geometrie war, als angewandte, diejenige Disziplin, die durch Deskription von Objekten in Verstandesbegriffen beziehungsweise in reinen Verstandesformen praktisch sinnvolle Erkenntnis lieferte, ohne einer der beiden Seiten einen Primat zuerkennen zu müssen. Solche Neutralität entstammte in gewisser Weise der aristotelischen Traditon; sie wurde dadurch möglich, daß ein Erkenntnisbereich sich verselbständigte, der bis zum Nominalismus in der Kontinuität zwischen Metaphysik und Empirie aufgehoben gewesen und in der aristotelischen Lehre keinem der beiden Extreme zugeschlagen worden war. Man kann diese Geometrie, wie es Giganti tat, mit Physik gleichsetzen. Imagination war in den Bereich der rationalen spekulativen Wissenschaften wie Poesie und Logik verwiesen und damit von den Gegenständen der praktischen Vernunft, soweit diese die Auseinandersetzung mit der Natur zum Inhalt hatte, ausgeschlossen. An dem Vorgang, der streng zum Gegenstand von Verstandesoperationen gemacht werden konnte, hatte stillschweigend jenes Vermögen sein Recht verloren, dem im weniger diskursiven System des Quattrocento noch die Entfaltung des mimetischen Lernens als Posaprozeß möglich gewesen war – und zwar dort gerade innerhalb der quantitativen Bestimmungen der metrischen Systematik. Die causa efficiens war aus dem Verband der causae entlassen worden und konnte dadurch, daß sie also nicht länger eine Art Unterkategorie der essentia hinsichtlich der Bewegungen eines Gegenstandes oder einer Person war, zu dem *neuen Prinzip der Kausalität* verselbständigt werden. Die Unabhängigkeit, in der Ursache und Wirkung als Verknüpfungsprinzip Geltung erhielten, muß zugleich *als Isolation* beschrieben werden. Analysierbare und synthetisch rekonstruierbare Vorgänge ließen sich nicht außerdem auch in Kategorien von Sinn, Gehalt, Ausdruck begreifen. Mimesis hatte abzudanken.

Die Welt des Geistes und des Geldes

GRIECHENLAND

»Besser ist es ...

... der Körper leidet als die Seele.«

Menander, Sentenzen

Am besten ist es, wenn es dem Menschen in seiner Ganzheit gutgeht. Finanziell gesicherte Verhältnisse sind dafür eine gute Voraussetzung.

Die Beziehung der spekulativen Objekterkenntnis zum Objekt wurde begründet auf bestimmte Strukturen im Objekt. Die Argumentationsweise verrät eine Mischung oder einen Übergang von scholastischen Vorstellungen der in der essentia rei gründenden causae zu der Annahme einer Möglichkeit, zuverlässige empirische Daten durch Beobachtung zu sammeln. Die Begriffe von Innerem und Äußerem sind weitgehend noch im Sinne von essentia und causa formalis beziehungsweise causa efficiens zu verstehen. Der Prozeß der Erkenntnistheorie begann erst, an dessen Ende die essentia rei zugunsten einer rein im Verstand der Subjekte begründeten Erkenntnisfähigkeit aufgelöst war.

Im Fechten wollte Giganti drei Arten von Operationen unterscheiden. »Die einen sind innere und haben ihr Sein im reinen und einfachen Verstande; sie gehen aus einer ›rational speculativa‹ hervor. Andere sind innere und äußere; ihnen entsprechen Vorgänge innerhalb und außerhalb des Verstandes. Andere sind ganz äußere, haben ihr Sein ganz außerhalb des Verstandes und gehören zu einer ›scienza prattica‹.«[75] Von einer solchen ist die Fechtkunst als scienza speculativa reale dadurch unterschieden, daß ihr Gegenstand – man könnte wohl schon Kantisch sagen – auch in das Reich der Erscheinungen, in das »Äußere«, fällt, aber als Gegenstand der Wissenschaft doch durch die Erkenntnisformen des Verstandes konstituiert, ihr eigener Gegenstand ist. Damit bleibt ihr das Äußere, worauf sie sich bezieht, nicht äußerlich, wenn diese Unterscheidung hier sinnvoll verstanden werden kann; denn in der Tat entsprechen sich das kognitive individuelle Verhalten gegenüber den fechterischen Prozessen und eine historische Strukturierung dieser Prozesse durch das Subjekt, die aufgrund der gleichen Verstandesprinzipien bereits in den Gegenstand hineingetragen worden sind. Doch können die physischen Elemente und die mit ihnen verbundenen psychischen Vorgänge in den einzelnen Situationen solange nur vernunftförmig sein, wie sie nur mit einem bestimmten taktischen oder strategischen Stellenwert, nicht aber als solche mit eigenen Entfaltungsmöglichkeiten in das kognitive System eingehen. Denn die eigenen Entfaltungsmöglichkeiten bestünden darin, daß die Menschen in einer Aneignung ihrer Physis Erfahrungen einlösen, die über einen technisch-instrumentellen Gebrauch hinausgingen. Zweifellos würde das nicht ein eigenes Feld gegen die zur Erhaltung des Lebens notwendigen Übungen abgrenzen. Diese weisen immer auch über ihren bloßen Zweck hinaus, wo sie zu einem reflektierten, wenigstens in gewisser Weise autonomen System gesteigert werden. Allein, die unwillkürlich möglich werdende emphatische Dimension fiel in einem Maße aus den damals vorgesehenen Kategorien heraus, daß sie für die gesamte europäische Entwicklung bis heute nicht mehr als möglicher Gegenstand der Reflexion gilt beziehungsweise möglichst vagen und damit gegenüber dem diskursiven Erkennen diskriminierten Restzonen zugewiesen wurde.

Die Begriffspaare von »naturale« und »artificiosa«, von »demostrativa« und »essercitata« wurden verschiedenen Seiten der Lehre zugeschrieben. Unter ihnen wurden nochmals die Verhältnisse festgelegt, in denen diskursive Methode und physisch reales Material zueinander stehen sollten. Die Scienza della Spada war scienza naturale, sie mußte praktisch über Demonstrationen erlernt werden. Die maestra natura der Menschen führe zu einer gewissen Geschicklichkeit aus den Notwendigkeiten der körperlichen Konstitution selber, »durch die Erfindungsgabe und die lange Übung«.[76] Zumal Geschicklichkeit als artificiosa in der Übung nach Regeln erlernt wurde, ist deutlich, daß der erstgenannte Weg über eine Art von mimetischem Lernen ging. Das wurde zwar nicht so ausgedrückt und geriet wohl kaum in eine emphatische Dimension, doch wurde die kognitive Methode allein offensichtlich für ungenügend angesehen und durch Rückgriff auf ein »natürliches« Geschick ergänzt. Dies wurde aus den Erfordernissen des Umgangs mit dem Degen und den Möglichkeiten des Menschen entwickelt, im Stehen oder Gehen, von oben oder unten, rechts oder links diese Waffe zu handhaben. In einem zweiten Durchgang wurden Demonstration und Übung fast im umgekehrten Sinne einander gegenübergestellt. Demonstriert werden sollten nunmehr die regelrechten Bewegungen und Haltungen an sich, die Giganti auch als »posture« und »contreposture« bezeichnete.[77] Sie wurden als Manifestationen eines »regulierenden Verstandes« betrachtet. Hier kam also der demonstrativen Seite das theoretische Moment zu. Mit dem

Begriff essercitata wurde bezeichnet, wie die so erlernten Elemente dann in konkreten Kampfsituationen, daß heißt, unter verschiedenen Umständen der Praxis, angewandt zu werden hätten. Schließlich wurden noch einmal termini incomplessi und termini complessi unterschieden. Analog zu dem zweiten Komplex handelte es sich um bestimmte einfache oder kombinierte Verhaltenselemente, die für sich geübt wurden. Dabei wurden dem Verstand vorgegebene Momente mit solchen, die aus dem Verstand hervorgebracht werden, zu bestimmten Typen verbunden. Sie hießen nur termini incomplessi, wenn sie nicht die Komplexität der Zweiersituation des wirklichen Kampfes einschlossen.

An genau dieser Stelle der Überlegungen fiel der Begriff misura. Er umfaßt offensichtlich von der praktischen Seite her dasjenige Moment aller wirklichen Situationen, in dem der eigentliche Vorgang zum Tragen kommt: Wie die wechselseitigen Schläge einen gemeinsamen Rhythmus ergeben, so ist misura die Einheit, die Aktion und Reaktion, Reaktion und wieder Aktion jeweils nach Einschnitten im Schlagabtausch zu formalen Abschnitten zusammenfaßt. Nirgends in der choreographischen Literatur der Zeit findet sich eine solch enge Entsprechung zweier tänzerischer Elemente, solch wesentliche Einheit von zwei Partnern, die schon in dem Wortpaar postura und contrapostura für die einzelnen fechterischen Situationen ausgedrückt wurde. Den existentiellen – und damit in einem sehr primitiven Sinne wesentlichen – Antagonismus der Duellanten schloß die systematisch geregelte Fechtkunst des ausgehenden sechzehnten Jahrhunderts in einer Art von Überformung zusammen, die an den sublimierten Weisen der Begegnung – und die Begegnung der Geschlechter im Tanz wird auch noch in vergleichbaren Begriffen diskutiert werden müssen – nicht entfaltet werden konnte. »Conoscer il tempo, & la misura« bedeutete, erkennen zu können, wann eine solche neue Begegnung beginnen konnte.[78] Zwischen zwei Phasen des positiven Handelns, der Aktivität, konnte eine guardia nur mit einer contraguardia beantwortet werden. Unter beiden verbarg sich eine Überlegung über die eigene Disposition und über die Absichten des Gegners. In den Phasen des Zögerns, als posture oder guardie kodifiziert, wurde doch Mimesis in dem instrumentellen Rahmen um den Preis von Leib und Leben geübt. Darin kann man eine formale Analogie zur Posa während der unbetonten Taktteile und zwischen den positiv bewegten Elementen des Kanons aufdecken. Misura stand auch im fechterischen Vorgang für das Prinzip, durch dessen Herrschaft längst nicht mehr alle Mittel erlaubt, nicht mehr alle unter Banausen möglichen Angriffsweisen denkbar waren. Es herrschte in der Form der zeitlich quantitativen Ordnung des Rhythmus. Dessen Inhalt waren Zeiten zum Parieren und Zeiten zum Angreifen, die gekannt und erkannt werden mußten, wollte man nicht »irren und tausend Gefahren laufen«.[79] »Deshalb hat jede Bewegung des Handgelenks, des Degens, des Fußes, der Taille (...) ihre Zeit«, so daß »all dies tempi sind, da sie verschiedene intervalli in sich haben.«[80]

Der Begriff der Taille (vita) taucht übrigens nicht nur hier auf; er spielt auch in dem Kapitel »guardie, o vero posture«[81] eine zentrale Rolle. Die Vorbereitung zum Angriff wird im Sinne eines »portar bene il corpo«[82] von einer richtigen Haltung her aufgebaut: »macht euch bereit mit festen Füßen, mit gerader Taille, den Degenarm gestreckt und stark zum Parieren und Verletzen.«[83] Viele Abbildungen zeigen, daß allerdings die Haltung der Fechter auf einem festeren Stand als die der Tänzer aufgebaut werden mußte. Der Schwerpunkt war noch nicht so deutlich nach oben hin stilisiert, obgleich auch die hier stabilere physische Position und Bewegungsweise nicht mit dem disponierenden Verstande harmonierten, sondern unter dessen Primat zum materialen Vehikel der kalkulierten Operationen gemacht wurden. Die äußerste Deutlichkeit für den hoch fixierten Schwerpunkt dürfte in der damaligen Praxis bei dem sogenannten Knotensprung Carosos erreicht worden sein.[84] Ein Tänzer mußte mit der Spitze eines gestreckten Beines die Quaste einer herabhängenden Kordel berühren. Die Quaste wird auf den Abbildungen einmal in Brust-, einmal in Hüfthöhe gezeigt. Eine derartige Bewegung ist dem naturwüchsigen Zusammenspiel von Bein- und Leibesmuskeln entschieden zuwider. Das Strecken der Gelenke von Knie und Ferse muß durch eine Straffung des Rumpfes ausgeglichen werden. Vor allem muß eine neue, unsichtbare Art gefunden werden, in der das Gewicht des abgespreizten Beines ausbalanciert werden kann, wenn man sich nicht zu diesem Zweck hintenüberlegen darf. Dies geht nur, indem Muskelspannung und Gewicht im Brustraum konzentriert werden, so daß die Bauchmuskeln, ungehindert von der Fülle der Eingeweide, zusammen mit der unteren Rückenmuskulatur für die Regulierung der Position des Beines eingesetzt werden können. Bei einer solchen Haltung kommt zugleich auch eine klare waagerechte Symmetrieebene durch die Taille zustande. Schematisch entsprechen sich Beine und Arme als unten und oben. Dabei wirkt sich die Brechung der Oben-Unten-Symmetrie durch eine Rechts-Links-Symmetrie äußerst günstig auf die Balance nach den Seiten aus; im Tanz wurden rechtes Bein und linker Arm vorgestreckt. Zum Marschieren wurde die Balance außerdem rückwärts durch einen zurückgeworfenen rechten Arm zusätzlich stabilisiert.

Die Lehre vom perfekten Sprung

Ein Traktat von 1549, betitelt ›Drei Dialoge über die Übung des Springens und des Überschlagens in der Luft‹[85], behandelt, ähnlich wie Giganti das Fechten, nun die Kunst des Sprungs. Er soll hier abschließend herangezogen werden, weil in ihm wichtige ergänzende Argumentationen enthalten sind; außerdem werden dort gleichzeitig Fragen des Tanzes und der Ballette ausführlich behandelt. Das darf in einer Zeit nicht erstaunen, in der die neuen Ordnungsprinzipien verschiedene Sportarten zu ebenso ernsthaften Betätigungen machten, wie es heute die Künste sein sollen, und der choreographierte Tanz als solcher auch nur wie jene als ein Zeitvertreib galt, freilich weit weniger nützlich als die Ertüchtigung für Krieg und Friedenszeit.[86] Die Bedeutung der großen Hofballette wird an keiner Stelle in solchen Zusammenhängen erwähnt. Es ist, als sei der Tanz, der das Medium der Staatsaktionen war, gar nicht zu einer eigenen Dignität gelangt. Soweit ich sehe, widerspricht nichts einer These, Choreographie habe von der tänzerischen Bewegung her im sechzehnten Jahrhundert keine einigermaßen gewichtige Autonomie zuerkannt bekommen: Sie war mehr *Mittel der Ausbildung von konvenabler Haltung* der Standespersonen – sowie der ihnen sich mit neuem

Selbstbewußtsein an die Seite stellenden Großbürger. Im übrigen diente sie den musikalisch und dichterisch, vor allem mythologisch inhaltlich bestimmten Ballets de Cours zum Vehikel. Um so notwendiger scheint mir zu sein, daß ein Exkurs über die Geometrisierung menschlicher Bewegungsweisen allgemein dazu beiträgt, die Diskussion von Tanz im sechzehnten Jahrhundert aus dem bloß künstlerischen Interpretationsrahmen zu befreien. Ein vernünftiger Begriff von Ästhetik erfordert das ohnehin.

Bei dem italienisch-französischen Autor Tuccaro finden sich die Topoi der übrigen Traktate wieder. Im Vorwort dankt er Gott, daß es ihm als erstem gelungen sei, »jenen wunderbaren Sprung unter gewisse Regeln und bestimmte Maße zu bringen (soubs régles & mesures certaines)«.[87] Er betont für Tanz und Sprung gleichermaßen die Notwendigkeit von »mesure & cadence«.[88] Systematisch verstand er den schnellen Lauf als eine Folge von Sprüngen, das heißt, er fand ein gemeinsames Ordnungsprinzip für beide.[89] Tuccaro unterschied vier Arten von Sprüngen: die außerordentlich sportlichen Luftsprünge, »um den Körper beweglicher und freier zu machen« (plus agile & dispos), das Vorkommen von kleinen bis großen Sprüngen im Tanz, den Sprung im alltäglichen Sinne und im unreflektierten Gebrauch, schließlich die Übung der Pantomimen für »agilité, dexterité & bonne grace«.[90] Der Sprung, bei dem der Mensch sich in der Luft überschlägt, war die eigentliche Domäne des Autors, der darin Kaiser Maximilian II. und Karl IX. von Frankreich unterrichtet hatte. Die Schautafeln sind auch Versuchen gewidmet, die Situationen von Anlauf, Absprung, Überschlag und Aufkommen more geometrico zu konstruieren und die richtigen Haltungen und Bahnen entsprechend zu bestimmen. Alle Bewegungen außer der Kreisbahn ermangelten jeglicher »reigle determinee«, so daß diese zum zentralen Konstruktionsprinzip wurde. Dabei berief sich der Autor nicht auf Plato, sondern auf Aristoteles, und verband mit dem Kreis nur formale Idealvorstellungen: Sein Diameter ist »die Senkrechte, welche die Form der Bewegung um den Mittelpunkt bestimmt, der beständig an jenem Ort sich findet, der nach allen Seiten gleich weit von der Kreislinie entfernt ist«.[91] Danach wird die Lehre vom perfekten Sprung auf die Mathe-

matik aufgebaut. Dieser wird aber nicht nur als gewissermaßen exakte Wissenschaft konstruiert; er wird als »l'Art du
Saut« auch aus den gegebenen Erfordernissen eines Körpers,
der zum Beispiel durch vorbereitende Übungen die rechte
Temperatur bekommen müsse, und dem anatomisch festgelegten Zusammenspiel der Glieder und Muskeln geformt.
Vereinigung beider Seiten war das Ziel: »Man muß beachten,
daß die Glieder, um den richtigen Sprung zu machen und sich
zu erheben, zu drehen und den Sprung zu beenden, sich mit
Hilfe dieses Sprunges aufeinander einstimmen und einander
antworten, indem sie sich so vereinigen, wie es mehrere Linien
tun, die kreisförmig dem Zentrum entsprechend gezogen werden.«[92] Der Primat der vom Verstande konzipierten Regeln
wurde behauptet, ohne daß die Natur zur bloßen bestim-
mungslosen Substanz erniedrigt werden sollte. »Ich spreche
von den Dingen der Natur, weil die Kunst aus sich weder sein
kann noch ihre Wirkungen zeigen kann außer durch das Mittel
der Natur. Zum Beispiel wäre die Kunst des Sprungs, der Ballette und des Tanzes nichts, gäbe es nicht die Bewegung, die
eine Wirkung der Natur in uns ist, um ihre Funktionen auszuüben, als ein unfehlbares Mittel, um zu laufen oder zu springen; wir können das sogar recht oft mit Kunst nicht besser als
ohne; aber die Kunst ist geeignet gemacht worden, um die Bewegung unseres Körpers mit mehr Grazie anzuordnen und zu
regulieren, als die Natur uns zur Verfügung stellt.«[93]
Die Dichotomie in allgemeine Beschäftigung mit den Elementen und den Regeln des Kanons und deren jeweilige Zusammenfassung in der konkreten Anwendung, die sich bei Giganti in
scienza demostrativa und essercitata beziehungsweise artificiosa und naturale zeigte, wurde bei Tuccaro an theoretischem
Verständnis und praktischem Handeln festgemacht. Sicherheit
werde nicht allein in der Praxis, sondern auch im Verständnis
der Regeln geboren.[94] Die sonst behauptete Harmonie von
Natur und Verstandesprinzipien, die mit der fortwährenden
Berufung auf Aristoteles und auch Plato beschworen wurde,
brach an dem zentralen praktischen Problem auf, der Erdanziehung. Gegenüber der äußeren Natur ließ Naturbeherrschung sich nicht einfach unter Harmonie eskamotieren: Sollte
der Sprung in die Luft gelingen, so war es notwendig, »daß

der Körper gegen die Natur der Schwere sich sammele«.[95] Die autonomere Organisation oder die Raumverteilung der Glieder mußte aus den eigenen Kräften des Körpers nach dem Prinzip dieser Organisation gegen die Gravitation realisiert werden. Die Kräfte des Menschen hatten dem Kalkül zu gehorchen; also mußte man »durch die notwendigen Regeln die materielle Schwere seines Körpers beherrschen«. Die praktische Maxime hieß, alle Umstände im voraus bedenken. Tuccaro machte den Versuch, dieses abstrakte Disponieren im technischen Sinne mit der Platoschen Lehre von den Ideen gleichzusetzen. So wahr der Zusammenhang letzten Endes für die konkrete historische Funktion der frühen griechischen Metaphysik ausgesprochen sein mag, so wenig läßt sich die Vorstellung für das Verhältnis einer Praxis des sechzehnten Jahrhunderts zur Philosophie Platos behaupten. Unbeabsichtigt zeigt Tuccaro, wie eine metaphysische Philosophie sich aus der Praxis abheben kann. Inzwischen hatten Beobachtungen und Berechnungen dazu geführt, daß man sich weder blindlings noch im reinen Vertrauen auf ein spontan objektgerechtes Verhalten in eine Situation stürzte; sondern sie wurde zuvor mit Hilfe des Verstandes in typische Elemente zerlegt, bis man zu einer theoretischen Handlungsanweisung kam. Zwar sind die Körperkräfte und die anatomischen Bestimmtheiten des Menschen unabdingbare Voraussetzung, doch muß man, nachdem man »die Gründe und Prinzipien von allem untersucht hat«, das Entscheidende (les principales parties) hinzutun, um willkürlich ein synthetisches Ganzes zu erzielen: »la disposition, proportion & mesure«.[96]

Die Berufung auf Plato hat hier eine apologetische Funktion. Daß die Idee eines Hauses vor allen realen Häusern da sei, war nicht so gemeint, als habe jedesmal ein Architekt den Entwurf gemacht, bevor er ausgeführt wurde, wie Tuccaro es darstellt – zugleich auch wieder auf Aristoteles sich beziehend. Freilich mag, wie angedeutet, versehentlich in der falschen Anwendung ein Stück materialistischer Philosophiegeschichte geleistet worden sein zu dem Zeitpunkt, da die Ideengeschichte als Hilfskonstruktion für instrumentelle Vernunft in praktischer Orientierungsnot gebraucht wurde. Trotz langen Reden über die Bekömmlichkeit von mäßiger Bewegung für die

Seele, der Plato solche Selbsttätigkeit im Erkennen zugeschrieben habe[97], verlacht Tuccaro an späterer Stelle seines Buches die Vorstellung, Übungen des Körpers würden nur dann eine heilsame Belebung des Atmens bewirken, wenn sie in dem entsprechenden Bewußtsein ausgeführt würden.[98] Für den Körper seien, wie für einen anderen Mechanismus, bestimmte Operationen förderlich, andere unzuträglich; die »Seele« brauche sich damit nicht abzugeben. »... das körperliche Befinden und die Natur des Menschen macht sich folglich nichts daraus; es ergeht ihr besser oder schlechter auf Grund einer bestimmten Betätigung und Bewegung des Körpers, ob er nun die Absicht oder den guten Willen sich zu üben hat oder nicht. Denn das hat für das Befinden der Person nichts zu bedeuten, noch für das Wesen oder die Grundlage der Übung, ob sie nun so ausgeführt werde oder nicht.«[99]

Die auch in dem Sprungtraktat gewählte Dialogform zeigt wiederum an, daß der Autor gegensätzliche Positionen nicht ganz entscheiden zu können glaubte und deshalb es zum Teil bei deren Darstellung bewenden lassen wollte. Dadurch ist es sehr schwer, den Stellenwert eines einzelnen Arguments auszumachen. Meist kommen verschiedene Stellen zusammen, die gemeinsam eine bestimmte Interpretation erlauben. Auch ließ Tuccaro die Gesprächsgegner dann, wenn sie für die bessere Einsicht stritten, auf höherem Niveau argumentieren; der andere wußte sich dann nur auf Klischees zurückzuziehen, während ihm der Vertreter der fortgeschritteneren Vernunft entgegenhielt, man müsse nach verschiedenen historischen Situationen differenzieren. So durfte der Verteidiger des choreographierten Tanzes den Vorwurf, aller Tanz sei aus der Trunkenheit entsprungen, abwehren, indem er auf die völlig veränderte Bedeutung im geregelten modernen Ballett hinwies. Umgekehrt wurde auf die gleiche Weise das Argument gegen gymnastische Übungen zurückgewiesen, diese seien grausam und barbarisch, weil sie von den Gladiatorenkämpfen abstammten. Für eine wichtige Stelle scheint mir leider dennoch nicht festgestellt werden zu können, ob sie das letzte Wort zu der Frage nach dem Verhältnis von körperlicher Bewegung und geistigem Herausarbeiten von Sinn ist oder nicht: »... ist es doch ziemlich unmöglich, daß wir, während wir mit den mechanischen Dingen der körperlichen Vorgänge beschäftigt sind, nicht zu zerstreut sind für Kontemplation und schöne geistige Vorstellungen.«[100] Immerhin läßt sich die simple Identifikation von körperlichen Prozessen mit Mechanik nicht ganz wegdiskutieren, und die Verbannung von geistiger Arbeit – außer der für die Dispositionen notwendigen, in einem bescheidenen Sinne auch noch mimetischen, Beobachtung eines Gegners – aus der Reflexion auf den eigenen Körper würde nur zu gut in die aufgezeigten Tendenzen der Epoche passen.

Deren Zusammenhang mit den historischen Prozessen drückt sich in diesem Traktat mit einer Deutlichkeit aus, die für das fünfzehnte Jahrhundert noch undenkbar gewesen wäre. Das Argument, Körperübungen müßten im Bewußtsein dieses Tuns ausgeführt werden, war mit der Begründung verbunden, andernfalls hätten die jeweiligen Partien des Leibes »eher gearbeitet als sich geübt« – »wie die Sklaven und andere, die zu tun haben, was man ihnen befohlen«.[101] *Die unüberbrückbar gewordene Unterscheidung von körperlicher Übung und materieller Arbeit wird mit aller Härte festgestellt.* Gleichzeitig wird diese Handarbeit zum moralischen Kriterium bei der Beurteilung, ob die Armen eine Lebensberechtigung haben oder nicht. Wie die Medizin kranke Glieder abschneide, um die gesunden zu erhalten, und die Justiz die Übeltäter verbrenne, so müsse eine gute Regierung auch Faulenzer und Vagabunden vertreiben, damit alles seine Ordnung habe. Es gebe nunmehr ehrenlose Nichtstuer, »die von dem Schweiß und auf Kosten anderer leben«. »Solche Leute«, »die nicht wissen, was sie tun sollen, geben sich den Kartenspielen, dem Würfelspiel und dem Federball nicht hin, um sich die Zeit zu vertreiben, nach der Gewohnheit einer ehrenwerten Erholung, sondern nur, um Geld zu machen und fremdes Gut an sich zu raffen.«[102] Es handelte sich dabei um Menschen, die als Mitglieder feudaler Gefolgschaften dem Rentabilitätsdenken ihrer Herren zum Opfer gefallen und auf die Straße gesetzt worden waren oder die als verarmte Adlige durch die zentralistischen Bereicherungsmethoden der Krone Funktion und Unterhalt verloren hatten. Die Phänomene sind nur zu bekannt für die Phase der sogenannten ursprünglichen Akkumulation des

Kapitals. Wo ihre eigenen Lebensbedingungen in Mitleidenschaft gezogen wurden, beklagten sich denn auch die Privilegierten über den Verfall der guten alten Sittlichkeit. »Seit man die Nützlichkeit der Ehrlichkeit vorzieht, ist es unmöglich, nicht von jenem Laster der Raffsucht erfaßt zu werden, das uns dazu bringt, dem Profit die Ehre hintanzustellen (postposer l'honneur au profit).«[103] Die strenge Moral gegen die Nichtstuer wurde zwar grundsätzlich auch gegen die Herrschenden gekehrt, die nur zur Ertüchtigung für den Kriegsdienst sich den ausgleichenden Übungen hingeben sollten; doch konnte ein Amt für eine Tätigkeit und diese für eine Berechtigung gelten, auch wenn sie nur dazu betrieben wurden, »ihrem Ehrgeiz und ihrer Raffsucht zu dienen«.

So konnte eine Sphäre freierer Betätigung für die Privilegierten faktisch gewahrt werden, die sie sich gleichzeitig mit ihrer eigenen Leistungsmoral und unter den schweren Bedingungen einer Sicherung des Überlebens im politischen Machtkampf vergällten. Bereits damals begann die mühselige Arbeit zum Konstituens von Freiheit zu werden: »Doch dies tut man in den Stunden der Muße und der Ruhe, um danach besser gerüstet zu sein für die gewöhnliche Ausübung der Arbeit, und so nützen sie auch die Menschen von Geist und Urteil zu geeigneter Zeit.«[104] Der Triebverzicht war das verinnerlichte Prinzip der Naturbeherrschung auch am eigenen Leibe der Menschen. Zärtlichkeiten beim Tanze wurden wütend als Laster und Ehrlosigkeit verdammt – nicht allein von Moralpredigern, sondern mitten in diesem Lob des Tanzes.[105] Daß nur die in den Provinzen ohne kunstvolle Regeln und Maß geübten Tänze – »sogar unter plebejischen Leuten« – die motorische Seite und selbst bestimmte pantomimische Fähigkeiten entwickelten, aus denen der vornehm restriktive choreographierte Tanz seine lebendige Nahrung ziehen mußte, sah auch Tuccaro. »Was in den Hoftänzen fehlt« – so Curt Sachs – »muß der Bauerntanz der ländlichen Gegenden beibringen.«[106] Letzten Endes konnte sich das Argument aber nicht durchsetzen.[107] Dazu war die Forderung nach einer überschaubaren Ordnung zu notwendig und die Forderung nach einer bewußten Haltung gegen bloße Naturwüchsigkeit noch zu schwer zu realisieren. So wurde denn alles in den

Dienst einer Strategie der Schaffung von formaler Einheit gestellt.

Eine Passage des ›Dialogue‹ gibt genau an, warum die Stilisierung unter dem Begriff »portar il corpo« oder »portement de la personne« so wichtig war: Die Vergesellschaftung der Menschen sollte in der ökonomischen Ausnutzung ihrer Kräfte effektiv, in der Zentralisierung von Willensbildung überschaubar und kalkulierbar gemacht werden. Dieser Prozeß setzte gerade an der Erscheinung an, wo er sich eigentlich noch nicht durchgesetzt hatte; er begann bei den Demonstrationen. Die von der Handarbeit Freigesetzten mußten auf eine sublimierte Weise denselben Prinzipien von Nützlichkeit und Ordnung unterworfen werden, die gegen die Beherrschten als Forderung von Fleiß und Subordination erzwungen wurden. »... wenn Sie jemals das Verhalten eines Ballettmeisters beobachtet haben, werden Sie nichts bemerkt haben in seiner Schule, was nicht unmittelbar auf die Tugend und wahre Selbstbescheidung hinarbeitet; dabei wird sogar gerügt und mit großer Strenge zurechtgewiesen, wer aus Unwissenheit oder gar aus einer üblen Neigung unaufhörlich den Kopf hin- und herbewegt – das ist sehr ungefällig – und sich in verschiedene Gestalten verwandelt wie ein Protheus, indem er bald die Augen im Kopfe dreht und sie im Saal umhervagabundieren läßt, bald den Körper zu sehr ohne jede mesure der Schritte beugt oder sich mehr nach der einen als nach der anderen Seite neigt und hängen läßt und dergleichen unzivilisierte, ehrlose Haltungen mehr zeigt.«[108] Alles, was als undiszipliniert und triebverfallen disqualifiziert werden sollte, mit der Vielgestaltigkeit des Protheus zu identifizieren, war ein Topos der Zeit. Es ist eine der typischsten und wichtigsten Formen, in denen an die antike Mythologie angeknüpft wurde. Das Circeballett von 1581 erfordert intensive Behandlung dieses Zusammenhangs, so daß er hier nur gestreift zu werden braucht.

Unterdrückung der inneren Natur – Sport

Dagegen muß an dieser Stelle mit großem Nachdruck darauf hingewiesen werden, wie deutlich schon früh die Weichen einer Entwicklung gestellt worden sind, deren Konsequenzen in heute noch zunehmender Rigorosität unsere gesellschaftliche Organisation bestimmen, die »den Menschen fast nur noch zum unpersönlichen Träger objektiv-sachlicher Leistungen ausbildet und das personale Subjekt im Menschen übersieht«[109], wie sich Karlfried Graf Dürckheim in seiner Kritik des modernen Leistungssports ausdrückt. Er sieht zugleich auch richtig, daß der Sport nur Teil und Paradigma für die Unterdrückung der inneren Natur der Menschen allgemein ist, die Dürckheim freilich nicht auf politökonomische Zusammenhänge bezieht. »In dieser Frage meldet sich im Reich des Sportes die gleiche Forderung, die sich heute auf allen Gebieten des Lebens erhebt, wo Menschen im Leistungseinsatz stehen: Die Forderung nach einer Revision des Verhältnisses von Mensch und Leistung.«[110]

Es ist notwendig, schon für eine Epoche, in der die damals anstehenden Verhältnisse eine entsprechende Charakterisierung noch nicht in ihrem vollen Sinne zulassen, von der Verdinglichung der Menschen – wie der äußeren Natur – zu sprechen, insofern *die innere Natur als Ding behandelt, zum Ding gemacht wurde*. Überhaupt lassen sich die Übergänge zwischen Formation und Deformation, ebenso zwischen innerer Natur und den Spuren der Geschichte in der menschlichen Physis weder genau bestimmen noch abgrenzen. Auch deshalb muß die Unterdrückung der inneren Natur am *anderen* Menschen im systematischen Zusammenhang der Klassenausbeutung zum entscheidenden Kriterium erhoben werden, über das auch die nicht in der Produktion zu identifizierenden Formen rückwirkend interpretiert werden. »Erst Kultur kennt den Körper als Ding, das man besitzen kann, erst in ihr hat er sich vom Geist, dem Inbegriff der Macht und des Kommandos, als der Gegenstand, das tote Ding, ›corpus‹, unterschieden. In der Selbsterniedrigung des Menschen zum corpus rächt sich die Natur dafür, daß der Mensch sie zum Gegenstand der Herrschaft, zum Rohmaterial erniedrigt hat.«[111] Der subjektivische Begriff der Rache der Natur verdeckt eher den Zusammenhang zwischen der Unterdrückung von äußerer und innerer Natur, der historisch sich doch nur vermittelt über die Klassenherrschaft und als reziproke Entleerung eines Subjekts darstellt, das die Naturgegenstände zu instrumentell gefaßten Dingen der Produktionsgeschichte macht. Trotzdem enthält die Stelle von Adorno und Horkheimer die richtige strategische Parole. Es geht nicht darum, die Beherrschung zu ächten. Gewiß müssen die Menschen ihren Körper, ihre Natur beherrschen: so vollkommen wie möglich, das heißt bis zur äußersten Differenzierungsmöglichkeit und Bewußtheit. Doch müssen sie zugleich auch diese Natur stark machen, ihr eigenes Bewußtsein auch dem Material leihen gegen den Herrschaftsanspruch. *Sie müssen auch die Möglichkeiten und die Wünsche, die in ihrer Physis sich manifestieren, behaupten.* Anders gäbe es nichts mehr zu beherrschen; ohne den je besonderen Widerstand der Natur sind alle Disziplinierungsformen gleich, und zwar gleich in der absoluten Unmöglichkeit zu existieren. Wie im Bewegungsapparat immer ein Muskelsystem bei einer bestimmten Bewegung von einem sinnvoll entgegenwirkenden kontrolliert wird, so gilt es auch *der Natur mimetisch in ihrem An-sich nachzugehen, wenn sie nicht in dem brutalen Für-uns untergehen soll.* Gewiß wird auch das An-sich letztlich wieder auf uns bezogen, aber doch auf einem langen Vermittlungsweg, der nur dadurch gesichert werden kann, daß wir uns auf die je auftretende Natur außer uns wie in uns zunächst einmal als solche, als Neues und als ein Gegenüber beziehen.

Statische Formen statt Kompositionsprinzipien

Endlich sind die Ausführungen von Tuccaro auch deshalb von besonderem Interesse, weil es keine andere Quelle zu geben scheint, in der auch nur ansatzweise wie hier theoretische Überlegungen zur Komposition von Choreographien als Ganzem zu finden sind. Sie gingen auf in Tanzwegen, deren Bestimmtheit verschiedene Richtungen innerhalb des Koordinationskreuzes einer Tanzfläche lieferten: Vor und Zurück, Geradeaus und Diagonale, Gänge auf Dreiecken, Vierecken, Kreisen und so fort. Topographisch realisiert, brachte das Symmetrieprinzip eines der wenigen choreographischen Kompositionsprinzipien zum Vorschein; die Gaillarde, Prototyp der Tänze des sechzehnten Jahrhunderts, wurde vorwärts, rückwärts, seitwärts und in der Diagonalen getanzt.* Dem rückwärts, seitwärts und in der Diagonalen getanzt.* Dem Zusammenspiel und der Auswahl der Richtungen wurde keine eigene Bedeutung zugeschrieben. Schönster Ehrentitel für Balthasar de Beaujoyeulx war die Formel »Geometre, inventif, unique en ta science«.[113]

Als Sinn wurde ihnen die Analogie mit einem bestimmten Inhalt zugeteilt, mit den Bewegungen der Sterne: »jene schönen und unterschiedlichen Bahnen, gerade und gebogene, die mit so viel Anmut gezogen werden, sind dieselben Konjunktionen und Oppositionen, drei-, vier- und gar sechseckige Formen, die fast täglich zwischen den Planeten und ihren Sphären am Himmel auftreten.«[114] Der Einfluß des Neuplatonismus ist völlig unverkennbar. Aber nicht die Idee einer Selbsterkenntnis im Anderen und der mit dem Begriff Liebe gleichgesetzte Erkenntnisbegriff wurden aufgenommen, wie sie Ficino zu einer spezifischen neuen Bedeutung geführt hatte. Vielmehr gerade jenes statische Gerüst der Tradition, an dem die Florentiner Schule nur ihre eigenen Interpretationen festgemacht hatte. Die Kosmogonie war inzwischen wieder der adamitischen und orphischen Dimension beraubt. Das einfache Faktum der Regelmäßigkeit von Sternbahnen war übriggeblieben und diente als unverbrüchliches Modell für Anstrengungen, ein schematisches System von Ordnungsprinzipien zu konzipieren. Die wichtige Rolle der Astronomie in dieser Zeit und ihr enger Zusammenhang mit astrologischen Tendenzen berechtigt sogar zu der Behauptung, das Ordnungsmodell von geometrischen und damit berechenbaren Sternbahnen habe *geradezu als Bürge für die Möglichkeit von Ordnung in der geschichtlichen Welt* gedient. Damit war der Tanz in einem ganz veränderten, jenem Ursprung äußerst fremden Kontext dennoch unter einem Aspekt zu einem frühen Stadium seiner Geschichte zurückgekehrt. Die religiösen Schreiterituale etwa Ägyptens hatten die Aufgabe, die als unumstößlich beobachtete Ordnung am Himmel der Gestirne und die das Leben garantierende Wiederkehr der Sonne auf ihrer täglichen Kreisbahn zu beschwören. Noch Ende des siebzehnten Jahrhunderts erinnerte der Père Menestrier an diese Vergangenheit des Tanzes.

* Curt Sachs bezieht sich dabei auf Sir John Davies und den Père Mersenne.[112]

Die Regeln II:
Variation und Entfaltung

Wie vorherrschend immer der schematisierende und quantifi-
zierende Einfluß der positiven Regeln tatsächlich war, es
mußten doch auch andere Seiten in irgendeiner Weise zum
Zuge kommen. Vor allem deshalb, weil solch strenge Klassifi-
kation des Materials selbst dazu tendiert, neue Differenzierungen aus der Sache zu produzieren. Die Gründe dafür
wurden bereits im ersten Band erörtert. Quantitative Zuordnungen und die über sie möglich werdende Kommensurabilität
des Verschiedenen sind nicht allein ein formales Verfahren,
durch das die Elemente eingehender bestimmt werden. Alle
inhaltliche Bestimmung der Konstituentien eines Kanons, wie
das Schrittrepertoire des Quattrocento ihn darstellte, muß
derart eindeutig an äußerlich rationale Ordnungen gebunden
werden, daß die Besonderheit im Vergleichbaren mit aus-
reichender Bestimmtheit gegenüber dem Kontext auftreten
kann, um nicht wie eine Beschwörung im Nebel der Unwägbarkeiten zu versinken. Anders kann »rational Identität«
nicht das »Nichtidentische« einbeziehen.[114a] Freilich waren die
Menschen im Zugriff des Verstandes, wie er sich an den zitierten Quellen des sechzehnten Jahrhunderts zeigt, viel zu sehr
durch die Anstrengungen dieses Zugreifens beansprucht und
von den ersten Erfolgen eingenommen, als daß in den ängst-
lich eng geknüpften Maschen des Koordinatensystems noch
viel Raum für jene Entfaltung des Besonderen geblieben
wäre.
Dennoch zeigten sich Ansätze dazu. Für den großen Architekten der dritten italienischen Generation seit Alberti, der Zeitgenosse Cornazanos gewesen war, stellt Wittkower fest:
»Hinter Palladios nüchternen Regeln steckt gewöhnlich mehr
Nachdenken und angehäufte Weisheit, als es dem modernen
Leser scheinen mag.«[115] Freilich sollte man sich gerade nicht
auf das subjektive »Nachdenken« des Künstlers oder Autors
beschränken; vielmehr die unbeabsichtigten Implikationen
von Material und dessen Anordnung über die erklärten Regeln hinaus interpretieren.

Es wurde schon darauf hingewiesen, daß mit der Auflösung
der ihrem Wesen nach einst an bestimmte misure gebundenen
Schrittgruppen durch die egalisierenden Regeln viele Schritte
verselbständigt wurden. In dieser Selbständigkeit wurden sie
auch allen regelrechten Variationen unterworfen, so daß neue
Bewegungen entstanden. Insbesondere wurden die Zierbewe-
gungen des quattrocentonischen Kanons weitgehend zu selbständigen Elementen des neuen Repertoires. Die Entwicklung
zeigt sich exemplarisch an den battute, die bei Caroso noch
eine Markierung des Taktes mit dem Fuß, als »Stampfer«
übersetzt, bedeuteten und gerade am Ende der hier behandelten Epoche an Raummaß und an Bedeutung gewannen. Ingrid
Brainard erklärt: »Dies ist das letzte Vorkommen des Begriffes in dieser Bedeutung; C. Negri, ein Zeitgenosse des
Caroso, versteht unter ›battere‹ bereits ein ›battement‹ im an-
nähernd modernen Sinne.«[116] Zu dem Auftreten dieser Bewegung in ihrer frühen Form als Abschluß der »reprisetta«
Cornazanos führt sie aus: »Um ein ›battement‹ im klassischen
Sinne kann es sich hier nicht handeln, weil das Tempo der
Quadernaria* für eine solche virtuose Zierbewegung – wenigstens im Rahmen der technischen Möglichkeiten des Quattrocento – zu eilig war.«[117] Das egalitäre Schema Negris erlaubte
es, daß die Virtuosität sich voll entwickelte und den akziden-
tellen, den Ziercharakter der Bewegung abstreifte. Auf ähnliche Weise entstand aus dem »cambio«, oder der »scambiata«,
beziehungsweise aus dem »découpement« von Arbeau ein
eigener Schrittyp, der als »coupé« im klassischen Ballett in
ganz unterschiedlichen Abfolgen Verwendung fand. Gewisse
Ausgestaltungen der Ausführung wurden so variiert, daß sie
den Grund zu wiederum neuen Bewegungen legte, die später
unter eigenem Namen in den verschiedensten Kombinationen
auftreten konnten. Negri unterschied beim »tremare dei
piedi«, das dem Tanzen besondere Anmut verleihe, drei Formen.[118] Eine davon, »tremare il piede movendolo da tutte due
le bande«, könnte ein Vorläufer des klassischen »petit batte-

---

* Quadernaria heißt die zweite der vier misure von Domenico bis Cornazano.

ment« sein. Einen anderen Entwicklungsstrang verdeutlicht die Geschichte des fioretto. Im fünfzehnten Jahrhundert war er nur einmal in einem Ballett des Kodex Giovanni Ambrosio vorgekommen; man weiß lediglich, daß er als »fiore giare« an die Gruppe von »salti & volte tonde« angehängt wurde, die nur in kurzen, die Beine der Männer frei lassenden Röcken ausgeführt werden sollten.[119] Bei Arbeau spielte der »fleuret« bereits eine wichtige Rolle, indem er zu einem Hauptelement der Fünfschrittfolge wurde: »deux fleuretz, un sault maieur & une posture font les cinq pas.«[120] Auch bei Caroso kommt der fioretto häufig vor; das heißt, nicht allein in den Gagliarden und in nur einer Form, sondern in vier verschieden ausgeführten Versionen und auch für andere Tänze. Ingrid Brainards Ansicht, dort habe er »ausschließlich als Ornament« gedient, scheint mir wesentlich erweitert werden zu müssen, und zwar bereits aufgrund des von ihr zur Begründung angeführten Zitats. In der ›Nobilità di dame‹ heißt es: »Wenn keine Fioretti hineingemischt werden, ist es totes Handeln (un'attione morta); doch durch die Ausführung dieser Fioretti schmückt sich und erblüht (s'adorna, & si fiorisce) die mutanza.«[121] Gewiß hatte die Bewegung ornamentierenden Charakter, und das schematische Gerüst der regulierten Schrittfolgen bedurfte dessen ebensosehr, wie an ihm gleichzeitig das Ornament auch zum bloß äußerlich angehefteten Schmuck einer sonst zu nackten Konstruktion herabkam. Im Ornament wurde eben nicht mehr ein Sinn gesucht und gesehen, in dem der Gehalt des aus den festen Grundschritten errichteten Ganzen expliziert worden wäre. Der Hinweis, ohne den Fioretto sei die ganze Folge »un'attione morta«, führt aber doch weiter, nämlich darauf hin, daß er zugleich eine »überleitende und bindende Funktion erfüllt«, wie die Autorin selber ausführt. »Der Tanzende kann aus dieser offenen Endposition mit jedem beliebigen Schritt in jede gewünschte Richtung weiterschreiten.«[122]
Im sechzehnten Jahrhundert fehlte es an Überleitungen, die sich aus einem gewissen inneren Zusammenhang zwischen der beendeten und der zu beginnenden Folge von Schritten ergeben hätten. Das Posaprinzip, unter dem sich dies im Quattrocento als ein Vermittlungsprozeß im mimetischen Be-

wußtsein entfaltet hatte, war im folgenden zerfallen; dieser Vorgang und seine Konsequenzen sind in einem eigenen Kapitel noch zu behandeln. Nicht mehr wurde Praxis in der Erinnerung zur Reflexionsebene, sondern aufgrund der Verstandesreflexion von Resultaten trat die Kategorie der Beliebigkeit an die Stelle einer Vermittlung inhaltlicher Art. Immerhin kam es auf deren technische Leistungsfähigkeit nun um so mehr an, und der Wunsch nach einer Ornamentierung dürfte sich spezifisch darauf bezogen haben, gerade diese »Überleitungen nicht als bloße Umschaltstellen aus einer Tanzrichtung in die andere, aus einem Schrittfolgetypus in den anderen erkennbar werden zu lassen. In seiner technischen Brillanz war der Fioretto dazu geeignet, nicht nur, weil er sich in ganz verschiedener Weise ausführen ließ, also als gleitender oder gesprungener, par terre oder als temps levé, und ebenfalls in verschiedenen Richtungen, vor und seitwärts«. Eine gesprungene seitliche Version, Carosos »Fioretto battuto al Canario«, ist später zu dem noch heute wichtigen pas de bourrée geworden. Der Schritt könnte vielmehr auch als ein mechanischer Ersatz für eine Vermittlung angesehen werden, da in seiner Abfolge selbst schon die verschiedensten Elemente des Symmetrieprinzips vorkommen, wodurch er die charakterisierenden Merkmale wenigstens sehr vieler möglicher Schritte, zwischen die er gestellt wurde, in einer Mischung vereinigte. Mir scheint diese Annahme nicht allein in konsequenter Weise die Prinzipien der Regeln zu ergänzen, wo diese sich im praktischen choreographischen Aufbau zu bewähren hatten. Sie wird auch durch die grundlegende Bedeutung bestätigt, die der Fioretto bei Negri für die gesamte Gruppe der Gagliarden à contratempo, das heißt übertanzter Zäsuren (»questo non fermarsi«) hatte.[123]

Ebenso zeigt sich in den Ausführungen von Arbeau das Bestreben, ein Schritt solle Vorbereitung des nächsten sein; und zwar ebenfalls nicht im Sinne der Vorbereitung eines bestimmten, sondern möglichst jedes beliebigen Schrittes, der aus irgendeinem Grunde die Choreographie fortsetzen sollte. Es heißt dort zum Beispiel: »Und in diesen vier Bewegungen ist die reprise vollendet und die Tänzer bereitet, den branle oder die anderen nachfolgenden Bewegungen zu vollführen.«[124] Es wurde schon dargestellt, wie präzise etwa die volte in einzelne Phasen des Vollzugs zerlegt beschrieben wurde. Dies diente auch der Vorbereitung einer folgenden Bewegung, in diesem Falle zwar einer ganz bestimmten, der Pirouette – bei den Italienern pirlotta genannt –, doch wiederum nur aus rein technischen Gründen. So wurden in einer bestimmten Ausgangsstellung die beiden Erfordernisse für die gesprungene Drehung am besten gemeinsam erfüllt: Die beiden Füße konnten aus einem festen Stand die Höhendimension des Sprunges vorbereiten, und die gedrehte Schulter gab dem Aufschwung von Anfang an auch schon den richtigen Drehsinn für die Aufwärtsbewegungen.

Damit entstand eine neue Form der Verknüpfung von Schrittfolgen, bei der allerdings das Prinzip der Subsumtion eines vorbereitenden unter einen Hauptschritt vorherrschte. Dadurch kommt der Unterschied zu der scholastischen Begrifflichkeit von movimenti naturali und movimenti accidentali, vor allem aber zu deren emphatischer Umgestaltung im Quattrocento zum Ausdruck. Aufeinander bezogen wurden nunmehr ein bestimmter Effekt und die Aktion, die dessen Durchführung ermöglichen mußte. Über den Sinn des Effektes selbst schwiegen sich die Tanzautoren des sechzehnten Jahrhunderts aus. Nur für vorbereitende Aktionen läßt sich auf die angedeutete Weise ein gewisser, instrumenteller, Zweck ableiten oder sogar als explizites Kalkül nachweisen. Es sei an dieser Stelle nur vorwegnehmend darauf aufmerksam gemacht, daß damit logisch der untergeordneten Bewegung im Zuge eines Prinzips technischer Zweckrationalität immerhin höhere Würde zukommt als ihrem Zweck. Solange und soweit diese Funktion nicht in einem Sinn der zusammengefaßten Figur als ganzer aufgehoben wurde, konnte das auch nicht anders sein. Solche Aufhebung war aber auch darum nicht möglich, weil die beiden Schritte lediglich durch Subsumtion zusammengefaßt wurden.

Aber auch qualitative Beziehungen

Bestimmte nach dem Prinzip quantitativer Steigerung angeordnete Folgen führten dagegen auch zur Entwicklung qualitativer Beziehungen. Das läßt sich zum Beispiel wiederum an der volte bei Arbeau festmachen. »Kleiner Schritt im Sprung auf dem linken, *um* den rechten Fuß emporzuheben« – »größerer Schritt des Rechten« – »großer Sprung« – »posture mit geschlossenen Füßen.«[125] Ein kleiner Schritt bereitet vor (»*pour* faire«), daß ein Bein etwas emporgehoben wird, und ein vergleichsweise größerer Schritt bereitet einen großen Sprung vor; die Art, in der die Füße nach dem Sprung aufkommen sollen, dient zugleich (»posture«) dazu, den Abschluß einer Sequenz zu markieren und damit den ganzen Vorgang als eine Abfolge hervorzuheben. Deren innerem Aufbau dienen folgende Bezugspaare: Von den zwei Schrittfolgen, die nacheinander auszuführen sind, beginnt die erste mit einem kleinen, die zweite mit einem größeren Schritt; dem kleinen Schritt folgt das Emporheben eines Beins, dem größeren ein großer Sprung beider Beine in die Luft; zu diesen beiden einfach gesteigerten Reihen kommt eine komplizierte Beziehung hinzu, die von einem unterschiedlichen Erheben der Füße (»im Sprunge« und »pied en l'air«) im ersten Durchgang hergestellt wird zu dem gleichmäßigen und gleichzeitigen, aber nun in einen hohen Sprung führenden Abheben beider Füße im zweiten; da »sault« und »pied en l'air« nicht gleichzeitig gemacht werden, sondern der kleine Sprung auf einem Bein mit dem vorbereitenden kleinen Schritt kombiniert ist, ergibt sich innerhalb der ersten Schrittfolge nochmals eine Steigerung. Daß in der zweiten Folge der große Sprung allein von einem großen Schritt vorbereitet wird, führt zu einer Asymmetrie. Nur in der ersten Folge wird schon die Vorbereitung mit einer Vorwegnahme ihres Hauptschritts kombiniert. Es wird nicht versucht, sie durch eine weitere Wiederholung des ganzen Vorganges mit einer neuen Spiegelung auszugleichen; vielmehr ist ihre Auflösung in der Kombination des großen Sprunges und der abschließenden Haltung (»posture mit geschlossenen Füßen«) zu suchen. Die Abfolge ist so sorgfältig aus sich überlagernden Symmetriereihen nach in sich gestuften Steigerungen, die sich außerdem ebenfalls überlagern, konstruiert, daß an einer zugelassenen Asymmetrie nicht der ganze Aufbau zusammenbricht: Im Gegenteil kann die durch sie in der Erwartung erzeugte Spannung umgeformt und als weiterer Impuls dem Sprung, der Hauptbewegung, zugeführt werden.

In weniger komplizierten Konstruktionen würde das allerdings nicht gelungen sein, weil dort der Verstand, zu wenig mit der Rekonstruktion nach den Ordnungsprinzipien beschäftigt, ganz der Pedanterie des Nachzählens von Symmetriereihen sich hingeben könnte. Es liegt infolgedessen nahe, hier eine gewisse qualitative Verlagerung innerhalb quantitativer Ordnungsprinzipien, wenn sie nur in genügend großer Zahl kombiniert sind, als *List des Verstandes gegen sich selbst* zu bezeichnen; jedenfalls kommt auf dem bescheidenen Niveau des Verstandes eine Einheit des gesamten Ablaufs in seiner eigenen Überhöhung durch den Sprung zustande, weil in diesem sich mehr ereignet, als was seinem numerischen Grad in der Steigerung von Hüpfer, emporgeschwungenem Bein und Sprung einfach entspräche.

Eine solche Schrittfolge und deren Zusammenfassung mit einer anderen so in strukturalistischer Manier zu analysieren, ist gewiß gerechtfertigt, nachdem sich zum einen herausgestellt hat, daß Kompositionsprinzipien für diese Epoche eigentlich nur ebenso aus den Ordnungsprinzipien des Materials abstrahiert werden können, wie diese ihrerseits aus der Mannigfaltigkeit positiver Ausführungsregeln rekonstruiert werden müssen. Diese Abstraktionen erster und zweiter Stufe können nicht aus allgemeinen Erläuterungen über das Material gewonnen werden. Zum anderen sind spätestens in unserem Exkurs über die Leibesübungen wesenhafte Zusammenhänge der Untersuchungen am Ballett mit dem Verhältnis der Menschen zu ihrer körperlichen Natur in elementaren Bereichen erkennbar geworden. Einer genauen Analyse kommt auch über den immanenten Interpretationsrahmen der Tanzästhetik hinaus eine evidente Bedeutung zu. Insbesondere ermöglicht die eben geführte Untersuchung, den Gedankengang herauszuarbeiten, der einer gelegentlich bei Arbeau zu findenden Formulierung unterliegt; wir diskutieren sie an dem Beispiel aus der »tabulature de la dance des Canaries«. Es heißt dort: »tappemens du pied gauche *causant* pied en l'air droict« und so weiter.[126] Ein leichtes Aufstampfen mit dem linken Fuße *verursacht*, daß der andere Fuß in die Höhe geschwungen wird. Was zunächst als Vorbereitung bezeichnet, als instrumentelle Aktion behandelt wurde, läßt sich nunmehr präziser interpretieren.

Die für die nacheinander auszuführenden Bewegungen notwendigen Impulse wurden weder durch das Ganze der in sich geschlossenen Figur verkettet noch wurden sie als jeweils atomistisch für sich auszugleichende Energiebilanz betrachtet; vielmehr hatte die Tendenz, jede Bewegungsphase gegen die andere als selbständiges Teilstück zu isolieren, dazu geführt, daß diese unter einer Kausalitätsvorstellung wieder aneinandergesetzt wurden. Soweit aus der »List des Verstandes« eine qualitative Verschiebung sich ergab, dürfte diese im wesentlichen gerade von dem so etablierten Kausalitätsprinzip aufgesogen worden sein. Was das im einzelnen bedeutet, ist noch auszuführen.

Planung des Energieeinsatzes

Zweifellos aber kann für alle diese Vorgänge nur von Tendenzen gesprochen werden. Es sind deren mehrere festzustellen, die zum Teil auch gegeneinander verliefen. Das wird vor allem klar an dem Verhältnis von Bewegungsimpulsen und Form. Dieses Verhältnis muß die zentralen Fragen zu konkretisieren erlauben, die bislang nur von der Seite des Problems beleuchtet wurden, wie die Regeln einerseits sich zum Material der Schritte verhielten, wie sie andererseits den Grund abgeben konnten für die Bildung größerer Zusammenhänge, das heißt des Form-Inhalt-Problems auf der technischen Ebene der Elemente und auf der kompositorischen von Ganzem und Teilen. Während für diese beiden Ebenen kaum formale Prinzipien gezeigt werden können, unter denen einwandfrei reproduzierbare, aber im wesentlichen beliebige Choreographien entstehen konnten, haben sich bei den letzten Analysen andere Ergebnisse für die Bilanz der Impulse angedeutet.
Jede Bewegung erfordert einen bestimmten Energieeinsatz. Die Tanzenden können ihn unbewußt aufbringen, indem sie sich auf das konzentrieren, was die Bewegung ihnen bedeutet, und es automatischen Umsetzungen von Intention in Realität überlassen, daß die notwendigen Innervationen gegeben werden. In diesem Falle folgen sie bestimmten Konditionierungen des Zusammenspiels von Motiv, Planung und Ausführung einer Bewegung. Idealtypisch lassen sich drei Gruppen unter-

scheiden, die freilich in der historischen Wirklichkeit kaum mit Bestimmtheit gegeneinander abgegrenzt werden können: Gattungserfahrungen, die zu atavistischem bis instinktivem Verhalten eingeschliffen wurden; Fixierungen, die durch die lebensgeschichtliche Sozialisierung der Individuen bedingt sind; schließlich ein Bereich, in dem sich die Bestimmtheiten der menschlichen Physis spontan in Verhalten und Haltung des Menschen reflektieren.

Die Tanzenden können aber auch die einzelnen Bewegungen isoliert jede für sich üben und so lange ausprobieren, welchen Energieeinsatz die eine und die andere erfordern, bis sie in der Lage sind, präzise die notwendigen Impulse zu dosieren. Dann ist eine absolute Kontrolle über den Kraftaufwand erreicht; sowohl sein Umfang kann willkürlich genau bestimmt werden, wie auch die Richtung, in der er wirken soll – bei tänzerischen Bewegungen heißt das zumeist nicht allein, daß ganze Systeme von Muskeln, die einander zum Zwecke einer bestimmten Bewegung ergänzen, in allen Komponenten überwacht werden müssen, sondern daß mehrere solcher Systeme im Körper gleichzeitig auf verschiedene Ziele gerichtet werden müssen, die zudem bestimmte Interdependenzen aufweisen. Erst wenn diese physischen Zusammenhänge in allen Teilen und als ganze beherrscht werden, kann man von bewußtem, das heißt hier von verstandesmäßig kontrolliertem Energieaufwand sprechen.

Weder der choreographierte Tanz des Quattrocento noch der des sechzehnten Jahrhunderts lassen sich nach einer der Seiten dieses Schemas einordnen, da in ihm offenbar Extreme beschrieben sind. Sie stellen jedoch auch nicht einfach Mischformen zwischen beiden Extremen im aristotelischen Sinne dar. Es muß noch einmal an den Posaprozeß erinnert werden. An ihm wurden Vorgänge entwickelt, die als mimetisches Lernen, auch als mimetische Reflexion des Getanzten im Tanzenden begriffen werden müssen. Obwohl die numerisch rationalen Ordnungssysteme der misure keineswegs bis zu einer verstandesmäßigen Beherrschung und Kontrolle aller einzelnen Elemente des Kanons führten, erschien es doch als notwendig, auch jener mimetischen Reflexion den Rang des Bewußtseins zuzusprechen. Offensichtlich liegen zwei verschiedene Bewußt-

seinsbegriffe vor. Sehr zu Recht ist der eine, an der quattrocentonischen Theorie entfalteten, auf den Begriff des intuitiven Verstandes bezogen worden. Denn was dort bewußt
wurde, war in der Tat ein Ganzes, dessen Teile erst als solche
und für dieses und nicht schon an sich Objekt der Erkenntnis
wurden. Daß solche Erkenntnis nicht kategorial von ihrem
prozessualen Moment, von dem *Vollzug* des reflektierten
Ganzen, abgetrennt werden kann, ist im vorigen bereits
impliziert. *Das Ganze* ist nicht bloß das Abstraktum, das mehr
und anderes ist als die Summe seiner Teile; es *wird mitkon-
stituiert durch das concretum seiner Realisierung.* Deshalb ist
das mimetische Moment erforderlich, dessen Bewußtheit in
der Hegelschen Logik auf der Stufe des Vernunftbegriffes anzunehmen wäre. Die historische Entwicklung, in der dieses
Bewußtsein als illusionäre Vorwegnahme auftrat, zeigt seine
notwendige Funktion und seinen Zerfall. Die Reflexion auf
das Ganze, dessen Teile in sich zwar im fünfzehnten Jahrhundert vom Neuplatonismus nicht mehr als Akzidenzien
einer essentiellen Substanz verstanden, aber auch nicht als
selbständige Elemente Gegenstand erschöpfender rationaler
Reflexion gewesen waren, brach ab. Im Folgenden konnte
diese Auslassung nicht einfach nachgeholt werden. Während
man versuchte, isolierte Teile zusammenzusetzen, wurde die
Kategorie des Ganzen als eines Besonderen aufgegeben.
Dies vollzog sich aber keineswegs auf Grund einer idealtypi-
schen Logik; auch nicht allein, weil polit-ökonomisch die Voraussetzungen für »eine versöhnbare Welt«, wie im ersten Band
ausgeführt, in gar keiner Weise gegeben waren. Es kam eine
kontingente historische Bedingung, den Trend verstärkend,
hinzu. Die weltgeschichtlichen Ereignisse, die in gewisser entscheidender Hinsicht zu einem Abbrechen der italienischen
Entwicklung führten und Frankreich zum wichtigsten Land
werden ließen, waren nur sehr lose auf die Verhältnisse des
Quattrocento vermittelt. Der Umstand, daß die Geschichte
des choreographierten Tanzes im wesentlichen in einem anderen Land fortgesetzt wurde, hat den Bruch erheblich gravie-
render gemacht. Denn in Frankreich, darin grundsätzlich an
die burgundische Tradition angehängt, war im Tanz jene
Emanzipation aus den mittelalterlichen Formen und Einstel-

lungen zumindest weit weniger vollzogen als in Oberitalien, so daß man noch weniger Mittel fand, die neuen Prinzipien wenigstens über eine artistische Seite der Tradition an das schon einmal entwickelte Vermögen zu inhaltlichen Differenzierungen im Sinne des Misura- und des Memoriaprinzips anzuschließen. Im Gegenteil, sie trafen mit einem Niveau, das von der italienischen Geschichte vorbereitet worden war, auf ein weit zurückliegendes Stadium. Die folgenden Teile werden diesen Kontext auszuführen und zu erörtern haben.

Die burgundischen Tänze stellten viel stärker ein unbewußtes Sich-gleiten-Lassen in die Bewegungen und Schritte dar, als dies in den italienischen Choreographien seit Domenico denkbar gewesen wäre. Ihre würdevolle Mäßigung der Bewegungsimpulse hatte daran nichts Wesentliches, noch nicht etwas Qualitatives, zu ändern vermocht. Ein Vergleich der Funktion des Branleschwunges in den burgundischen Bassedanzen mit der Posa hat das erwiesen. Hinzu kam die außerordentliche Verrohung der Sitten im ausgehenden Mittelalter, auf die unter anderen Huizinga eindrucksvoll aufmerksam gemacht hat[127], und die Tatsache, daß ohnehin in den nördlichen Ländern eine gewisse Verfeinerung weder beim kleineren Adel verbreitet war noch auch bei einem Großbürgertum, das zu Beginn des sechzehnten Jahrhunderts erst in Ansätzen existierte und mit der Bedeutung der vielen großen Handels- und Bankhäuser der oberitalienischen Städte gar nicht zu messen war. So spielte für Arbeau und sein Publikum das Sich-Austoben der Impulse beim Tanzen noch eine Rolle, die den Sitten des ›Cortegiano‹ schon hundert Jahre früher nicht mehr entsprochen hatte. Freilich wurde im Tanz – und durch den Tanz – deren Bändigung in Regel und Anstand betrieben; doch geben die Vorschriften an mancher Stelle eine Vorstellung davon, wie notwendig solche Bemühungen auch noch waren. Zwischen der Virtuosität, zu der übersprudelnde Energien in hohen und kompliziert ausgeführten Sprüngen führen konnten, und der Zuverlässigkeit artigerer Schritte entschied sich Arbeau für weises Maßhalten, »weil die Weisen stets rieten, solche Sprünge nicht zu machen . . .«.[128] Andererseits reproduzierte er selbst einen einigermaßen deftigen Anschauungshorizont, wenn er sagte, »man kann sehr hohe grue machen und mit einem nach hinten gezogenen Aufstampfen des Fußes aufkommen, so als trete man auf einen Auswurf oder als wollte man eine Spinne totquetschen«.[129] Domenico und Cornazano hatten differenziertere und eindrucksvollere Gegenstände für mimetisches Verhalten im Tanz gefunden. Die Tendenz, die aus primitiverem und unmittelbarerem Verhältnis zu den Impulsen deren Beherrschung zuwiderlief, drang sogar bis in die Regeln selbst vor, durch die eine Herrschaft der rationalen Ordnung etabliert werden sollte. Vielfach finden sich, dies auch bei Caroso und Negri, noch Schrittfolgen, deren umständliches Nacheinander von Hüpfern, Schlenkern und Beinschwüngen keine präzise kalkulierte Konstruktion wie die oben analysierte volte aufwies. Der Aufbau ist dann wohl nicht anders zu erklären, als daß der für eine bestimmte Bewegung notwendige Schwung auf weniger taktische als naturwüchsig »impulsive« Weise vorbereitet wurde. Dabei ist es nur sehr begrenzt richtig, von einem notwendigen Schwung zu sprechen. Ausschließlich in solchen Schrittfolgen, deren Aufbau nicht auf genauen Berechnungen des jeweils notwendigen Energieaufwandes mit beruht, kann ein so unkontrollierbarer und undefinierbarer Vorgang wie ein krudes Schwungholen überhaupt geduldet werden.

Darum ist es so wichtig, daß an vielen Stellen – neben jenen zurückgebliebenen Partien – auf der Grundlage rein formaler Prinzipien, nämlich der Symmetrieregeln und der absoluten Zahlenverhältnisse, eine Art von Energieökonomie eingeführt wurde und daß *über diese* dann auch Kausalverknüpfungen der einzelnen Elemente möglich wurden. Derart waren die Proportionen zwischen den einzelnen Schritten als Proportionen der aufgewandten Energien tendenziell meßbar. Diese abstrakte Dimension mag erklären, wieso sich gerade an so lebhaften Tänzen wie der Gaillarde dennoch eine Rationalisierung der Triebstruktur einüben ließ. In ihrem wohl wichtigsten Schritt, dem »fleuret«, wurden präzise kleinere Hebungen des Beines (»deux pieds en l'air«) den Achtelnoten des Taktes zugeteilt und der »greue« gegenübergestellt, die eine hohe Hebung des Beines bezeichnete und auf die abschließende Viertelnote getanzt wurde. Selbstverständlich lassen sich an dergleichen Einteilungen und Zuordnungen die oben ausgeführten Tendenzen nur dann festmachen, wenn auch die Tanzpraxis tatsächlich gerade darauf abhob; weil die Ethnomusikologen die Praxis nicht berücksichtigten, haben sie noch die unreflektiertesten Volkstanzstücke in unser Notenschema übertragen und mit dem Anschein vergleichbarer Quantifizierbarkeit versehen, ohne irgendeinen Erklärungswert damit zu liefern. Die bestimmte Weise der Aufführung, das heißt, auf welche Prinzipien die Tanzenden selbst achten und Wert legen, überhaupt ihre Ausführung aufbauen, könnte man sinnvoll als den *Stil* bezeichnen. Aus dem Text von Arbeau geht hervor, daß die Bemühungen sich offenbar gerade auf die Absicherung eines Stils richteten, der die Ordnungsprinzipien des Materials im Vollziehen der Schrittfolgen möglichst klar zur Geltung bringen sollte. Allerdings geben die dem Text beigegebenen Illustrationen Anlaß zum Zweifel an durchgehend präziser Ausführung, werden doch gelegentlich die Versionen einer Haltung auf dem linken Fuße und die auf dem rechten Fuße so gezeichnet, daß versehentlich die entsprechenden Armhaltungen nicht seitenverkehrt wurden, sondern beide Male gleich blieben. Bei den Anweisungen für die »pas mignardez«[130] zum Beispiel wurde jedoch der generelle Eindruck bestätigt. Es handelte sich dabei darum, »statt im gleichen Augenblick einen Schritt mit seinem kleinen Sprunge zu machen, führen sie beides getrennt aus (deux morceaux)«; es sollte die Anzahl der Schritte im Verhältnis zu den Zeiteinheiten verdoppelt werden. Diese einfache Steigerung sollte aber mit einer veränderten Disposition über den Einsatz der Impulse kombiniert werden: »indem sie den kleinen Sprung auf der ersten Note eine wenig *antizipieren* und fortfahren, nachdem sie den Schritt auf der zweiten Note gemacht haben«. Dieses Vorwegnehmen des kleinen Sprunges ein wenig gegen den Rhythmus dokumentiert, daß man sich nicht bewußtlos dem akzentuierten Fluß eines bestimmten Taktes hingab, sondern das quantitative Ordnungsschema benutzte, um willkürlich über den Aufwand von Bewegungsenergie zu entscheiden, ohne doch dabei die Orientierung zu verlieren. Die willkürliche Verschiebung blieb gegenüber dem Grundmuster streng definiert, so daß sie sich nicht zu verselbständigen vermochte.

Aus dem Beispiel läßt sich nicht mehr ableiten, was jedoch aus der gesamten Situation deutlich wird: Die Bindung an das Grundmuster war derart quantitativ, daß nicht nur die Verschiebung sich nicht verselbständigen konnte – das bleibt Voraussetzung einer jeden geschlossenen Form. Sie konnte auch nicht genügend Selbständigkeit erlangen, um als Ornament in einem erweiterten Bezug auf die Grundkonstruktion deren Sinn zu explizieren und zu bereichern. Der Passus von Arbeau schließt mit einem Hinweis auf das Ziel, das er mit seinen Komplikationen der Konstruktion zu erreichen gedachte. »... sie haben mehr Grazie und sind nicht so gewichtig, denn statt den Körper mit einem Plumps fallen zu lassen, setzt man ihn sachte auf.«[131] Dem Kalkül unterliegt folgende Beobachtung. Wenn man zu einem Sprung vom Boden sich ablöst, fällt man, sobald die der Erdanziehung entgegenwirkende Kraftaufwendung des Tänzers diese nicht mehr übertrifft, mit der ganzen Schwere des Körpers wieder zurück. Solcher Fall ist ein bloßer Sieg des Gravitationsprinzips und hat an sich mit Tanz nichts zu tun. Er ist ein Einbruch von Naturwüchsigkeit in kunstvoll beherrschte Formalisierung aller Bewegungen. Arbeau riet seinen Schülern von zu gewagten Sprüngen ab, weil sie zu leicht bloß Resultat ungezügelter Impulse sein konnten, aber auch, weil sie noch leichter dazu führen konnten, daß man anschließend beim Aufkommen auf den Boden zu Fall kam oder doch wenigstens aus der Façon geriet.[132] Bäuerliche Tänzer, wie sie auf Breughelschen Bildern oder bei Teniers zu sehen sind, haben gewiß dies Aufkommen aus den Hüpfern lustvoll ausgekostet. Der choreographierte Tanz versagte sich solche Lust und mußte es tun, sollte eine Kontinuität der ganzen Form über einzelnen Situationen erhalten und durchgeführt werden.

Hatte es im Quattrocento noch so scheinen können, als sei es möglich, diesen Situationen mit Mitteln der Choreographie nachzugehen und die an ihnen besonders nahegelegten Erfahrungen in das Ganze einzubringen – etwa im »ondeggiando« –, so etablierte sich im sechzehnten Jahrhundert eine ganz andere Tendenz. Deren zentrales Begriffspaar waren *Triebverzicht und Überlistung der leidigen Naturschranken.* Entsprechend wurde einerseits alles versucht, um durch Antizipieren, wie es bei Arbeau heißt, der naturgesetzlichen Gravitation die Möglichkeit prohibitiven Einwirkens zu nehmen. Der Sprung wurde, um bei dem Beispiel zu bleiben, ein wenig vorgezogen, so daß der Tanzende noch innerhalb der Schrittfolge Gelegenheit fand, wieder in den rechten Stand zu gelangen. Vor allem aber wirkte sich die Willkürlichkeit, mit der er den Zeitpunkt seines Energieeinsatzes bestimmte, auch auf den Vollzug des Sprunges in einer Weise aus, die es ihm erlaubte, auch dessen Verlauf und Beendigung durch willkürliche Beeinflussung der jeweiligen ballistischen Phasen zu modifizieren. Andererseits sollten die Tanzenden nicht unkontrollierbaren impulsiven Regungen folgen und ihren Körper dem Auf und Ab der aus ihnen selbst heraus und an ihnen blind wirkenden Naturkräfte überlassen; sie sollten genau Zeitpunkt, Umfang und Richtung bestimmen. Naturbeherrschung war der den Prinzipien unterliegende Grund.

Ihrer Durchsetzung diente List. Und wie die List der Vernunft eines Mittels sich bedient, das zwischen sie und ihr Ziel treten muß, so wurde damals zwischen die Menschen und die Natur, von der sie sich zu emanzipieren suchten, etwas eingeschoben: Als Medium des choreographierten Tanzes wurden immer weniger die Individuen selbst begriffen, die sich konkret in einer bestimmten Umgebung bewegten; sein Medium wurden möglichst genau zu beziffernde Kombinationen von Gesetzmäßigkeiten, die, kaum entdeckt und aufgestellt, menschliche Physis und Gegenstandswelt repräsentieren konnten. Tendenziell wurde die menschliche Körperlichkeit bloßes, als solches unbestimmbares Substrat dieser Gesetze. Längst bevor der Rang der Gesetzmäßigkeiten ausreichte, um ein intelligibles Subjekt zu konzipieren, war dessen Modell in einer mechanischen Physis bereits vorbereitet. Der »homme machine« (La Mettrie) hat keine Praxis.

In der Tanztechnik wurden immer mehr Vorkehrungen entworfen und ausprobiert, mit denen jeweils bestimmte unerwünschte Nebeneffekte einer Aktion durch bestimmte auf den Punkt gezielte Energieeinsätze neutralisierend ausgeglichen werden konnten – daß etwa nach dem Sprung der Körper nicht dumpf auffiel, sondern die Fallbewegung bewußt verzögert und formal bestimmt wurde. »In diesen postures gibt es noch einen kleinen Hinweis, nämlich daß sie größere Anmut haben, wenn der hintere Fuß etwas früher als der vordere aufgesetzt wird: Denn wenn man beide zugleich aufsetzt, so ist es, wie wenn man einen Mehlsack zu Boden fallen läßt.«[133] Mit anderen technischen Mitteln wurden gewünschte Effekte gefördert. Durch prinzipielle Selektion der Regungen von innerer Natur und prinzipielle Förderung bestimmter, das heißt kontrollierbarer Formen der Entäußerung wurde an einem System gearbeitet, das in sich nur stimmige Kombinationen zuließ. Das ist eine Art von Harmonisierung, die durch Restriktion zustande kommt, dann allerdings wie eine prästabilierte funktioniert. In ihr kann man ein frühes anschauliches Modell der Einheit der subjektiven Vermögen identifizieren.

Das »plié«

Insofern läßt sich als das Schlüsselphänomen dieser Epoche die Entwicklung des »plié« darstellen. Diesen Namen hatte der Vorgang, zugleich mit seiner Perfektionierung, inzwischen erhalten. Der Beginn wurde im fünfzehnten Jahrhundert gelegt. Spätere Schulen, die italienische, die französische und die russische etwa, haben verschiedene Ausführungen mit verschiedenen Absichten ausgebildet. Alle aber bauen auf demselben Prinzip auf, das keineswegs allein für die Sprungtechnik, sondern durchaus auch für die meisten anderen Schritte von entscheidender Bedeutung ist. Am deutlichsten wird sie indessen an der Sprungtechnik, wo sie nur auf den Sprung in die Höhe zielt, der von der gleichzeitigen topographischen Veränderung im Alltag abstrahiert. Cesare Negri gab die Anweisung, zur Vorbereitung für einen Sprung solle der Tanzende sich zunächst auf den Fußspitzen ein wenig aufrichten, sich wieder etwas sinken lassen, indem er die Knie öffne und sich aus dieser Haltung mit seiner ganzen Person über den Boden erheben.[134] Wenn man sich aus dem Stand in die Luft erheben will, so kann man sich nur durch das Strecken gebeugter Beine vom Boden abschnellen; wie sollten die Menschen anders potentielle Körperenergien in kinetische der gewünschten Richtung umsetzen? Je mehr die Richtung der Bewegung als rein senkrechte von einem naturwüchsigen Gebrauch des Körpers abweicht und je strenger ihr Verlauf von irgend welchen Nebenwirkungen gereinigt werden soll, desto intensiver muß die verbleibende Möglichkeit, zweckentsprechende Muskelsysteme anzuspannen und den notwendigen Kraftaufwand zu realisieren, ausgenutzt werden. Jede Art von »Anlauf« ist tabuiert. Das Beugen der Knie löst dieses Problem; zugleich auch das andere Problem, wie beim Wiederaufsetzen die blind wirkende Erdanziehung genügend aufgehalten, abgefangen werden könne, um ihr nicht alle formalen, rationalen Desiderate opfern zu müssen. »Der Modus einer Beherrschung dieser Sprünge« sichert darum den Primat der Naturbeherrschung ebenso in der vorwiegend aktiven wie in der vorwiegend passiven Phase des Einsatzes der menschlichen Kräfte gegen die der äußeren Natur. Auch der Fall wird mit Hilfe der sich beugenden und wieder streckenden Knie in die Form eines salto gebunden, »indem man beim Fall an derselben Stelle auf die Fußspitzen fällt und die Knie etwas öffnet«. Bei Negri erhielten gleichzeitig die abzurollenden Füße eine ergänzende Funktion. Er war der letzte der drei Autoren und stellte die technischen Abläufe am explizitesten und klarsten dar.

So auch die Funktion des Beugens und Streckens der Knie in den übrigen choreographischen Situationen. Zur cadenza sagt Negri in ganz verschiedenen Bewegungsabläufen: ». . . indem man sich ein wenig aufrichtet, fällt man mit beiden Füßen auf die Erde zurück, den linken Fuß zurückgesetzt und zugleich den rechten ein wenig nach vorn gedrückt, wobei die Knie ein wenig geöffnet werden.«[135] Die cadenza steht dafür, daß die selbst beim Schreiten unvermeidlichen Auf- und Abbewegungen nicht einfach hingenommen wurden. Bei den burgundischen Tänzen muß man sich vorstellen, daß die Tanzenden den Schritt mit einer Hebung des ganzen Körpers über dem auf dem Ballen abrollenden Fuße begannen und sich dann, den sich daraus ergebenden Schwung auskostend, vorgleiten ließen; während dessen wurde der andere Fuß aufgesetzt und der Körper kam damit wieder dem Boden näher. Im sechzehnten Jahrhundert wurde dergleichen nicht mehr zugelassen. Die Formalisierung wurde nicht bei einem derartigen einfachen Überhöhen des gewöhnlichen Ablaufes belassen. Vielmehr begannen und endeten nunmehr die Schritte mit dem bewußten Beugen der Knie; die Schrittfolgen wurden tendenziell bereits von dem geplanten und genau dosierten Einsatz der Körperkräfte getragen, statt sich einem unreflektierten Schwung zu verdanken. Mußte schon ein Auf und Ab in Kauf genommen werden, so sollte es wenigstens den Anschein des nicht Zufälligen haben. Überhöhung in der Form hieß inzwischen, den notwendigen Ablauf im Hinblick auf eine frei entwickelte Form so quantitativ überschaubar und so unabhängig von der Natur wie möglich zu rekonstruieren. Das Ergebnis dieser Rekonstruktion entfremdete die Menschen ebenso der Natur in ihnen, wie es ihnen Gewißheit gegenüber deren Unzuverlässigkeit und der Unberechenbarkeit der äußeren ermöglichte.

Die Menschen befreiten sich von einer hinzunehmenden Übermacht, durch die sie einseitig bestimmt wurden. In den rationalen Rekonstruktionen des Naturgeschehens an ihrem eigenen Körper vermochten sie zugleich, dessen Wirklichkeit allererst zu erfinden. Unter dem zwanghaften Prinzip, Bewegungen nach vorwärts, rückwärts und beiden Seiten ganz gleich auszuführen zu sollen, wurden physische Situationen geschaffen, die zu verwirklichen die bisherige Geschichte der Gattung keinen Anlaß hervorgebracht hatte.* Die Entscheidung, sich nur noch auf Grund willkürlich einzusetzender Kräfte bewegen zu wollen, reduzierte die eigene Körperlichkeit. Sie durfte sich nur noch nach den Rastern quantitativer Ordnungsschemata entwickeln oder überhaupt existieren. Innerhalb dieses Rahmens ermöglichte sie Steigerungen und Variationen, die vorher hatten unbekannt bleiben müssen. Aber sie konnten auch den Rahmen transzendieren und auf einem hohen Stand technischer Beherrschung zur Entdeckung einer zukünftigen Natur der Menschen beitragen. Zeigen läßt sich das wohl überzeugend erst an Stilen, die viel später, zum Teil in der Gegenwart, punktuell solche Möglichkeiten einlösen. Sie werden hier nur

* Das heißt, soweit es Gattungsgeschichte überhaupt gab und nicht in Stämme ohne Kommunikation aufgelöst oder ohne Tradition abgebrochen war. Andere Kulturen als die europäische haben ähnliche Entwicklungen kultiviert, denen aber insgesamt ganz andere Tendenzen zugrunde liegen; zu denken ist etwa an die Yogatraditionen oder die Körperschulen des Zen.

erwähnt, um allen verkürzten Urteilen gegen die böse Naturbeherrschung zuvorzukommen, das heißt, um nicht statt der notwendigen historischen Vermittlungen eine Ausflucht in die Moral erwarten zu lassen.

Caroso hat das Stilprinzip als technische Aufgabe genau beschrieben in den Anweisungen der fünften Regel der ›Nobilità di dame‹[137]: »... während dieses Schließens (der Füße, R.L.) mußt Du etwas Deinen Körper beugen. Dann richtest Du Dich graziös wieder auf und gibst Dir nach der Seite hin, nach der Du die Figur machst, eine besondere Haltung; das geschieht gewöhnlich dadurch, daß man sich etwas auf den Füßen erhebt und im Takt sinken läßt. Damit ist die Figur beendet.« Dies war der Abschluß der sogenannten continenza. Ein kleines plié wurde vor die Endstellung geschoben; denn nur aus dem bewußten Beugen konnte man sich jene bewußte aufrechte Haltung geben, die hier noch besonders betont wurde. Dieses Betonen hat der Übersetzer der Berliner Lipperheideschen Bibliothek ein wenig drollig, aber unübertrefflich mit dem Ausdruck »sich brüsten« wiedergegeben.[138] Es geht genau um eine Haltung, die von einer stark gemachten Brust bestimmt wird. Sie wurde hergestellt, indem man sich aus einer kleinen Beuge aufrichtete und beim abschließenden Senken die gewonnene Beherrschung der eigenen Schwere dadurch festhielt, daß man den Körper etwas in den Brust- und Schulterraum nach oben gezogen hielt und also den eigenen Gravitationspunkt gleichfalls über die natürliche Lage anhob. Es ist dies die technische Rekonstruktion des Aeriosoprinzips, dessen perfekte Herstellbarkeit sich nun verselbständigte.*

Deshalb heißt es: »Diejenigen, welche dies nicht tun, indem sie unterlassen, sich zu brüsten und sich mit jener Grazie etwas zu beugen sowie die Fersen anzuheben, sehen aus wie Besessene, die sich beschwören lassen.«[140] Der Name continenza bedeutet Haltung; es ist der Begriff von »contenance« des Ancien Régime. Caroso war sich bereits der allgemeinen Be-

---

* »Die Beziehung zwischen Wechsel im Rhythmus und Wechsel im Tanz muß kaum noch hervorgehoben werden: Die Schrittfolge – Beugen-Erheben-Absinken – besetzt drei Takteinheiten«, schreibt Sachs und verlängert diese Tendenz bis zu Mersenne, also in die Epoche der französischen Klassik mit »plier, lever, poser«.[139]

deutung des Wortes wie der Figur für den choreographierten Tanz durchaus bewußt: »...daher sollst Du wissen, daß dieser Name continenza den Grund hat, welchen ich Dir sagen will, nämlich daß in den Bewegungen, mit denen man diese continenza macht, alle Grazie und alle Zierde sämtlicher Stellungen und Bewegungen enthalten sind, die in der Tanzkunst gefordert werden; und es ist außerordentlich notwendig, daß sowohl Herren wie Damen wissen, wie sie gemacht werden.«[141] Zwischen dieser einleitenden und der schon zitierten Passage wurden Anweisungen für die Schrittfolge gegeben, in denen sich das für die Schlußposition angegebene Prinzip fast ebenso deutlich erkennen läßt. Man sollte zunächst den linken Fuß etwas anheben und nach der linken Seite ausstrecken, um ihn vier oder fünf Finger breit von dem rechten entfernt niederzusetzen. Dabei sollte man die linke Körperseite etwas nach links wenden, jedoch den Kopf unbedingt gerade halten und die linke Schulter nicht etwa sinken lassen, »sondern ihr nur einen Anflug von Grazie« geben. Dadurch »verschönert man sich und gibt sich eine gute Haltung«.

Zu dieser gehörte neben der grundsätzlichen willkürlichen Festsetzung des Schwerpunktes, so weit das möglich sein konnte, auch die Beherrschung aller übrigen Partien des Bewegungsapparates, wie die Anatomen sagen*, an und für sich und ihre Veränderung allein in genau bestimmter Abhängigkeit von dem zentralen Bewegungsablauf der Schrittfolge. Die Linksrichtung muß von Bein und Körperdrehung »verursacht« werden. Armbewegungen begleiten sie vielleicht. Kopf und Schulterpartie müssen an dem partiellen Geschehen unbeteiligt erscheinen und *die Kontinuität einer von den einzelnen Situationen unabhängigen Person manifestieren*. Dies war es, worauf die einst geforderte presenza herabgekommen war; sie wurde eindeutige, bloß physikalische Bestimmtheit. Orts- und Haltungsveränderungen wurden konstruiert als ausgehend von Menschen, die über den diversen Funktionen ihres Bewegungsapparates immer auch noch höhere Instanz bleiben

---

* Die moderne Anatomie faßt in ihren Betrachtungen den Knochenbau mit Sehnen und Muskeln, soweit ihre Funktionen mit jenem verbunden sind, zusammen und bezeichnet dieses Ganze als »Bewegungsapparat«.[142]

wollen. Diese Instanz sollte zudem körperlich-gegenständliche Präsenz haben, und so mußten denn etwas steif und protzig ein über den Vorgängen stehender Kopf und die geschwellte Brust den Formwillen dokumentieren. Es wurde »acte de présence« gemacht; da es keine wahrhafte Präsenz des Individuums darin geben konnte, waren in Wirklichkeit in den Personen eher jene Ordnungsprinzipien repräsentiert, mit denen sie ihren Willen *gegen Natur* identifizierten. Bei allen Drehungen, besonders den gesprungenen, durfte darum nicht länger ein allmähliches Hineingleiten der einzelnen Körperpartien geduldet werden. Der Kopf sollte gegen den Oberkörper unbeweglich bleiben, wie dieser in der einmal vorbereiteten Wendung gegenüber dem Becken verharrte. Tatsächlich erlaubte diese Haltung, durch die eine feststehende vertikale Körperachse zustande kam, Energieverlust in anderen als der vorgezeichneten Richtung zu vermeiden.

Mußten die Knie beim Beugen auch geöffnet werden, so hätte eine zu breite Stellung der »contenance« Abbruch getan. Deshalb sollten die Tanzenden auch die Knie nicht zu weit voneinander entfernen; »was aussähe, als ob man Wasser lassen will«. Sie hatten überhaupt alles zu vermeiden, was »rohe Anblicke« erzeugen konnte.[143] Immer wieder wurde ausdrücklich aufgefordert, sich zu »brüsten«, indem man sich mit den Fersen anhob. Beim passo puntato wurde dies mit der entsprechenden Forderung verbunden, man habe, während man das Bein über den Boden vorschiebe, ebenfalls die Ferse anzuheben, weil so das Knie ganz gerade gestreckt werden konnte.[144] Über die Interdependenz zwischen der nach oben stilisierten Körperhaltung als besonderer und den Haltungsvorschriften für einzelne Glieder – wie das gerade auszustreckende Bein –, das heißt über die Bedeutung für den Stil allgemein, wird noch eingehend zu sprechen sein. In den Anweisungen für die Damen wurde der Zusammenhang angedeutet. Sie sollten beim Gehen die Fußspitze zuerst anheben, und zwar so, daß das Knie gestreckt wurde, also mit nach oben gedrücktem Spann, »weil beim Erheben das Knie sich streckt und durch dieses Strecken der Körper in eine zierliche und gerade Haltung kommt« – im übrigen könnten so die hinten offenen Schuhe nicht herunterfallen: ein weiteres Beispiel der typischen Vermischung streng theoretisch begründeter und treuherzig pragmatischer Argumente.[145] Für den seguito spezzato grave verwarf Caroso das früher üblich gewesene Vor- und Zurückbeugen des Leibes.[146]

Es stellt sich die Frage, ob damit alle ausgestaltenden Sekundärbewegungen ausgeschaltet wurden, insbesondere jenes gondelhafte ondeggiare, in dem durch ein etwas übereiltes Senken des langsam in einen Schritt gehobenen Körpers die Posa als versammelnde Schlußhaltung vorbereitet wurde. Für Antonius de Arena, also die Provence in der ersten Hälfte des sechzehnten Jahrhunderts, hat Ingrid Brainard festgestellt: »Von dem anmutigen Schwingen und Wiegen des ›campeggiare‹ und ›ondeggiare‹ ist nichts geblieben als ein kurzes, leicht stampfendes Herantreten des Spielbeines an das Standbein, das den Schritt einleitet, den Namen einer Zierbewegung aber kaum noch verdient.« Und weiter: »Fünfzig Jahre später ist auch der letzte Rest eines Ornaments aus dem Doppio getilgt: In der ›Orchésographie‹ des Thoinot Arbeau wird gleichmäßig und bedächtig in vier Schrittzeiten vormarschiert.«[147] Einerseits kann diese Entwicklung gewiß als eine Art Verbauerung betrachtet werden. Doch das ist nicht das Wesentliche. Wir hatten den Begriff der Zierbewegung von Anfang an problematisiert und die grundlegende Verbindung zwischen dem ondeggiare, aber auch dem campeggiare, und dem Posaprozeß aufgezeigt. Daran anknüpfend wäre zu sagen, daß beide Bewegungen verloren gehen mußten, gerade weil sie viel mehr als Zierbewegung, als bloßes Ausschmücken waren. Sie waren auf eine Weise in die Schrittfolge, aber auch in die Kurve des Energieaufwandes einbezogen, daß sie erst über einen eigenen Beitrag zum Formganzen eine klare Beziehung zu dessen einzelnen Elementen bekamen. So etwas ließ sich in die neuen Ordnungsschemata nicht übersetzen. Die neuen Schritte sind laut Joseph Gregor »ganz das ausschließliche Ergebnis einer architektonisch-rhythmischen Körperkultur, die sich von den Idealen des Mantegna und des Botticelli diametral fortbewegt hat, die durchaus Tabulatur geworden ist«.[148] Dem entsprachen genau genommen nur Bewegungen, die einer bestimmten Hauptrichtung untergeordnet waren und von einem bestimmten Arm oder Bein angeführt wurden. Dergleichen ließ sich durch die symmetrische Spiegelung gewissermaßen wieder zurücknehmen, indem man die entgegengesetzte Aktion durchführte. Auch Ornamente hatten nun als »quasi una fantasia geometrica« konstruiert zu werden. Darum wurde im doppio, dem doppelten Vorwärtsschritt ohne weitere Komplikationen, nur noch »voranmarschiert«. So sagt Sachs von der Pavane, im Vergleich zur Bassedance, »sie repräsentierte eine beachtliche Vereinfachung. Statt der zahlreichen Bewegungen in stets wechselnder Folge hatten die Tänzer nur noch eine Gruppe von Schritten, (...) vorwärts oder, falls gewünscht, auch rückwärts«.[149]

An die Stelle des ondeggiare trat das Disziplinieren im Auf und Ab durch das plié mit anschließender stilgerechter Haltung, was auf den Schritt nur den Effekt hatte, seine »Gleichmäßigkeit« zu sichern. Denn auch Arbeau empfahl seinen Schülern, jene Haltung zu gewinnen, indem sie sich ein wenig über den geschlossenen Füßen erheben und beim Senken die rechte Positur erreichen sollten.[150] Dies scheint mir auch der Grund dafür gewesen zu sein, daß in der ›Orchésographie‹, zum Befremden mancher Historiker[151], als Abschluß des Fleuret nach dem Sprung explizit eine »posture« vorgeschrieben wurde. Sie war von großer systematischer Bedeutung; in ihr wurden die einst mit der posa zusammenhängenden Prozesse nach der mechanischen Seite aufgehoben. Die zitierte Autorin hat zurecht hervorgehoben, daß bei Caroso und Negri »ein graziöses Federn« zu der Ausführung des Doppelschritts gehörte; gewiß handelte es sich dabei aber gerade nicht, wie sie meint, um eine Verwandtschaft mit dem Sinn des ondeggiare.[152] Vielmehr wurde, vielleicht am doppio besonders augenfällig, weil er sonst sehr einförmig ausgefallen wäre, nur die Technik des neuen Stils einmal mehr evident. Wie wenig dieser Stil von dem Bedürfnis nach künstlerischer Ausdeutung der Formen oder Ähnlichem bestimmt war, zeigt eine Bemerkung Carosos, mit der indirekt gerade auf die ganz allgemeinen Aufgaben des Tanzes hingewiesen wurde: »Tanzen zu lernen ist nur für die notwendig, die sonst einen lächerlichen Gang haben.«[153] Nicht darauf kam es an, in einer bestimmten Konstellation Besonderes hervorzubringen und erfahrbar zu machen; vielmehr galt es, unerwünschte Besonderheiten wie

»rohe Anblicke« mit Hilfe allgemeiner Ordnungsprinzipien aus dem Wege zu räumen.

Daraufhin wird die Interpretation des »pavonneggiare« Carosos und Negris scheinbar etwas problematisch, handelt es sich doch dabei eben um eine seitliche Bewegung über den stehenden Füßen. Auszugehen ist wohl von der entsprechenden Passage in der Continenza-Regel des ›Ballerino‹.[154] »... man senkt sich etwas in der ganzen Person, um sich so graziös wie möglich wieder aufzurichten«, wie es für die Riverenza angegeben sei; »dann macht man ein kleines pavonneggiare nach derselben Seite: dieser Effekt wird hervorgebracht, indem man ein wenig die Körperseite streckt, nach der man die continenza beendet: So muß man es machen und nicht wie jene Sonderlinge, die das pavonneggiare auslassen, die Füße herumsetzen, sich aufrichten und auf beiden Beinen stehen bleiben. Diese Art und Weise ist recht häßlich und hölzern, auch wenn sie im Takt und richtig ausgeführt wird: man ist angewidert davon.« Zum einen bringt das Zitat das pavonneggiare in engste Verbindung mit dem Aufrichten der Person in die graziöse Haltung. Zum anderen wird als Indiz für die falsche Ausführung bei denen, die das pavonneggiare versäumen, angeführt, daß dann die Füße gleich nebeneinanderstehen. Man hat sich offensichtlich vorzustellen, daß darin eine seitlich orientierte Bewegung kombiniert wurde mit jenem »Sich-Brüsten«. Man könnte auch einfach an eine seitlich orientierte Variation dieser Haltung denken. Freilich war das nur möglich, indem man mit den Hüften das Körpergewicht auf den äußeren Fuß verlagerte, also insofern doch eine Art déhanchement ausführte, was eine neue Verteilung von Spielbein und Standbein nach sich zog – oder erst herbeiführte, wenn die Beine zuvor gleichermaßen den Körper getragen hatten. Mit der seitlichen Verlagerung der Hüfte wurde dann zugleich ein wenig der Oberkörper nach derselben Seite emporgetragen. Cesare Negri verlangte in dem gleichen formelhaften Ton, mit dem er »ein wenig die Knie zu öffnen« vorschrieb, in der Regola V bei zwei verschiedenen Kreisbewegungen der Tanzenden »mit etwas pavonneggiarsi«; die Begründung lautet für beide Formeln gleich: »um ihnen ihre Grazie zu geben«.[155] Ebenso muß mit dem Ausdruck »gagliardo« eine Variation kontrollierter Elastizität aus den Kniegelenken gemeint gewesen sein, wenn es hieß: ». . . indem man die Füße fest auf den Boden stellt und in den Knien stets gagliardo bleibt. Diese Hinweise dienen zu vielen Dingen, die in der Wissenschaft des Tanzens bei der Gagliarda und bei anderen Balletten vorkommen«.[156] Das pavonneggiare war unter diesen Variationen die seitlich betonte; im Sinne aber des allgemeinen Stilprinzips war es mit jenem »Sich-Brüsten« verbunden, für das im übrigen das Bild vom Pfau treffender ist als irgendein anderes.

Ambivalente Residuen

Trotzdem gilt insbesondere für die Bestimmung der Spielbein-Standbein-Haltungen der generelle Vorbehalt, daß selbst die schlüssigen theoretischen Rekonstruktionen eine gewisse Ambivalenz nicht verhindern können. Es ist gewiß richtig, in der vorliegenden Form ein Stilprinzip darzustellen, es an dem Phänomen des Plié festzumachen und noch das pavonneggiare als eine der Erscheinungsformen zu verstehen. Unter dem Begriff der »gratia« wird aber noch zu behandeln sein, wie sich gewisse Elemente der Ausführung dem allgemeinen Trend nicht einordnen lassen. Das heißt keineswegs, daß sie ohne Beziehung zum Kontext der Prinzipien geblieben wären. Die Idee der über einem Standbein komponierten Haltungen widerspricht unmittelbar dem Symmetrieprinzip, war aber mittelbar sehr wohl darauf bezogen. Woher jedoch gerade diese Alternativen, ihr historisches Material, zum Schema kamen, läßt sich nicht theoretisch ableiten; ebensowenig läßt sich die Frage einfach mit dem Hinweis auf die Kontingenz der Geschichte abtun. So mußte man bei einer Dichotomie stehenbleiben, in der man einen voreilig angenommenen Sinn und ein dazu quer liegendes Phänomen festhielt. Andererseits kann man auch nicht einfach behaupten, im pavonneggiare habe sich, einem unterirdischen Gegenstrom der Geschichte angehörig, ein Moment des Posaprozesses erhalten. Viel eher ist an die Analogien zu erinnern, die sich im Quattrocento zu der griechischen Antike abzeichneten, und auf bestimmte Veränderungen im Idealtypus zum Beispiel des Phidias bei Michelangelo einzugehen. Das verspricht, daß das Phänomen durch Analysen umstellt werden kann, die aus sehr verschiedenen Ansätzen doch gleichermaßen auf dem Boden der dargelegten Ordnungsprinzipien des sechzehnten Jahrhunderts durchgeführt werden können.

Man muß deren Bedeutung in einem Kontext der historischen Situation berücksichtigen, der keineswegs allein in einer Reglementierung bestand. Die Triebe, erste Natur im Menschen, wurden in einer Weise mit dem Verstande koordiniert, die eine doppelte Wirkung hatte. Gewiß haben wir recht, den Vorgang als eine Subsumtion und Beherrschung von Potentialen menschlichen Entfaltungsdranges zu interpretieren. Doch bedeutete die wie auch immer schlechte Verbindung zugleich auch einen neuartigen Ansatz gegenüber der bis dahin abgelaufenen Geschichte, indem den Menschen die bewußte Aneignung von Natur auch gegenüber ihrer inneren Natur explizit und diskursiv möglich wurde. Ein erstes Durchgehen durch die konzentrierte Schule von Regel und Maß konnte tatsächlich bestimmte Möglichkeiten allererst frei werden lassen. Zumal es damals an einem der Beherrschung widerstrebenden Potential gerade nicht fehlte. So gibt es Berichte, wie auf die Zeitgenossen die Werke wirkten, in denen die 1570 gegründete königliche Académie de Musique et de Poésie die ersten Ergebnisse ihrer neuen Konzeption von Sprache und Rhythmus vorstellte; unter freilich recht formaler Berufung auf die Antike wurde die Quantität der Silben an Stelle der herkömmlichen Wortakzente zur Basis der Versmetrik gemacht. Dieses Vorgehen entspricht durchaus der Schematisierung von menschlichen Bewegungen im choreographierten Tanz.

Es muß eine ganz eigene Gewalt der Wirkung auf die Menschen gehabt haben, die ihre eigenen Regungen in der neuen Kunst wohl noch wiedererkennen konnten, zugleich aber doch die gewaltige metrische Konzentration und die Eigendynamik eines autonom fortschreitenden Rhythmus in einer neuen Intensität erlebten. »Man berichtet, daß eine Weise von Le Jeune, komponiert für einen ›combat à pied en la grande salle de Bourbon‹ am 19. September 1581, ›einen der anwesenden Edelmänner zur Waffe greifen ließ und daß er laut zu beteuern begann, er könne sich unmöglich daran hindern, auf jemanden loszugehen; also begann man eine andere Weise in der subphrygischen Tonart zu singen, die ihn wieder so ruhig wie zuvor machte‹.«[157] Insofern wiederholte sich hier noch einmal ein Prozeß, der für das Quattrocento so weitgehend progressiv interpretiert werden mußte. Im sechzehnten Jahrhundert war diese Dimension aber noch weit rigider und direkter zurückgebunden in die Strategie der politischen Herrschaft, die inzwischen ganz bewußt sich aller Mittel bediente. Die Aussichten für eine wahre Entfaltung waren also noch geringer. Der bewußtere Umgang mit der eigenen Natur nicht nur als der unmittelbaren Gegenständlichkeit des Körpers, sondern auch mit dessen triebhaften Reaktionen und Bedürfnissen erlaubte eine *Vorform gezielter Manipulation,* die über die Funktion des Einsatzes von Musik bei den Griechen, zum Ansporn der Krieger oder zur Heilung der Kranken, hinausging. Die qualitative Differenz des experimentellen Kalkulierens war hinzugekommen.

Gelegentlich werden die pantomimischen Künste Negris gerühmt, der tänzerisch die verschiedenen Gefühle und Temperamente dargestellt habe. Negri selbst berichtet nur sehr wenig in seiner Schilderung der »masquerata« für Don Juan d'Austria, den Sieger über die Türken in der epochalen Seeschlacht von Lepanto, deren Konzeption und Ausführung ihm anläßlich des Empfanges 1574 in Mailand übertragen worden war. Er spricht von einem »trionfo«, in dem als Glieder eines langen Zuges in der Stadt Allegorien auf Wagen und gesungene Erläuterungen dazu sowie Instrumente und Musik vorgeführt wurden.[158] Diese Form des sogenannten Linearballetts hatte noch nicht den geometrischen Grundrißbezug auf den Herrscher, dem die Veranstaltung gewidmet war. Darum konnten sich die Typologien allegorisch selbständig behaupten, während sie in den französischen Hofballetten inhaltliche Bezeichnungen erhielten, die strengstens in die magischen Formeln der Geometrierituale eingebunden waren. Trotzdem dürften die Temperamente, die Gefühle und dergleichen mehr weniger mimetisch ausgedrückt als mit Hilfe von Kostümen, Requisiten und literarischen Gebrauchsanweisungen signalisiert worden sein. Nicht nur Negris Schweigsamkeit über die

Mittel läßt darauf schließen. Die choreographierten Aufzüge der Zeit bauten insgesamt einen ungeheuren Apparat von Dekor und Verkleidung auf, meist mehr sinnreich als sinnfällig. Diese Möglichkeiten genügten im allgemeinen ihrem Zweck; sie stellten eine Psychologie dar, die Schemata und Typen zur Orientierung im täglichen Verkehr der sich antagonistisch begegnenden Personen beizustellen begann. Die Konstruktion mit Hilfe von allbekannten mythologischen Symbolen und konkret stofflichen Requisiten kam dem Bedürfnis nach möglichst großer Deutlichkeit durch Handgreiflichkeit sogar am besten entgegen. Die Virtuosität der neuen Technik dürfte für die großen Hofballette vorerst nur partielle Bedeutung gehabt haben. In den Paartänzen wird sie einer lebhafteren Begegnung der Geschlechter gedient haben. In den dämonischen und verwerflichen Passagen der Librettos war sie ein Mittel, um die politischen und sittlichen Gefahren auszudrücken und damit zu bannen. Darin waren diese Tänze noch den mittelalterlichen Mysterienspielen vergleichbar. Im übrigen war wohl die virtuose Technik ganz einfach auch der Markenartikel der konkurrierenden Tanzmeister; wieweit sie wirklich in den Gebrauch der umworbenen Schüler aus der Klasse der Herrschenden einging, wird kaum genau zu sagen sein, obwohl man zum Beispiel weiß, daß Elisabeth I. von England ebenso wie Personen des Pariser Hofes an erstaunlichen Luftsprüngen bei Festen ihr Vergnügen fanden.

Äußerliche Bereicherung durch Abwechslung

In den großen Formen, also in den gebräuchlichen Tänzen und in den fixierten Choreographien, sind die schematischen Vorstellungen von der Organisation des Materials um so rigider zu erkennen. Wiederum war es der etwas biedere Arbeau, der – wie Adorno gesagt haben würde – ausplauderte, was bei den Italienern der Zeit nur implizit zu registrieren ist. Je erfolgreicher die Bemühungen waren, alles »uniforme« werden zu lassen, desto öfter – und offenbar mit desto größerer Überzeugung – ertönte der Ruf nach Abwechslung: »Wißt Ihr nicht, daß die variété ergötzlich ist und daß die Wiederholung im-

mer desselben zu verachten.«[159] Woher aber sollte variatio
kommen, wenn das Variieren prinzipiell gerade im Durch-
exerzieren aller denkbaren und einigermaßen praktikablen
Übersetzungen einer Bewegung in alle Richtungen oder einer
Schrittfolge in langsam und schnell, vorwärts und rückwärts
sich erschöpfte? Die gelegentlich dabei entstehenden neuen
Formen, die originären Entfaltungen durch eine schematisch
angelegte Differenzierung, konnten der Zeit gar nicht zu Bewußtsein kommen, wo sie sich überhaupt einstellten. Dergleichen ereignete sich nicht allein wider Willen, sondern
hinter dem Rücken des Verstandes, unbemerkt; erst recht
konnte es also nicht zum Ausgangspunkt eines Neuen in den
Kompositionen gemacht werden. Infolgedessen blieben nur
äußerliche Möglichkeiten der Bereicherung, der Abwechslung.
Man fand sie in Inhalten, die sich durch unkomplizierte oder
altbekannte Symbole auf die Szene schleppen ließen: »Manchmal fügte man die Masken hinzu, um die Gesten einer Figur,
die man darstellen will, zu zeigen.«[160] Dafür konnte man sich
auf gewisse römische Traditionen berufen, wie man sie aus
Lukian und Iulius herbeiklaubte; und man konnte sich an den
Bilderreichtum des Mittelalters anhängen, indem man »Zorn,
Gnade, Mitleid, Haß, Liebe« etwa an der allbekannten Figur
der tanzenden Tochter des Herodes zu »demonstrieren« versuchte.[161] In den englischen »masks« waren noch alte heid-
nische Rituale und die dahinter stehenden Mythen erkennbar;
die »mommeries« dienten aber immer eindeutiger der Darstellung von Standesunterschieden, indem die Privilegierten
sich an solch primitiven Tänzen wie dem »branle du haut
Barrois« ergötzten, »als Bauern und Hirten verkleidet« –
während sonst »dieser branle von Knechten und Mägden getanzt wird«.[162]
Zum anderen wurde auf regionale hergebrachte Tänze und
auf Unterschiede von »Nationen« zurückgegriffen. Wiederum
stand nur ein Ausweg offen; man mußte auf das bloß Vorfindliche rekurrieren, um Inhalte beizuschaffen, nachdem man
eben dazu gekommen war, das, was das Volk tanzte, die
»Volkstänze«, unter sich zu lassen, und sich in einem Reich
reiner Ordnung, abstrakter Rationalität zu stilisieren gedachte. So tanzte man seinen Branle einmal à la Malte in tür-

kischen Kostümen, ein andermal mit gewissen eingeflickten
»typischen« »gestes & tournoimens de corps« nach einer französischen Provinz. Die Ballette wurden à la tedesca aufge-
zäumt oder andalusisch; in den trionfi marschierten die
Handwerke auf oder buntrassig und fremdländisch Verklei-
dete. Arbeau hat mehrfach versucht, die Ansicht, daß Tänze
wie der Canarie oder der Branle de Malte aus diesen Ländern
importiert seien, mit der Behauptung auszustechen, es seien
dies Balletteinfälle auf entsprechende Themen. Mir scheint
aber, daß die Historiker, unter anderen Curt Sachs, darauf
zurecht nicht eingegangen sind. Zumindest ist grundsätzlich
evident, daß das Material der variatio aus eben jener historis-
schen Schicht genommen wurde, die man durch den eigenen
Anspruch und mit Hilfe formaler Systeme gerade zu einem
»Unten« deklassierte. Der Vorgang war bereits im Zusammenhang mit der höfischen Kultur des späteren Quattrocento auf-
zuzeigen. Seine immer radikalere Fortsetzung hat die volkstümlichen Traditionen noch rigoroser in mißachtete »Folklore«
verbannt; hat die anderen Völker und Rassen unter jenen
Begriff des Exotischen bugsiert, unter dem sich fortschreitend
die Beurteilungen der außereuropäischen Welt zu einer mar-
ginalen, aber pikanten Menagerie des Mannigfaltigen verbanden.

Auch in derartigen Urteilen über die naturwüchsigen Resultate
der Menschengeschichte manifestierte sich die europäische
Naturbeherrschung. *Die neue Kultur lebte,* soweit Lebendig-
keit not tat, *von der Substanz von Vor- und Nebenwelten.*
Die außerordentlich manifeste, noch geschichtsmächtige Präsenz vor allem der europäischen Vergangenheit mittelalterlichen Gepräges war es indessen, die den sogenannten Renais-
sancemenschen keinen Freiraum für dritte Lösungen ließ, wie
ohnehin erst eine spätere Phase sie zu konzipieren erlauben
konnte. Wenn man von eindeutigen Tendenzen in der Geschichte spricht, empfiehlt es sich, nicht zu vergessen, wie
zweischneidig die Situation sich für jene stellte, die bestimmte
Prinzipien allererst gegen die Macht der noch ganz anderen
Verhältnisse durchzusetzen suchten. Noch waren die Gegensätze durchaus doppelte und keineswegs von allein ästhetischer Bedeutung. Die aus der Geschichte vorfindliche Mannig-

faltigkeit mußte nicht nur zur Abwechslung allzu vereinheit-
lichter choreographischer Schemata herangezogen werden;
vielmehr wurde, was aus der Auflösung mittelalterlicher
Zusammenhänge in die Kontingenz erratischer Restphäno-
mene entlassen war, in eine neue systematische Ordnung beschworen werden, indem es unter die magische Kraft einer
symbolischen Einheit im Kunstwerk gebracht wurde. 1565
fand in Bayonne ein Treffen zwischen Spanien und Frankreich statt. Katharina von Medici ließ zu diesem Anlaß eine
Choreographie entwerfen, in der vor dem Hof und seinen
spanischen Gästen die französischen Provinzen zur Schau gestellt und vereinigt wurden. Tänzerinnen stellten sie dar,
indem sie in ihre Auftritte die typischen traditionellen Schritte
und Musikinstrumente des Poitou, der Provence, der Bretagne
und so fort aufnahmen, »Reihen von Demoiselles, die die
sechzehn Provinzen Frankreichs repräsentierten, tanzten
nacheinander, jede nach der Façon ihres Landes«.[163] Wie
hübsch auch immer anzusehen, hatte dieses Ballett doch vor
allem die Aufgabe, den Vertretern einer anderen Monarchie
die Einigkeit der französischen Lande zu demonstrieren. Das
war um so sinnvoller, als tatsächlich noch bis in die Regierungs-
zeit Ludwigs XIV. einzelne Territorien nicht der Krone unter-
standen – zum Beispiel Orange. Formal wie auch juristisch
effektiv hat die französische Monarchie bis zu ihrem Sturz
nie den landschaftlichen Pluralismus mittelalterlicher Provenienz letztgültig überwinden können. Die Demonstration von
Einheit durch das Ereignis des Hofballetts war außerdem
gegen die immer schwerer wiegende Teilung des Volkes in
katholische Kirche und calvinistische Bekenntnisse, in feudale
Gewalten und bürgerliche Interessen gerichtet. Entgegen den
religiösen Gegensätzen stützte sich der monarchische Zentra-
lismus auf die geographische Einheit der Landschaften, auf das
positiv Gegebene, und nicht auf viel zu umstrittene Sinnkriterien. Der Absolutismus hatte eine Chance, sich durchzusetzen, und sie war identisch mit der objektiv historisch ihm
zufallenden Funktion: Frieden zu schaffen und damit die Voraussetzung für Prosperität von Handel und Produktion. Zwar
nicht von der Ökonomie, wohl aber von »Paix et Prospérité«
war in dem Ballett für die polnischen Botschafter die Rede,

das die Königin 1573 in Paris veranstaltete. Der Prolog wurde von deren Personifikation mit der Nymphe »la France« dialogisierend gesprochen, während die Provinzen Frankreichs, durch andere Nymphen verkörpert, die unteren Partien eines riesigen Felsens schmückten. Die eigentliche tänzerische Entwicklung wurde folgerichtig auf die anwesenden königlichen Personen bezogen. ». . . sie stiegen nun alle von diesem Felsen herab; nachdem sie die Form eines eigentümlich erfundenen Bataillons angenommen hatten und die bis zu dreißig zählenden Geigen eine sehr gefällige Art von kriegerischer Musik erklingen ließen, schritten sie zur Weise dieser Geigen. Sie näherten sich in schönem Rhythmus und ohne je aus dem Takt zu fallen und hielten kurz vor den Majestäten an; dann tanzten sie ihr so eigentümlich erfundenes Ballett in so vielen tours, contours und destours, in so vielen Wechseln, Verbindungen, Gegenüberstellungen und Einhalten, daß keine einzige Dame je die Anweisungen verfehlte, ein derart gefestigtes Urteil hatten diese Damen und eine solche Achtsamkeit.«[164]

Exkurs II: Geometrisierung der Wahrnehmung des Menschen

An zwei Punkten muß der Zusammenhang über die immanente Thematik der Tanzpublikationen hinaus noch einmal fortgesetzt und abgeschlossen werden. Beide haben sich im ersten Exkurs ergeben; der eine aus der schematischen Bedeutung von geometrischen Figuren für die Komposition von Choreographien, der andere aus der Bedeutung der gegnerischen Degenspitze für die Konzentration eines Fechters auf die sich verändernden Kampfsituationen.

Die geometrischen Figuren

Was dort bereits abgeleitet und auf die platonischen Urformen bezogen worden ist, läßt sich auch aus dem Vorgang einer

Geometrisierung der Erscheinung der einzelnen Menschen, etwa gerade als Tänzer, entwickeln. Wenn gezeigt werden konnte, daß der Einzelne Beziehungen zum Ganzen der Tanzfläche nur in den quantitativ meßbaren Verhältnissen zu einem Koordinationssystem verwirklichen konnte, so waren die Beziehungen zu anderen Tanzenden folglich ebenso abstrakt. Beziehungen waren systematisch denkbar nur als Verhältnisse über ein Drittes, das vorab festgesetzt war und damit neutral zu Situationen und Positionen blieb. Insofern hatten die Symmetrieebenen, nach denen der menschliche Körper im choreographierten Tanz rekonstruiert wurde, im Mikromodell dieselbe Aufgabe, wie sie die Koordinatenkreuze des Raumes für die Konstruktion von Figuren aus mehreren Personen, für Makromodelle, erhielten. Allerdings waren die Symmetrieebenen noch auf ein Phänomen, auf die vorfindliche Natur des Menschen bezogen, während im Raum frei gedachte Linien in frei gesetzten Längenmaßen entworfen wurden. Man könnte auf die Unterscheidung Gigantis von »scienza speculativa reale« und »rationale« verweisen. In dem Konstrukt reiner Verstandesformen kam die bloße Vernunftförmigkeit derjenigen, die an die vorfindliche Physis angetragen wurden, erst ganz zu sich. Das bedeutete praktisch für die Choreographie, daß über diese Bezugsebene die isolierten Personen oder Elemente zueinander in Verhältnisse gebracht werden konnten. Freilich gelangten diese ebensowenig über mechanische Spiegelungen unterschiedlicher Kompliziertheit hinaus wie die Positionen und Schrittfolgen selbst. Hier erfüllten die wiederaufgegriffenen Urformen die Funktion, dem aus sich Sinnleeren einen Sinn zu sichern; die reinen Formen wurden als transzendental begreifbar und damit als Unterpfänder höherer, unvergänglicher Ordnung gültig gemacht. Dieser Regreß vollzog sich zugleich in der Form eines Fortschritts.

Man kann daraus das Modell einer Art doppelter kopernikanischer Wende abstrahieren, das Borkenau zutreffend als ein kompliziertes System von Projektionen zwischen Geschichte, innerer und äußerer Natur, zwischen Erkenntnistheorie, Naturwissenschaft und politischer Erkenntnispraxis darstellt. »All diesen Versuchen«, seit dem »Neustoizismus«, »liegt, in

Umkehrung der Scholastik, das Bestreben zu Grunde, den Sinn und die Gesetze des menschlichen Daseins aus der äußeren ›Natur‹ abzulesen. Doch diese Umkehrung ist (...) eine bloß formelle. In Wahrheit wird das Naturbild der gesellschaftlich bedingten Auffassung des Menschen nachgebildet und diese letztere dann, im Zirkel, wiederum aus dem Naturbild erschlossen. Je stärker diese Auffassung ausgeprägt wird – sie erreicht bei Descartes ihren ersten Höhepunkt –, desto mehr erscheint das Verständnis des Menschen als ein bloßes Resultat des Naturverständnisses, das menschliche Dasein als ein gesetzmäßig ablaufendes, dem Menschen selbst äußerliches Stück ›Natur‹.«[165] Ich sehe allerdings schon in den theoretischen Äußerungen und der Praxis des späteren sechzehnten Jahrhunderts eine intensive Phase dieser Entwicklung und suche den Zusammenhang dieser »Verdinglichung« mit der »kapitalistischen Gesellschaftsordnung« auf umständlicheren Wegen historischer Vermittlung, als Borkenau ihn im Anschluß an dieses Zitat meint benennen zu können. In einer Epoche größter realer Not aus Mangel an einer geschichtlich geleisteten Ordnung mußten jene Unterpfänder als so trostvoll erscheinen, daß man gut versteht, wie darüber in Vergessenheit geriet, was Ficino doch schon an diesen Urformen neu hatte entfalten können. Die politisch-ökonomischen Verhältnisse der Zeit werden entsprechend darzustellen sein. Nicht allein löste sich die Voraussage ein, die Vorstellung einer versöhnbaren Welt auf dem Grund des Kaufmannsreichtums werde als Illusion zusammenbrechen, sobald das Kaufmannskapital auf dem in allgemeiner Rechenhaftigkeit begonnenen Weg bis zur Organisation des Produktionsprozesses selbst vorstoßen müsse. Dieser Vorstoß, so viel darf vorweggenommen werden, gelangte im sechzehnten Jahrhundert weit genug, um an der Stelle der unhaltbaren Sinnvorstellungen *erste Prinzipien einer formalen Ordnung gesellschaftlich durchzusetzen*. So wenig benennbar deren Sinn blieb, so klar war ihre nutzbringende Funktion. Freilich konnte niemand – wie wir das im nachhinein notwendig finden – sie als bloßen Behelf oder als instrumentelle Vorphase eines anderen denken; das hätte auch die erforderliche unbezweifelbare Geltung auf verhängnisvolle Weise unterhöhlt.

Im Zuge der Rationalisierung des Positiven wurden darum die emphatisch rationalen Züge des Neuplatonismus weitgehend gelöscht und seine Tradition als wiederum bloß magische aufgegriffen. Ficino wurde nachträglich zu einem der Väter einer *magischen Geometrie*. Eines ihrer Zauberworte hieß *Proportion*, ein anderes *Harmonie*. Im Gegensatz zur prozessualen Einheit von Erkenntnis im Neuplatonismus, die sich durch Beziehungen der Subjekte aufeinander und auf die Gegenstände über die rechten Proportionen herstellen sollte, wurde hier bereits der rein formale Weg zur Einheitswissenschaft beschritten. Über die mathematische Reinheit von Proportionsformeln wurde einem freilich weniger mathematisch gemeinten Begriff von Harmonie eine ihnen gleiche Unverbrüchlichkeit konstruiert, »die« – wie Blumenberg sagt – »ihre Wahrheit aus der Anschaulichkeit in die Abstraktion hinüberrettet«.[166] Der Neuplatonismus hatte an Gott als die »sphaera intelligibilis« Plotins angeknüpft und dem Menschen ein wahrhaftes Erkennen durch wesentliche Einheit mit dem Ewigen zugesprochen. Der mittelalterlich-kirchliche Bann war nach beiden Seiten gebrochen: Schon mit dem Nominalismus war die religiös-metaphysische Gewähr von Sinn und Ordo gebrochen; im Rekurs auf die platonische Metaphysik hatte der Neuplatonismus daraus die Möglichkeit gewonnen, den Menschen ein eigenes Recht zu geben, aus ihrem realen Bezug zu den Objekten Erkenntnis gewinnen zu können. Wittkower hat gezeigt, daß Giorgi um 1525, also in der ersten Generation nach Alberti, die antike Überlieferung der Vitruvischen Proportionenlehre vom menschlichen Körper noch mit dem Florentiner Neuplatonismus verbinden konnte. In seinem Buch ›de harmonia mundi totius‹[167] gibt es eine Abbildung zu der Konstruktion eines Menschen in Kreis und Quadrat nach Vitruvius, mit der für Giorgi »durch die sichtbare, körperliche Welt (›homo – mundus‹) hindurch die unsichtbare, intellektuelle Beziehung der Seele zu Gott erschlossen wird«.[168] Wittkower sagt hier »intellektuell« und bezeichnet damit gewiß zu Recht, daß die Beziehung bereits nach dem Muster diskursiver Erkenntnis des Verstandes gedacht wurde; das heißt, Ficinos Erkenntnisbegriff war bereits in typischer Weise verkürzt. Die Vermittlung zwischen Objekt und erkennendem

Subjekt fiel nicht mehr einem Prozeß zu, dessen Instanzen auch an dem Posavorgang nur andeutungsweise sichtbar gemacht werden können. Das Zusammenspiel von misura und memoria läßt sich nicht als klares Konstrukt beschreiben; Erinnerung ist keine Mitte, die vorab festgesetzt und zu jeweiligen Situationen neutral bestimmt werden könnte. Misura stand für eine Kommensurabilität, die Moment im Kontext mit memoria war. Das verselbständigte Maßsystem gab eine klarere, aber tote Mitte ab. Zusammenhänge waren danach rekonstruierbare Verhältnisse wie in der mechanischen Physik.

Zu dem Vorteil der Berechenbarkeit kam hinzu, daß alles anschaulich erschien, obgleich freilich auch die Anschauung zunehmend der mimetischen Wahrnehmung entwöhnt und auf mechanische Modelle hin orientiert wurde: Die Graphiken einer diskursiven Methode. Nicht länger setzten sich sinnliche Erfahrungen in Gestalten der eigenen Physis um. Im Interesse einer verläßlicheren Konstruktion wurden die Momente, die Erkenntnis an Liebe angenähert hatten, auf Formeln reduziert, wie sie dann während der folgenden Jahrhunderte noch den rationalistischen Systemen gewisse Ansprüche auf eine Totalität von Sinn scheinbar erhalten konnten. In seiner treffenden Charakterisierung der Resultate dieses Prozesses etwa bei Andrea Palladio verfehlt Wittkower doch gänzlich dessen Richtung, wo er sagt: »In seinem ökonomischen Stil und mit der humanistischen Erfahrung von vier Generationen hinter sich kann Palladio oft Gedanken ganz präzise ausdrücken, die bei Alberti nur vage enthalten waren. Er führt eine neue Klarheit ein.«[169]

Es gehört zu den verhängnisvollen Idealisierungen der europäischen Kulturgeschichte, daß mit dem Namen Humanismus, dem Schlagwort Renaissance, unreflektiert der Widerspruch zwischen den undeutlichen Implikationen der eigentlichen Neuplatoniker und dem überdeckt wird, was in der Folge zwar deutlich wurde, den einstigen Vorstellungen aber bis zum Gegensatz unähnlich war. Das gilt ebenso für die sogenannte Renaissancephilosophie wie für den entsprechenden Epochenbegriff der Kunsthistoriker.

Nicht umsonst kann derselbe Autor dort, wo er die Ausführungen Giorgis über »organische Proportionen und minuziöse Anweisungen für ›simmetria‹ und ›commensurazione‹ von der Gesamtplanung« bis ins Detail bespricht, auf einen starken aristotelischen Einfluß verweisen. Erst recht war bei Palladio etwas ganz anderes als bei Ficino gemeint, wenn er in seinen ›Quattro libri dell'Architettura‹ in der Tradition Albertis sich an Vitruvius anlehnte: »Schönheit geht aus der schönen Form hervor und aus der Entsprechung des Ganzen und der Teile, der Teile untereinander und dieser wiederum zum Ganzen; .so können die Strukturen als ein vollständiger und einheitlicher Körper erscheinen, in dem jedes Glied mit dem anderen übereinstimmt und alle Glieder zur Vollendung des Gebäudes notwendig sind.«[170] Die metaphorische Rede von Körperorganismen und Gliedern taucht typischerweise da auf, wo die äußerliche Vereinigung von anorganisch Zerstücktem für etwas Besseres ausgegeben werden muß, als sie ist, weil sie sonst nichts halten würde. So, wie die Verhältnisse von Teilen und Ganzem hier gefordert werden, ergaben sie nicht einen autonomen Gehalt des Ganzen, sondern formale Vereinbarkeit. Das Schönheitsideal geht denn auch zurück auf die Definition von Symmetrie bei Vitruvius. Es ist prinzipiell mit ebensolcher Gültigkeit für die Erscheinung der einzelnen Tänzer und für gesamte choreographische Bilder formuliert wie für die Architektur. Balthasar de Beaujoyeulx rühmte, die Vorzüge seines Werkes lägen in der »Schönheit des Sujets oder in der Ordnung von Gang und Ausführung des Werkes«,[171] und nannte das Ganze einen »gut proportionierten Körper«.[172]

Alle Positionen eines Tänzers lassen sich seit dem Ende des sechzehnten Jahrhunderts, tendenziell zumindest, in Funktion der Kreise und Quadrate darstellen, denen ein stehender Mensch mit ausgestreckten Armen einbeschrieben werden könnte, obwohl für den Tanz eigenartigerweise eine derartige Theorie erst um 1800 versucht, erst von Laban im zwanzigsten Jahrhundert durchkonstruiert und experimentell ausgewertet worden ist. Deshalb erfüllt eine Rekonstruktion der frühen choreographischen Epoche aus Traktaten anderer Künste sowie der Leibesübungen nicht allein die Aufgabe, die enge Verbindung der analogen Phänomene über die gemeinsame

Grundlage einer vor allem am menschlichen Körper festgemachten Realität von geometrischen Urformen darzulegen und damit die zentrale Bedeutung des Verhältnisses zum eigenen Körper für die Grundrißplanung von Gebäuden, für den kalkulierten Gebrauch der physischen Möglichkeiten des Körpers wie sogar für die Harmonielehre der Musik herauszuarbeiten. Sie ließe sich ohne diese Quellen gar nicht durchführen. Vielmehr brachte die Naturbeherrschung am eigenen Körper im Ballett — selbst am wenigsten Gegenstand der begrifflichen Theorie der Zeit — am deutlichsten auf den Begriff, in welcher Polarität die entscheidenden Prozesse verliefen: Während *alle Vorstellungen und Wahrnehmungen nach dem Bilde des körperlichen Menschen rekonstruiert, begriffen wurden*, war dies zugleich als Rekonstruktion nur möglich, indem *dieser Körper in einem System abstrakter Formeln seinerseits theoretisch rekonstruiert* wurde. Dies ist die doppelte Wende in der Anthropomorphie des modernen Weltbildes. Die Beziehungen zwischen Tänzern in einer Choreographie waren nach dem Prinzip jener Beziehungen der Menschen zur Objektwelt konzipiert — physikalisch, um es extrem zu sagen. Beaujoyeulx formulierte die Konzeption, nach der kompositorische Figuren mit geometrischen gleichgesetzt und eine Entwicklung der Choreographie mit der Reihenfolge ihres Wechsels identifiziert wurden: »... tanzten sie das grand Balet à quarante passages *ou* figures géometriques«.[173]

Infolgedessen mußte sich schon vom Prinzip her eine Funktion des choreographierten Tanzes abspalten. Das Moment von Beziehung eines Individuums zu einem anderen in den gemeinsamen tänzerischen Evolutionen erinnerte ohnehin kaum noch an die Selbsterkenntnis im Anderen. Immerhin hat es, quasi neuerlich biologisiert, im Verhältnis der Geschlechter zueinander und in deren Chance, im Tanz der Paare einmal lustvoller als bei gelegentlichen Gesprächen oder streng zeremoniellem Verkehr sich zu begegnen, eine Fortsetzung gefunden. Sonderlich hoffnungsvoll konnte sie wohl kaum genannt werden; sie verfiel weitgehend dem Ausschluß dessen, was fortan in die bürgerliche Kategorie des »Privaten« fallen sollte, aus den kollektiven Bemühungen um Sinn. Es wäre viel zu früh angesetzt, wollte man in dieser Epoche, die wie die folgenden zwei Jahrhunderte noch von der prinzipiellen Einheit des choreographierten Tanzes sowohl nach den Ausführenden wie nach den Regeln und Schritten bestimmt war, schon ein eigenes Phänomen feststellen: den sogenannten »Gesellschaftstanz«.

Trotzdem hat Sachs Recht, auf die Funktion der Tänze als »Werbetanz« hinzuweisen. Bei Arbeau heißt es, ohne Worte sage der Tänzer zu der von ihm geliebten Frau: »liebe mich, begehre mich«.[174] Das geschah aus Verlegenheit um andere Realisierungsmöglichkeiten und bedeutet deshalb, daß die Möglichkeiten von Ausdruck im Tanz fortschreitend von zwei Seiten beansprucht und als Vehikel okkupiert wurden; nicht allein von dem profanen Ritual der staatlichen Hierarchie, sondern auch von dem privaten Bedürfnis, ein immer strengerem Verzicht unterworfenes Triebleben in einer grundsätzlich von der Gesellschaft akzeptierten Form zum Ausdruck zu bringen. Die Wildheit mancher Tänze selbst an den Höfen und die nie ganz aussterbenden Verdammungspredigten von Pfaffen und Laienmoralisten gegen den Tanz müssen als Symptome dieser Situation begriffen werden. Es war das harte Ringen der vergesellschafteten Menschen um eine zentrale, aber peinliche Entscheidung: Was sollte mit den Resten aus dem Prozeß der Rationalisierung von eigener Natur im Zuge der Unterwerfung von innerer und äußerer Natur unter den Primat der Produktivität geschehen? Dies an den überlieferten Texten, Verboten und verzweifelt luxurischen Szenen zu illustrieren, wäre höchst reizvoll; es ließe sich etwa zu Eduard Fuchs' ›Weltgeschichte der Erotik‹ manches Würdige beitragen. Hier kann das aber nicht geschehen.

Die Konzentration auf die Degenspitze des Gegners

Der zweite Ansatzpunkt war in dem Traktat ›Scienza d'arme‹ gegeben. Der Fechter, der dem diskursiven Verständnis der Kampfsituation und dem disponierenden Verstande den Primat einräumte, mußte die notwendige Koordination mit dem System der Körperfunktionen dadurch herstellen, daß er seine ganze Aufmerksamkeit auf die Degenspitze des Gegners ausrichtete. Das Realitätsprinzip wurde nicht darin verwirklicht, daß ein Mensch als ganzer auf einen anderen sich bezog. Streng definiert nach den katalogisierten Positionen und Ausfalltypen des Kodex standen kalkulierbare Handlungsschemata einander gegenüber. Die Degenspitze war der anschauliche Parameter, der abzulesen erlaubte, mit welchem Typ von Kombination aus Aktion und Reaktion man es gerade zu tun hatte. Insofern wies das Verhalten Ähnlichkeiten mit einem naturwissenschaftlichen Experiment auf; einzelne Elemente dieser Kampfsituationen wurden systematisch gegeneinander isoliert und mechanisch synthetisiert, längst bevor Physik und Chemie zu einer gewissen Reinheit dieses Verfahrens gelangten.

Dasselbe galt, entsprechend weniger deutlich entwickelt und ausgesprochen, für den Tanz. Deshalb ist es nicht ganz falsch, wenn Joseph Gregor sagt: »Weder Caroso noch Arbeau verbinden eine Vorstellung von der räumlichen Funktion des Tanzes; sie betrachten ihre Tänze absolut; nur auf oben und unten, rechts und links gestellt, in einem idealen, anscheinend unbegrenzten Raum.«[175] Der Raum des Tanzes war gewiß ein »idealer« im Sinne abstrakter Maßsysteme. Unbegrenzt im Verhältnis zum tänzerischen Geschehen war er vielleicht noch da, wo tatsächlich in ihm die Begegnung der Geschlechter institutionalisiert und zum einzigen, privat atomistischen Inhalt wurde. Wahrscheinlich blieb aber auch dafür der Bezugsrahmen der bürgerlichen Gesellschaft und der Orte ihres repräsentativ verstandenen Auftretens zu beherrschend. Jedenfalls stand die ganze Verfügbarkeit der choreographischen Formen im Hofballett nach der Mitte des sechzehnten Jahrhunderts im Dienste des Rituals, das magisch seinen Inhalt an seiner Raumorientierung auf den Monarchen hin als den Mittelpunkt und zuschauenden Adressaten hatte.

Abschließend soll der, freilich gewagte, Versuch unternommen werden, das Gemeinsame in Fechtsituation und Hofballett herauszuarbeiten. Man kann sagen, daß bei aller Agilität die Konzentration des Fechters auf die gegnerische Degenspitze diese als eine Art von Archimedischem Punkt konstituiert. Alle Bewegungen wurden auf diesen bezogen. Er war vorgegeben außerhalb des Systems von Positionen und Bewegungen des eigenen Körpers. Das registrierende Auge vermittelte, in Einheit mit dem kalkulierenden und disponierenden Verstand, zwischen Bezugspunkt und eigenem Handeln. Damit ging die Fechtlehre über die Tanztheorie nach Arbeau, Caroso und Negri hinaus und bestätigt Blumenbergs Feststellung bei entsprechender Übertragung recht genau: »In der frühen Geschichte der Wissenschaft ist häufig die theoretische Einsicht nur die zur Sprache gebrachte Routine des Handwerkers, des Fachmanns, der zwar schon immer wußte, *wie* es gemacht wird, aber nur zu oft nicht verstand, *weshalb* es so gemacht werden mußte.«[176] Blumenberg stellt den Übergang zur neuen Systematik an der Erfindung des Fernrohrs dar und zeigt, wie dessen Technik zum selektiven Sehen zwingt, so daß mit dem isolierenden instrumentellen Wahrnehmen des Objekts »im Grunde eine neue Form der Zufälligkeit der Objektivierung« eingeführt wurde.[177] Diese Objektivität zeichnet sich dadurch aus, daß sie wiederum nur in bezug auf einen bestimmten festen Punkt gilt – in diesem Falle ist es der Beobachter. Sein Standort ist zufällig und macht damit die Objektivität ebenso »zufällig«. Nichtsdestoweniger ist innerhalb des isolierten Bezugsrahmens eine Objektivität gegeben und sie ist mit anderen vergleichbar. Gegenüber dem Quattrocento wurde dabei die Vergleichbarkeit immer mehr konstitutiv für die beobachteten Objekte mitgedacht, ohne schon in deren materiale Konstitution selbst einzugehen. Die materiale Formbestimmung war weitgehend immer noch die der einfachen Warenproduktion; deren äußerliche Einordnung in das abstrakte Tauschsystem vermochte daran weder etwas zu ändern, noch den vom Produzenten bei der Herstellung erfahrenen und geplanten Sinn eines konkreten Gebrauchswertes auf der Höhe zu entfalten, die das Organisationsschema inzwischen erreichte. Die Zufälligkeit des isolierten Bezugsrahmens ließ sich durch einheitliche Prinzipien zu einer, freilich höchst selektiv zustande kommenden, Art von Objektivität bringen, sobald es gelang, Raum und Zeit, Nebeneinander und Nacheinander auf Koordinatennetze abzuziehen, die geeignet erschienen, an ihnen die Orte der Beobachter und des Beobachteten zu bezeichnen: das heißt, in Zähleinheiten zu vergleichen.

Während aber genau diese »methodische Genauigkeit des Beobachtens« die Astronomen noch zur Zeit Galileis verschreckte, weil in solcher Konzentration nicht mehr überschaubar war, welche Kontinuität zwischen den »normalen« und diesen spezifischen Wahrnehmungen der Anschauung nachweisbar blieb, ergab die Situation der Fechter einen konkreten, ganz manifest nachprüfbaren Zusammenhang. Der praktische Erfolg im Kampf stellte einen untrüglichen Parameter bei, – allerdings aufgrund jener spezifischen Absprachen, die wir als Stil oder Konvention zu verstehen haben.

Im Hofballett war der Zweck ein gedachter; Intention und Wirklichkeit konnten frei nach den Prinzipien zur Übereinstimmung gebracht werden, die der vorgegebenen Welt erst übergestülpt und angemessen werden mußten. Diese Freiheit war weniger das, was man später als ästhetische Autonomie bezeichnet hat. Vielmehr wurde sie zur Ressource für die gesellschaftliche Notwendigkeit, die Monarchie als Kraft der Zentralisierung und Vereinheitlichung zur Geltung zu bringen. Mit einem Zitat aus der ›Préface au Roy‹ sagt McGowan: »Beaujoyeulx hofft durch sein Ballett dazu beizutragen, daß in Frankreich eine harmonische Ordnung wiederhergestellt wird, an deren Spitze der König zu stehen hat, den er identifiziert als ›l'autheur de toutes choses, (de) ces belles harmonies du monde...‹.«[178] Gesetze der Künste wurden festgelegt. Karl IX. gab zur Begründung ganz unumwunden an: »Wo die Kunst ohne Ordnung ist, liegt auch die Moral darnieder, wo die Kunst aber Gesetzen gehorcht, ist auch die Moral gefestigt.«[179]

Der menschliche Körper als Modell für Perspektive und Proportionen

Dreiecksfiguren zeigten auf den sitzenden König, alle Auftritte waren mit der Richtung auf ihn inszeniert, als Zuschauender war er der Sinn aller Handlungen und Texte, indem diese an ihn sich richteten und erst durch seine Anwesenheit Handlungen im vollen Sinne sein sollten. McGowan schreibt dazu: »Dieser Austausch zwischen Publikum und Interpreten ist intensiv, direkt und mit Entschiedenheit kalkuliert, denn die Mitwirkung des Publikums war ein wesentliches Element…«[180] Nur der Begriff Publikum ist hier vollkommen falsch und irreführend. Die Zuschauer nahmen nicht, wie man so sagt, an einem künstlerischen Ereignis teil, sondern das Ballett hatte die Funktion, auch sie zu einem Teil des Vorganges zu machen, der in der Beteiligung des Königs seinen Sinn erhielt und durch die Öffentlichkeit zum exemplarischen erhoben wurde: zum Ritual, dessen Gemeinde die Zuschauer waren. Dieses Ritual war aufgebaut auf der optischen Sinnfälligkeit von Formen, deren geometrischer Charakter ihnen die Kraft der Ordnung verlieh. Sie waren magische Symbole in einer Zeit, für die man mit Blumenberg von »der Sichtbarkeit als der letzten Instanz der Wahrheit«[181] sprechen kann. Darin haben Fechtkunst und Physik und Choreographie ein Gemeinsames. »Die Optik Galileis ist durch eine ihr innewohnende Logik der Analogie bestimmt.«[182] Und schon vor ihm ist das Konstruktionsprinzip dieser Optik entwickelt und benannt worden.

»Ich gebe Anweisungen, in welcher Weise man die Strahlen des Sehens – da ja ihre Vernunft, wie Vitruvius sagt, im Wissen gesetzt ist – *von einem bestimmten und genau bezeichneten Punkt her* auszusenden hat, jene Strahlen, die den natürlichen Linien antworten. Welche dem Wahren entsprechenden Szenen man immer auch sehen mag und was immer von dem, das in Gesetzen und ebenso Stirnen vorgezeichnet ist, auch bedeutsam scheinen mag, so ist doch gewiß, daß all diese Praxis in lediglich drei Begriffen und deren Erkenntnis eingefangen ist, nämlich Auge, Blickstrahlen und Distanz.«[183] Alles wird in Maßen und Verhältnissen aufgefaßt und dargestellt; das dritte Zauberwort hieß *Perspektive*. An der Objektwelt wurde sie ebenso geübt wie an den Menschen selber; »sehr gut wird sie praktisch in der Anatomie, wobei sie nicht nur die Muskeln betrachtet, aus denen sich die Bewegung der Teile erklärt, sondern auch die Gelenke und Lage der Glieder …«.[184] Von der Vitruvischen Auffassung der menschlichen Physis als dem maßgebenden Fall mathematischer Harmonie in Proportionen wurden die allgemeinen Regeln überhaupt abgeleitet. Der Autor des zitierten Traktats über die Perspektive ist Daniele Barbaro, ein Freund Andrea Palladios, mit dem er 1556 eine Ausgabe von Vitruvius veranstaltete. In seinem Kommentar heißt es, bei den Antiken sei »jedes Maß (ragione del misure) von den Teilen des menschlichen Körpers hergenommen worden«.[185] Gewiß ist auch deshalb in ›La perspettiva‹ unter den für die Bühne bestimmten Abbildungen von Straßen, Landschaften und Räumen eine Art vitruvische Zeichnung mit genauen Maßverhältnissen der einzelnen Glieder und Teile abgedruckt.

Der menschliche Körper wurde Modell und Ziel vieler theoretischer Überlegungen, aber nicht in seiner Totalität, sondern als Schema für Proportionen von Teileinheiten. »Am Anfang steht vielmehr die Distanzierung von unserer alltäglichen Erfahrung als solcher«, schreibt Blumenberg.[186] Tuccaro hat als Theoretiker der Leibesübungen – nicht als Autor seiner Tanzästhetik – betont, in der Geschichte der Menschheit sei »der Gebrauch der Füße dem der Hände vorangegangen«[187]; er hob damit hervor, daß die Füße nicht bloß ein Vehikel für den Bewegungsapparat der Menschen seien, sondern auch geeignet, eine eigene Art von Erfahrungen zu machen, etwa in den verschiedenen Berührungen mit dem Boden. Die »Beherrschung, die man anzustreben hat«[188], wie er selber gleichzeitig forderte, erlaubte aber dergleichen nicht mehr. Nicht einmal die Hände durften im Tanzen ihre eigenen, haptischen Wahrnehmungsvermögen betätigen und ausdrücken. Sie waren ganz auf die Darstellung geometrischer Formen in jener Optik der Perspektive stilisiert. Selbst wer heute sich noch im Ballett ganz auf die klassische Tradition bezieht, muß die ungeheure Verarmung darin erkennen, die exemplarisch deutlich wird für die Verarmung der sinnlichen Realitätsbezüge unserer Kultur ganz allgemein. Serge Lifar sagt: »Der einzige Vorwurf, den man dem akademischen Vokabular zu Recht machen kann, ist die Ausdrucksarmut, die Monotonie der Armhaltungen und der Stellungen der Hände.«[189] Die Erfahrungen, die in der Kunst der Bewegung zum Ausdruck kamen, waren entweder durch Verstandesvorstellungen vermittelt oder gehörten einer unreflektierten Naturwüchsigkeit zu, die darum nicht weniger den historischen Deformationen entging, weil sie als solche formlos blieb.

Wo Ausdruckswille noch betont und mit der inneren Natur des eigenen Körpers der Menschen, derer er bedarf, zusammen-

gebracht wurde, da erschöpfte sich eine Beziehung zur eigenen
Physis allzu leicht darin, daß diese den anderen unter geltenden Normen vorgezeigt wurde. In den phylogenetischen Termini der Sozialpsychologie erinnert diese Lage in einer Weise,
die ich für historisch spezifisch halte, an das Spiegelstadium-
modell der europäisch bürgerlichen Psychoanalyse.* Bei Arbeau
findet sich unter dem, freilich allzu billig gewordenen, Stichwort einer Bewegungssprache ein zunächst sehr schön klingen-
der Satz: »N'est ce pas à votre advis une oraison qu'il fait
pour soy-mesme, par ses pieds propres, . . .«[190] (»Erinnert Sie
das nicht an eine Beichte vor sich selbst, die er mit seinen eigenen Füßen ablegt, . . .«) Die Beichte war gewiß die einzige
Gelegenheit, in einer objektiv verstandenen Sphäre – wie sie
später durch den Begriff der Öffentlichkeit in der bürgerlichen
Gesellschaft ersetzt wurde – der Dinge sich zu entäußern, die
unter dem sich durchsetzenden Zwang zur Verinnerlichung der
inneren Natur unter äußerlichen Moralregeln mehr und mehr
zum Privatesten verdammt wurden. Man könnte den Vergleich dessen, was der Tänzer mit seinen Füßen vollzieht, mit
diesem Inbegriff der seelischen Intimität und religiösen Objektivität, mit dieser wichtigsten Szene des Heilsgeschehens für
eine großartige Aufwertung des Tanzes halten. Zumal, wenn
man daran denkt, daß noch im siebzehnten Jahrhundert an
einigen Orten die Gläubigen in der Kirche »dansant & ballant«
ihre Frömmigkeit ausdrückten, wie später nur noch im Kir-
chengesang besonders der protestantischen Gemeinden.[191]
Doch die Selbstbesinnung des Tänzers hatte ihr anständig
geregeltes Vorbild und diente mehr der Verinnerlichung solcher
Normen zum Zwecke des greifbaren Erfolges. – Tendenziell
dürfte auch das kirchliche Institut der Beichte unter allgemeinen Zwecken der Disziplinierung nicht weit auf jenem Wege
gekommen sein, dessen Verheißungen sich ohnehin durch die
Rollenkonstruktion von privat Einzelnem und metaphysisch
Allgemeinem in keinem produktiven Sinne erfüllen konnten.
Das Arbeau-Zitat endet mit der Erläuterung »en genre de-
monstratif«, und hier scheint mir das Wort Demonstration
anders als in dem naiveren Kontext des Guglielmo-Textes

* Ich beziehe mich hier insbesondere auf die Interpretation von Jacques
Lacan, die ich Herrn Prof. Isaac, Straßburg, verdanke.

recht äußerlich verstanden werden zu müssen. Der Dritte, der Zusehende, ist konstitutiv für die Begegnung des Tänzers mit seinem Selbst über seine physische Gestalt. Der Schüler fragt: »Muß ich meine fünf Schritte immer geradeaus gehend tanzen, wenn Platz dafür ist?« Und Arbeau berichtigt das Mißverständnis; gerade zu gehen war keine belanglose topographische Forderung, sondern eine der Selbstdarstellung durch gerade Haltung. Die Identität der Person sollte vor den anderen sich darin demonstrieren, daß man sich nicht in beiläufige Wendungen verlor. Vor allem, so können wir sagen, sollte sie dadurch konstituiert werden, daß die anderen solche körperlich objektivierte Identität anerkannten. Kriterium der Anerkennung war die geometrieförmige Struktur der eigenen Physis, die auch sie an sich und vor den anderen zu realisieren strebten. »Wenn ich davon spreche, daß man gerade gehen soll, so meine ich, daß man den Körper nicht ganz drehen soll, denn Euer Tanz wird schöne Grazie haben, wenn ihr euch einmal zur rechten und einmal zur linken Seite vor der Demoiselle dreht, so als wolltet ihr fechten; die rechte ›greue‹ *verlangt, daß die rechte Seite gezeigt wird*, und die linke ›greue‹ *verlangt, daß die linke gezeigt wird.*«[192] Überdies schließt sich in dem Zitat die Argumentation wieder an das Fechten an.

Wir können das Verhältnis zur inneren Natur auch als die Frage behandeln, wie und wieweit deren Drängen in den Willen der Individuen eingeht, dem von den verinnerlichten Normen ganz bestimmte Grenzen gesetzt sind. »Dadurch stellt sich das Problem der Willensfreiheit so«, schreibt Borkenau, »wie es uns heute natürlich erscheint, wie es aber bis dahin nie stand: als Frage eines Verhältnisses von innen und außen. Die Natur einschließlich des eigenen Körpers, einschließlich der durch ihn bestimmten Wahrnehmungen und Affekte ist ein Außen. Jede finale Beziehung, jeder immanente Zusammenhang der Seele mit dem allen ist weggefallen, es bleibt nur die Beziehung der effizienten Kausalität.«[193] Also eigentlich keine Beziehung mehr, sondern nur ein Verhältnis. Das Moment von Praxis, das dieses Verhältnis noch beinhaltete, war tendenziell auf ein Exemplifizieren der anerkannten Kriterien im empirischen Individuum beschränkt. Entsprechend ging der Dritte in die Bildung der Identität ein – nämlich nicht prozessual. Seine Beteiligung war auf eine Dimension des Deiktischen als Praxisersatz reduziert; denn Zeigen ist wohl noch eine Handlung, aber doch keine Interaktion, innerhalb derer noch Gegenstände inhaltlich angeeignet würden. Darauf kann sich das Zeigen, wie Sprache, nur berufen. Das Hinweisen auf eine bestimmte Gestalt – oder imago – ist zwar noch ein intersubjektiver Akt, der durchaus Handlungscharakter besitzt, sogar äußerst repressiv auftreten kann; aber es ist ein Akt, der, von einer konkretistischen Ebene des Physischen abgesehen, so formal bleibt, wie es damals auch die Strukturen waren, auf die die Individuen mit der gesellschaftlichen Versuchsanordnung der Geometrisierung ausgerichtet wurden.

Panofskys Begriff eines »Systemraums« wird von Arnold Hauser, der an den einheitlich aufgefaßten, wie mit einem einzigen und unbewegten Auge registrierten Idealraum anknüpft, so expliziert: »Das planperspektivische Raumbild, so wie die Kunst der Renaissance es uns vor die Augen führt, mit der gleichmäßigen Klarheit und der konsequenten Gestaltung aller Teile, dem gemeinsamen Fluchtpunkt der Parallelen und dem einheitlichen Modulus der Distanzmessung, das Bild also, das L. B. Alberti als den ebenen Querschnitt durch die Sehpyramide definiert hat, ist eine kühne Abstraktion. Die Zentralperspektive ergibt einen mathematisch richtigen, aber keinen psychophysiologisch realen Raum (...) Einheitlichkeit und Konsequenz galten eben für sie als die höchsten Kriterien der Wahrheit.«[194] Bedauerlicherweise werden auch bei Hauser die beiden Epochen der »Renaissance« unter einem Interpretationsschema zusammengepreßt. Er zitiert Diltheys Wort von einer »künstlerischen Phantasie« in der Forschung der Wissenschaft ebenso einleuchtend für das Quattrocento – unsere Ausführungen zu Leonardo im ersten Band lösen das ein –, wie er für das sechzehnte Jahrhundert von »wissenschaftlicher Phantasie in den künstlerischen Schöpfungen« sprechen kann.[195] Obwohl sicherlich beide Phasen noch am Charakteristikum der jeweils anderen teilhaben, muß doch auf einer Polarisierung bestanden werden, die eine zunehmende Mathematisierung erkennen läßt. E. C. Kielland hat auf den Unterschied zwischen schematischen und als je besonderen verstandenen Proportionslehren aufmerksam gemacht, um einem Irrtum über die ägyptische Raumkonzeption entgegenzutreten. »Wenn sie eine Linie in sieben Teile teilten, so bedeutet ein Siebentel eher eine *Qualität, denn eine Quantität.* Was übrigbleibt, ist nicht $^6/_7$, vielmehr die Beziehungssetzung $1 : ^1/_7$. Auf diese Weise entsteht eine räumliche Beziehung zwischen dem ursprünglichen Ganzen und dem Teil.«[196] Solche Beziehungen wurden im Quattrocento noch als je eigene verstanden, während sie in der Folge immer mehr nur zu Sonderfällen von arithmetischen Reihen zu werden tendierten. Im übrigen ist der Rückgriff auf Ägypten keineswegs so abwegig, wie er auf den ersten Blick erscheinen könnte. Siegfried Giedion hat gezeigt, daß die griechische Raumvorstellung mit der ägyptischen aufs engste verwandt war. Die Figur in einen Quader einzubeschreiben, war ein ägyptisches Darstellungsprinzip und dürfte in gerader Linie als die Tradition nachzuweisen sein, aus der Hermes Trismegistos, Pythagoras, Plato, Plotin und schließlich Ficino schöpften. »Durch eine stehende Figur ist eine Vertikalachse gedacht, die als Schnittlinie zweier rechtwinklig sich schneidender Ebenen entsteht. Also außer der einen Frontalebene (. . .) wird die Figur einer dazu rechtwinkligen Ebene unterworfen, einer Art räumlichen Achsenkreuzes. Das Achsenkreuz des ursprünglich prismatischen Blocks wird zum Achsenkreuz der Figur, zu dem noch ›unsichtbare‹ parallele Ebenen kommen, in die die Gliedmaßen eingeordnet sind. In etwas geänderter Form, aber dem Sinne nach gleich, verlangt es den Ägypter anscheinend nach einem Koordinationssystem wie beim Quadratnetz.«[197] Dessen Funktion erläutert Giedion an einem Text Dürers, auf den sich auch der oben zitierte Barbaro bei seinen vitruvischen Maßnahmen berief.[198] »In seiner ›Underweysung der Messung mit dem Zirkel und Richtscheyt‹ (1525) hat Albrecht Dürer diese Methode auf anschaulichste Weise wiedergegeben, indem er, neben anderen Beispielen, zeigte, wie eine in stärkster Verkürzung liegende Frau von einem auf Glas geritzten Quadratnetz auf das Zeichenblatt übertragen wird. In diesem Wiedergeben eines Gegenstandes, wie er erscheint, und nicht, wie er ist, liegt der Begriff des Einzelfalles und des modernen Individualismus.[199]

Die Tradition von Raumauffasung hatte neben dem Beziehungsaspekt noch einen zweiten. Die demonstrative Öffentlichkeit, in der die griechischen wie die Renaissancestatuen ihre politisch ostentative Funktion entwickelten, geht zurück auf die ägyptisch-griechische Konzeption der Bauten, die als Landmarken auf die von ihnen beherrschte Landschaft ausgerichtet waren. Individualismus wäre die emanzipatorische Seite dessen, was zunächst festzuhalten ist als Atomisierung oder Isolierung der Individuen als Elemente gegeneinander. Die Einheit, unter der die Mannigfaltigkeit zusammengefaßt wird, ist die der geometrisch rekonstruierten Wahrnehmung durch ein fiktives Auge.

Individuelles Selbst durch Verinnerlichung des autoritären Dritten

Dennoch wurde im Zuge einer »naturalistischen Tendenz« in den bildenden Künsten der Zeit diese Systematik aus einem großen Reichtum an konkreter Gegenständlichkeit mit bestimmten sinnlichen Qualitäten angefüllt. Das Prinzipielle trifft bei Bildern und Statuen mehr für deren Kompositionsskizzen zu als für diese selbst, da in diesen mit einer gewissen Autonomie auch ihre Inhalte angeeignet sind. So prinzipiell könnte man für die frühe und die späte Epoche gemeinsam ein gewissermaßen ekstatisches Objektverhältnis, also mangelnden Abstand der Reflexion zu sich selbst feststellen. Entscheidend ist der Unterschied. Auf der früheren Stufe war die Reflexion eine *prozessuale* der Ein-Bildung, *ganz Aneignung des Objektes, das Subjekt ganz in der Beziehung.* Auf der späteren Stufe war das *Subjekt ganz mit den positiven Regeln seiner Reflexion identifiziert, also von sich und vom Objekt getrennt.*
Vergleichbares hat sich tendenziell auch an dem choreographierten Tanz nachweisen lassen. Indessen sind dort die unmittelbar gesellschaftlichen Funktionen, denen er verfügbar gemacht wurde, zu massiv Inhalt und Sinn, Gehalt, gewesen, als daß nicht die anderen Künste ihm weit vorausgeeilt wären. Immerhin verbarg sich auch im Tanz das rigide Schema der Ordnungsprinzipien unter einem Anflug von »Grazie«. Die

dekorative Asymmetrie der griechischen Statuen nach der Tradition des Phidias wurde zum Schönheitsideal der klassischen Choreographie, als sie ihre äußerlichste Epoche erlebte. Einerseits kam das aus der mittelalterlichen und in der quattrocentonischen Posa abgewandelten Haltung mit seitwärts und vorwärts verschobener Hüfte. Andererseits war die Phidiassche Asymmetrie nur scheinbar wider die Regel. Eben zu kompliziert, um auf Anhieb durchschaut zu werden, stellte sie ein raffiniertes System von oppositionellen Symmetrieprinzipien dar. Die »Figur bietet vom Kopf bis zu den Füßen vier Ebenen, die sich jeweils entgegengesetzt sind«, erklärte Auguste Rodin dazu.[200] Dabei konnte ein Spielbein den gefälligen Eindruck geben, daß die ganze Person sich mit einem Beine bewegen könne, ohne das Körpergewicht verlagern zu müssen. »Posture pleine d'abandon et de grâce«, nannte es Rodin. Dabei spielte eine solche Haltung noch einmal auf der Ebene der Effekte mit den Wirkungen der Perspektive.

Die äußerlichen Ordnungsprinzipien wurden verinnerlicht und demonstrativ mit dem Auftreten der Personen verbunden, »in einer Weise, daß ein jeder glaubte, Archimedes hätte die geometrischen Proportionen nicht besser verstehen können als jene Prinzessinnen und Damen sie in diesem Ballett vollführten«.[201] Gerade in diesem Ballett wurde vollkommen deutlich, daß die Notwendigkeit eines festen Bezugspunktes für die geometrieförmigen Körperbewegungen und der rituale Bezug der Aktionen auf den Herrscher zwei Seiten derselben Sache waren. Der feste Punkt wurde im Tänzer selbst dadurch hergestellt, daß der Schwerpunkt willkürlich über seine naturwüchsige Lage angehoben und festgehalten wurde, und zwar gegen das Geschehen an den Gliedern. So wurde ein Zentrum der Beherrschung eines Körpers materialisiert, der ohne es nur den Impulsen von Lust und Unlust gefolgt wäre. *Die resultierende Stärkung des Bewußten* gegenüber dem Es, ermöglicht durch eine Reglementierung der eigenen Natur, *wurde dem Ich nur* äußerst vermittelt *über dessen Konstitution als Manifestation eines Überichs,* nämlich der absolutistischen Gewalt, zuteil. In der Choreographie zeigte sich die Wahrheit, wenn sie den Monarchen als den Archimedischen Punkt aller Figuren auswies – jener Figuren, die wiederum nur auf Grund des spezifisch gezielten Triebverzichts der geschulten Tanzenden ausgeführt werden konnten. Den Zusammenhang artikuliert eine Strophe, die in dem Ballett ›Epithalame‹ von Jean Dorat 1570 gesungen wurde: »Nous ne scaurions aller en decadence, / Puisque le Roy Charles mene le bal: / Comm'un Soleil qui va d'à mont à val, / En conduisant d'astres grand abondance.«*202 Wie konkret die Beschwörung als *politische Strategie* gemeint war, betont auch die Nennung des Namens des eben Regierenden. Die tänzerisch aufgebauten und sich bewegenden Menschen stellten gewissermaßen das Prinzip, unter dem ihre Ausführungen standen, indem sie auf ein wahrnehmendes Auge ausgerichtet waren, schon an sich selbst dar. Insofern war tatsächlich die allgemeine Forderung in der einzelnen Haltung genügend verinnerlicht, um als individualistisches Sich-zur-Geltung-Bringen zu wirken. Das heißt, man suchte sich selbst nach den Augen des objektiven Zeitgenossen zu formen, wenn man sich bewegte, statt in originären Erfahrungen den eigenen Körper sich anzueignen. Dieser wurde vielmehr denselben Prinzipien unterworfen, mit denen man sich die Objektwelt zu eigen machte. Die Tendenzen des instrumentellen Handelns gegenüber der Natur und der institutionalisierten Beziehungen zwischen den vergesellschafteten Menschen konvergierten in dieser Form der Naturbeherrschung am eigenen Leibe.

Von der posa zur posture

Der Posaprozeß konnte dargestellt werden als das eigentliche Prinzip eines Tanzens, das zur Zeit des Kaufmannsreichtums an den oberitalienischen Höfen zu einer beträchtlichen Komplexität der Form, zu ganz eigenen Beziehungsweisen zwischen den Elementen seines Bewegungskanons entwickelt wurde. Die aufgezeichneten Choreographien wurden jeweils

* »Wir können nicht fehlgehen, / da König Karl den Tanz anleitet / wie eine von Berg zu Tal gehende Sonne / Sterne in großer Zahl anführt.«

von nur wenigen Personen ausgeführt; wesentlich in der Stille vertrauterer höfischer Geselligkeit. Ihre Übertragung in Staatsaktionen bedingte im Quattrocento entweder, daß einfach dieselben Bassedanzen oder Ballitti von mehrfach sechs, drei oder zehn Personen nebeneinander getanzt wurden; oder es wurde versucht, bis zu hundert Personen oder mehr in gemeinsamen Auftritten zusammenzufassen, wie bei den großen Hochzeitsaufführungen zu Ende des Jahrhunderts, in denen aber die große Zahl nur in einem begriffslosen Nebeneinander mit Hilfe von Szenenvorlagen aus der Mythologie in ein Gesamtbild gepfercht werden konnte. Im Verlauf des sechzehnten Jahrhunderts wurden diese beiden additiven Richtungen weiter verfolgt; dagegen scheint die intimere Situation, in der sich Tanz – mit den ersten Theoretikern Domenico, Guglielmo Ebreo, Cornazano – zu einer ars liberalis erheben konnte, ganz zurückgetreten zu sein. Was in dem Jahrhundert bis zu den wichtigen Traktaten von Thoinot Arbeau, Fabritio Caroso und Cesare Negri sich an Schrittrepertoire und Kompositionsprinzipien des choreographierten Tanzes veränderte, läßt sich am Abschluß dieser Epoche bestimmen.

Glatte Technik statt Bewußtseinsprozeß

Das Wort posa kommt nicht mehr vor. Bei den Italienern gibt es nur vergleichbare Residuen; im Französischen gibt es noch die posture, aber sie bezeichnete nicht mehr den Posaprozeß, der sich in einer Vielfalt von Haltungen zwischen den einzelnen Schrittfolgen vollzog. Zwar war das Prinzip des Einhaltens zwischen den einzelnen Bewegungsfolgen nicht einfach aufgegeben worden, doch wandelten sich deren Aufbau wie die Konstitutionsprinzipien größerer Formen. Das Innehalten als posa hat sich als ein Prozeß dargestellt, den wir als das Prinzip des quattrocentonischen Tanzes zu begreifen haben. Die Bewegungen in sich geschlossener Schrittperioden kamen an den Punkten des Einhaltens zwischen ihnen nicht zu einem Ende, sondern wurden auf sie selbst und auf das Folgende reflektiert. Damit integrierten sich nicht nur die Negationen von Bewegung, die Ruhe, in die Abfolge der Schritte, vielmehr wurden deren Perioden allererst wesentlich aufeinander bezogen und traten so erst zu größeren Formen zusammen. Die Integration der posa in die bewegte Entwicklung eines Tanzstückes war der Kraft eben der übergreifenden Form zu danken, die sich über den Posaprozeß zu bilden vermochte. Im sechzehnten Jahrhundert blieb immer weniger Zeit für diesen Prozeß zwischen den Schrittfolgen. Sie waren über ihn aus dem bloßen Nacheinander äußerlicher Abfolgen zu einem Ganzen zusammengekommen und wurden daraufhin in einer glatten, beherrschten Technik immer ungeduldiger aneinandergerückt, bis *an die Stelle des einstigen Bewußtseinsvorganges ein möglichst geschicktes Umdisponieren des Körpers* gesetzt wurde. Die berühmten fünf Positionen, auf die erst um 1700 Feuillet das klassische europäische Ballett wirklich gründete, waren noch nicht erreicht. Aber die Haltungen, die Arbeau als elementare festlegte, enthielten bereits dasselbe Ordnungsprinzip, wenn sie auch noch nicht als Schema geschlossen waren und verstanden wurden. Für die italienischen Traktate der Zeit gilt dasselbe; wozu die posa geworden war, läßt sich nur aus dem rekonstruieren, was in einem veränderten formalen Zusammenhang eine ebenso veränderte, aber der früheren entsprechende Funktion erhalten hatte. Das bestand nicht allein in bestimmten Positionen der Füße. Auch die Haltung der ganzen Person war äußerst wichtig, nur der Charakter ihrer Bedeutung für die Ausführung der Schritte wie für die Konstitution der größeren Formen war außerordentlich verändert.

Die positiven Formen der posture

Die posture des Arbeau gehörte, insbesondere wo sie noch einmal ausdrücklich erwähnt wurde, zu jener cadence, die er als »eine Figur von größerer Grazie« bezeichnete.[203] Aber nicht sie selber ist Ausdruck des »graziösen« Geschehens. Dieses wird im »grand sault« entwickelt und von der posture nur zu einem formalen Abschluß gebracht, der ihm eine korrekte Form sichert und damit die regelrechte Wirkung. Es ist in diesem Zusammenhang von einem »letzten Akkord, um ein angenehmes harmonisches Ende zu machen« die Rede. Er sei wie ein »Schweigen der Füße«.[204] Die Formulierungen erinnern stark an die Passagen von Domenico über den Posaprozeß. Nur beziehen sie sich in dem Text von 1580 nicht auf die posture, sondern auf den Sprung vor ihr. Sie hatte nur dem eine der einstigen posa vergleichbare Geltung zu verschaffen, was als vertikale Bewegung positiv geschah. Das vollzog sich in dem »pieds ioncts«, einer noch etwas naturwüchsigen Frühform der klassischen ersten Position. Daneben waren andere Formen der posture positiv festgelegt, ebenfalls von der Stellung der Füße her definiert. »Pied ionct oblique«: der rechte oder der linke Fuß wurde spielbeinartig an das Standbein herangesetzt; die Stellung könnte als eine Art klassischer dritter Position verstanden werden. Allerdings bezeichnet sie sehr deutlich eine Übergangsphase von der eigenen Bedeutung der posa zur elementar technischen Bedeutung der fünf Positionen. Diese zeichnen sich dadurch aus, daß immer beide Beine das Körpergewicht gleichermaßen zu tragen haben. Gerade dadurch geben sie den jeweils aus ihnen entwickelten Schrittfolgen eine spezifische inhaltliche Bestimmung; denn die verschiedenen Balancesituationen bedingen verschiedene Kombinationen angespannter Muskelsysteme, die ihrerseits jede Folge in gewissem Grade prädeterminieren. Als Variationen der Spielbein-Standbein-Haltung indessen wird diese Determination in die Neutralität des Dekorativen weitgehend zurückgenommen. »Pieds largyz«, Vorgänger der zweiten Position, verteilte freilich, wie »pieds ioincts«, die Körperlast wiederum gleichmäßig auf beide Beine, die nun aber gespreizt wurden. Alle weiteren Stellungen variieren mehr oder weniger stark das Prinzip von Spielbein und Standbein. »Pieds largis oblique droict« oder »gaulche« hieß eine der eben geschilderten ähnliche Haltung, die nur mit einem ausgestreckten Spielbein ausgeführt wurde. Bei »marque pied« und »marque talon« wurde ebenso wie bei »pieds ioincts obliques« der eine Fuß frei spielend an den fest stehenden herangeführt, nur nicht schräg, sondern parallel – einmal mit dem Absatz und einmal mit der Spitze des Fußes den Boden berührend.

Es gab noch nicht ein gewisses System unterschiedlicher Gewichtsverteilungen bei verschiedenen Fußstellungen. Dazu zeichnete sich erst ein Ansatz ab in dem einfachen Gegensatz von

Haltungen über einem Standbein und solchen über zwei Standbeinen. Für letztere gab es zwei Möglichkeiten, nämlich über geschlossenen oder über geöffneten, auseinandergerückten Füßen, die aber immer parallel blieben. Für die Spielbeinhaltungen wurden zahlreiche Möglichkeiten in der Tabulatur vorgeführt. Dabei standen die einer Posahaltung noch ähnlichen postures wahllos zwischen verschiedenen Schritten, die ebenfalls ausgeführt wurden, indem ein Bein während der ganzen Bewegung unverändert das Körpergewicht trug; so der »pied croisé«, der »pied en l'air« oder die »greue« oder »ruade«. Damit wurde einerseits dem Charakter der posa noch Rechnung getragen, insofern diese Haltungen eigene inhaltliche Bestimmtheiten aufwiesen. Andererseits wurde er gerade zerstört, weil diese Inhaltlichkeit verselbständigt war gegen jeden präsumtiven Kontext von Schrittfolgen. Ihre bloßen einfachen Bestimmtheiten ließen sie in Beliebigkeit zurücksinken, so daß es nur folgerichtig erscheint, sie unsystematisch unter anderen vorfindlichen Elementen der Tabulaturen behandelt zu sehen. Bei Arbeau war außerdem das neue Prinzip der Differenzierung nach einem oder nach zwei Standbeinen noch keineswegs weit genug hervorgetreten, als daß nicht auch diese Verschiedenheiten ziemlich zufällig und ohne logische Abfolge in dem Traktat behandelt wurden.

Es muß hier allerdings gesagt werden, daß Arbeau selber keine dieser Haltungen posture nannte, diesen Namen vielmehr für eine bestimmte andere reservierte. Dies war eine Stellung, die in einem gleichzeitigen Vorsetzen des einen und Zurücksetzen des anderen Beines bestand. Das Gewicht sollte dabei also in der Achse Hinten-Vorn ebenso von beiden gleichmäßig getragen werden, wie es die parallelen Füße des pieds ioincts oder pieds largis auf der quer zum Körper des Tanzenden verlaufenden Symmetrieachse taten. Diese posture im engeren Sinne schloß aber immer einen Sprung ab, aus dem die Tanzenden mit dem hinteren Bein zuerst aufkommen sollten, um mehr Grazie zu erzeugen. Dadurch wurde in der Zeit eine ähnliche Wirkung hergestellt, wie sie im Nebeneinander des Raumes durch die fortdauernde ungleiche Gewichtsverteilung auf Spiel- und Standbein entstand. Arbeaus Beschreibung trifft fast auf eine klassische vierte Position zu:[205] »Wenn die beiden Füße auf den Boden gesetzt worden sind, einer vorn und der andere hinten, so daß beide gemeinsam den Körper des Tänzers tragen, dann heißt man diese contenance und mouvement ›position‹ oder ›posture‹.«[206] Als Oberbegriff werden contenance und mouvement gemeinsam benutzt; die begrifflichen Unterscheidungen sind weder sehr klar noch irgendwie logisch streng. Haltung und Bewegung werden ebensowenig wie andere Unterschiede stringent nach Prinzipien begriffen. Darum scheint mir ein erweiterter Gebrauch des Ausdrucks posture sinnvoll zu sein.* Interessant ist übrigens, daß die von Arbeau als posture oder auch schon als position bezeichnete Haltung das Körpergewicht auf beide Beine gleichmäßig verteilt. Selbstverständlich wurde auch sie einmal mit dem rechten, einmal mit dem linken Fuß vorn gemacht. Die entsprechende diagonale Stellung, »pieds largis obliques«, war hinten standbeinbetont. Sie wurde später zu der wichtigsten Ausgangshaltung im »maniment d'armes«. Beim Exerzieren mit einem Gewehr, einem Degen oder einer Fahne wurde dabei deutlich, daß ein Verlagern des Gewichtes vom hinteren auf das vordere Bein alle Grade der Ausfallhaltung ermöglichte und über den im Winkel zueinander stehenden Füßen Sicherheit gewährte. Ebenso wurden damit Frontwechsel nach rechts oder nach links möglich, die nur mit einem bestimmten Umsetzen der Füße, nicht durch das weniger präzis kalkulierbare Drehen der Person auf dem Fuß ausgeführt zu werden brauchten. Das »marque pied« kann als Vorform einer Stellung betrachtet werden, die später explizit die Funktion einer Vorbereitung auf einen bestimmten Schritt, beziehungsweise auf eine bestimmte Bewegung erhielt und dann auch »préparation« hieß.

Zwar nannte Arbeau auch noch, darin den frühen Italienern scheinbar eng verwandt, die leere Taktzeit zwischen den Schritten ein »souspir«. Doch hatte dieses nichts mehr mit dem Aushauchen des Atems in der ombra fantasmatica gemeinsam. Es war eher eine kleine Verschnaufpause zwischen den aktiven Phasen der Choreographie. Erst recht gab es kein inneres Ereignis in diesem Tanzen, das auch nur andeutungsweise hätte

---

* Auch Ingrid Brainard nennt pieds joints, marquepied etc. Posturen.

den Atem anhalten lassen, wie es die posa als moment de transition annäherungsweise beinhaltete. Die statischste der Postureversionen, »pieds joints«, trat denn auch inzwischen durchaus an den Anfang einer Schrittfolge und war nicht länger nur Mitte zweier Figuren. In der ›Orchésographie‹ gibt es dafür zwei Regelbeispiele, wo gerade eine besonders lebhafte Folge durch die Haltung eingeleitet wird, deren minimale Raumbestimmtheit und deren größtmögliche Neutralität gegenüber irgendwelchen Bewegungen einen auffallenden Gegensatz zum »pas de gaillarde« und den »entretailes« bildet.[207] Das gleiche gilt für die bereits dargestellte Vorbereitung der Pirouette – »pieds joints«, »volte« und wieder »pieds joints« zum Abschluß.

Die erste Position, soweit sie in diesem Zusammenhang schon so genannt werden darf, diente zwei miteinander verbundenen Maximen. Die erste war technischer Natur und verlangte, daß in der absoluten Ruhe der ganze Körper auf die Möglichkeit einer neuen Schrittfolge eigener Art konzentriert wurde. Die kurzen von Enervierungsimpulsen und in Bewegungen eingelösten Energieaufwendungen wurden nicht transformiert in eine anschließende andersartige Situation. Sie wurden an einer undurchlässigen Symmetrieebene entweder unverändert zurückgeworfen oder in Ruhe aufgelöst, das heißt einfach negiert. Die zweite Maxime war auf die Demonstration gerichtet, in der herausgestellt werden sollte, daß das Bewegungsgeschehen durch die subjektive Instanz Tänzer willkürlich gegen den endlosen Verkettungszusammenhang naturwüchsiger Abläufe festgesetzt werden konnte. Nach Möglichkeit sollte der Anschein geleistet werden, als entstehe zum Beispiel die »volte« aus der reinen Autonomie des Tanzenden, das heißt, als könne er punktuell augenblicklich die Ausführung verfügen, ohne irgendeine Art von Anlauf zu zeigen, die seine »Natürlichkeit« verraten hätte. Freilich war die Ruhe im »pieds joints« eine gespannte. Tatsächlich riß die Folge von Bewegungsimpulsen und kinetischen Energien nicht so vollständig ab, wie es aussehen mußte. Dadurch war der choreographischen Entwicklung auch eine gewisse physisch konkrete Kontinuität verblieben, deren es bedarf, wenn anderes als eine Automatendemonstration geliefert werden soll.

Die Kontinuität war nur zur Heimlichkeit verdammt, so daß die Natur im Menschen gegen den Anschein, der zum Prinzip erhoben wurde, zu dessen Realisierungsmöglichkeit noch beitrug. Der Antagonismus von formaler Autonomie des choreographischen Formwillens und realer Verwiesenheit des Tanzes auf naturwüchsige Quellen seines Stoffes und Lebens wurde erheblich verschärft. Dadurch gerieten die Prinzipien der Regeln in eine Isolation gegenüber dem Material, in der sie fast zu einem bloßen Ansich, zu einem Selbstzweck wurden. Gerade daran konstituierte sich aber das »autonome Individuum«.

Man kann nicht entscheiden, wie weit das gegenüber dem Quattrocento viel weniger reflektierte Verhältnis der Franzosen des sechzehnten Jahrhunderts zu ihrem Körper und ihr Rückstand in Ausdrucksvermögen und verfeinernder Triebsublimierung den Regreß im choreographierten Tanz bedingt haben. Dieser war aber immerhin mit einem sehr bemerkenswerten Fortschritt im metrischen und technischen Bereich verbunden. Darum muß er gewiß auch durch diesen Fortschritt selbst erklärt werden, insofern die technisch ordnende Perfektionierung einseitig und die bis zu Cornazano kultivierten Proportionen zerbrechend durchgesetzt wurde. Dieser Bruch ist keineswegs allein der kontigenten Ungleichzeitigkeit in den historischen Situationen Italiens und Frankreichs zuzuschreiben. Vielmehr ist er durch eine Ungleichzeitigkeit gekennzeichnet, die *tanzimmanent* im Zuge der neuen Entwicklung hergestellt wurde. Die memoria verkam zu bloßem Gedächtnis, die misura zum richtigen Zählen. Es ist von größter Wichtigkeit, diese Verlagerung von der einen der beiden im Prinzip enthaltenen Seiten zur anderen herauszuarbeiten. Die frühe und die späte Phase sind ganz unterschiedlich, geradezu gegensätzlich in den vorherrschenden Tendenzen zu beurteilen. In dem allgemeinen Begriff Renaissance geht das aber unter, wenn zum Beispiel Wittkower richtig, aber viel zu allgemein, zusammenfaßt: ». . . die Einstellung der Renaissance zur Proportion war bestimmt durch einen neuen organischen Zugang zu Natur, der das empirische Verfahren des Messens mit umfaßte und zu demonstrieren beabsichtigte, daß alles mit allem durch die Zahl zusammenhing. Ich denke, es geht nicht zu weit, Kommensurabilität des Maßes als den Kernpunkt der Renaissance-Ästhetik zu betrachten.«[208]

Der aufrechte Gang des Hochwohlgeborenen

Der abstrakte Formanspruch wurde entgegen anderen Bedürfnissen entwickelt und vorangetrieben. Diese anderen Bedürfnisse lassen sich zu Ende des sechzehnten Jahrhunderts nur aus dem Nachklang der quattrocentonischen Prinzipien in bestimmten Ausdrücken rekonstruieren. Als zentraler Begriff für die gute Haltung der Damen und Kavaliere, die sie über die Regeln der Tanzmeister lernen sollten, findet sich bei Caroso die Formel des »ben portar la vita« (die Taille gut halten). Der zweite Teil seines Werks, die Regelsammlung, beginnt damit. Es schließen sich die Regeln an, nach denen man das Barett abnimmt, die Riverenza macht, Umhang und Degen beim Tanzen arrangiert, und andere Anweisungen, die den Benimm in der großen Welt betreffen. Dieser Kontext macht sofort deutlich, daß es sich keineswegs um ästhetische Prinzipien im Sinne einer autonomen Kunstgattung handelt. Der choreographierte Tanz wird offensichtlich als eine besonders pointierte, aber nicht grundsätzlich unterschiedene Form des Auftretens verstanden. »Ben portar la vita« bedeutet genau genommen, man müsse seine Taille getragen halten. Es ist dies eine andere Beschreibung für die bereits dargestellte Vorstellung, nach der der Körper mehr an seinen oberen Partien aufgehängt als auf dem Erdboden lastend erscheinen soll. Was hier mit Taille bezeichnet wird, ist der über den naturwüchsigen Gravitationspunkt des ruhig stehenden Menschen angehobene Schwerpunkt. Damit kann auch nicht mehr von einem Punkt – tatsächlich natürlich eher von einer Zone – gesprochen werden, der Zentrum der ruhenden, schweren Masse wäre; dieser neue willkürliche Schwerpunkt muß getragen werden (»ben portar«). Das wird in den Bewegungen und Haltungen sichtbar, die den menschlichen Körper nicht als ein raum-zeitlich bewegbares Ganzes manifestieren durften. Statt der wesentlichen Veränderbarkeit, die nur an bestimmte statische Notwendigkeiten des Knochengerüstes und an bestimmte dynamische Möglichkeiten der Motorik gebunden sind, sollte ein gut fixierter Rumpf den allzeit verfügbaren Bezugspunkt für ein System von Gliedern abgeben, die eine bestimmte Anzahl von Veränderungen im Verhältnis zu ihrem Zentrum ausführen konnten. Beim Tanzen wie auf der Straße sollte man »andare sù la vita con bella gratia«.[209] Dazu gehört ein besonders betont aufrechter Gang, ein leichtes Anwinkeln der Arme; die Knie mußten gut durchgedrückt werden, die Fußspitzen und auch die Beine waren ein wenig nach auswärts zu kehren. Die Beine sollten beim Gehen zwei Finger Abstand voneinander halten und die Schritte entsprechend der Größe der Person ungefähr etwas länger als ein palmo sein.* Die leicht angewinkelten Arme sollten ein wenig bewegt erscheinen. Dadurch wurde mit einer zweiten Schicht gewissermaßen rein willkürlicher, also zweckfrei künstlicher Bewegungen die konsequent eingesetzte Veränderung der Anatomie gegenüber einer unwillkürlichen Haltung noch einmal überdeckt. Beim Anwinkeln werden die Oberarmmuskeln gespannt, insbesondere diejenigen, die ihren zweiten Ansatz auf den Schulterblättern und bis an die Seiten der oberen Wirbelsäule haben. So hängen die Spannungen, durch die der Rücken gestrafft, vielleicht sogar das Kreuz nach vorn durchgedrückt wird, mit denen zusammen, die für angewinkelte Arme sorgen. Letzteres unterstützt also das Bemühen, die Brust emporzuheben, ein Hohlkreuz wenigstens anzudeuten und auf diese Weise einen möglichst großen Teil der Körpermasse über der Taille anzustauen, der ohne dies im Raum von Bauch und Becken ruhen würde. Auch die Muskelspannungen, mit deren Hilfe die Beine nach außen gekehrt werden, müssen zu einer Versteifung des Rückens, nunmehr des unteren, führen; denn die Muskelstränge, über die die Oberschenkel seitlich rückwärts gezogen werden können, müssen ebenfalls am Rücken ihren anderen Ansatzpunkt haben. Das Auswärtskehren der Füße läßt sich nicht ganz unabhängig von dem der Beine ausführen und verstärkt infolgedessen denselben Effekt. Indessen, wenn

* »onde per ben andare sopra la vita con quella megliore gratia, & dispostezza, che altrui possa rendere honorato, è, bene andar con la persona dritta, & le braccia, stese apari de'fianchi, movendoli un poco, & la punta delli piedi un poco infuora, accioche le gambe, & le ginocchia stano ben dritte, & nel passare il piede innanzi l'uno dall'altro, hà d'essere discosto due dita.«

nur dies alles geschähe, so würde die Konzentration von Muskelspannungen zum Rücken bewirken, daß der ganze Körper an den Schultern hintenübergezogen und am Bauch vorgekrümmt würde. Es würde eine Haltung wie der »arc en cercle« entstehen, den die Psychoanalyse als ein typisches Symptom hysterischer Individuen kennt. Es muß nach dem Grundsatz »la persona ben dritta« der vordere Muskelapparat zum Ausgleich ebenfalls gespannt werden. Von den Bauch- bis zu den Brustmuskeln tritt alles in Tätigkeit. Diese ist freilich nicht unmittelbar sichtbar, weil alles nur ausgleichende Funktion hat.

Allerdings ist das Ergebnis, daß der Mensch keineswegs in der vom Quattrocento gerühmten »Tugend der Lässigkeit« dasteht; vielmehr ist sein *gesamter Körper von einer Hülle gespannter Muskeln zusammengezogen.* Dieser Zustand wurde nun derart ausgerichtet, daß die Hülle von Spannung dem Stauen des Volumens nach oben hin in einem bestimmten Maße dienen mußte. Die leichte Bewegung der Arme, die gefordert wurde, konnte nur an der Oberfläche den Anschein von spielerischer Leichtigkeit herstellen, der über den konzentrierten Kraftaufwand im Innern hinwegtäuschen sollte. Schließlich wollte man Körperbeherrschung ja gerade einführen, um das brutal Plumpe von Kraft und Erdenschwere zu überwinden. Soweit dies gelang, kam bei den Anstrengungen etwas heraus, was den Namen »gratia« erhielt. Der etwas preziöse Begriff »Grazie« übersetzt ihn besser als »Anmut«, die doch viel eher mit der »Lässigkeit« der Frührenaissance zu vereinbaren wäre. Dagegen steht »gratia« neben »dispostezza«, das heißt, der Verfügbarkeit, dem auf dem Quivive-Sein. Es gilt erstens, sich geradezuhalten, zweitens aber, dies mit einer Beweglichkeit und einer Geschwindigkeit der Schritte verbinden zu können, die das System des beherrschten Körpers nicht als Rigidität zu deklassieren erlauben. »Agilità & prestezza della gamba« wurden darum gefordert[210], wie auch die gewöhnliche Haltung mit erhobenem Kopf bei der Reverenz leicht geneigt werden sollte, um gefällig und wie unbeabsichtigt erscheinen zu können.[211] Die gelegentlich verlangte »leggierezza« hatte vom »aerioso« nur das technische Vorgehen übernommen, so, als würde man den

Versuch von Michelangelo in den Auferstehungszeichnungen als bloß physisches Experiment mißverstehen. Die erhebende Begeisterung im Prinzip der »aeriosa presenza« versuchte man so gründlich und derart auf zuverlässige Wiederholbarkeit hin zu verwirklichen, daß über den mehr oder weniger gelungenen Bemühungen der Sinn verloren ging. Allerdings mag das dennoch erzielte Ergebnis – zuverlässige Wiederholbarkeit – unter den gegebenen Verhältnissen seinen Zweck erfüllt haben. Es wird in den Tanzmeisterpublikationen eigentlich zugegeben, daß es um eine »sehr notwendige und jeder wohlgeborenen Person gut anstehende virtù« ging. Die rechte Haltung hatte die Aufgabe, den privilegierten Stand einer Person zu dokumentieren und zugleich auszuweisen. »Schöne und graziöse Bewegungen« gehörten dazu. Sie sollten der allzu mühsamen und aus allzu offensichtlich praktischen Gründen »notwendigen« contenance eine ebenso künstliche Aura geben. *Stilisierung* wurde damit gegenüber dem choreographischen Geschehen zum *Selbstzweck*, gegenüber der historischen Situation zur *subtilen Ostentation*. Für den Verstoß gegen etablierten Stil konnten homini novi mit dem Ausschluß aus dem Zirkel der Herrschenden bestraft werden, ohne daß die machtpolitische Maxime allzu offensichtlich zu werden brauchte. Außerdem bestand eine gewisse Gefahr, daß die plumpen Angebereien von Neureichen das ganze feine Gebäude der Ostentation mit decouvrieren könnten. Die Technik des Domestizierens war vielseitig verwendbar. Allerdings hat sie erst in der spätkapitalistischen Phase von Kulturindustrie ihre Eignung auch gegen die Massen der Unterprivilegierten offenbart.

Tanz als nützliche Körperertüchtigung

Das Ansehen der Kunst, ihr schmückender Charakter und das Delektierliche, diese am Tanz der Dilettanten festgemachten Vorzüge, hoben die »arte del ballare« aus dem Mühevollen aller Arbeiten und Geschäfte ins Spielerische: »non manco dilettatione, ornamento, & stima dell arte«, verkündet Negri in der Einleitung seines Traktats.[212] Dennoch wurde der Tanz über eine Rechtfertigung als notwendige Erholung, als Ausgleich zur Gefahr der Überarbeitung, auf den mühevollen Reproduktionszwang zurückbezogen. Negri: »zur Unterhaltung dieses unseres Lebens sind die ehrbaren Vergnügungen und die Rekreationen des Geistes ebenso nötig wie die Unerfreulichkeiten und die Mühsal für dasselbe schmerzlich sind.«[213] In Spielen und in den Bewegungen des Tanzes sollten Freude und Harmonie wiederhergestellt werden. Ein Ziel dabei war auch, »die Körperkräfte (le forze del corpo)« zu üben. Tanz mag für die mehr und mehr dem Kriegsdienst sich entziehenden Höflinge tatsächlich ein guter Ausgleich für mangelnde körperliche Abarbeitung gewesen sein. Arbeau empfiehlt einen wilden Branle, um sich im Winter zu erwärmen[214], und meint, es sei für die sitzend beschäftigten Damen allgemein notwendig, die aufgestaute schlechte Laune durch tanzen loszuwerden – »sie durch einige temperierte Übungen auszuhauchen«.[215] Allein, dieses Gesundheitsargument hat im Kontext des sechzehnten Jahrhunderts etwas erbittert Nützliches. Ganz wagten auch die Privilegierten nicht, einen emphatischen Überschuß über das Notwendige sich zu gönnen. Grund dafür mag weitgehend gewesen sein, daß die Intrigenkämpfe um Rang und Einfluß am Hof, um Pfründe und Überleben in der Hofgesellschaft gegenüber dem italienischen fünfzehnten Jahrhundert sich noch bedeutend verschärft hatten. Überhaupt durfte niemand wirklich ruhen, solange noch die alten Feudalherren um ihrer relativen Unabhängigkeit und die Krone um einer neuen Zentralgewalt willen miteinander im grausamsten Kriege lagen.

Mimesis und Imitation

Die Zwänge der Hofpsychologie kamen in dem steten Argument zum Ausdruck, bestimmte höfische und würdevolle Haltungen des Körpers müßten im Tanz erlernt werden, da er »Grazie, Schönheit und zierlichen Anstand bei den Zuschauern hervorruft«.[216] Die Umstehenden wurden auch bei Guglielmo Ebreo als wichtige Adressaten schöner choreographischer Figuren und aufmerksamer Verbeugungen durch die Tanzenden erwähnt. Dort hatte freilich noch die Möglichkeit durchscheinen können, die Ausführenden hätten den Zuschauenden

Teilnahme am choreographischen Geschehen ermöglichen sollen. Ein Jahrhundert später hatte es das praktische Prinzip des cortegiano, sein Erscheinen und Auftreten zum Instrument zu machen für seine Selbstbehauptung als Nobile von des Fürsten Gnaden, über die schönen Ideale interesseloser Vornehmheit davongetragen. Das mimetische Lernen, das doch bei Castiglione unter anderem auch noch den Namen einer Tugend der *Selbstverwirklichung durch Selbstverwandlung* verdiente, verkam fast ganz zur *raffinierten Methode der Anpassung an den verbindlichen »Stil«.* Die Vorstellung von »Imitation, die die Zuneigung des Geistes zu den Bewegungen des Körpers repräsentiert«, wird auch bei Negri formuliert.[217] Seine anschließende Feststellung, »... die der wohlgeborenen Person so sehr geziemt«, läßt indessen keine Illusionen zu. Es wäre zwar denkbar, daß den vornehmen Herrschenden etwas von jenem Sich-Erkennen-im-Anderen spezifisch verblieben wäre und sie gerade daran sich von den Unterprivilegierten unterschieden gesehen hätten. Doch war faktisch im Jahrhundert der Religions- und Bürgerkriege nicht daran zu denken. Immerhin wurden bei einem der größten Bälle der Epoche, anläßlich der Hochzeit der Thronerbin mit dem König Heinrich von Navarra, auf Befehl des katholischen Monarchen zusammen mit tausenden anderer Hugenotten auch hunderte von Adel und höchsten Ämtern ermordet. Die individuelle Phantasie dürfte unter diesen Umständen auch bei denen, die von körperlicher Arbeit zur Reproduktion freigesetzt waren, auf sehr konkrete Fragen des Überlebens konzentriert gewesen sein. Die Tanzkunst konnte höchstens gelegentlich mit den harten Verhältnissen aussöhnen; die Vorstellung der Versöhnung in der historischen Welt vermochte sie dagegen nicht zur Geltung zu bringen. *Mimesis wurde, soweit sie in das reale Geschehen einbezogen war, wieder zur Mimikry;* Anpassung an die verbindlichen Formen und Regeln jener Teile der hierarchischen Gesellschaft, die Macht und Absicherung darstellten, hatte auf dem erreichten zivilisatorischen Niveau tatsächlich Ähnlichkeit mit jenem angstvollen Sichangleichen an das übermächtig Bedrohende, ja mit dem Sichtotstellen. Negri und Caroso waren stolz darauf, das »Tanzen auf endgültig festgelegte Regeln zurückgeführt« zu haben: Imitation konnte in dem so erreichten Schema keinen eigenen Stellenwert beanspruchen; darum galt Negris Sorge der Abwechslung: ihm ging es darum, »la varietà de'Balli« zu gewährleisten.[218]

Ingrid Brainard sagt in ihrem Buch über die italienischen Hoftänze: »Gewisse durch den Geschmack der Zeit bedingte Akzentverlagerungen kamen selbstverständlich vor. So betonen die fortschrittlichen Mailänder Tanzmeister der Arbeau-Generation in ihren Kadenzen den Sprung, während sie die Positur auf ein kaum erkennbares Innehalten zwischen den Bewegungen reduzieren.«[219] Tatsächlich ist sehr viel Entscheidenderes als eine Akzentverlagerung vor sich gegangen. In dem Innehalten ereignete sich nicht mehr der mimetische Prozeß der Aneignung des eigenen Körpers als Ausdrucksmedium, sondern es wurden die Raummöglichkeiten dieses Körpers registriert, seine jeweilige Position im Koordinatensystem bestimmt und adjustiert. Absolute Längenmaße waren der Maßstab dafür, wie die relative Richtigkeit der Figuren in sich an den Symmetrieebenen orientiert wurde. Die Fortschrittlichkeit dieses Vorgehens war zweischneidig. An einer anderen Stelle sagt Brainard, daß die »hochentwickelte Sprungtechnik bereits aus dem Geiste einer neuen Epoche, aus dem grandiosen Bewegungsschwung des beginnenden Barock lebt«.[220] Es war eine neue Epoche eingetreten; allerdings wird immer deutlicher, wie wenig die Hinweise auf kunsthistorisch akkreditierte Stilbegriffe erklären. Sie können bestenfalls eine bestimmte Parallelität, vielleicht sogar Analogien beistellen, wenn beide Phänomene sehr sorgfältig analysiert werden. So gelangen die Untersuchungen aber nicht aus dem Kreise verschiedener Geltungsbereiche eines behaupteten gemeinsamen Prinzips heraus, das doch nur an einer surdétermination im Sinne Althussers stringent festgemacht werden könnte.

Gesamtgesellschaftliche Formbestimmungen statt nur kunsthistorischer Stilbegriffe

Dahin kann einzig eine Überlegung führen, die von der Feststellung ausgeht, daß immanent die sogenannten ästhetischen

Disziplinen, oder genauer gesagt: die Geschichte der Kunst-
gattungen, so entscheidende Veränderungen wie die vom
Posaprinzip zum späten sechzehnten Jahrhundert nicht hinter-
fragen können. Es wird sich daran der Versuch anschließen,
solche und andere Phänomene aus einer gemeinsamen Entstehung abzuleiten. Eine materialistische Geschichtswissen-
schaft rechnet die Ideengeschichte und deren historische Wirkungen selber zu den zu erklärenden Phänomenen, womit
sie als schlechthin Übergreifendes ausscheiden. Dem liegt die
Einsicht zugrunde, daß bislang in der Geschichte der Menschheit die Not der Reproduktion und der praktische Zwang
zur Erhaltung von Gattung und Individuen so groß gewesen
sind, daß auch die höchstentwickelten Reproduktionsmetho-
den noch nicht die uranfängliche ökonomisch-praktische Motivation menschlicher Tätigkeiten aus ihrem Primat haben ver-
drängen können. Das heißt, es sind zwar aus dieser Motivation
außerordentlich fremde Objektivationen hervorgebildet worden, die auch als solche sogar weitgehende Autonomie beanspruchen können; sie gehen jedoch in einem gewissen Grade
auf politökonomisch bestimmte Modelle zurück, die sich eben
in dem *Gemeinsamen* der verschiedenen Phänomene einer bestimmten Epoche zu erkennen geben. Gemeinsam wird ihnen
insbesondere ihre Wirkungsrichtung, die ex post als »Struktur« dargestellt werden kann.
Der historisch-dialektische Materialismus hat freilich gezeigt,
daß dieser Zusammenhang nicht krude mechanisch ist, daß
eine simple Vorstellung von der Reproduktion politökonomi-
scher Organisationsformen im »Überbau« nur einen anderen
Typ der Idolenlehre abgibt. Vielmehr sind diese Formen als
solche, also verselbständigt gegen den Geltungsbereich der
Organisation von Material, historische Mitte des inneren Zusammenhanges. Alfred Sohn-Rethel spricht im Zuge seiner
Rekonstruktion einer *Formabstraktion* nach dem Modell des
Warentauschs – die er dem Marxschen Modell des Tausch-
wertprinzips im *Kapital* hinzufügen will – von einer »abstrakten Bewegung«.[221] Sein Erklärungsmodell für die
»Theorie der gesellschaftlichen Synthesis« wurde bereits im
Zusammenhang mit dem spezifischen Typ des Warentauschs
zwischen den Großkaufleuten des Quattrocento für das Posa-

prinzip in Anspruch genommen. Für jene Epoche der sogenannten ursprünglichen Akkumulation war die Abstraktheit der Bewegung, Innehalten im Schrittablauf, noch ganz auf konkrete Bewegungselemente bezogen. Die posa war darum nur insofern Abstraktion, als sie von dem bloßen positiven Ablauf als Reflexionsebene sich distanzieren konnte. Sie blieb indessen auf die jeweiligen Elemente dieser Reflexion direkt und unverbrüchlich bezogen. Für das ausgehende sechzehnte Jahrhundert müssen wir den Begriff von Abstraktion radikaler interpretieren. Die immanent ästhetischen Analysen haben gezeigt, daß dies aus den Organisationen des choreographischen Materials für diese Zeit geschlossen werden kann. Die politökonomischen Verhältnisse werden im folgenden eingehend zu untersuchen sein. Als bekannt läßt sich die Beobachtung vorwegnehmen, daß sich zwischen dem fünfzehnten und dem Ende des sechzehnten Jahrhunderts die Ansätze zu einer Zirkulationssphäre erheblich weiter zusammengeschlossen haben. Der Tausch wurde inzwischen viel weniger nach dem Realmodell der Übergabe von Geld und Ware verstanden, sondern es setzten sich Formen des Eigentumswechsels an Waren und Geld durch, die perfektionierte Kreditbeziehungen zwischen Händlern und Verleihern auf eine Praxis etwa von Warenbörsen ausdehnten, die immer spekulativeren Charakter annahm.

Die posa als eigenes Moment verkam dadurch, daß der Prozeß der Vermittlung von einer Schrittfolge auf die nächste bereits in einer technisch geleisteten Allverfügbarkeit der Tanzenden am Ende der einzelnen Folgen antizipiert wurde. Ebenso wurde in einer immer strenger geregelten Handelspraxis der Tauschakt als Übergabe durch völlig abstrakte Kaufverträge und Eigentumstitel vorweggenommen oder sogar ersetzt. Die fortschreitende Formabstraktion – oder die zunehmend intensivere Vergesellschaftung dahinter – ist in beiden Bereichen, so kann man zu sagen wagen, gleich evident.

Zweidimensional strukturierte Welt

Nicht zufällig löste in der Choreographie bei Caroso und Negri gerade der Sprung die posa ab, soweit sie nicht, funk-

tionalisiert zur minimalen Umschaltpause, weiter von Bedeutung war. Im Sprung senkrecht nach oben werden Bewegungsimpulse realisiert, ohne daß sie eine ortsverändernde Bewegung auf der Tanzfläche bedingen. Im sechzehnten Jahrhundert dürfte die geschichtliche Welt der Menschen zweidimensional gewesen sein. Die metaphysische Orientierung im Übereinander von Himmel, Erde und Hölle war nicht mehr von zentral bestimmender Bedeutung. Die Physik hatte – vor Galilei – die Erdanziehung noch nicht als eigene Kraft isoliert begriffen. So stellte auch von dieser Seite die Vertikale keinen hervorragenden Gegenstand der Erfahrung dar. Die Produktion fand auf agrarischen Anbauflächen oder im Nebeneinander der einzelnen Vorgänge statt, ob diese nun im Verlagssystem weitläufig oder auf dem zentralen Gelände der Manufaktur konzentriert organisiert waren. Realhistorisch wirksame Faktoren und Tätigkeiten wurden in einem zweidimensionalen Koordinationssystem gedacht. Darum wurde die *Tanzfläche* zum bestimmenden Element der Choreographie. Das »geometrische oder Horizontalballett« (J. Gregor) war der exemplarische Ort des *Nebeneinander*.[222]
Selbst die Zeit blieb in den geometrischen Ballettentwürfen unberücksichtigt. Nicht die Entwicklung einer Bewegung in der Zeit war das wesentliche Ereignis einer Choreographie, sondern *die zeitlose Figur des Gesamtweges*, den die Tanzenden zurücklegten. Von der Ausführung wurde als einem Moment der Komposition abstrahiert; es wurde die Vorstellung des Nebeneinander als abstrakte Gestalt vorweggenommen. Die gedruckten Berichte über Ballette, die in der zweiten Hälfte des Jahrhunderts eine ganz neue und eigene Bedeutung erhielten, sicherten dann im nachhinein die als flüchtige Abläufe realisierten Gestalten für die Dauer der geschichtlichen Zeit. Das heißt, die Sprünge blieben neutral zu der historisch relevanten Topographie der Horizontale. Sie wurden als eine Aktivität realisiert, die ebenso wie die posa abstrakt zu den Schrittfolgen am Boden stand. Nur war diese Abstraktheit absolut. Als solche sah sie den bloßen positiven Elementen des Kanons, den Schritten, nicht nur zum Verwechseln ähnlich; sie unterschied sich von diesen auch nur funktional, nicht qualitativ. Und die Funktion stellte überdies keine Beziehung

eigener Natur zu den übrigen Elementen her. Gemeinsam unterlagen Sprünge und andere Schritte den quantitativen Ordnungsprinzipien sowie den Symmetrieregeln. Diese wurden in diesem Verhältnis auf Inkommensurables angewandt. »Ein kleiner Sprung begleitet jeden Fußwechsel.«[223] Ein Fuß darf nicht wissen, was der andere getan hat; nur das Gedächtnis des Tänzers hat registriert. Dies wie Brainard als eine »synkopierte Passage« zu bezeichnen, erscheint sehr sinnvoll.[224] Damit wird aber ein formaler Zusammenhang angenommen, der sich inhaltlich choreographisch nicht recht rekonstruieren läßt. Gleichzeitig weist der Begriff auch darauf hin, daß über die metrisch formale Einheit einer solchen »Passage« Beziehungen zwischen den Elementen provoziert werden. Ob diese Möglichkeit neuer und gegenüber dem Quattrocento expliziter metrisch ausgewiesener Gehalte zur Zeit von Negri oder Caroso eingelöst worden sind, läßt sich heute nicht mehr ganz sicher ausmachen. Wir können nur versuchen, aus der weiteren Geschichte der Sprünge deren Bedeutung für spätere choreographische Perioden zu rekonstruieren, indem dabei ihr Stellenwert im Kontext des fünfzehnten und des sechzehnten Jahrhunderts als historische Bestimmungen zugrunde gelegt wird.

Gewisse Hinweise erlauben eine zusammenfassende Betrachtung. Bei Domenico figurierte folgende Passage als Abschluß eines Balletts: »man springt auf dem rechten Fuß, vollführt eine posada und es ist Schluß«.[225] Der gleiche Schluß in der ›Marchesana‹ seines Schülers Guglielmo Ebreo sah lediglich einen »Sprung auf dem rechten Fuß« vor.[226] Wenn diese Veränderung exemplarisch interpretiert werden darf, würde das bedeuten, daß bereits im Laufe der quattrocentonischen Tradition der Sprung die Tendenz zeigte, als Abstraktionsform die posa abzulösen, die Domencio noch als zusätzlich zum salto, also als eigentlichen Abschluß forderte und verstand. Arbeau verlangte später noch einmal die posture als Abschluß des sault majeur. Darin mögen zwei Argumente der bisherigen Thesen bestätigt werden: Einerseits knüpfte die Überlieferung nicht unmittelbar an den formalen Stand der frühen italienischen Choreographie an – zu erinnern wäre an den für eine posa stehenden »Stampfer« bei Antonio Arena –, andererseits aber vollzog sie diese nochmals nach, und zwar in dermaßen veränderten Verhältnissen, daß die posture Arbeaus zu etwas wurde, das mit der Qualität der posa gar nicht verglichen werden kann.

Zusammenfassung

Joseph Gregor hat von den Schritten nach Caroso gesagt: »Sie sind das ganz ausschließliche Ergebnis einer architektonisch rhythmischen Körperkultur, die sich von den Idealen des Mantegna und des Botticelli diametral fortbewegt hat, die durchaus Tabulatur geworden ist.«[227] An die Stelle von misura und memoria traten positive Regeln; die Symmetrieregeln waren architektonischen, die Steigerungsregeln rhythmischen Charakters. Schematisch wurde jede Bewegung und auch jede Tanzfolge nach den vier Seiten und den Diagonalen ausgeführt. Wenn dann in den geometrischen Ballettaufzügen eine oder mehrere dieser Richtungen für eine Schrittfolge oder ein Entree ausgewählt wurden, so war diese Wahl nicht von Sinnkriterien bestimmt, die unmittelbar mittelalterlicher Tradition entsprochen hätten oder diese im Sinne des Quattrocento zu neuen Bedeutungen im veränderten Zusammenhang führten. Man wechselte nicht von einem wesentlich bestimmten Standpunkt zu einem anderen, der ebenso durch eine bestimmte Beziehung zur essentia der Person und des Raumes ausgezeichnet gewesen wäre. Es waren auch nicht Tanzsituation und Bewegungsimpulse zu einem sinnvollen Ortswechsel innerlich verbunden, wie in den kleinen Arrangements seit Domenico. Die Bewegungen oder Koordinatenveränderungen wurden nun weder in die tänzerische Reflexion hineingezogen noch ergaben sie sich aus einer inneren Entwicklung, die Gehalt entstehen lassen kann – es wurden vielmehr willkürlich Orte und Richtungen irgendwelchen Inhalten zugeordnet. Beide Seiten waren dem körperlich-geistigen Geschehen des Tanzens äußerlich. Ihm fiel eine Art faktischer Vermittlung zu, die es entsprechend auch nur willkürlich positiv leisten konnte. Die Seiten waren einander so äußerlich wie dem Tanzen. Auf Inhalte und Formen, insbesondere choreographische Zusammenhänge größeren Ausmaßes, wird bei der Behandlung des ›Balet Comique de la Royne‹ ausführlich einzugehen sein. Die Tanzenden waren durch ihre physische, raum-zeitliche Existenz für die Ästhetik des choreographierten Tanzes ein mögliches Medium. Andererseits hatten sie als Mitglieder der Hofgesellschaft eine gesellschaftliche Qualität, deren Hierarchie in verschiedenen mythologischen Verbrämungen den Inhalt der Ballette darstellte. Insofern beteiligten sie sich an der Indoktrinierung dessen, was sie selbst historisch waren oder sein wollten; sie waren also als historische, vergesellschaftete Individuen einerseits, als vergesellschaftete biologische Wesen andererseits selber die Kombination von inhaltlichem und formalem Aspekt dieser Ballettkunst. Alles Prozessuale war auf eine durchzusetzende Statik der allgemeinen Verhältnisse gerichtet, so daß Beziehungen unter den Tanzenden weder gemeint noch möglich waren.

Die posa war ein Innewerden des eigenen Bewegens im Tanzen; nur andeutungsweise wurden über sie auch die anderen Partner der Choreographie aufgenommen. Die Möglichkeiten solcher Bezüge hatten sich gerade erst im Keim entwickelt, als sie schon überfordert und verunmöglicht wurden. Eine Vielzahl von Bewegungen und Positionen anderer Tänzer im selben Stück machen ein anderes Gewahrwerden notwendig. Die posa ist zeitliches Geschehen und hat ihre Kontinuität am Subjekt des Prozesses. Über dessen Einhalten wird zwischen Entäußerung und Verinnerlichung ein reflexiver Schwebezustand erreicht – Er-Innerung und Ein-Bildung –, der es möglich macht, sich inhaltlich auch auf den Anderen zu beziehen. Solche gemeinsame Produktion von Bezügen, die ebenso individuelle wie kollektive Bedeutung gewinnen, läßt sich von heute her aus den Elementen des Quattrocento vorstellen. Die großen ostentativen Arrangements dagegen verlangten, daß zunächst einmal räumlich das Gleichzeitige realisiert wurde zwischen den vielen Individuen, die hin und her gingen, auf derselben Fläche standen. Das findet seine Identität am vergleichbaren Nebeneinander: *in einer Geometrie, über der Zeit und Mimesis vergessen werden.*

Diese Geometrie war eine Voraussetzung dafür, daß auch diejenigen als Zuschauer präzise den Ablauf und dessen besondere Intentionen nachvollziehen konnten, die nicht unmittelbar als Tänzer oder vielleicht noch als eng beteiligt neben ihnen Stehende aus sich selbst hervorbrachten, was die choreographische Entfaltung beinhaltete. Ein bloßer Zuschauer versteht nur in sehr viel diskursiverer Weise, wo die wenigen Tanzenden des Quattrocento sich gemeinsam und miteinander in originär verwirklichte Lernprozesse einließen. Die Notwendigkeit, demonstrative Wirkung zu erzielen, bedingte im sechzehnten Jahrhundert, am französischen Hofe insbesondere, daß man sich an ein großes Publikum wandte. Wenn unter so diffusen Bedingungen das konkrete Geschehen in den tanzenden Individuen zur Aussage gemacht und an nicht aktiv Beteiligte mitgeteilt werden sollte, so würde es ohne das präzise Bezugssystem von metrischen Bestimmungen in abstrakte Allgemeinheit zerfließen. Alles würde unbestimmt auf ein unbestimmtes Subjekt, auf ein ganz allgemeines Subjekt bezogen und damit ohne Inhalt sein. Die strengen metrischen Systeme für Raum und Zeit, die von Arbeau bis hin zu Negri sich steigernd an Präzision und Durchgängigkeit durchgesetzt wurden, waren eine Basis für Abhilfe. Das Subjekt war darum nicht weniger ein allgemeines – wenn auch in der natürlichen Person des Königs anschaulich verkörpert; immerhin wurde aber der Bezug darauf bestimmt, freilich auf Kosten der einzelnen empirischen Individuen. Sie mußten Bezogensein darstellen, statt Bezüge zu entfalten. »Wir müssen daher« – so Hegel – »in denselben Punkt der Zeit oder des Raumes eintreten, sie uns zeigen, das heißt uns zu demselben diesen Ich, welches das gewiß Wissende ist, machen lassen.«[228] Die empirischen Subjekte des sechzehnten Jahrhunderts waren nicht gewiß Wissende; sie machten in der Kunst des Balletts einen Anfang zur Voraussetzung, daß eine Verständigung zwischen den Subjekten ohne eine gemeinsame unmittelbare Objekt-, das heißt Aneignungserfahrung dennoch organisiert werden könnte: wirklich »derselbe Punkt der Zeit oder des Raumes« sollte von Ausführenden und Zusehenden identifiziert werden können – also im Hinblick auf ein nicht-empirisches Subjekt, das wir schon als moderator mundi beschrieben haben. Unter der Voraussetzung, daß nicht alle Individuen sich dem gleichen Prozeß abarbeitender Aneignung unterziehen, kann eine Verständigung gewiß nur in Termini, die sich streng an nachprüfbare, das heißt in dieser Situation quantitative Angaben halten, zu solchem Ziele führen. Die Regelsysteme der Zeit stellen dafür einen Beginn dar. In ihnen sind freilich die Angaben über die historische und die geographische Bestimmtheit nicht enthalten, die in Wahrheit entscheidend sind, wenn »derselbe Punkt« bezeichnet werden soll. Das konnte die Zeit nicht leisten, und die Bestimmtheit der Formen geriet zur formalen, willkürlichen Abstraktheit gegenüber dem Wirklichen, der historischen Wahrheit.

Doch ist zweierlei zu bedenken. Zum einen war gerade dieser Gegensatz zur geschichtlichen Realität, die doch eine chaotische war, die emanzipatorisch strategische Perspektive des Vorgehens. Zum anderen hat die europäische Entwicklung bis heute keinen befriedigenden Vorschlag aufzuweisen, wie denn die konkrete, inhaltliche Bestimmtheit des Besonderen im objektiv begrifflichen Diskurs angemessen zum Ausdruck gebracht und aufgehoben werden könne. Während die strengen Wissenschaften die eine Seite entwickelt haben, hat die Philosophie bislang mehr oder weniger larmoyant oder kritisch an der Notwendigkeit der anderen festzuhalten versucht. Die Anzeichen dafür, daß die Philosophie zu einem Selbstverständnis finden kann, aus dem sie die Aporie ernstlich zu überwinden versuchen muß, sind nicht sehr ermutigend. Freilich zeigt sich auch in unserer Untersuchung, in der wir den Anfang des Schismas nicht als solchen, sondern vorerst um seines Verständnisses als Anfang willen diskutieren, daß die Philosophie nicht als Sachwalterin ihrer eigenen Geschichte – als Geisteswissenschaft – zu dieser Aufgabe geeignet und berufen ist. Sie hat die Geschichte des Verhältnisses der vergesellschafteten Individuen zu den Objekten als *Realgeschichte* zu reflektieren und kritisch unter dem Aspekt der mindestens seit Kant klar formulierten Aporie zu sondieren. Die europäische Entwicklung ist vom Primat der Produktion und des Produktionswissens gezeichnet, mehr als andere Gesellschaften, in denen die Reproduktion und damit konkretere Bedürfnisbefriedigung im Mittelpunkt allerdings weit weniger expansiver Existenz gestanden haben. Im Gegensatz zu diesem Primat der Produktion und dem bereits gegebenen Hinweis auf die hervorragende Bedeutung der Manufaktur für die hier untersuchte Epoche ist bislang nur von dem Modell der Realabstraktion nach Sohn-Rethel die Rede gewesen, nicht aber von der *Tauschwertabstraktion* und dem mit ihr einhergehenden Phänomen abstrakter Warenproduktion in der mechanisisch organisierten Manufaktur. Es wird die Aufgabe der folgenden Kapitel sein, diese beiden Phänomene aufeinander zu diskutieren. Tatsächlich ist das Prinzip der manufakturellen Arbeitsteilung das Nebeneinander. Die Manufaktur war aber keineswegs die herrschende Produktionsorganisation der Zeit. Trotzdem wird der Produktionsprozeß dort nach den gleichen quantitativen Ordnungsschemata organisiert, die aus der tanzästhetischen Interpretation herausgearbeitet werden konnten. Dadurch ergibt sich am Material ganz explizit die Frage, wie beide Abstraktionsmodelle in dieser Epoche zueinander stehen. Der historische Kontext ist nach dem äußerst ambivalenten Wechselverhältnis von zentralisierender Monarchie und Produktion kapitalisierendem Bürgertum zu untersuchen. Geschichtliche Naturwüchsigkeit und systematische Verflechtung sind von verschiedenen Seiten und auf allen Bereichen zu thematisieren, bis die ästhetische und die politische Bedeutung von Choreographie für das sechzehnte Jahrhundert schließlich zusammenfassend an einem exemplarischen Ballett diskutiert werden kann.

Anmerkungen

Teil I

1 Leonardo Olschki, *Italien, Genius und Geschichte*, Darmstadt 1958, S. 209.

2 Jacob Burckhardt, *Die Kultur der Renaissance in Italien*, Stuttgart 1960, S. 75.

3 l. c., S. 62.

4 Antonio Cornazano, *Dell' arte del danzare*, Neudruck, hrsg. von Mazzi, fol. 1 r.

5 l. c., in der Widmung, fol. 2 r. und 2 v.

6 Antonio Cornazano, *De re militari*, novamente impresso, Venedig 1515, Buch I, Kapitel 1.

7 Baldassare di Castiglione, *Il libro del Cortegiano*, deutsch: Bremen o. J., S. 40.

8 l. c., S. 82.

9 l. c., S. 88 f.

10 l. c., S. 82.

11 l. c., S. 47 f.

12 Max Weber, *Wirtschaft und Gesellschaft*, Bd. II, Köln 1964, S. 827.

13 l. c., S. 828.

14 Castiglione, a. a. O., S. 42.

15 Burckhardt, a. a. O., S. 131.

16 l. c., S. 89.

17 l. c., S. 99.

18 Olschki, a. a. O., S. 214.

19 Vgl. zum Söldner als uneigentlicher Vorform des Lohnarbeiters und seinem Einsatz durch den »Staat, um Zuwachs an Macht und Reichtum zu gewinnen«, Marx, *Grundrisse der Kritik der politischen Ökonomie*, a. a. O., S. 428.

20 Cornazano, *De re militari*, a. a. O., Buch III, Kapitel 2.

21 l. c., Buch I, Kapitel 8.

22 l. c., Buch I, Kapitel 2.

23 l. c., Buch III, Kapitel 2.

24 l. c., Buch III, Kapitel 3.

25 Ebd.

26 Ebd.

27 l. c., Buch I, Kapitel 7.

28 l. c., Buch I, Kapitel 10.

29 l. c., Buch I, Kapitel 7.

30 l. c., Buch III, Kapitel 5.

31 l. c., Buch III, Kapitel 3.

32 Castiglione, a. a. O., S. 57.

33 Ebd.

34 l. c., S. 119.

35 l. c., S. 48.

36 l. c., S. 51.

37 Emile Durkheim, *Les formes élémentaires de la vie religieuse*, Paris 1968, S. 543 f.

38 Olschki, a. a. O., S. 226.

39 Castiglione, a. a. O., S. 119.

40 Ebd.

41 Durkheim, a. a. O., S. 544.

42 Ferdinando Reyna, *Histoire du ballet*, Paris 1964, S. 19.

43 *The Holkham Bible Picture Book*, Ms. der Badleian Library, Oxford, fol. 21 v. oben. Im Druck herausgegeben und mit einem Vorwort von M. A. Hassal, London 1954.

44 Reyna, a. a. O., S. 20.

45 Burckhardt, a. a. O., S. 80 f.

46 Curt Sachs, *World History of the Dance*, New York 1963, S. 299.

47 Vgl. Domenico, *trattato del arte del danzare*, (MS.) fol. 4, zit. nach Ingrid Brainard, *Die Choreographie der Hoftänze in Burgand, Frankreich und Italien im 15. Jahrhundert*, Diss. Göttingen 1956. S. 171; auch Sachs, a. a. O., S. 301.

48 Brainard, a. a. O., S. 114.

49 Sachs, a. a. O., S. 341.

50 l. c., S. 300.

51 l. c., S. 341.

52 Vgl. Jan Kott.

53 Max Horkheimer, *Egoismus und Freiheitsbewegung*, in: *Kritische Theorie*, Bd. II, Frankfurt a. M. 1968.

54 Castiglione, a. a. O., S. 120.

55 Norbert Elias, *Über den Prozeß der Zivilisation*, Bd. I, *Wandlungen des Verhaltens in den weltlichen Oberschichten des Abendlandes*, Bern und München 1969, S. 286.

56 Zitiert nach Burckhardt, a. a. O., S. 390 f.

57 Elias, a. a. O., S. 297.

58 Vgl. Niccolo Macchiavelli, *Il Principe* und die entsprechenden Ausführungen im Band II, Teil III.

59 Castiglione, a. a. O., S. 246.

60 l. c., S. 252.

61 l. c., S. 251.

62 l. c., S. 224.

63 l. c., S. 254.

64 l. c., S. 233.

65 l. c., S. 254 f.

66 Brainard, a. a. O., S. 154 f.

67 Castiglione, a. a. O., S. 344.

68 l. c., S. 343.

69 l. c., S. 48.

70 l. c., S. 142.

71 l. c., S. 90. (Hervorheb. R. L.)

72 l. c., S. 43.

73 l. c., S. 41.

74 Elias, a. a. O., S. 101.

75 Norbert Elias, *Über den Prozeß der Zivilisation*, Bd. II, *Soziogenetische und psychogenetische Untersuchungen*, Basel 1939, S. 355 f.

76 Castiglione, a. a. O., S. 150.

77 l. c., S. 152.

78 l. c., S. 133.

79 l. c., S. 147.

80 l. c., S. 156.

81 Elias, a. a. O., S. 337.

82 l. c., S. 339.

83 l. c., S. 350.

84 l. c., S. 127.

85 l. c., S. 338.

86 l. c., S. 207.

87 Burckhardt, a. a. O., S. 79.

88 Elias, a. a. O., S. 178.

89 Guglielmo Ebreo, *Trattato dell' arte del ballo di Guglielmo Ebreo Pesarese*, Testo inedito del secolo XV., Bologna 1873, S. 7.

90 Elias, a. a. O., S. 172.

91 l. c., S. 53.

92 l. c., S. 70.

93 Elias, a. a. O., S. 52.

94 l. c., S. 215.

95 Castiglione, a. a. O., S. 68.

96 Brainard, a. a. O., S. 342.

97 l. c., S. 310.

98 l. c., S. 190.

99 Domenico, fol. 4 v., zit. nach Brainard, a. a. O., S. 171.

100 Brainard, a. a. O., S. 187.

101 l. c., S. 274.

102 l. c., S. 79.

103 Reyna, a. a. O., S. 20, und Sachs, a. a. O., S. 341 f.

104 Burckhardt, a. a. O., S. 348.

105 Brainard, a. a. O., S. 154.

106 Cornazano, *De re militari*, a.a. O., Buch I, Kapitel 7.

107 Vgl. etwa die Einleitung zu: *Briefe des Mediceerkreises*, aus: *Marsilio Ficino's Epistolarium*, aus dem Lateinischen übersetzt und eingeleitet von Karl Markgraf von Montoriola, Berlin 1926.

108 Brainard, a. a. O., S. 263 f.

109 Castiglione, a. a. O., S. 5.

110 l. c., S. 67.

111 Ebd.

112 l. c., S. 80.

113 Olschki, a. a. O., S. 335.

114 Castiglione, a. a. O., S. 128.

115 l. c., S. 129.

116 l. c., S. 140.

117 l. c., S. 79.

118 Max Weber, *Wirtschaft und Gesellschaft*, a. a. O., S. 827.

119 Cornazano, *De re militari*, Ende von Buch III, Kapitel 4.

120 Burckhardt, a. a. O., S. 117.

121 Castiglione, a. a. O., S. 37.

122 Arnold Hauser, *Sozialgeschichte der Kunst und Literatur*, München 1969, S. 301.

123 l. c., S. 303.

124 Castiglione, a. a. O., S. 37 f.

125 Hauser, a. a. O., S. 294.
126 Castiglione, a. a. O., S. 136.
127 l. c., S. 47.
128 Ebd.
129 l. c., S. 48.
130 Vgl. Karl Marx, *Grundrisse,* a. a. O., S. 388; die Stelle wird bei Alfred Schmidt, *Der Begriff der Natur in der Lehre von Karl Marx,* Frankfurt a. M. 1971, S. 67, in den Zusammenhang mit der Frage nach dem Primat des Objekts gezogen.
131 Ebd.; das Zitat: Karl Marx, *Nationalökonomie und Philosophie, Sammlung der Pariser Manuskripte,* Hrsg. v. E. Thier, Köln und Berlin 1950, S. 150.

Teil II

1 Jacob Burckhardt, *Die Kultur der Renaissance in Italien,* a. a. O., S. 101.

2 Guglielmo Ebreo, a. a. O.

3 Baldassare di Castiglione, *Il libro del Cortegiano,* a. a. O., S. 99.

4 Ingrid Brainard, *Die Choreographie der Hoftänze in Burgund, Frankreich und Italien im 15. Jahrhundert,* a. a. O., S. 305.

5 l. c., S. 219.

6 Curt Sachs, *World History of the Dance,* a. a. O., S. 299.

7 Domenico, a. a. O.

8 Brainard, a. a. O. Auf diese Aufarbeitung der ersten europäischen Tanztraktate stützen sich die folgenden Überlegungen mehr als auf irgendeine der übrigen Arbeiten zur Tanztechnik dieser Periode. Der Verf. verdankt ihr die für diesen Abschnitt hilfreichsten Vorarbeiten am historischen Material.

9 l. c., S. 289.

10 l. c., S. 286 ff.

11 l. c., S. 291.

12 »Die bestimmte Gestalt geht somit noch zu keiner Beziehung auf Anderes aus sich heraus, sondern bleibt in der inneren Beschlossenheit der Einheit mit sich. Dies gibt die Situationslosigkeit ...« Hegel, *Ästhetik,* hrsg. v. Friedrich Bassenge, Bd. I, Frankfurt a. M. o. J., S. 199.

13 Arnold Hauser, *Sozialgeschichte der Kunst und Literatur,* a. a. O., S. 288.

14 Guglielmo Ebreo, a. a. O., zit. nach Brainard, a. a. O., S. 151.

15 Domenico, a. a. O., fol. 2.

16 Georg Wilhelm Friedrich Hegel, *Phänomenologie des Geistes,* hrsg. v. Johannes Hoffmeister, Hamburg 1952 (6. Aufl.), S. 41.

17 l. c., S. 45.

18 Vgl. dazu George Herbert Meads behavioristische Erkenntnisanthropologie.

19 Karl Marx/Friedrich Engels, *Die deutsche Ideologie, MEW* Bd. 3, Berlin 1969, S. 31.

20 Immanuel Kant, *Kritik der Urteilskraft,* Hamburg 1968, § 25 (S. 84).

21 l. c., § 23 (S. 75).

22 l. c., § 25 (S. 83).

23 Brainard, a. a. O., S. 292.

24 Ebd.

25 l. c., S. 90.

26 Mabel Dolmetsch, *Dances of Spain and Italy from 1400 to 1600,* S. 4 f.

27 Domenico, a. a. O., fol. 2 verso.

28 Zit. nach Dolmetsch, a. a. O., S. 5.

29 Dolmetsch, a. a. O., S. 4.

30 Antonio Cornazano, fol. 7, fol. 30–30 v., fol. 18 ff., fol. 27 ff. Die Hinweise sind den vergleichenden Untersuchungen von Ingrid Brainard zu danken, a. a. O., S. 285 f.

31 Cornazano, a. a. O., fol. 7.

32 So z.B. Serge Lifar in seinem *Traité de Danse Académique,* Paris 1949.

33 Brainard, a. a. O., S. 230.

34 Sandro Botticelli, *Allegorie auf den Frühling,* Florenz, Uffizien.

35 Hauser, a. a. O., S. 292.

36 Andrea Mantegna, Fresko im Palazzo Ducale in Mantua, Camera degli Sposi, datiert auf nach 1474.

37 Übersetzt nach Guglielmo Ebreo, a. a. O., S. 12 f.

38 l. c., S. 13.

39 Dazu Brainard, a. a. O., S. 161.

40 Domenico, fol. 3, zit. nach Brainard, a. a. O., S. 164.

41 Guglielmo Ebreo, a. a. O., S. 26.

42 Domenico, fol. 4 verso, zit. nach Brainard, a. a. O., S. 178.

43 Übersetzt nach dem Zitat bei Dolmetsch, a. a. O., S. 14.

44 Cornazano, fol. 10 verso und 11, zit. nach Brainard, a. a. O., S. 167.

45 Brainard, a. a. O., S. 174.

46 l. c., S. 271.

47 Domenico, fol. 6, zit. nach Brainard, a. a. O., S. 174.

48 Domenico, fol. 7, zit. nach Brainard, a. a. O., S. 175.

49 Domenico, fol. 6, zit. nach Brainard, a. a. O., S. 170.

50 Cornazano, fol. 7, zit. nach Brainard, a. a. O., S. 253.

51 Guglielmo Ebreo, a. a. O., S. 23. Auf diesen Teil seiner Theorie weist besonders Mabel Dolmetsch hin, a. a. O., S. 11 ff.

52 Diese Teile des Ambrosio-Traktates, fol. 25 und 25 verso, werden bei Brainard, a. a. O., S. 135, zitiert.

53 Sachs, a. a. O., S. 298 f. Die Zitate sind vom Verfasser ins Deutsche zurückübersetzt.

54 l. c., S. 329.

55 Guglielmo Ebreo, a. a. O., S. 23 f. Vom Verf. übersetzt.

56 Brainard, a. a. O., S. 154.

57 Zit. nach Brainard, a. a. O., S. 149.

58 Guglielmo Ebreo, a. a. O., S. 14 f.

59 Du Tilliot, *Memoire pour servir à l'histoire de la fête des fous*, Lausanne/Genève 1751, S. 12, zit. nach Henry Prunières, *Le Ballet de Cour en France avant Benserade et Lully*, Paris 1944, S. 2.

60 Vgl. Cornazano, fol. 9, bei Brainard, a. a. O., S. 150.

61 Guglielmo Ebreo, a. a. O., S. 15.

62 Hans Blumenberg, *Die Legitimität der Neuzeit*, Frankfurt a. M. 1966, S. 332.

63 Cornanzo, fol. 9, zit. nach Brai-

nard, a. a. O., S. 146.

64 Blumenberg, a. a. O., S. 347.

65 l. c., S. 344.

66 Theodor W. Adorno, *Funktionalismus heute*. in: *Ohne Leitbild. Parva aesthetica*, Frankfurt a. M. 1967, S. 106.

67 Ebd.

68 Blumenberg, a. a. O., S. 345.

69 Guglielmo Ebreo, a. a. O., S. 3.

70 Ebd., »quasi si come ella fusse di nostri spiriti naturalissimo vibo«.

71 Zit. nach Dolmetsch, a. a. O., S. 11.

72 Guglielmo Ebreo, a. a. O., S. 28 f.

73 l. c., S. 33.

74 l. c., S. 3.

75 l. c., S. 4.

76 l. c., S. 31.

77 l. c., S. 32.

78 l. c., S. 6.

79 Blumenberg, a. a. O., zu Augustinus, insbes. dort S. 303, 324 ff.

80 l. c., S. 268.

81 l. c., S. 264.

82 l. c., S. 270.

83 l. c., S. 303 f.

84 l. c., S. 270.

85 l. c., S. 304.

86 l. c., S. 298.

87 Theodor W. Adorno, *Fortschritt*, in: *Stichworte, Kritische Modelle 2*, Frankfurt a. M. 1969, S. 43.

88 *Summa theol.* II 2 q 166 a. 2 ad 3, zit. nach Blumenberg, a. a. O., S. 325.

89 Blumenberg, a. a. O., S. 325.

90 Zit. nach Blumenberg, a. a. O., S. 327.

91 Blumenberg, a. a. O., S. 337.

92 Petrarca, *Epistolae de rebus familiaribus* IV 1, zit. nach Blumenberg, a. a. O., S. 336 f.

93 Blumenberg, a. a. O., S. 340, Anm.

94 Petrarca, a. a. O., V 7, zit. nach Blumenberg, a. a. O., S. 340, Anm.

95 Nikolaus Cusanus, *De mente* 9, zit. nach Blumenberg, a. a. O., S. 358.

96 Ernst Cassirer, *Individuum und Kosmos in der Philosophie der Renaissance*, Leipzig, Berlin 1927, S. 137.

97 Theodor W. Adorno, *Der Artist als Statthalter*, in: *Noten zur Literatur I*, Frankfurt a. M. 1965, S. 179.

98 Blumenberg, a. a. O., S. 274.

99 Vgl. etwa Herbert Marcuses Aufsatz *Zur Kritik des Hedonismus* in der *Zeitschrift für Sozialforschung*, Bd. 7, 1938.

100 G. W. F. Hegel, *Jenenser Realphilosophie II*, Ausg. Johannes Hoffmeister, Hamburg 1969, S. 198.

101 Guglielmo Ebreo, a. a. O., S. 19.

102 l. c., S. 18 f.

103 Brainard, a. a. O., S. 241.

104 Guglielmo Ebreo, a. a. O., S. 29.

105 Domenico, a. a. O., d. ganze Passage zit. nach Dolmetsch, a. a. O., S. 3.

106 Zit. nach Georg Lukács, *Geschichte und Klassenbewußtsein*, Amsterdam 1967.

107 Dolmetsch, a. a. O., S. 10 f.

108 Guglielmo Ebreo, a. a. O., S. 18.

109 l. c., S. 17.

110 Dolmetsch, a. a. O., S. 15.

111 Horkheimer/Adorno, *Dialektik der Aufklärung*, Amsterdam 1947, S. 212.

112 Guglielmo Ebro, a. a. O., S. 18.

113 Brainard, a. a. O., S. 153.

114 Domenico, a. a. O., fol. 2, zit. nach Brainard, a. a. O., S. 153.

115 Im British Museum, Department of Prints and Drawings.

116 Die Stelle scheint nur in dem Pariser Manuskript zu stehen. Sie ist hier zitiert nach Dolmetsch, a. a. O., S. 9.

117 Guglielmo Ebreo, a. a. O., S. 9.

118 l. c., S. 17.

119 l. c., S. 20. »Uno alzamento tardo di tutta la persona et l'abassamento presto« heißt es bei Cornazano, a. a. O., fol. 10, zit. nach Brainard, a. a. O., S. 47.

121 Manuskript des *Roman de la rose* in der Biblioteca Medicea Laurenziana, Florenz, fol. 13 verso.

122 Giovanni di Paolo, *Il Paradiso*, Tafelbild, Nationalgalerie in Siena. Dort auch sein *Inferno*.

123 Guglielmo Ebreo, a. a. O., S.13

Zusammenschau und Übergang

1 Olschki, *Italien, Genius und Geschichte*, a. a. O., S. 210.
2 Denis Hay, *Geschichte Italiens in der Renaissance*, Stuttgart 1962, S. 93.

3 Olschki, a. a. O., S. 200.
4 Hay, a. a. O., S. 106.

Teil III

1 Cesare Negri, *Nuove inventioni de balli*, Mailand 1604, trattato sec., S. 31.

2 Ferdinando Reyna, *Histoire du ballet*, a. a. O., S. 25. Ebensogut ließen sich viele andere Ballettgeschichten zitieren.

3 Hans Blumenberg, Einleitung zu: *Galileo Galilei, Siderius Nuncius*, Frankfurt/M. 1965, S. 38f., Das Fernrohr und die Ohnmacht der Wahrheit.

4 Negri, a. a. O., S. 37.

5 Fabritio Caroso, *Nobilità di dame, altra volto ciamato Il Ballerino*, Venedig 1600, Regola II: Riverenza grave.

6 Negri, a. a. O., S. 39.

7 Caroso, a. a. O., S. 1.

8 Siegfried Giedion, *Ewige Gegenwart - der Beginn der Architektur*, Köln 1965, S. 318.

9 Thoinot Arbeau, *Orchésographie*, Langres 1589, fol. 53 ff.

10 l. c., fol. 58.

11 l. c., fol. 60 ff.

12 l. c., fol. 58.

13 l. c., fol. 61.

14 Fabritio Caroso, *Ballerino*, Venedig 1581, Regola V.

15 Arbeau, a. a. O., fol. 63 verso ff.

16 l. c., fol. 64 verso.

17 Ebd.

18 Caroso, *Ballerino*, a. a. O., Trattato secondo, erstes Ballett.

19 Negri, a. a. O., S. 63.

20 Arbeau, a. a. O., fol. 48 verso f.

21 Caroso, *Nobilità di dame*, a. a. O., Regola XXXV; hier in der Übersetzung der Lipperheideschen Bibliothek (Handschrift) zitiert, Kunstbibliothek Berlin.

22 Negri, a. a. O., S. 31.

23 Arnold Hauser, *Sozialgeschichte der Kunst und Literatur*, München 1969, S. 293.

24 Arbeau, a. a. O., fol. 49 verso.

25 Curt Sachs, *World History of the Dance*, New York 1963, S. 345.

26 Caroso, *Ballerino*, a. a. O., fol. C verso ff.

27 Leonardo Olschki, *Italien, Genius und Geschichte*, Darmstadt 1958, S. 433.

28 Rudolf Wittkower, *Architectural Principles in the Age of Humanism*, London 1967, S. 17.

29 Sachs, a. a. O., S. 345.

30 Arbeau, a. a. O., fol. 49.

31 l. c., fol. 8 verso.

32 l. c., fol. 8 f.

33 l. c., fol. 7 verso f.

34 l. c., fol. 16 verso.

35 Balthasar de Beaujoyeulx, *Le Balet Comicque de la Royne*, Paris 1582, S. 56.

36 Caroso, *Nobilità di dame*, a.a.O., Regola XXXV.

37 l. c.,

38 Negri, a. a. O., S. 18.

39 Ebd.

40 Caroso, Widmung des *Ballerino*, a. a. O.

41 Ders., *Nobilità di dame*, a.a.O., Regola LXVIII.

42 Arbeau, a. a. O., fol. 97 verso f.

43 Archange Tuccaro, *Trois Dialogues de l'exercise de Sauter, et Voltiger en l'Air*, Paris 1549. Diese Veröffentlichung wird im folgenden noch ausführlich behandelt.

44 Ch. de Saint-Didier, *Traité sur l'espée*, Paris 1573.

45 l. c., fol. 87.

46 l. c., fol. 4 recto.

47 l. c., fol. 4 f.

48 l. c., fol. 4 verso.

49 l. c., fol. 5.

50 l. c., fol. 5 verso.

51 l. c., fol. 5 verso, ebenso die folgenden Zitate.

52 l. c., fol. 5 verso.

53 l. c., fol. 4.
54 Agrippa von Nettesheim, *Die Eitelkeit und Unsicherheit der Wissenschaften und die Verteidigungsschrift*, hrsg. von Fritz Mauthner, München 1913, Bd. I (Bd. V der Bibliothek der Philosophen), Kap. XXIII »de optica vel perspectiva oder von d. Perspektivkunst«, S. 98.
55 Blumenberg, a. a. O., S. 20 f.
56 l. c., S. 14.
57 Saint-Didier, a. a. O., fol. 6.
58 Zuerst Rom 1553. Mir ist noch eine Ausgabe Venedig 1602 bekannt, möglicherweise wurden aber auch noch mehr Neudrucke veröffentlicht. Zitiert wird im folgenden nach der ersten Ausgabe.
59 Camillo Agrippa, *Dialogo del modo di mettere in battaglia presto e con facilità il popolo di qualsi voglia luogo, con ordinanze e battaglie diverse*. Rom 1585.
60 l. c., fol. iiii verso.
61 Michel Foucault, *Die Ordnung der Dinge*, Frankfurt/M. 1971, S. 31.
62 l. c., S. 33.
63 Agrippa, a. a. O., fol. v.
64 Nicoletto Giganti, *Scienza d'arme*, Venedig 1606, Einleitung, fol. a.
65 l. c., fol. a verso.
66 Ebd.
67 Ebd.
68 Ebd.
69 Wittkower, a. a. O., S. 117.
70 Giganti, a. a. O., b verso.
71 l. c., b.
72 l. c., a verso.
73 l. c., b.
74 Ebd.
75 l. c., b verso.
76 l. c., b 2.
77 l. c., b 2 verso.
78 Ebd.
79 Ebd.
80 l. c., p. 5.
81 l. c., p. 10.
82 l. c., p. 4.
83 l. c., p. 10.
84 Caroso, *Ballerino*, a. a. O.,
85 Tuccaro, *Trois Dialogues de l'exercise de Sauter, et Voltiger en l'Air*, a. a. O.
86 l. c., p. 21.
87 l. c., aiij.
88 l. c., aij verso.
89 l. c., p. 15 f.
90 l. c., p. 26 ff.
91 l. c., p. 66 verso.
92 l. c., p. 71.
93 l. c., p. 47.
94 l. c., p. 169 verso.
95 Ebd.
96 l. c., p. 170.
97 l. c., p. 19.
98 l. c., p. 181 verso.
99 l. c., p. 182 f.
100 l. c., p. 20 verso.
101 l. c., p. 181 verso.
102 l. c., p. 22 verso ff.
103 l. c., p. 47.
104 l. c., p. 40.
105 l. c., p. 29 verso.
106 Sachs, a. a. O., S. 347 f.
107 Tuccaro, a. a. O., p. 45.
108 l. c., p. 28 verso.
109 Karlfried Graf Dürckheim, *Sportliche Leistung - menschliche Reife*, Frankfurt/M. 1964, S. 18.
110 l. c., S. 8.
111 Max Horkheimer, Th. W. Adorno, *Dialektik der Aufklärung*, Amsterdam 1947, S. 247.
112 Sachs, a. a. O., S. 359.
113 In: Beaujoyeulx, a. a. O., p. ō. j. Widmung Billards an den sieur de Beaujoyeulx.
114 Tuccaro, a. a. O., p. 36 verso.
114a Theodor W. Adorno, *Negative Dialektik*, Frankfurt/M. 1966, S. 148.
115 Wittkower, a. a. O., S. 107.
116 Ingrid Brainard weist hier auf Negri, *inventioni de balli*, trattato sec., 4. avvertimento, hin. Brainard, *Die Choreographie der Hoftänze in*

Burgund, Frankreich und Italien im
15. Jahrhundert, Diss. Göttingen
1956 (MS), S. 227.
117 l. c., S. 257.
118 Negri, a. a. O., trattato sec., 7.
avvertimento, p. 33.
119 Brainard, a. a. O., S. 277.
120 Arbeau, a. a. O., fol. 57.
121 Brainard, a. a. O., S. 177,
Anm. 3.
122 Brainard, a. a. O., S. 279.
123 Negri, a. a. O., trattato sec.,
secondo avvertimento und p. 55 ff.
124 Arbeau, a. a. O., fol. 28.
125 Auszug aus der Beschreibung
bei Arbeau, a. a. O., fol. 65 und 65
verso. (Hervorhebung vom Verfasser - R. L.)
126 Arbeau, a. a. O., fol. 96. (Hervorhebung vom Verfasser - R. L.)
127 Johan Huizinga, Herbst des
Mittelalters, 8. Aufl., Stuttgart 1961.
128 Arbeau, a. a. O., fol. 63.
129 l. c., fol. 96.
130 l. c., fol. 57 verso. (Hervorhebung vom Verfasser - R. L.)
131 l. c., fol. 57 verso.
132 l. c., fol. 63.
133 l. c., fol. 47.
134 Negri, a. a. O., S. 75.
135 l. c., trattato sec., sec. avvertimento, S. 31 f.
136 l. c., Regola IIII, S. 43.
137 Caroso, Nobilità di dame,
a. a. O., S. 16 f.
138 Handschriftliche Übersetzung
der ›Nobilità di dame‹, aus der
Sammlung Freising, von 1876, Berlin, Staatliche Kunstbibliothek.
139 Sachs, a. a. O., S. 353 und 363.
140 Handschriftliche Übersetzung
der ›Nobilità di dame‹, a. a. O.,
(unpaginiert).
141 Ebd.
142 Alfred Brenninghoff, Lehrbuch
der Anatomie, 2. Aufl. 1942.
143 Caroso, Nobilità di dame,
a. a. O., Regola II, die Riverenza grave.

144 l. c., Regola VIII, passo puntato.
145 Ebd.
146 l. c., Regola XV, seguito spezzato grave oder passeggio.
147 Brainard, a. a. O., S. 242.
148 Joseph Gregor, Kulturgeschichte
des Tanzes, Wien 1944, S. 174.
149 Sachs, a. a. O., S. 356.
150 Arbeau, a. a. O., passim.
151 Z. B. Brainard, a. a. O.
152 l. c., S. 242.
153 Caroso, Nobilità di dame,
a. a. O., Regola X.
154 Ders., Ballerino, a. a. O., fol. 4
verso f.
155 Negri, a. a. O., S. 45.
156 l. c., Regola VII, S. 49.
157 Zitiert nach Margaret M.
McGowan, L'art du ballet de cour en
France. 1581–1643, Paris 1963, S. 17.
158 Negri, a. a. O., trattato primo,
S. 9 ff.
159 Arbeau, a. a. O., fol. 48 verso.
160 l. c., fol. 48 verso.
161 l. c., fol. 5 verso.
162 l. c., fol. 73.
163 McGowan, a. a. O., S. 41. Dort
auch die relevanten Zitate aus den
Memoiren der Königin Margarete
von Frankreich (éd. 1628).
164 Brantôme P. de Bourdelle, sgr.
de, Œuvres complètes, Paris 1822,
tome V, S. 59. Zitiert nach McGowan, a. a. O., S. 42.
165 Franz Borkenau, Der Übergang
vom feudalen zum bürgerlichen Weltbild, Paris 1934, S. 304.
166 Blumenberg, a. a. O., S. 22.
167 Wittkower, a. a. O., S. 16.
168 Ebd.
169 l. c., S. 21.
170 Andrea Palladio, Quattro libri
del'architettura, Buch I, erstes Kapitel, zitiert nach Wittkower, a.a.O.,
S. 21 f.
171 Beaujoyeulx, a. a. O., S. 2.
172 Ebd., Au Lecteur.

173 l. c., S. 56. (Hervorhebung vom Verfasser - R. L.)

174 Arbeau, a. a. O., fol. 5 verso.

175 Gregor, a. a. O., S. 176.

176 Blumenberg, a. a. O., S. 18.

177 l. c., S. 19.

178 McGowan, a. a. O., S. 43.

179 Zitiert nach Helmut Schmidt-Garre, *Ballett vom Sonnenkönig bis Balanchine,* Velber 1966, S. 8.

180 McGowan, a. a. O., S. 44.

181 Blumenberg, a. a. O., S. 21.

182 l. c., S. 25.

183 Daniele Barbaro, *La Pratica della Perspectiva,* Venedig 1568.

184 l. c., S. 180.

185 Kommentar zu Vitruvius III, erstes Kapitel, S. 63, zitiert nach Wittkower, a. a. O., S. 101.

186 Blumenberg, a. a. O., S. 38 f.

187 Tuccaro, a. a. O., S. 41.

188 l. c., S. 174.

189 Serge Lifar, *La Danse,* a. a. O., S. 161.

190 Arbeau, a. a. O., fol. 5 verso.

191 Le père Menestrier, *Des Ballets anciens et modernes selon les règles du théâtre.* Paris 1682.

192 Arbeau, a. a. O., fol. 55.

193 Borkenau, a. a. O., S. 186.

194 Hauser, a. a. O., S. 357.

195 l. c., S. 355.

196 E. C. Kielland, *Geometry in Egyptian Art,* London 1955, S. 10.

197 Giedion, a. a. O., S. 330.

198 Barbaro, a. a. O., S. 179.

199 Giedion, a. a. O., S. 332 f.

200 Auguste Rodin/Paul Gsell, *Entretiens sur l'Art,* Paris 1911, S. 155.

201 Beaujoyeulx, a. a. O., S. 56.

202 Jean Dorat, *Epithalame ou chant nuptial sur le mariage de tres-illustres Prince et Princesse Henri de Lorraine duc de Guyse et Cata-rine de Cleves Contesse d'Eu,* Paris 1570. Zitiert nach McGowan, a. a. O., S. 21.

203 Arbeau, a. a. O., fol. 48 verso.

204 Ebd.

205 Vgl. Sachs, a. a. O., S. 354.

206 Arbeau, a. a. O., fol. 46 verso f.

207 l. c., fol. 54 verso und fol. 62.

208 Wittkower, a. a. O., S. 153.

209 Caroso, *Nobilità di dame,* a. a. O., trattato secondo, S. 37, (Regola I).

210 l. c., S. 34.

211 Ders., *Ballerino,* a. a. O., Regola II.

212 Negri, a. a. O., »A i Lettori«.

213 Ebd.

214 Arbeau, a. a. O., fol. 73.

215 l. c., fol. 6 verso.

216 Negri, a. a. O.

217 Ebd.

218 Ebd.

219 Brainard, a. a. O., S. 301, Anmerkung.

220 l. c., S. 281.

221 Alfred Sohn-Rethel, *Geistige und körperliche Arbeit,* Frankfurt a. M. 1970, S. 62.

222 Vgl. Gregor, a. a. O.

223 Brainard, a. a. O., S. 272.

224 Ebd.

225 Ebd.

226 Ebd.

227 Gregor, a. a. O., S. 174. Vgl. das Zitat oben, Anm. 148.

228 G. W. F. Hegel, *Phänomenologie des Geistes,* Hamburg 1952, S. 85.

rowohlts enzyklopädie

ro
ro
ro

rowohlts enzyklopädie

ro
ro
ro

rowohlts enzyklopädie

ro
ro
ro

rowohlts enzyklopädie

ro
ro
ro

rowohlts enzyklopädie

ro
ro
ro

rowohlts enzyklopädie

ro
ro ro